वैकल्पिक भारत की तलाश

वैकल्पिक भारत की तलाश

रविभूषण

राजकमल प्रकाशन

ISBN : 978-93-87462-43-4

मूल्य : ₹695

पहला संस्करण : 2018

प्रकाशक : राजकमल प्रकाशन प्रा. लि.
1-बी, नेताजी सुभाष मार्ग, दरियागंज
नयी दिल्ली-110 002

शाखाएँ : अशोक राजपथ, साइंस कॉलेज के सामने, पटना-800 006
पहली मंज़िल, दरबारी बिल्डिंग, महात्मा गांधी मार्ग, इलाहाबाद-211 001
36 ए, शेक्सपियर सरणी, कोलकाता-700 017

वेबसाइट : www.rajkamalprakashan.com
ई-मेल : info@rajkamalprakashan.com

मुद्रक : बी.के. ऑफसेट
नवीन शाहदरा, दिल्ली-110 032

VAIKALPIK BHARAT KI TALASH
by Ravibhushan

अनीता को सप्रेम

इस पुस्तक के बारे में

इस पुस्तक में पुस्तक-शीर्षक का कोई लेख नहीं है। संकलित सभी दस लेख नई आर्थिक नीति और नवउदारवादी अर्थव्यवस्था के बाद के हैं। 1991 से अब तक लिखे गये लेखों में से इन लेखों का चयन एक विशेष मकसद से किया गया है। वह मकसद 'वैकल्पिक भारत की तलाश' का है। कोई भी लेख भारत की वर्तमान दशा के पक्ष में नहीं है।

बीसवीं सदी के अन्तिम दशक से आर्थिक सुधार का जो कार्यक्रम शुरू हुआ, उसने जीवन और समाज को पूर्ववत् नहीं रहने दिया। यह मानकर चला गया कि इसी मार्ग से भारत की उन्नति सम्भव है। इसका कोई विकल्प नहीं है। कांग्रेस, भाजपा और संयुक्त मोर्चे की सरकारों ने इसी 'उदारवादी' आर्थिक नीति का समर्थन किया। सभी राजनीतिक दलों ने घुटने टेके और किसी भी प्रकार से चुनावी जीत को सब कुछ मानकर सभी मूल्यों की तिलांजलि दे दी गई।

ब्रिटिश भारत से 'आधुनिक, उत्तर-आधुनिक' भारत का एक सामान्य चित्र ही सही, इन लेखों में अवश्य दिखाई देगा। व्यवस्था-परिवर्तन के जो स्वर स्वाधीनता-आन्दोलन के दौर से बाद तक सुनाई पड़ते थे, वे क्रमशः क्षीण होते गए और सारा ध्यान सत्ता-परिवर्तन की ओर लग गया। भारत की जो तबाही अंग्रेजों के आने के बाद शुरू हुई थी, वह स्वतंत्र भारत में पूर्णतः समाप्त नहीं हुई। आर्थिक आज़ादी की जो बात और माँग आज़ादी के आन्दोलन के समय थी, वह बाद में लगभग खत्म हो गई। आज आर्थिक असमानता सर्वाधिक है। आज जब खुलेआम हिन्दू राष्ट्रवाद की बात की जा रही है, भारतीय राष्ट्रवाद के जनक दादाभाई नौरोजी को अवश्य याद किया जाना चाहिए क्योंकि उन्होंने पहली बार 'आर्थिक राष्ट्रवाद' की आधारशिला रखी थी। नौरोजी ने एक देश में दो भारत—सम्पन्न और विपन्न भारत की बात कही थी। उनकी चिन्ता में भारतीय जनता की ग़रीबी थी। वे आर्थिक संघटनाओं को नैतिक संघटनाओं से जोड़कर देखते थे और इसी कारण उन्होंने 'भौतिक अपक्षय' के साथ 'नैतिक अपक्षय' की भी बात कही। 'क्रान्ति की सम्भावना' की ओर उन्होंने संकेत किया था, जो उन्नीसवीं सदी के अन्त में एक बड़ी बात थी। अपने को एक हिन्दू, मुसलमान और पारसी मानने के बाद भी सबसे पहले उन्होंने अपने को भारतीय

कहा था। उनका बल जातीय एकता पर भी था। भारत की ग़रीबी का सवाल उनके लिए 'दि क्विश्चन ऑफ ऑल क्विश्चन' था। अभी प्रभात पटनायक ने अपने एक लेख 'मार्क्स एंड नौरोजी' (दि टेलीग्राफ, 20 दिसम्बर, 2017) में रूसी अर्थशास्त्री-समाजशास्त्री निकोलाई फ्रैंटसेविच डेनिएल्सन (7.2.1844—13.7.1918) को 19 फरवरी, 1881 को मार्क्स के लिखे पत्र की चर्चा की है, जिसमें मार्क्स ने अंग्रेजों द्वारा भारतीयों से विभिन्न रूपों में धन-दोहन की वही बातें लिखी थीं, जो नौरोजी ने पहले कही थीं। अपने लेख के अन्त में प्रो. पटनायक ने यह अनुमान भी किया है कि 'सोशल डेमोक्रेटिक फेडरेशन' के एच.एम. हिंडमैन, जो मार्क्स और नौरोजी दोनों के समान मित्र थे, के आवास पर, सम्भव है, मार्क्स और नौरोजी दोनों मिले हों और दोनों ने 'अपक्षय' (ड्रेन) पर बात की हो! आज जब भारतीय धन के विदेशी खातों में जमा होने की या कुछ घरानों में इसके एक बड़े हिस्से के जमा होने की बात की जाती है, तब नौरोजी की याद आती है। नौरोजी के बाद जो महाजनी पूँजी फैली और विकसित हुई, नौरोजी ने अपने समय में उसके शोषण का घृणित-बीभत्स रूप दिखाया था।

1993 से अब तक बार-बार मैंने भाजपा के हिन्दुत्व और हिन्दू राष्ट्र की आलोचना की है। भाजपा विवेकानन्द को अपना पथ-प्रदर्शक मानती है। विवेकानन्द साम्प्रदायिक एवं धर्मान्ध शक्तियों की मृत्यु चाहते थे। ये शक्तियाँ आज कहीं अधिक फनफना रही हैं। विवेकानन्द ने आस्था और कर्मकांड का विरोध किया था। उनका सारा बल, विवेक और तर्क-शक्ति पर था। वे जाति-प्रथा और वर्ण-व्यवस्था के विरोधी थे। ग़रीबों और दलितों की स्वतंत्रता से उन्होंने राष्ट्र की स्वतंत्रता जोड़ी थी। राष्ट्रप्रेम उनके लिए राष्ट्र के निवासियों से प्रेम था और उन्होंने हिन्दू धर्म की आलोचना भी की थी। आज जब उपभोक्तावाद चारों ओर फैल चुका है, विवेकानन्द ने 'भोग' को 'लाख फनोंवाला सर्प' कहा था। उन्होंने जिस 'नये भारत का स्वप्न' देखा था, वह नया भारत आज तक नहीं बना। नरेन्द्र मोदी जिस नये भारत ('न्यू इंडिया') की बात करते हैं, वह नया भारत कॉरपोरेट का भारत है। उस भारत में ग़रीबों और दलितों का कहाँ स्थान है ? विवेकानन्द ने स्त्रियों को भी दलित वर्ग के अन्तर्गत रखा। 'अस्पृश्यता' उनके लिए 'मानसिक व्याधि' थी। जो मुगल काल में 'धर्मान्तरण' की बातें करते हैं, उन्हें विवेकानन्द को जानना चाहिए। विवेकानन्द ने तलवार की धार पर 'धर्मान्तरण' को 'मिथ्या, बकवास' कहा है। नये भारत के निर्माण के लिए उन्होंने धनाढ्य वर्ग की समाप्ति की बात कही है।

ब्रिटिश भारत में नहीं, स्वतंत्र भारत में और वह भी नवउदारवादी अर्थव्यवस्था एवं उनिभू (उदारीकरण, निजीकरण, भूमंडलीकरण या भूमंडीकरण!) के बाद किसानों ने बड़ी संख्या में आत्महत्या की। स्वतंत्र भारत के 70 वर्षों में न ग़रीबी मिटी, न बेरोज़गारी। भूख से अब भी मौतें होती हैं। भगत सिंह ने धर्म और राजनीति

को एक दूसरे से अलग कर देखा था। वे 'अन्याय पर आधारित मौजूदा समाज-व्यवस्था में आमूल परिवर्तन' चाहते थे। 'क्रान्ति' को उन्होंने 'मानव जाति का जन्मजात अधिकार' कहा था। 'नौजवान भारत सभा' के 1928 के घोषणा-पत्र में 98 प्रतिशत के लिए स्वराज्य की बात कही गई थी। भगत सिंह का स्वप्न अधूरा रहा। आज़ादी का फल सबने नहीं चखा। भगत सिंह ने कांग्रेस के रास्ते को 'समझौते का रास्ता' बताया था। इस समझौते के मार्ग पर चलकर सबका भला और उद्धार असम्भव था। विदेशी पूँजीवाद और भारतीय पूँजीवाद के चरित्र से भगत सिंह ने सावधान किया था, पर भगत सिंह की बात शासकों, सत्ताधारियों ने नहीं सुनी। तीन लाख से अधिक किसान आत्महत्या कर चुके हैं, दिल्ली में किसानों के अनेक धरना-प्रदर्शन हुए, परिणाम कुछ नहीं निकला। अभी हाल में दिल्ली में हुई किसानों की संसद रैली पर मीडिया ने कोई ध्यान नहीं दिया। आज के 'गोदी मीडिया' की कल्पना कुछ वर्ष पहले तक किसी ने शायद ही की हो।

आज का भारत नवउदारवादी अर्थव्यवस्था के दौर का भारत है। सत्ता के दलाल पहले भी थे, पर वे विशेष रूप से चमके इन्दिरा गांधी के दौर में। 1977 से 1993 के सोलह वर्षों में सुनील मित्तल बीस हजार रुपये से सौ करोड़ के मालिक बने थे और अब नरेन्द्र मोदी के प्रधानमंत्री बनने के बाद भाजपा अध्यक्ष अमित शाह के पुत्र जय शाह ने केवल एक वर्ष में 50 हजार से 80 करोड़ बनाए। सोलह हजार गुना अधिक। 'राजनीतिक संरक्षण' से जहाँ कई लोग मालामाल हुए, वहाँ राजनीतिक उदासीनता या अकर्मण्यता के कारण ग़रीबों पर आफ़त आई। नई आर्थिक नीति के बाद हर्षद मेहता का आगमन हुआ था। अब उस समय को हम सब भूल चुके हैं। उस समय से अब तक कांग्रेस, संयुक्त मोर्चा और भाजपा की सरकार रही है। दल कोई भी हो, सत्ता-व्यवस्था का चरित्र कभी नहीं बदला। लोकतंत्र क्रमशः छीजता गया, संविधान की धज्जियाँ उड़ती गईं, लोकतांत्रिक संस्थाएँ कमज़ोर होती गईं। इन्दिरा गांधी की सत्ता में पुनर्वापसी के बाद, अस्सी के दशक में वैश्विक स्तर पर जिस तरह चीज़ें बदलने लगी थीं, उसका प्रभाव इस देश पर पड़ना था। दूरदर्शन को उस समय राजनीतिक लाभ के लिए अधिक महत्त्व दिया गया। इस सशक्त संचार माध्यम ने अपनी सामाजिक-सांस्कृतिक भूमिका का निर्वाह नहीं किया। देश की सामान्य जनता से यह संचार-माध्यम लगभग बेखबर रहा। इसने जीवन मूल्यों, सांस्कृतिक मूल्यों को प्रभावित किया। सांस्कृतिक उपनिवेशवाद और सांस्कृतिक साम्राज्यवाद को बढ़ाने-फैलाने में इसने मदद की। उपभोक्ता संस्कृति के निर्माण और विकास में दूरदर्शन की भूमिका रही। भारत में जो नवधनाढ्य वर्ग जन्मा और बढ़ा, उसने उपभोक्ता संस्कृति के विकास में मदद की। हिंसा, अपराध और बलात्कार के अब अनेक दृश्य थे। हम धीरे-धीरे संवेदन-शून्य और विचारहीन होते गए।

भारत में विदेशी पूँजी निजी और सार्वजनिक क्षेत्रों में लगती रही है। मिश्रित अर्थव्यवस्था से अलग भारतीय अर्थव्यवस्था को एक अलग पटरी पर लाने का कार्य नेहरू के दौहित्र राजीव गांधी ने पहली बार अस्सी के दशक में किया। उनिभू और विबैं-अमुको (विश्व बैंक, अन्तरराष्ट्रीय मुद्राकोष) ने मिल-जुलकर सरकारों के सहयोग से सार्वजनिक उपक्रमों को प्रभावित किया। अनेक सार्वजनिक उपक्रम बन्द होने लगे। भारत की अर्थ-नीति, विदेश-नीति सोवियत रूस के विघटन के पहले एकमुखी (अमेरिकोन्मुखी) नहीं थी। 1990-91 के बाद सारा दृश्य बदल गया। भूमंडलीकरण के दौर में श्रम-विरोधी कानून बने, मजदूरों के हित घटे और अनेक छोटे-बड़े उद्योगों में ताले लटक गए। सार्वजनिक उपक्रमों से सर्वाधिक लाभ औद्योगिक वर्ग, ठेकेदार वर्ग और दलाल वर्ग को प्राप्त हुआ। 'कल्याणकारी राज्य' क्रमशः कॉरपोरेट राज्य की ओर उन्मुख होने लगा। उनिभू (उदारीकरण, निजीकरण और भूमंडलीकरण) के बाद सब कुछ का बदलना स्वाभाविक था। विश्व बैंक, अन्तरराष्ट्रीय मुद्राकोष और विश्व व्यापार संगठन की भूमिका पर लगभग 22 वर्ष पहले मैंने विचार किया था। इसके कुछ वर्ष बाद ही 1997 में आज़ादी की पचासवीं वर्षगाँठ बड़े धूमधाम से मनाई गई। स्वतंत्र भारत की अपनी उपलब्धियाँ हैं, पर सच्चाई यह भी है कि देश की बहुसंख्यक जनता की जीवन-दशा अधिक बेहतर नहीं हुई। अगर हुई होती तो सांसदों और नेताओं ने 'दूसरी आज़ादी' की बात नहीं की होती। उस समय देश की संसद ने जो 'अठारह-सूत्री राष्ट्रीय एजेंडा' पारित किया था और भ्रष्टाचार की समाप्ति, निरक्षरता दूर करने तथा बेरोज़गारी मिटाने आदि की जो बातें कही थीं, वे केवल कहने भर की रहीं। कथनी और करनी में अन्तर बढ़ता गया।

1967 के आम चुनाव के बाद विश्व फासिस्ट तानाशाही ख़तरे की जो सम्भावना प्रकट की गई थी, अब वह हमारे समक्ष मौजूद है। वामदलों ने अपना दायित्व पूरा नहीं किया। 1989 के पहले हिन्दी प्रदेश साम्प्रदायवादियों, कट्टरपन्थियों और भाजपाइयों का गढ़ नहीं था। सत्रह वर्ष पहले आँकड़ों के साथ मैंने यह बात कही थी कि 225 सांसदों वाले हिन्दी प्रदेश में भाजपा फैल रही है। अब दिल्ली छोड़कर 9 हिन्दी प्रदेश में उसकी सरकार है। हिन्दी प्रदेश अचानक इन शक्तियों के गढ़ नहीं बने। हिन्दी के अधिकांश लेखक प्रगतिशील और मार्क्सवादी हैं, पर हिन्दी प्रदेश कट्टरपन्थियों के हवाले है। सोलहवीं लोकसभा में भाजपा को 282 सीट प्राप्त हुई, जिनमें लगभग 180 सीट हिन्दी प्रदेश से थी। भाजपा ने कोई मुसलमान प्रत्याशी खड़ा नहीं किया था और देश की सबसे बड़ी पार्टी का एक भी सांसद मुसलमान नहीं है। अटलबिहारी वाजपेयी के समय भाजपा बहुमत में नहीं थी। उसी समय (2000) मैंने भाजपा, आर.एस.एस. पर विस्तार से विचार किया था। नरेन्द्र मोदी के प्रधानमंत्री बनने के बाद जिस तीव्रता से लगातार आक्रमण किये जा रहे हैं, वे सब हमारे सामने हैं। अभिव्यक्ति की स्वतंत्रता पर लगातार हमले हो रहे हैं। हत्यारे

हत्याएँ कर रहे हैं। अब संस्थाएँ निशाने पर हैं। जिसने आज़ादी की लड़ाई में भाग नहीं लिया, वह अपने को राष्ट्रभक्त कह रहा है और अपने विरोधियों को राष्ट्रद्रोही। विधायिका, कार्यपालिका, न्यायपालिका, मीडिया सामान्य जन के लिए नहीं हैं। एक अरब तीस-बत्तीस करोड़ की आबादी वाले इस देश में लगभग एक अरब जनता की चिन्ता किसी भी राजनीतिक दल को नहीं है। इक्कीसवीं सदी का भारत संकटग्रस्त है। इस संकट से देश को उबारने वाली शक्तियाँ कहाँ हैं? वे इकट्ठी नहीं हो रही हैं। अब सब कुछ लगभग चुनाव के हवाले है। फिलहाल तात्कालिक चिन्ताएँ अधिक हैं। हिन्दू राष्ट्रवाद को चुनौती देनेवाली शक्तियाँ कमजोर हैं। वामदल इस समय भी एकजुट नहीं है। हिन्दुत्व की विचारधारा और हिन्दू राष्ट्रवाद से क्रान्तिकारी शक्तियाँ ही मुकाबला कर सकती हैं, जो अभी दूर-दूर तक दिखाई नहीं दे रही हैं। वर्तमान भारत से, सम्भव है, अनेक भद्रजन सन्तुष्ट हों, पर सुधी जनों के समक्ष वैकल्पिक भारत की तलाश एक बड़ा कार्य है। वर्तमान भारत वैकल्पिक भारत (धर्मनिरपेक्ष और समाजवादी) से ही बदलेगा।

इस पुस्तक के सभी लेख गहरी चिन्ता और बेचैनी से लिखे गए हैं। इन लेखों से सम्भव है, किसी को आपत्ति भी हो, पर क्या सचमुच वैकल्पिक भारत की तलाश नहीं की जानी चाहिए, जो भारत सही अर्थों में किसानों, मजदूरों, पिछड़ों, ग़रीबों, दलितों, स्त्रियों और आदिवासियों का हो? इस पूँजीवादी व्यवस्था को बदले बिना क्या यह सम्भव है? राजनीतिक दलों को इसकी कोई चिन्ता नहीं है, पर यह चिन्ता कवियों, लेखकों, आलोचकों, समर्पित पत्रकारों, बुद्धिजीवियों, संस्कृतकर्मियों आदि को अवश्य होगी। पाठकों के विचार मेरे लिए उपयोगी होंगे।

'प्रभात खबर' के प्रधान सम्पादक हरिवंश ने आरम्भ के चार लेख अपने अख़बार के रविवारीय अंकों में बड़ी प्रमुखता से प्रकाशित किए थे। इन लेखों को अख़बार के वरिष्ठ सम्पादक अनुज कुमार सिन्हा ने बड़ी मेहनत से खोजकर मुझे उपलब्ध कराया। नामवर सिंह ने एक दशक बाद 'आलोचना' के प्रथम पुनर्नवा के अंक सहस्राब्दी अंक एक ('फासीवाद और संस्कृति का संकट' पर केन्द्रित) में 'क्रान्तिकारी वामपंथी शक्तियों की ज़रूरत' को पहले लेख के रूप में प्रकाशित किया था। ज्ञानरंजन ने 'पहल' (1999) में 1995 का लेख 'विश्व बैंक, अन्तरराष्ट्रीय मुद्रा-कोष...', देश निर्मोही ने 'पल-प्रतिपल' (मार्च-जून, 2003) में 'इक्कीसवीं सदी में भगत सिंह', किशन कालजयी ने 'संवेद' के आठवें अंक (1998) में 'आज़ादी के पचास वर्ष', मृत्युंजय श्रीवास्तव ने 'संगति' (दिसम्बर, 2005) में 'इतिहास कुछ ऐसा बना' और विनोद तिवारी ने 'पक्षधर' (2016) में 'भारतीय राष्ट्रवाद और अभिव्यक्ति की आज़ादी' लेख प्रकाशित किए। मैं इन सभी सम्पादकों का आभारी हूँ।

वर्षों से सभी आत्मीय जनों, शुभेच्छुओं और बन्धुओं का मुझ पर पुस्तक प्रकाशित कराने का अधिक दबाव था। नामवर सिंह, ए. अरविंदाक्षन, मंगलेश

डबराल सहित सबने कई बार मुझे अपनी पुस्तक प्रकाशित कराने को कहा। वीरेन डंगवाल चला गया। मैनेजर पांडेय का आत्मीय दबाव सबसे अधिक रहा। यह मेरे आलस्य के कारण अब तक सम्भव नहीं हुआ था। अगर अशोक महेश्वरी और भाई ज्ञानरंजन ने अधिक दबाव न दिया होता, तो यह पुस्तक अब भी प्रकाशित नहीं हो पाती। मैं सबका हृदय से कृतज्ञ हूँ—विशेषत: राजकमल प्रकाशन के प्रबन्ध निदेशक श्री अशोक महेश्वरी का जिन्होंने पिछले बीस वर्ष में बीस से अधिक बार कहकर मेरा आलस्य तोड़ा और 'पहल' सम्पादक श्री ज्ञानरंजन का, जिन्होंने अपनी पत्रिका में पुस्तक-प्रकाशन की घोषणा भी कर दी थी। पुस्तक जैसी भी है, अब आपके सामने है।

25 दिसम्बर, 2017 —**रविभूषण**

राँची

अनुक्रम

दादाभाई नौरोजी और हमारा समय

बीसवीं शताब्दी के अन्तिम दशक में इस शताब्दी के पहले दशक और उन्नीसवीं शताब्दी के अन्तिम तीन-चार दशकों की ऐतिहासिक स्मृति और उसकी चर्चा का आज क्या सचमुच कोई अर्थ और औचित्य नहीं है? क्या विश्व-ग्राम (ग्लोबल विलेज) के इस उत्तर-आधुनिक समय में जब राष्ट्र (नैशन) और राज्य (स्टेट) के प्रचलित, मान्य तथा स्वीकृत अर्थ तिरोहित हो रहे हों, उनकी सर्वमान्य अवधारणा तथा आज के सन्दर्भ में उनकी आवश्यकता पर निरन्तर प्रश्नचिह्न लग रहे हों, तब हमारे लिए राष्ट्रवाद (नैशनलिज्म) और भारतीय राष्ट्रवाद (इंडियन नैशनलिज्म) पर किया जानेवाला विमर्श क्या एक प्रतिगामी कदम है? निजीकरण, उदारीकरण और खगोलीकरण के त्रिचक्र में फँसे इस युग में, उन्मुक्त और स्वच्छंद व्यापार के इस दौर में, वित्तीय पूँजी (फाइनेंस कैपिटल) के अति चंचल विश्व-भ्रमण के समय देशी धन और पूँजी के किंचित् मात्रा में भी देश के बाहर जाने पर विचार क्या जरूरी नहीं है?

क्या प्रधानमंत्री नरसिम्हा राव, वित्तमंत्री मनमोहन सिंह, वित्त सचिव मोंटेक सिंह अहलूवालिया की आर्थिक नीतियों में और उनके साथ भारत सरकार की नई आर्थिक नीति के देशी और विदेशी पक्षधरों में, उनके द्वारा दिए गए तर्कों और आँकड़ों में क्या सचमुच 'एशियन टाइगर' बनने की भारत में अपार सम्भावनाएँ हैं? क्या आज 'आर्थिक राष्ट्रवाद' (ईकॅनॉमिक नैशनलिज्म) के स्मरण तथा उसके प्रमुख स्तम्भों की याद इसलिए नाजायज है कि भाजपा पिछले एक वर्ष से 'राष्ट्रवाद' और 'आर्थिक राष्ट्रवाद' की अधिक बातें कर रही है? क्या एक सही और समयोचित विमर्श के लिए यह आवश्यक नहीं है कि हम एक बार फिर स्वतंत्रता आन्दोलन के दौर के 'आर्थिक राष्ट्रवाद' और 'भारतीय राष्ट्रवाद' के जनक दादाभाई नौरोजी (4 सितम्बर, 1825-30 जून, 1917) का पुण्य स्मरण करें और उनके बहाने अपने समय को देखें, समझें, क्योंकि हमारा समय कल की तुलना में भिन्न है।

क्या यह उचित होगा कि राष्ट्र से जुड़े समस्त प्रश्नों को हम भाजपा जैसी राजनीतिक पार्टी के हवाले कर दें और इस हाहाकारी समय को समय के हाथों छोड़कर आराम फरमाएँ या खर्राटे लें?

दादाभाई नौरोजी को 'भारत का पितामह', (ग्रैंड ओल्डमैन ऑफ इंडिया) 'उदारपंथी राजनीतिज्ञ', 'उदीयमान पूँजीवाद के प्रतिनिधि' तथा 'भारतीय राष्ट्रवाद

का जनक' कहा गया है। 1885 में कांग्रेस की स्थापना के अगले वर्ष 1886 में वे कलकत्ता कांग्रेस के अध्यक्ष बने थे और उसके बाद दो बार और अखिल भारतीय कांग्रेस के अध्यक्ष रहे। 1893 के लाहौर अधिवेशन तथा 1906 के कलकत्ता अधिवेशन में। 1885 में बम्बई में हुई प्रथम कांग्रेस में उन्होंने 'दि साइमल्टेनियस एग्जामिनेशन्स इन इंग्लैंड एंड इंडिया' पर भाषण दिया था। वे इंग्लैंड में स्थापित प्रथम भारतीय व्यापार कम्पनी के एक हिस्सेदार थे पर उन्हें निजी आर्थिक लाभ और मुनाफे की चिन्ता नहीं थी। वे राष्ट्र-गौरव तथा राष्ट्र-हित के लिए चिन्तित थे, उनकी चिन्ता राष्ट्र की आर्थिक चिन्ता थी। कम्पनी ने उन्हें व्यापार के कार्य से इंग्लैंड भेजा था, पर भारत की चिन्ता और देश की तत्कालीन स्थिति ने उन्हें व्यापार से विमुख कर राजनीति की ओर उन्मुख कर दिया। वे इंग्लैंड में अंग्रेजों को उनके भारतीय दायित्वों के बारे में भाषण देने लगे। उस समय लन्दन में भारतीयों के तीन संगठन 'लन्दन इंडियन कमेटी' (1862), 'लन्दन इंडिया सोसाइटी' (1865) और 'ईस्ट इंडिया एसोसिएशन' (1866) थे, जिनमें अन्तिम दो संगठनों की स्थापना में दादाभाई नौरोजी का बड़ा योगदान था। 24 मार्च, 1865 को लन्दन में रहनेवाले भारतीय व्यापारियों और विद्यार्थियों ने मिलकर 'लन्दन इंडिया सोसाइटी' की स्थापना की थी। इस सोसाइटी के सदस्य केवल भारतीय ही हो सकते थे। दादाभाई नौरोजी इस सोसाइटी के अध्यक्ष निर्वाचित हुए थे और छह सदस्यों की इसकी प्रबन्ध-समिति में फीरोजशाह मेहता (4.8.1845-3.11.1919) और मनमोहन घोष (13.3.1844-16.10.1896) भी थे। इस सोसाइटी का एक बड़ा उद्देश्य था भारत से सम्बन्धित विविध विषयों पर विचार करना और समय-समय पर भारतीय जनता के भावों और विचारों से ब्रिटिश जनता को परिचित कराना। यह सोसाइटी एक प्रकार से ब्रिटिश जनता और भारतीय जनता के बीच एक संवाद का कार्य आरम्भ करना चाहती थी। उस समय दादाभाई नौरोजी को यह विश्वास था कि अंग्रेज जाति न्यायप्रिय है। उन्हें लगता था कि भारत की समस्याओं से ब्रिटेन की जनता और इंग्लैंड की संसद अपरिचित है।

'ईस्ट इंडिया कम्पनी' के बाद जब इंग्लैंड की महारानी का राज्य भारत में आरम्भ हुआ था, तब भारतीय जनता में एक आशा जगी थी कि 'क्वीन' के राज्य में अब किसी प्रकार का दुख नहीं होगा। सव्यसाची भट्टाचार्य ने काली प्रसन्न सिंह (23.2.1840-24.7.1870) के 'हुतोम प्यांचा' की कहानी के हवाले इसे 'मायाविनी आशा' कहा है और यह लिखा है कि गर्भस्थ शिशु जब तक इस दुनिया में न आ जाए तब तक लोगों के मन में आशंका बनी रहती है कि पता नहीं लड़का होगा या लड़की।'' (आधुनिक भारत का आर्थिक इतिहास, 1850-1947, राजकमल प्रकाशन, 1990, 2015, पृ. 14-15)। दादाभाई नौरोजी का यह निश्चित मत था कि अगर भारत की समस्याओं से ब्रिटेन की जनता और वहाँ की संसद को अवगत कराया

जाए तो वे भारत के साथ न्याय करेंगे। उन्होंने 'ईस्ट इंडिया एसोसिएशन' की स्थापना 1 दिसम्बर, 1866 को अंगरेज अफसरों की एक समिति के सहयोग से इसी उद्देश्य से की थी। इस संस्था के सदस्य सभी हो सकते थे—भारतीय और गैर-भारतीय, सरकारी और गैर-सरकारी। उन्होंने लन्दन में इस संगठन को स्थापित किया था, जिससे समय-समय पर यह संस्था अंग्रेजों को उनके भारतीय कर्तव्यों की याद दिलाती रहे। इस एसोसिएशन की पहली बैठक लन्दन में 2 मई, 1867 को हुई थी और उस पहली बैठक में ही दादाभाई नौरोजी ने 'भारत में इंग्लैंड के कर्तव्य' शीर्षक से अपना निबन्ध पढ़ा था। इस एसोसिएशन का उद्देश्य निःस्वार्थ भाव से भारत को लाभ पहुँचाना था। भारत के विभिन्न हिस्सों में इसकी श खाएँ खोलने का उनका प्रयत्न सफल नहीं हो सका। बंगाल प्रेज़िडेंसी में इसकी कोई शाखा नहीं खुली, मद्रास प्रेजिडेंसी में अंग्रेजों और यूरेशियों द्वारा खोली गई इसकी शाखा बहुत दिनों तक नहीं चली। बम्बई प्रेज़िडेंसी में इसे ज्यादा समर्थन इसलिए मिला था कि स्वयं दादाभाई नौरोजी वहाँ के थे। बाद में चलकर इस एसोसिएशन में भाषण और बहसों को महत्त्व दिया जाने लगा। 25 नवम्बर, 1867 को इसी एसोसिएशन में दादाभाई ने एक निबन्ध पढ़ा—'अबीसीनिया की लड़ाई का खर्च'। इस लेख में उन्होंने ब्रिटिश साम्राज्य की रक्षा और अपने लाभों के लिए लड़े जानेवाले युद्धों के खर्च का कोई भी अंश भारत पर डाले जाने का विरोध किया था। उसी दौर में भारत पर समय-समय पर कहर बरपानेवाले अकालों का उन्होंने ऐतिहासिक सर्वेक्षण प्रस्तुत किया था।

रमेशचन्द्र दत्त की जो पुस्तक 'फेमींस इन लैंड असेसमेंट इन इंडिया' जुलाई, 1900 में प्रकाशित हुई थी, उसके तीन दशक पूर्व दादाभाई नौरोजी की चिन्ता में यह भारतीय अकाल शामिल था। 27 जुलाई, 1870 को 'ईस्ट इंडिया एसोसिएशन' में उन्होंने 'भारत की ज़रूरतें और साधन' पर अपना निबन्ध पढ़ा—'दि वांट्स एंड मींस ऑफ इंडिया'। 1865-66 में उड़ीसा में भयंकर दुर्भिक्ष पड़ा था। नौरोजी लन्दन में भारत की समस्याएँ रख रहे थे। 1871 में वह स्पष्ट शब्दों में भारत की निरन्तर बढ़ती हुई ग़रीबी और देश की निःशेष स्थिति या उसके समापन का उल्लेख कर रहे थे। 1867 में जब वे इंग्लैंड में 'भारत में इंग्लैंड के कर्तव्य' बता रहे थे, उसी वर्ष भारत का पहला बजट बना और आयकर लागू किया गया। महारानी विक्टोरिया के शासनकाल के अन्तिम वर्षों में वे वहाँ की संसद के सदस्य चुने गए थे—ग्लैंडस्टन पार्टी की ओर से। दादाभाई के जीवनी लेखक आर.पी. मसानी ने 'दादाभाई, ग्रैंड ओल्डमैन ऑफ इंडिया' (लन्दन, 1939) में उनके जीवन और कार्यकलाप का विस्तृत ब्यौरा प्रस्तुत किया है।

दादाभाई नौरोजी ने 'ईस्ट इंडिया एसोसिएशन' की बम्बई शाखा में 1876 में जो कई निबन्ध पढ़े वे उसी वर्ष 'दि पावर्टी ऑफ इंडिया' में संकलित किए गए। 1876

में उनके लिए भारत का 'आर्थिक प्रश्न' अत्यन्त गम्भीर प्रश्न था। आर्थिक प्रश्नों की यह गम्भीरता ईस्ट इंडिया कम्पनी तथा बाद में ब्रिटिश शासन द्वारा किए गए शोषण से उत्पन्न हुई थी। 1875 में भारतेन्दु हरिश्चन्द्र का नाट्य-रासक, 'भारत-दुर्दशा' प्रकाशित हुआ था, जिसके आरम्भ में योगी द्वारा गाए लावनी में भारतीय धन के इंग्लैंड जाने ('पै धन विदेश चलि जात इहै अति ख्वारी') तथा भारतीय जनता पर 'टिक्कस' लगाए जाने ('सबके ऊपर टिक्कस की आफत आई') की दु:खद चर्चा है। उस समय भारत में हो रही उन्नति (?) का ढिंढोरा पीटा जा रहा था और 1880 में बंकिमचन्द्र यह पूछ रहे थे कि यह उन्नति किसकी हो रही है?

एडम स्मिथ ने 'दि वेल्थ ऑफ नेशन्स' में भारत में आरम्भिक ब्रिटिश शासकों को 'भारत का लुटेरा और डकैत' (दि प्लनडर्स ऑफ इंडिया) कहा था और एडमंड बर्क ने ईस्ट इंडिया कम्पनी द्वारा की गई भारत की लूट पर विस्तारपूर्वक लिखते हुए यह कहा था कि 'हम मानव जाति के घोषित शत्रु' (दि डिकलेयर्ड एनिमीज ऑफ दि ह्यूमैन स्पीशीज) हैं। दादाभाई नौरोजी के पूर्व अंग्रेज-अधिकारियों ने भी समय-समय पर इंग्लैंड द्वारा भारत के किए जा रहे आर्थिक शोषण का जिक्र किया था, लेकिन वह एक ठोस रूप लेकर हमारे समक्ष उपस्थित नहीं हो सका था। उसे पहली बार एक आकार और ढाँचा दादाभाई नौरोजी ने दिया और यह ब्रिटिश भारत में एक बड़ी घटना थी। उनकी पुस्तक 'पावर्टी एंड अन-ब्रिटिश रूल इन इंडिया' लन्दन से 1901 में प्रकाशित हुई थी, पर इसके पचीस वर्ष पूर्व 1876 में प्रकाशित अपनी पुस्तिका 'दि पावर्टी ऑफ इंडिया' में उन्होंने भारत के आर्थिक प्रश्न को अत्यन्त गम्भीर प्रश्न माना था। इसके दस वर्ष पहले से वे अपने भाषणों के द्वारा इस प्रश्न को सामने रख रहे थे। 1873 ईसवी में उन्होंने अपने विवरणों को मूल प्रारूप में भारतीय अर्थ-प्रबन्ध की सेलेक्ट कमेटी के समक्ष रखा था। वे प्रारूप रख लिए गए थे, पर भारतीय अर्थ-प्रबन्ध ने अपनी रिपोर्ट में उसे प्रकाशित नहीं किया, क्योंकि उसके चेयरमैन आयर्टन के विचार उस रिपोर्ट से मेल नहीं खाते थे। 1876 के 'भारत की दरिद्रता' शीर्षक निबन्ध में नौरोजी ने ग़रीबी में डूबते जा रहे भारत का चित्र प्रस्तुत किया था और यह बताया था कि भारतीय जनता को जीवन जीने की सामान्य ज़रूरतें भी उपलब्ध नहीं हैं। उन्होंने ग़रीबी को विशेष विषय (स्पेशल सब्जेक्ट) माना।

दादाभाई नौरोजी के समस्त विचार और भाषण तीन पुस्तकों में हैं—सी.एल. पारेख के सम्पादन में 1887 में बम्बई से उनके निबन्धों और भाषणों का एक संकलन प्रकाशित हुआ—नौरोजी, एस्सेज स्पीचेज एंड राइटिंग्स। 1917 में 'स्पीचेज एंड राइटिंग्स ऑफ दादाभाई नौरोजी' (जीएन नटेसन एंड कम्पनी मद्रास) का प्रकाशन हुआ। इन तीन पुस्तकों—एस्सेज, (1887), पावर्टी (1901) और स्पीचेज (1917) के अतिरिक्त 1977 में कलकत्ता से आर.पी. पटवर्धन की पुस्तक 'दादाभाई नौरोजी कॉरस्पौंडेंस' का कुछ खंडों में प्रकाशन हुआ।

उन्होंने चालीस वर्ष तक भारत की विपन्नता को भारतीय समाज में चर्चा तथा आन्दोलन के केन्द्र में ला खड़ा किया। लगातार साक्ष्यों, उदाहरणों तथा आँकड़ों से अपनी बातें पुष्ट कीं। वे इस आन्दोलन में अकेले नहीं रहे। महादेव गोविन्द रानाडे (18.1.1842–16.1.1901), गोपाल कृष्ण गोखले (9.5.1866–19.2.1915), जीवी जोशी (9.6.1851–20.5.1911), रमेशचन्द्र दत्त (13.8.1848–30.11.1909), सुरेन्द्र नाथ बनर्जी (10.11.1848–6.8–1925), डीई वाचा (2.8.1844–1936), बाल गंगाधर तिलक (23.7.1856–1.8.1920), सुब्रह्मण्यम अय्यर (1.10.1842–5.10.1924) आदि नेताओं ने जो आन्दोलन खड़ा किया था और उनके साथ 'अमृत बाजार पत्रिका', 'मराठा 'आदि पत्रिकाओं ने जो सक्रिय हिस्सेदारी की थी, वह इतिहास के शानदार पृष्ठों में दर्ज है।

दादाभाई नौरोजी को तिलक, शिशिर कुमार बन्धु और मोतीलाल घोष जैसे नेताओं की तुलना में उदारवादी (मॉडरेट) कहा जाता है। भारतीय जनता की ग़रीबी उनकी चिन्ता का प्रमुख केन्द्रीय विषय था। उन्होंने भारत की आर्थिक दशा की जड़ में इस ग़रीबी को रखा। यह उनके लिए 'दि क्विश्चन ऑफ ऑल क्विश्चन' था। सबसे बड़ा प्रश्न भारत का आर्थिक प्रश्न था। बिपिन चन्द्र ने अपनी प्रसिद्ध पुस्तक 'दि राइज एंड ग्रोथ ऑफ इकॉनॉमिक 'नैशनलिज़्म इन इंडिया' (पीपुल्स पब्लिशिंग हाउस, नई दिल्ली, 1966) में 1880 से 1905 तक के समय को 'आर्थिक राष्ट्रवाद' का समय माना है।

दादाभाई नौरोजी ने भारत के सामान्यजनों को ब्रिटिश भारत में गुलाम माना और उनकी स्थिति अमेरिकी दासों से भी खराब बताई, क्योंकि अमेरिकी दास अपने मालिकों की 'प्रापर्टी' थे पर भारत की सामान्य जनता की उससे कहीं अधिक भयावह और कारुणिक दशा थी। उस समय भारत की निर्धनता का प्रश्न सबसे बड़ा प्रश्न था। 1886 के कांग्रेस में, जिसके अध्यक्ष दादाभाई नौरोजी थे, भारत की निर्धनता पर विचार किया गया था और प्रस्ताव भी लिया गया था।

दादाभाई नौरोजी ने सर्वप्रथम राष्ट्रीय आय पर विचार किया। भारतीय अर्थशास्त्र के क्षेत्र में यह ऐतिहासिक कार्य था। उस समय भारत के विविध क्षेत्रों के आँकड़े 1870 से प्रकाशित होनेवाले 'इंडियन इकॉनॉमिस्ट' में उपलब्ध रहते थे। पर ये जानकारियाँ अधूरी थीं और उन आँकड़ों के स्रोत भी सही नहीं थे। दादाभाई नौरोजी ने राष्ट्रीय आय (नेशनल इनकम) को सांख्यिकीय आधार पर मापकर उसकी सही दशा सामने रखी। उन्होंने सर्वप्रथम औसत प्रतिव्यक्ति आय की जानकारी दी। 1873 में उन्होंने 1867–68 के ब्रिटिश भारत में सम्पूर्ण राष्ट्रीय आय को 3.4 बिलियन रुपए माना। उस समय भारत की जनसंख्या 170 मिलियन थी और दादाभाई नौरोजी ने प्रति व्यक्ति वार्षिक आय बीस रुपए घोषित की। यह एक बड़ी घटना थी। इस जानकारी ने एक तरह से तहलका मचा दिया। बाद के वर्षों में राष्ट्रीय आन्दोलन में

प्रति व्यक्ति की यह औसत वार्षिक आय एक चीख की तरह गूँजने लगी। इस तरह का तहलका मचा देनेवाला मात्र एक उदाहरण, स्वतंत्र भारत में देखने को मिलता है, जब डॉ. राम मनोहर लोहिया ने आम भारतीय जनता की दैनिक आमदनी तीन आने और तत्कालीन भारतीय प्रधानमंत्री जवाहरलाल नेहरू पर प्रतिदिन किए जानेवाले तीस हजार रुपए के खर्च को संसद में रखकर सत्तासीन और भारत की विपन्न जनता के बीच के 'गैप' को सामने ला खड़ा किया था।

दादाभाई द्वारा बताए गए प्रति व्यक्ति इस औसत आय को लेकर उस समय से बीसवीं शताब्दी के आरम्भ तक इस सम्बन्ध में आँकड़े प्रस्तुत किए जाते रहे। उस समय ब्रिटिश सरकार भारत की आबादी की प्रति व्यक्ति औसत वार्षिक आय का कोई हिसाब नहीं दे रही थी। दादाभाई नौरोजी का आग्रह था कि प्रत्येक वर्ष प्रति व्यक्ति वार्षिक आय का ब्यौरा दिया जाए। जब तक हर साल विस्तारपूर्वक इस तरह की पूरी और सही-सही जानकारी नहीं दी जाएगी, तब तक इस तरह के निराधार दावे करना व्यर्थ की और खोखली बात है कि भारत फल-फूल रहा है। 1870 में उन्होंने इस तथ्य का उद्घाटन किया था कि भारत में औसत व्यक्ति की वार्षिक आय बीस रुपए है यानी चालीस शिलिंग। 'राष्ट्रीय आय' सम्बन्धी उनका यह निष्कर्ष पहला और ऐतिहासिक था। 1870 में नौरोजी ने सरकारी आँकड़ों को ही आधार बनाया था। उन्होंने प्रति व्यक्ति बीस रुपए आय को प्रकाश में लाकर यह भी जानना चाहा था कि साधारणत: अच्छे स्वास्थ्य तथा भलमनसाहत का जीवन व्यतीत करने के लिए एक आदमी की न्यूनतम आवश्यकताएँ क्या होंगी। औसत राष्ट्रीय आय का आकलन उसके बाद और लोगों ने भी किया, 'इंडियन इकॉनॉमिस्ट' पत्र के सम्पादक राबर्ट नाइट ने 1871 में इसे साठ रुपए माना और इंग्लैंड के संसद सदस्य हिंडमैन ने 1886 में इसे अस्सी रुपए बताया था, जो सरासर झूठ था। सांख्यिकी विशेषज्ञ ऐटकिंसन के अनुसार यह राष्ट्रीय आय 1895 में प्रति व्यक्ति 39.5 रुपए थी। दो सरकारी आँकड़े इन आँकड़ों से बिलकुल भिन्न थे। 1881 में लार्ड क्रोमर ने इसे सत्ताईस रुपए बताया था और 1901 में लार्ड कर्जन ने इसे तीस रुपए कहा था। एक ओर अंग्रेज पक्ष भारत की राष्ट्रीय आय में प्रगति का प्रमाण प्रस्तुत कर रहा था और दूसरी ओर नौरोजी से लेकर शेष राष्ट्रीयतावादियों की कोशिश इसे अप्रामाणिक सिद्ध करने की थी।

सव्यसाची भट्टाचार्य ने लिखा है कि 'राष्ट्रीयतावादी अर्थशास्त्रियों ने मक्खी पर मक्खी मारनेवाले क्लर्कों की तरह हिसाब नहीं लगाया था' (वही, पृ. 39)। इंग्लैंड में राष्ट्रीय आय को लेकर आँकड़ों की कमी नहीं थी, पर भारत में राष्ट्रीय आय का सरकारी आँकड़ा अनुपलब्ध था, क्योंकि यहाँ के सरकारी आँकड़े अगर उपलब्ध होते तो उसमें इंग्लैंड द्वारा भारत की, की जाती रही लूट का पता चलता और प्रमाण भी रहता। इंग्लैंड में राष्ट्रीय आय निरन्तर बढ़ रही थी। औद्योगिक क्रान्ति के

फलस्वरूप कृषि उत्पादों से प्राप्त राष्ट्रीय आय का प्रतिशत घटता गया था, पर इस देश में स्थिति उससे सर्वथा भिन्न थी। शासक वही अंग्रेज थे। सुरेन्द्रनाथ बनर्जी ने 1895 के पूना कांग्रेस के अपने अध्यक्षीय भाषण में यह कहा था कि प्रति व्यक्ति औसत आय बीस रुपए हो या सत्ताईस रुपए, इससे कोई फर्क नहीं पड़ता, यह भारत की ग़रीबी का यहाँ की जनता की बदतर दशा का प्रमाण है। औपनिवेशिक भारत में यह राष्ट्रीय आय बहुत नहीं बढ़ी। आँकड़ों के अध्ययन से सव्यसाची भट्टाचार्य इस निष्कर्ष पर पहुँचते हैं—कृषि इत्यादि के प्राथमिक क्षेत्र और उद्योग-उत्पादन के द्वितीय क्षेत्र की आय मिलाकर प्रति व्यक्ति चालीस रुपए से बयालीस रुपए के आसपास (1900 से स्वाधीनता प्राप्ति तक) प्रायः स्थिर रहती है।

दादाभाई नौरोजी ने राष्ट्रीय आय के सम्बन्ध में यह प्रश्न उठाया कि इस राष्ट्रीय आय का बड़ा हिस्सा कहाँ खर्च होता है? उसके लाभ किसे प्राप्त होते हैं? यह प्रश्न आज भी सीना तान कर हमारे सामने खड़ा है। उन्होंने कहा था—यह बात भी ध्यान में रखी जानी चाहिए कि हर ग़रीब मजदूर को औसत पैदावार का अपना पूरा हिस्सा नहीं मिलता। उच्च तथा मध्यम वर्गों को कहीं ज्यादा बड़ा हिस्सा मिलता है, ग़रीब वर्गों को बहुत कम मिलता है, जबकि जीवन का निम्नतम खर्च आमतौर पर औसत हिस्से से अधिक होता है। भारत के जनसाधारण की हालत ऐसी ही लगती है। उनको इतना भी नहीं मिलता कि वे जीवन की जरूरी आवश्यकताएँ भी पूरी कर सकें। क्या आज की स्थिति इससे एकदम भिन्न है?

दादाभाई नौरोजी ने केवल जीवित रहने के लिए आवश्यक चीजों की अनुमान-राशि चौंतीस रुपए से कुछ कम आँकी थी। उस समय डैनवर्स ने दादाभाई नौरोजी द्वारा घोषित प्रति वर्ष औसत आय को त्रुटिपूर्ण बताया और कई क्षेत्रों में लगाई गई पूँजी पर होनेवाली आमदनी को न जोड़े जाने पर यह कहा कि नौरोजी के हिसाब में 'भूसे के लिए कोई गुंजाइश' नहीं है। दादाभाई नौरोजी ने इसका बड़ा सटीक उत्तर यह कहकर दिया था कि 'वे भूसे को नहीं घास, बिनौले और पशुओं को दिए जानेवाले अच्छी प्रकार के चारे या अन्य किसी खाने की चीज को भी शामिल कर लेते, तब भी परिणाम पर अन्तर नहीं पड़ता।' आज भी हैनवर्स के कुछ शिष्य हैं, जो यह बताते हैं कि उस समय नौरोजी ने रेल-सम्पदादि को राष्ट्रीय आय में नहीं जोड़ा था। उनके सामने इसका कोई उत्तर नहीं है कि 1947 तक ऐसी सम्पदाओं की वृद्धि के बाद भी राष्ट्रीय आय में कोई बड़ा अन्तर और विकास क्यों नहीं दिखाई देता? सव्यसाची भट्टाचार्य ने भारत की राष्ट्रीय आय (1901-1947) का आँकड़ा देकर बीसवीं सदी के ब्रिटिश भारत में इस राष्ट्रीय आय के सम्बन्ध में यह लिखा है कि यह या तो 'धीरे-धीरे घोंघे की चाल से आगे बढ़ती रही' या फिर 'बचपन में तेल से चिकने बांस पर बन्दर के चढ़ने-उतरने की तरह उठती-गिरती रही।' (वही, पृ. 40)

रेल सम्पदा, सरकारी निधि आदि को लेकर जिन्होंने उस समय प्रश्न खड़े किए थे, दादाभाई नौरोजी ने उन प्रश्नों के सटीक उत्तर दिए और यह सिद्ध किया कि इस सबसे राष्ट्रीय आय में वृद्धि की कोई सम्भावना नहीं थी। वे आन्तरिक व्यापार को किसी देश की भौतिक आय में होनेवाली वृद्धि का अस्तित्व नहीं मानते थे क्योंकि 'आन्तरिक व्यापार से जो भी लाभ या व्यापारिक मुनाफे होते हैं, वे पूरी तरह उस वर्ष के वास्तविक भौतिक उत्पादन के अन्तिम हिसाब में शामिल रहते हैं।' वे वैदेशिक व्यापार में किसी भी देश की वार्षिक आय या उत्पादन में वृद्धि को कारण मानते थे।

उनके राष्ट्रीय आय के सिद्धान्त का आधार 'अपरिष्कृत भौतिकवाद' और 'मूल्य का श्रम' माना जाता है। उन्होंने समस्त कार्यों को दो श्रेणियों—उत्पादक और अनुत्पादक में विभाजित किया और उत्पादक कार्य की कसौटी पर समाज के आर्थिक आधार को समझा तथा उसका विवेचन-विश्लेषण किया। यह महत्त्वपूर्ण है कि उन्होंने अर्थतंत्र को कभी सपाट, इकहरे या अन्य तंत्रों से सर्वथा अलग और निरपेक्ष रूप में रखकर नहीं देखा, अपितु इसे अन्य विषयों और घटनाओं से जोड़ा। वे आर्थिक संघटनाओं को असल में स्वतंत्र नहीं मानते थे। उनके अनुसार वे समाजशास्त्रीय राजनीतिक और नैतिक घटनाओं से अविच्छिन्न रूप से जुड़ी हुई हैं। क्या आज के सारे अर्थशास्त्री आर्थिक संघटनाओं को नैतिक घटनाओं से अविच्छिन्न रूप से जोड़कर देखते हैं? उत्पादक तथा अनुत्पादक कार्यों के बीच उन्होंने जो अन्तर किए, वह कई विचारकों को 'आश्चर्यजनक रूप से मूल्य और राष्ट्रीय आय के सृजन के मार्क्सवादी सिद्धान्त से मिलता-जुलता दिखाई देता है।'

वीरेन्द्र नाथ गांगुली भारत में विदेशी पूँजी की परिचालन सार्थकता पर दादाभाई नौरोजी के विचार और मार्क्स के 'कैपिटल' के तीसरे भाग में भारत के एकतरफा निर्यात और रेलवे ऋण के बहिर्गमन में समीपी समान्तरता देखते हैं। (इंडियन इकॉनॉमिक थॉट नाइन्टीन्थ सेंचुरी पर्सपेक्टिव्स, 1977)

दादाभाई नौरोजी को 'क्लासिकी अर्थशास्त्री' कहा जाता है, जो मात्र मान्य अर्थशास्त्री न होकर सामाजिक दार्शनिक होते थे। क्लासिकी अर्थशास्त्रियों के चिन्तन में हमें आज भी कई ऐसे तत्त्व दिखाई देंगे, जो अप्रासंगिक नहीं हैं। यही कारण है कि दादाभाई नौरोजी ने अपने समय में जो सिद्धान्त प्रस्तुत किए वे आज भी एकदम अर्थहीन नहीं है। उन्होंने देश की दुरवस्था के आकलन में राष्ट्रीय आय के अतिरिक्त अन्य दूसरे तथा कई तरह के सूचकों का भी इस्तेमाल किया। उन्होंने उत्पन्न मूल्य के आधार पर (मैटेरियल प्रोडक्शन) राष्ट्रीय आय का जो हिसाब लगाया था, उसे अविकसित अर्थ नीति में सही माना गया है।

दादाभाई नौरोजी ने 'निचोड़ने का सिद्धान्त' (ड्रेन थ्योरी) प्रस्तुत किया। निचोड़ने या अपक्षय का यह सिद्धान्त जंगल में आग की तरह देश-विदेश में फैला। कार्ल मार्क्स ने 1857 के एक लेख में भारत पर अंग्रेजों द्वारा जारी वार्षिक अपक्षय

की बात कही थी। मार्क्स ने फिर चौबीस वर्ष बाद 1881 में एनएफ डैनिएल्सन को लिखे अपने पत्र में अंग्रेजों की इस क्रिया को 'ए ब्लीडिंग प्रोसेस विद ए वेनजीअंस' कहा है।

वीरेन्द्रनाथ गांगुली ने 1965 में प्रकाशित अपनी पुस्तक 'दादाभाई नौरोजी एंड द ड्रेन थ्योरी' में इस सिद्धान्त या अवधारणा को उनका अपना मौलिक सिद्धान्त नहीं माना है। वे इस सिद्धान्त को एक 'व्यापारिक सिद्धान्त' मानते हैं और सर जॉन शोर (5.10.1751-14.2.1834) की प्रसिद्ध पाँचवीं रिपोर्ट (1787), लॉर्ड कॉर्नवालिस (30.10.1738-5.10.1805) के 1790 के मिनट्स में और राजा राममोहन राय (22.5.1772-27.9.1833) के यहाँ भी देखते हैं। 1787 से 1830 तक इसके बारे (ड्रेन) में कहा जाता रहा था, पर नौरोजी ने इस पर विशेष ध्यान केन्द्रित किया।

नौरोजी ने 2 मई, 1867 को लन्दन की 'ईस्ट इंडिया एसोसिएशन' की बैठक में इस सिद्धान्त को सामने रखा। उन्होंने अपने लेख 'भारत पर इंग्लैंड का कर्ज' में यह विचार रखा कि भारत पर शासन करने के बदले में इंग्लैंड भारत से धन निचोड़ता (एक्सट्रैक्टिंग) है। भारतीय राजस्व का एक-चौथाई इंग्लैंड चला जाता है और यह इंग्लैंड के आर्थिक संसाधनों में जुड़ जाता है। इससे जहाँ इंग्लैंड का आर्थिक संसाधन बढ़ता है, उसकी राष्ट्रीय आय में वृद्धि होती है, वहाँ भारत की राष्ट्रीय आय घटती है। यह एक अबाध और निर्बंध सिलसिला है।

बिपिनचन्द्र ने 'द राइज एंड ग्रोथ ऑफ इकॉनॉमिक नैशनलिज्म' के तेरहवें अध्याय में विस्तारपूर्वक अपक्षय के सिद्धान्त (ड्रेन थ्योरी) पर विचार किया है। इस सिद्धान्त की आधारभूत शक्तियों को दादाभाई नौरोजी ने थोड़ी देर के लिए भी आँखों से ओझल नहीं होने दिया। उन्होंने भौतिक अपक्षय के साथ ही, नैतिक अपक्षय (द मैटेरियल एंड मोरल ड्रेन) की भी बात कही थी पर नैतिक अपक्षय पर ही सारा ध्यान केन्द्रित किया गया। 1871 तक वे आर्थिक अपक्षय को 'विदेशी शासन का स्वाभाविक आर्थिक परिणाम' मानते थे। वे साम्राज्यवादी चालों और औपनिवेशिक लूट के विविध स्रोतों से पूर्ण परिचित नहीं थे, जो उस समय सम्भव भी नहीं था। इसी कारण उन्होंने इंग्लैंड तथा भारत के बीच के सम्बन्धों को उदारवादी दृष्टि से देखा। यद्यपि 1867 के एक लेख में उन्होंने इंग्लैंड द्वारा भारत से धन निचोड़ने का जिक्र किया था, परन्तु 1873 के अपने निबन्ध 'पावर्टी इन इंडिया' के पहले प्रारूप से उनके इस सिद्धान्त ने एक ठोस आकार ग्रहण करना आरम्भ कर दिया था। इस लेख का संशोधित रूप उन्होंने 1876 में तैयार किया और इस समय के बाद बिपिनचन्द्र के अनुसार उन्होंने अपना जीवन इस सिद्धान्त को प्रचारित करने तथा अपक्षय के खिलाफ जन-चेतना को जगाने के कार्य में लगा दिया। अपक्षय उनके अनुसार भारत में ब्रिटिश शासन की मूलभूत बुराई थी। बिपिनचन्द्र ने लिखा है कि उन्होंने इस सिलसिले में ब्रिटिश समाचार-पत्रों को असंख्य पत्र लिखे,

अनगिनत भाषण दिए, पत्रिकाओं में लेख लिखे, सरकार के साथ पत्राचार किया तथा सरकारी आयोगों और समितियों के समक्ष साक्ष्य प्रस्तुत किए। उन्होंने एक साथ भारतीय जनता और ब्रिटिश सत्ता तथा उनके अधिकारियों को निरन्तर इस 'अपक्षय' से परिचित कराया। ब्रिटिशों की भारतीय अर्थ-नीति के लिए उन्होंने कई विशेषण दिए—'दुष्ट', 'निरंकुश', 'डकैत', 'जघन्य' तथा 'विध्वंसक'।

दादाभाई नौरोजी इस युद्ध में अकेले नहीं थे। जस्टिस रानाडे और रमेशचन्द्र दत्त उनके साथ आ खड़े हुए। रानाडे 1864 में बम्बई विश्वविद्यालय में अर्थशास्त्र के प्राध्यापक हो चुके थे, जहाँ वे अधिक दिनों तक नहीं रहे। उन्होंने 1877 में 'रेवेन्यू मैनुअल ऑफ द ब्रिटिश एम्पायर इन इंडिया' का प्रकाशन किया। 1890 में पश्चिमी भारत में औद्योगिक संघ स्थापित किया। भारत के औद्योगिक विकास को लेकर उनकी चिन्ताएँ स्पष्ट थीं। 1877 के अकाल के बाद उन्होंने एक लम्बा लेख लिखा—'फेमीन एडमिनिस्ट्रेशन इन द बौंबे प्रेज़िडेंसी'। उन्होंने भारतीय चीनी उद्योग के पक्ष में मई और जून 1899 के 'टाइम्स ऑफ इंडिया' में तीन लेख लिखे। रमेशचन्द्र दत्त ने अपने महत्त्वपूर्ण लेखों और पुस्तकों के द्वारा अपक्षय (ड्रेन) का विरोध किया।

भोलानाथ चन्द्र (1822-1910) ने इस 'अपक्षय' का आरम्भ ईस्ट इंडिया कम्पनी की उस नीति से माना है, जब भारतीय राजस्व का एक हिस्सा वे अपने वाणिज्यिक निवेश के लिए अलग रख देते थे। उस समय भारत के धन के बहिर्गमन का एक मार्ग था। बाद में कई मार्ग हो गए।

भारत से धन के इस 'अपक्षय' (ड्रेन) के प्रश्न ने बाद में एक बड़ा रूप धारण कर लिया। दादाभाई नौरोजी की आवाज अकेली आवाज न रहकर भारतीय आवाज बन गई। जी.वी. जोशी, पी.सी. राय, मदनमोहन मालवीय , डी.ई. वाचा, गोपालकृष्ण गोखले, जी. सुब्रह्मण्यम अय्यर, सुरेन्द्रनाथ बनर्जी—सबके सम्मिलित स्वरों ने एक शक्तिशाली रूप धारण कर लिया। उस समय आँकड़ों की अनुपलब्धता तथा स्रोतों के अभाव के कारण 'अपक्षय' को वास्तविक संख्या में प्रस्तुत नहीं किया जा सका। अर्थशास्त्रियों के लिए आज भी आँकड़ों का अन्तर महत्त्वपूर्ण हो सकता है, पर इससे कहीं अधिक बड़ी बात यह थी कि भारत का धन इंग्लैंड जा रहा था। जनता यहाँ पिस रही थी, कराह रही थी, उसके रक्त की एक-एक बूँद निचुड़ रही थी और इंग्लैंड धनवान बन रहा था। शोषण की यह प्रक्रिया कई स्तरों की थी। जहाँ तक आँकड़ों की बात है, दादाभाई नौरोजी ने 1867 में आठ मिलियन, 1870 में बारह मिलियन और बाद में 1876 तथा 1893 से प्रतिवर्ष पचीस करोड़ से अधिक भारतीय धन के इंग्लैंड गमन की चर्चा की। 1883 से 1892 के एक दशक में उनके अनुसार इंग्लैंड जानेवाली कुल राशि 359 करोड़ थी। इंग्लैंड में भारतीय धन का निरन्तर प्रवाह हो रहा था और उस कारण भारत में अकाल, ग़रीबी और भुखमरी फैल रही

थी। 1905 में नौरोजी ने प्रतिवर्ष यह राशि 51.5 करोड़ बताई थी। जी.वी. जोशी के अनुसार, 1834 से 1888 के बीच भारत से 660 मिलियन स्टर्लिंग इंग्लैंड गया। रमेशचन्द्र दत्त ने 'दि इकॉनॉमिक हिस्ट्री ऑफ इंडिया' के प्रथम खंड (अर्ली ब्रिटिश रूल, लन्दन, 1901) की भूमिका में यह लिखा कि भारतीय राजस्व का आधा हिस्सा प्रतिवर्ष इंग्लैंड चला जाता है।

मुगलों और मराठों के शासन-काल में धन का यह अपक्षय नहीं था। वह बाहर नहीं जाकर देश में ही रह जाता था। 1871 में वित्त-सम्बन्धी जाँच-कमेटी के सामने नौरोजी ने यह कहा था कि अंग्रेजों के पहले के विजेता इस देश से भौतिक या नैतिक सम्पदा को ढोकर नहीं ले गए थे, पहले के शासक यहाँ-वहाँ छुरा मारनेवाले कसाई की तरह थे, जबकि अंग्रेजों ने छुरों से सीधे कलेजे (हृदय स्थल) पर वार किया। (रामविलास शर्मा, भारत में अंग्रेजी राज और मार्क्सवाद, खंड-2, पृ. 342) नौरोजी ने इंग्लैंड को 'दि वर्स्ट फारेन इनवेडर' की संज्ञा दी। (वही, पृ. 362) पहली बार अंग्रेजों के शासन-काल में यह 'अपक्षय' शुरू हुआ। यह 'अपक्षय' पूरे राष्ट्र के लिए घातक था। जनता भूखों मर रही थी और भारत में पूँजीपति बढ़ रहे थे। इस अपक्षय के कारण भारतीय पूँजी क्षरित हुई, जिसके अभाव में कोई भी देश औद्योगिक विकास नहीं कर सकता। इस अपक्षय ने भारतीय समाज के विकास को रोक दिया और उसे खेतिहर समाज बनाकर रख दिया। इसके कारण भारतीय पूँजी का संचयन नहीं हो सका अर्थात् इस 'अपक्षय' ने भारतीय आन्तरिक पूँजी को फैलने से रोका, उसका विरोध किया तथा विदेशी पूँजीपतियों के आने के द्वार खोले, जिससे यहाँ उनकी किसी देशी या भारतीय पूँजीपति से प्रतिद्वंद्विता न हो और वे अकेले भारत के संसाधनों से लाभ उठाते रहें। दादाभाई नौरोजी ने इन सारी बातों को सामने रखा। स्थिति यह थी कि भारत में भारतीय पूँजी संचित नहीं हो रही थी और विदेशी पूँजी इकट्ठा हो रही थी। यूरोपीय सेवाओं और नौकरियों ने अलग से दोहन किया।

दादाभाई नौरोजी ने भारतीय जनता पर करों के भारी बोझ, विदेशी व्यापार, भारत में विदेशी सिविल सर्विस की लागत आदि का विश्लेषण कर विदेशी शोषण का सिद्धान्त प्रतिपादित किया। उनका यह सिद्धान्त निचोड़ने के सिद्धान्त (ड्रेन थ्योरी) के नाम से जाना जाता है, जिसे 'अपक्षय का सिद्धान्त' भी कहते हैं। ब्रिटिश सरकार की टैक्स-प्रणाली का उन्होंने 9 अगस्त, 1892 को 'हाउस ऑफ कॉमन्स' में विरोध किया था। हाउस ऑफ कॉमन्स के अपने पहले भाषण में ही उन्होंने सर जार्ज विनगेट के कथन को उद्धृत किया था। विनगेट के अनुसार टैक्स जहाँ से वसूल किया जाता है, उस देश में उसे खर्च न कर दूसरे देश में खर्च करने से उतनी रकम का सम्बद्ध देश को घाटा होता है और भारत से टैक्स वसूल कर इंग्लैंड में खर्च करने से भारत पर बहुत विपरीत, 'क्रूर तथा कमरतोड़ प्रभाव' पड़ा

है। नौरोजी ने 1869 में कहे गए लार्ड मेटकॉफ के उस कथन को भी उद्धृत किया कि काम करनेवाला वर्ग और मुनाफा कमानेवाला एक न होकर भिन्न होता है। अंग्रेज अधिकारियों के कथन दादाभाई नौरोजी के समक्ष थे और उन्होंने उसका खूब उपयोग किया। 1881 में सैलिसबरी ने 'भारत के खून निचोड़ने' की बात कही थी और यह लिखा था कि 'भारत का खून निचोड़ने का यह सिलसिला खत्म होना ही चाहिए।'

दादाभाई नौरोजी ने टैक्स के खिलाफ विरोध प्रकट किया। शासक वर्ग का यह कथन था कि भारतवासियों पर दुनिया में सबसे कम टैक्स का बोझ है। इसका उत्तर नौरोजी ने दो-टूक शब्दों में दिया। उन्होंने अधिक और कम टैक्स के अन्तर को समझाया और यह कहा कि इंग्लैंडवासी सात या आठ प्रतिशत जो टैक्स राज्य सत्ता को देते हैं, वह किसी न किसी रूप में उनको वापस हो जाता है, पर भारतवासियों के साथ ऐसी स्थिति नहीं है। इंग्लैंडवासियों की तुलना में भारतवासियों को दुगुना टैक्स—चौदह प्रतिशत—देना पड़ता है और यह राशि भारत से बाहर चली जाती है। भारत में राजस्व की यह ब्रिटिश प्रणाली उनके अनुसार 'अस्वाभाविक' तथा 'उत्पीड़नकारी' थी। उन्होंने टैक्स वसूलने और जनता का खून निचोड़ने की बात एक साथ की। भारतवासी जो टैक्स देते थे, वह टैक्स देना नहीं था, खून निचोड़ना था, क्योंकि एक तो यह राशि अधिक थी तथा दूसरे इसका अधिकांश भाग देश के बाहर चला जाता था। कई अंग्रेजों ने, जिनमें लार्ड लोरंस, सर जार्ज बिनगेट तथा सर लुइस मैलेट प्रमुख थे, इसको दूसरे ढंग से पहले कहा था। दादाभाई नौरोजी के सामने ये प्रमाण भी थे।

फौजी खर्च भारत में मामूली नहीं था। ब्रिटिश भारत में यह खर्च सम्पूर्ण राजस्व का एक-तिहाई आँका गया है। भारतीय सेना विश्व की 'सबसे महँगी सेना' थी। दादाभाई नौरोजी ने बार-बार यह कहा कि फौज का यह खर्च भारत पर नहीं डाला जाए। विदेशी को अदा की गई 'प्रत्येक पाई' उनके अनुसार 'देश के लिए शुद्ध घाटा' था। विदेशी सिविल कर्मचारियों को दिए जानेवाले ऊँचे वेतन की भी उन्होंने आलोचना की। मुक्त व्यापार (फ्री ट्रेड) में विश्वास करने के बाद भी वे स्वदेशी के समर्थक थे। उन्होंने साफ शब्दों में कहा कि पहले के हमलावरों ने देश का भौतिक और नैतिक 'क्षय' नहीं किया, क्योंकि वे या तो लूट का माल लेकर चले गए या देश के शासक बन गए थे। अंग्रेजों का रवैया उनसे अलग है। ''अंग्रेज वैज्ञानिक औजार से दिल की गहराई तक काटते हैं और मजा यह कि घाव दिखाई नहीं पड़ता और जल्द ही सभ्यता, प्रगति और अन्य चीजों की ऊँची बातों के प्लास्टर से घाव ढँक लिया जाता है। अंग्रेज शासक भारत के द्वार के प्रहरी बनकर सारी दुनिया को चुनौती देते हैं कि वे सभी हमलावरों के विरुद्ध भारत की रक्षा करेंगे और खुद पीछे के दरवाजे से उसी खजाने को उठा ले जाते हैं, जिसके वे प्रहरी हैं।''

उनके समक्ष जॉन स्टुअर्ट मिल (1806-73) के 'भौतिक अपक्षय' वाले प्रश्न थे। उन्होंने अपनी रचनाओं में मिल को अनेक बार उद्धृत किया है, उसे 'अर्थशास्त्र का एक प्रामाणिक विद्वान' माना है तथा उसकी सराहना की है। उन्होंने मिल के सिद्धान्तों को ग्रहण कर उसे एक नया स्वरूप प्रदान किया। 'विदेशी अपक्षय के स्वरूप और प्रभाव' से सबको परिचित कराया। दोनों छोरों पर जलती हुई मोमबत्ती (पूँजी का ह्रास तथा श्रम की उत्पादन क्षमता में पहले की तुलना में कमी) का रूपक और बिम्ब पेश किया। 'मछली के तेल में मछली को छाननेवाली बात' थी। प्रशासन की इस प्रणाली के वे खिलाफ थे। तद्युगीन प्रशासन-प्रणाली के सम्बन्ध में उनका स्पष्ट विचार था कि वैसे प्रशासन में भारत की ग़रीबी का बढ़ना जरूरी है।

दादाभाई नौरोजी को 'उभरते भारतीय पूँजीपति वर्ग का प्रतिनिधि' कहा गया है। सच्चाई यह है कि वे 'भारतीय राष्ट्रवाद के जनक' थे और उन्होंने 'आर्थिक राष्ट्रवाद' की आधारशिला रखी। भारत को ग़रीबी से मुक्त करने की यह बेचैनी आज भारत के अर्थशास्त्री, राजनेता और बुद्धिजीवी में कितनी है? लगभग चालीस वर्ष तक इस दिशा में सतत् क्रियाशील रहना साधारण बात नहीं है। पेशेवर राजनीतिज्ञ इसे नहीं समझ पाएँगे। अपक्षय (ड्रेन) से छुटकारा पाने के लिए उन्होंने 'स्वशासन' को जरूरी माना। उनसे कुछ कदम आगे बढ़कर रमेशचन्द्र दत्त ने इस अपक्षय को जमीन के लगान से जोड़कर देखा और दोनों को एकबद्ध किया। रमेशचन्द्र दत्त के अनुसार भारतीय राजस्व का बड़ा हिस्सा किसानों से लगान के रूप में लिया जाता था और वे किसान 'ग़रीबों में सर्वाधिक ग़रीब' (दि पुअरेस्ट ऑफ दि पुअर) थे। उन्होंने आर्थिक अपक्षय और भूमि-लगान को एक ही प्रश्न के दो पहलू माना था।

अपक्षय सिद्धान्त (ड्रेन थ्योरी) अपने समय में एक क्रान्तिकारी सिद्धान्त था। उसने भारतीय जनता के बीच राजनीतिक चेतना भी जगाई, अंग्रेजों की लूट के प्रति सबका ध्यान आकृष्ट कराया और भारत में राष्ट्रवाद को जन्म दिया।

उस समय को याद करना क्या अतीत में टहलना भर है? या मात्र इतिहास का स्मरण है? क्या उस दौर में आज के भारत के लिए देने को कोई सन्देश नहीं है? क्या हमारा यह निकटवर्ती इतिहास हमारे वर्तमान से इस कदर विच्छिन्न है कि हम उसका अध्ययन विश्वविद्यालयों में करके सन्तुष्ट हो लें? क्या आज भारत को एक नए आर्थिक राष्ट्रवाद की ज़रूरत नहीं हैं? क्या अपक्षय का सिद्धान्त एकदम नष्ट हो चुका है? क्या अंग्रेजों के समय की कई समस्याएँ—आज के समय की समस्याएँ नहीं हैं—कुछ भी? क्या यह सम्भव है कि अंग्रेजों के समय के कई नियम और कानून रहें, उनके द्वारा निर्मित ढाँचें बने रहें, उनकी नीतियों 'फूट डालो और राज करो' आदि का पालन होता रहे और उनके समय की समस्याएँ बदले हुए रूप में न हों? अगर अंग्रेजों के समय की कई समस्याएँ मौजूद हैं और हमने उनसे लड़कर, उन्हें खदेड़ कर स्वतंत्रता प्राप्त नहीं की—'सत्ता का हस्तान्तरण' हुआ तो फिर क्या

एक नए राष्ट्रवाद और नए आर्थिक राष्ट्रवाद की हमें ज़रूरत नहीं है ? जब अधिकांश भारतीय अर्थशास्त्री यूरोपीय मस्तिष्क से चालित हों, विश्व बैंक में चाकरी कर उसकी नीतियों का समर्थन करते हों, उनमें भारतीय जनता के प्रति वास्तविक प्रेम का अभाव हो, वे जन-विमुख हों, तब क्या भारत की अर्थनीति जनोन्मुख होगी ? जब हमारी राजनीतिक पार्टियों का एकसूत्री कार्यक्रम दिल्ली के सिंहासन पर बैठकर सत्ता के समस्त सुखों का उपभोग करना हो, तब क्या उन पार्टियों को भारत के सामान्य जन की चिन्ता सालती रहेगी ?

दादाभाई नौरोजी ने एक ही देश में दो भारत की बात कही है। वास्तव में यहाँ दो भारत है—एक समृद्ध और दूसरा विपन्नता से आक्रान्त (वीरेन्द्रनाथ गांगुली, वही पृ. 148 पर उद्धृत) क्या आज का भारत समृद्ध और विपन्न भारत में विभाजित नहीं है ?

बेशक दादाभाई नौरोजी का समय हमारा समय नहीं है, उनके समय में भारत में अंग्रेजों का शासन था। हमारे समय में हमारी 'अपनी' सरकार है। हमारे देश का एक लोकतांत्रिक ढाँचा है; पर क्या सचमुच साम्राज्यवाद से हमारा सम्बन्ध नहीं है ? क्या यह कहना उचित है कि अब दुनिया के देश साम्राज्यवादी दबावों से मुक्त हैं ? क्या सचमुच भारत पर बाहरी शक्तियों का दबाव नहीं है? क्या आज भिन्न रूप में 'अपक्षय' जारी नहीं है ? क्या हमारे देश की प्रतिभाएँ बाहर पलायन नहीं कर रही हैं ? बाहर नहीं जा रही है ? क्या स्विस बैंकों में वर्षों से भारतीय धन इकट्ठा नहीं है ? उस धन से भारत का किस तरह विकास हो रहा है ? क्या अब अंग्रेजों की जगह भारतीय ही शोषक नहीं है ? प्रश्नों की एक लम्बी शृंखला है, और यह सच है कि हमारा समय समस्या-मुक्त नहीं है।

आज भारतीय नेताओं और अर्थशास्त्रियों के समक्ष कई विकट चुनौतियाँ हैं। काले धन की समानान्तर भारतीय अर्थव्यवस्था ने अनेक क्षेत्रों में संकट खड़े कर दिए हैं। इस काले धन का राष्ट्रीय विकास में क्या कोई उपयोग सम्भव है? वित्त मंत्री मनमोहन सिंह ने 'स्वर्णबांड' की खरीद के लिए काले धन को निकालने तथा उसे मुख्य अर्थ-धारा में लाने का प्रयत्न किया, पर नतीजा कुछ नहीं निकला। काले धन का अनियंत्रित प्रवाह औद्योगिक विकास में किसी प्रकार की मदद नहीं पहुँचा सकता। वह उपभोक्ता सामग्रियों में खर्च होता है और उस धन से सामान्य जन को कोई लाभ नहीं है। यह क्या सम्भव है कि जो कालाधन सामान्य जन का शोषण कर इकट्ठा किया गया है, वह उसी जन को किसी प्रकार का लाभ पहुँचाने में सम्भव हो सकेगा ?

क्या आज बदले रूपों और तरीकों से भारतीय धन का अपक्षय नहीं हो रहा है ? साम्राज्यवादियों के साथ सम्बन्ध बनाए रखने से हम अपने देश के धन का एक मामूली हिस्सा उन्हें किसी न किसी रूप में अवश्य देते हैं। ब्याज के रूप में ही सही।

भारतीय धन का विदेशों में जमा होना, उत्पादक कार्यों में कम और अनुत्पादक कार्यों में, जिसमें सरकारी ढाँचे को बनाए रखना प्रमुख है, विशेष खर्च होना भारतीय पूँजी का बेहतर विकास नहीं कर सकता। विदेशी पूँजी के आने से देशी पूँजी के साथ उसका सह-सम्बन्ध क्या राष्ट्र के सर्वांगीण विकास के लिए उपयोगी है?

आज अपक्षय की दिशा बदली हुई है। भारतीय धन दिल्ली और प्रदेशों की राजधानियों तथा बड़े-बड़े शहरों में सिमटा हुआ है, अपक्षय का यह दिशा-परिवर्तन महत्त्वपूर्ण है। आज भी प्रति व्यक्ति राष्ट्रीय आय का, विविध आय के वर्गों का अलग-अलग ब्यौरा उपलब्ध नहीं है। विदेशी पूँजी को न्यौता देकर क्या हम अपक्षय को रोक सकते हैं? क्या यह बदले अर्थों में प्रौद्योगिकी के क्षेत्रों, विदेशी कम्पनियों के मुनाफे तथा रॉयल्टी के रूप में विदेश नहीं जा रहा है। अगर आज अपक्षय नहीं है, तो अपने ही देश में एक ओर ग़रीबी और भुखमरी तथा दूसरी ओर अमीरी और सम्पन्नता क्यों है? स्पष्ट है कि सम्पत्ति पर सबका समान अधिकार नहीं है और न उसका न्यायपूर्ण विभाजन ही है। क्या भारतीय धन का एक हिस्सा अनुत्पादक वर्ग के हाथों में जाकर संचित नहीं हो गया है? अनुत्पादक पूँजी की देश के विकास में कितनी भूमिका है? क्या भारत में ही भारतीय धन का एक लुटेरा वर्ग नहीं है, जो पूँजी को उत्पादक कार्यों में लगने नहीं दे रहा है? यह लुटेरा वर्ग 1970 के बाद फला-फूला है। 1960 में दक्षिणी कोरिया की प्रति व्यक्ति वार्षिक आय भारत से कम थी और 1992 में भारत की औसत प्रति व्यक्ति आय जहाँ 310 डालर थी, वहीं दक्षिणी कोरिया में प्रति व्यक्ति आय छह हजार सात सौ डालर थी। इतना ही नहीं, 1960 में भारत औद्योगिक उत्पादन में विश्व में बारहवें नम्बर पर था, जो बीस वर्ष बाद 1980 में बाईसवें नम्बर पर चला गया। इसका कारण सार्वजनिक सेक्टर के क्षेत्र में होनेवाली अवनति था। बड़ी बात यह है कि आज के समय में परिवर्तन की राष्ट्रीय आकांक्षा किस राजनीतिक पार्टी में है? भारत को यथास्थितिवाद से निकालकर द्रुत विकास तथा परिवर्तन की राह पर ले चलना क्या 'उदारवादी' नीतियों से सम्भव है? अब यह तथ्य भी सामने आ चुका है कि उदारीकरण का लाभ सामान्य जन को प्राप्त नहीं हुआ है। इसे बड़े लोगों ने प्राप्त कर लिया है।

हमने विदेशों से पिछले वर्षों में जितनी उपभोक्ता सामग्री आयात की है और उसके बदले जिस विदेशी मुद्रा का भुगतान किया है, उसका वर्षवार आँकड़ा किसी को भी चौंका सकता है। अमर्त्यसेन बार-बार यह कह रहे हैं कि भारतीय जनता की उपेक्षा करके विकास मार्ग पर नहीं चला जा सकता।

जिन राष्ट्रवादी अर्थशास्त्रियों की बात अब हम नहीं करते, उनसे इतना तो सीख सकते हैं कि उन्होंने अपने समय में भारत की दरिद्रता को लेकर कम मंथन नहीं किया और सामान्य जन की भुखमरी, कंगाली और बदहाली को लेकर वे कहीं अधिक चिन्तित थे। हमारे समय में ऐसी चिन्ता कम दीखती है। राजनीतिक पार्टियों

की कार्यसूची में यह है भी नहीं और यह दुर्भाग्य की बात है कि भाजपा इस अस्त्र को लेकर सत्तासीन होने की तैयारी कर रही है।

भाजपा का राष्ट्रवाद छद्म राष्ट्रवाद हैं। उसके लिए राष्ट्र का अर्थ हिन्दू राष्ट्र है। राष्ट्रवाद की यह हिन्दू व्याख्या कहीं से भी उचित और तर्कसंगत नहीं है। पिछले दो वर्ष से भाजपा 'आर्थिक राष्ट्रवाद' की बात करती है। वह 'स्वदेशी' की बात कर रही है। उसने स्वतंत्रता आन्दोलन के दौर के लगभग सभी हथियार भाषा और मुहावरे के रूप में अपनी झोली में इकट्ठे कर लिए हैं। यह भारतीय राजनीति की ट्रैजेडी है कि इतिहास से अधिक मिथकों की बात करनेवाली पार्टी, पुनरुत्थानवादी धारणा से परिचालित पार्टी स्वतंत्रता आन्दोलन के चमकते मुहावरों का इस्तेमाल कर रही है और राष्ट्र सम्बन्धी सारी चर्चाएँ हमने उसके जिम्मे छोड़ दी हैं। केवल वर्मा अगर 'स्टाप माइंडलेस नैशनलिज़्म' कहते हैं, तो क्या गलत कहते हैं! 'माइंडलेस' ही नहीं, 'हार्टलेस 'नैशनलिज़्म' भी। विदेशी पूँजी के प्रवाह को जारी रखना कहीं से भी राष्ट्रीय पूँजी के विकास को नहीं बढ़ाता। यह अलग से विचार का विषय है कि विदेशी कम्पनियों ने किस तरह देशी कम्पनियों को निगला है और प्रौद्योगिकी के क्षेत्र में हमने पिछले दिनों बाहर से क्या हासिल किया है।

हमारा समय खलबलाता समय है। एक ओर पुनरुत्थानवाद है और दूसरी ओर उपभोक्तावाद। एक ओर कांग्रेस है, दूसरी ओर भाजपा। वामपन्थ को अपनी जिस भूमिका का निर्वाह समस्त मतभेदों को भुलाकर करना चाहिए था, वह नहीं कर पा रही है। वामपन्थ की राजनीति में राष्ट्रवाद और आर्थिक राष्ट्रवाद का प्रश्न गौण है, वह एक व्यतीत अध्याय है, लेकिन मार्क्सवाद इस रास्ते से हटकर कुछ भी प्राप्त नहीं कर सकता। क्रान्तिकारी वामपन्थी धारा के एक युवा चिन्तक और प्रवक्ता महेश्वर ने सम्भवत: सर्वप्रथम 1987 में 'एक नए आर्थिक राष्ट्रवाद' की ज़रूरत महसूस की थी। 'समकालीन जनमत' में तब उन्होंने लिखा था कि स्वतंत्र भारत की समस्याओं का हल पुराने आर्थिक राष्ट्रवाद से नहीं हो सकता, उन्होंने देशी तथा राष्ट्रीय पूँजी के पलायन को विदेशी पूँजी के आयात से जोड़ कर देखा था। उनकी दृष्टि साफ थी। विदेशी पूँजी से आर्थिक स्वतंत्रता सम्भव नहीं है। उन्होंने नए आर्थिक राष्ट्रवाद की दो मुख्य शर्तें मानी थीं—'विदेशी पूँजी का उन्मूलन तथा सम्पत्ति का न्यायपूर्ण विभाजन'। उनका मत था—'पुराने आर्थिक राष्ट्रवाद की परिणति राजनीतिक स्वतंत्रता में हुई, नया आर्थिक राष्ट्रवाद सत्ता के पूर्ण जनतंत्रीकरण को अन्जाम देगा।'

भाजपा भाषा, शब्दों और मुहावरों का खेल खेल रही है। उसकी चिन्ता भारतीय जन की चिन्ता न होकर, सत्ता पर काबिज होने की चिन्ता है। भारतीय मार्क्सवाद ने राष्ट्रवाद पर पिछले वर्षों में और आज भी विस्तृत चर्चा नहीं की। हिन्दी के प्रसिद्ध कवि नागार्जुन ने 26 नवम्बर, 1979 को विदिशा में विजयबहादुर सिंह के आवास

पर उनसे हुई बातचीत में यह कहा था कि मेरे सन्दर्भ में राष्ट्रीय मार्क्सवाद शब्द ज्यादा सही होगा...भारत में ही क्यों सम्पूर्ण दक्षिणी एशिया में मार्क्सवाद तभी फलदायी होगा, जब वह राष्ट्रीयता से जुड़ेगा। हम अपने समय में राष्ट्रवाद की चर्चा से विमुख नहीं हो सकते। उसके लिए वास्तविक राष्ट्रवाद और छद्म राष्ट्रवाद में अन्तर करना जरूरी है।

(1995)

ग़रीबों और दलितों के हैं विवेकानन्द

विवेकानन्द (12.1.1863-4.7.1902) की मान्य छवि हिन्दू धर्म के महान प्रवक्ता की बनी हुई है। 'धर्म महासभा' (1893) में विवेकानन्द के व्याख्यान के इस शताब्दी वर्ष में (1993) कुछ चालाक, चतुर और धार्मिक संगठनों ने अपने सम्मेलनों के जरिए विवेकानन्द की एक 'हिन्दू छवि' को सामने रखा है। विवेकानन्द हिन्दू राष्ट्र का सपना पालनेवाले कठमुल्लों, धार्मिक पाखंडियों, साम्प्रदायिक शक्तियों, धनिकों और वणिकों के नहीं हैं। वे पूरे राष्ट्र के हैं और राष्ट्र के विकास तथा उन्नयन में जिस किसान, श्रमिक तथा अन्य साधारण जनों की महती भूमिका है, उनके हैं वे। उन्होंने अमेरिका में जिस हिन्दू धर्म का गुणगान किया, क्या वह हिन्दू धर्म आज के उन संगठनों का हिन्दू धर्म है, जो ध्वंस में, आतंक में और विवेक का नाश कर भावनाओं को भड़काने तथा उत्तेजित करने में विश्वास करता है? विवेकानन्द का हिन्दू धर्म राजनीति (और वह भी सत्ता की राजनीति) से नहीं जुड़ा था। धर्म उनके लिए राज्य-सत्ता की प्राप्ति के निमित्त नहीं था। उनके हिन्दू धर्म में मानवीय करुणा थी। वहाँ नीति थी, राजनीति नहीं और उनकी धर्मनीति कर्मनीति से जुड़ी हुई थी। अमेरिका में हिन्दू धर्म पर उनके द्वारा दिया गया व्याख्यान क्या आज के हिन्दू धर्मानुयायियों के भाषणों से मेल खाता है? विवेकानन्द नेता नहीं हैं, वे भारत के स्वप्नदर्शी तथा क्रान्तिकारी सपूत हैं।

उन्नीसवीं शताब्दी के अन्त में 'धर्म' विवेकानन्द के लिए भारत की प्रधान आवश्यकता नहीं था—"क्षुधातुरों को धर्म का उपदेश देना उनका अपमान करना है, भूखों को दर्शन सिखाना उनका अपमान करना है। भारतवर्ष में यदि कोई पुरोहित द्रव्य-प्राप्ति के लिए धर्म का उपदेश करे, तो वह जाति से च्युत कर दिया जाएगा और लोग उस पर थूकेंगे।" (विवेकानन्द साहित्य-1, 1993 पृ. 22) द्रव्य-प्राप्ति हो या सत्ता प्राप्ति—भारतीय धर्म और हिन्दू धर्म, इसका विरोधी रहा है। विवेकानन्द के समय भारत की ग़रीब और दलित जनता की संख्या बीस-पचीस करोड़ थी। आज यह संख्या अस्सी करोड़ के आस-पास है। वे सदैव देश की इस बहुसंख्यक आबादी के उद्धार के लिए चिन्तित थे। वे दीन-दलितों के उद्धारकर्ता थे। ग़रीब, निरक्षर, मूर्ख और दुःखी व्यक्ति ही उनका ईश्वर था। 'मातृदेवो भव', 'पितृदेवो भव' की जगह वे कहते थे 'दरिद्रदेवो भव', 'मूर्खदेवो भव'।

जो लोग गर्व से अपने को हिन्दू कहते हैं और हिन्दू-दम्भ से ग्रस्त हैं, वे शायद यह नहीं जानते कि सौ वर्ष पहले ही विवेकानन्द ने 'हिन्दू' शब्द में कोई सार्थकता नहीं देखी थी—'जिस हिन्दू नाम से परिचित होना आजकल हमलोगों में प्रचलित है, इस समय उसकी कुछ भी सार्थकता नहीं है क्योंकि उस शब्द का केवल यह अर्थ था—सिन्धु नद के पार बसनेवाले।' उनके अनुसार 'हिन्दू' शब्द से केवल हिन्दू मात्र का ही बोध नहीं होता, बल्कि मुसलमान, ईसाई, जैन तथा भारत के अन्यान्य अधिवासियों का भी होता है। विवेकानन्द 'हिन्दू' की तुलना में 'वैदिक' या 'वेदांती' शब्द का प्रयोग उचित समझते थे।

विवेकानन्द का धर्म मात्र साधन नहीं था। धर्म की राजनीति में उनका विश्वास नहीं था। 11 सितम्बर, 1893 को शिकागो की विश्व धर्म महासभा में स्वागत का उत्तर देते हुए उन्होंने साम्प्रदायिकता, हठधर्मिता और बीभत्स धर्मांधता पर प्रहार किया था, क्योंकि इसने पृथ्वी की सुन्दरता को नष्ट किया, मानवता को रक्त से नहलाया, सभ्यताओं को विनष्ट किया, हिंसा का राज्य स्थापित किया और देशों को निराशा के गहनान्धकार में डाल दिया। विवेकानन्द ने इन्हें 'बीभत्स दानवी' कहा, जिसने मानव-समाज की उन्नति रोकी। उस समय उन्होंने यह आशा की थी—"आज सुबह इस सभा के सम्मान में जो घंटा-ध्वनि हुई है, वह समस्त धर्मांधता का, तलवार या लेखनी के द्वारा होनेवाले सभी उत्पीड़नों का तथा एक ही लक्ष्य की ओर अग्रसर होनेवाले मानवों की पारस्परिक कटुताओं का मृत्यु-निनाद सिद्ध हो।" (वही, पृ. 4) यह दुख की बात है कि ऐसा नहीं हुआ और सौ वर्ष के बाद आज भी इसकी आवश्यकता बनी हुई है। स्वयं उनके देश में न तो उत्पीड़न कमा है और न साम्प्रदायिक तथा धर्मांध तत्त्व। विवेकानन्द ऐसे तत्त्वों का नाश चाहते हैं। साम्प्रदायिक और धर्मांध ताकतों की मृत्यु चाहते हैं।

धर्म का उनके लिए व्यापक अर्थ था, जहाँ संकीर्णताएँ मिटती हैं, क्षुद्रताएँ गलती हैं, बन्धन नष्ट होते हैं और मनुष्य स्व-चिन्ता से दूर होकर समष्टि-चिन्ता में लीन होता है। यह धर्म की राजनीतिक नहीं, सामाजिक भूमिका है। वे धर्म के नाम पर किए जानेवाले अधर्म, ढोंग और पाखंड के विरुद्ध थे। एक धर्म का ध्वज फहराकर दूसरे धर्म पर प्रहार करना धार्मिक कृत्य नहीं है। समस्त धर्मों के पारस्परिक बन्धुत्व के भाव पर उनका बल था, 'क्योंकि अगर उन्हें जीना है तो साथ-साथ और मरना है तो साथ-साथ।' अन्धास्था उनके लिए धर्म नहीं थी, जो विवेक और तर्क-शक्ति को नष्ट करती है। आस्था का रिश्ता कर्मकांड से है और जो कर्मकांडी हैं, उन्हें धार्मिक नहीं माना जा सकता। पैगम्बर और महापुरुषों के वचनों को विवेकानन्द यथावत् स्वीकार लेने और ग्रहण करने के पक्ष में नहीं थे। क्योंकि इससे हमारा मस्तिष्क जड़ हो जाता है। वे तर्क की कसौटी पर ऐसे वचनों को कसने के पक्ष में थे। वेदों को भी उन्होंने यथावत् ग्रहण नहीं किया। उसके बुद्धि

सम्मत अंशों को उन्होंने ग्रहण किया क्योंकि 'वेदों के अनेक अंश प्रतीयमानतः विरोधात्मक हैं।'

विवेकानन्द 'नियमों के अनुवर्तन' के विरोधी थे। नियमों का अक्षरशः पालन वैचारिक चिन्तन और विकास को अवरुद्ध करता है। भारतीय मस्तिष्क की जड़ता का एक बड़ा कारण यह भी रहा कि उसने विवेकरहित और तर्करहित होकर प्रायः सभी क्षेत्रों में 'नियमों का अनुवर्तन' किया। हिन्दुओं की जातीय मृत्यु विवेकानन्द के अनुसार इसी कारण सम्भव हुई। उनका स्पष्ट मत था कि 'नियमों का यह अनुवर्तन' हमें 'जड़ पदार्थ में ही परिणत' कर देगा। वे धर्म को नियमों और मान्यताओं में नहीं बाँधते। धर्म वहाँ होने तथा बन जाने का विषय था। धर्म उनके लिए ऐंद्रिय भूमि से परे इंद्रियातीत भूमि से जुड़ा था, जो बाहर से न आकर व्यक्ति के भीतर से उत्पन्न होता है। धर्म की उत्पत्ति आत्म-त्याग से ही सम्भव है। "जिस देश में दस-बीस लाख साधु और दस-बारह करोड़ ब्राह्मण ग़रीबों का खून चूसकर पीते हैं और उनकी उन्नति के लिए कोई चेष्टा नहीं करते, वह देश है या नरक ? क्या वह धर्म है या पिशाच का नृत्य ?"

विवेकानन्द पिशाच के इस नृत्य को रोकना चाहते थे। इस नृत्य को रोकने के लिए ऐसी शक्तियों का प्रतिरोध करना आवश्यक है। अशुभ का प्रतिरोध न करनेवाले उपदेशों को पूर्णतः स्वीकार करना उनके लिए कठिन था। इसमें समाज का अहित है और समाज के सारे संघटन के ही छिन्न-भिन्न हो जाने का खतरा है। "दुष्ट लोग हमारी जान और माल पर हाथ मारने और मनमानी करने लगेंगे।" इसलिए आज भी पिशाच नृत्य करनेवाले दुष्टों के खिलाफ सक्रिय होना, उनका प्रतिरोध करना जरूरी है। जिनमें यह प्रतिरोध शक्ति नहीं है, वे कायर और बुजदिल हैं और विवेकानन्द कायरता को सबसे बड़ा पाप मानते थे। उनका यह निश्चित मत था कि कायरों का कभी उद्धार नहीं हो सकता—'मुझसे कायरता सहन नहीं होती। एक चोट सहकर वेग से दस चोटें लगानी होंगी।'

धर्म के नाम पर पिशाच-नृत्य करनेवाले धर्म के वास्तविक अर्थ, लक्ष्य और उद्देश्य के विरोधी रहे हैं। वे 'धर्म' को 'मत' मानते हैं और उसे नियमों की श्रृंखला में जकड़ देते हैं, जबकि धर्म एक प्रक्रिया है। विवेकानन्द ने धर्म और सम्प्रदाय के अन्तर को बार-बार स्पष्ट किया। आज भी सम्प्रदाय को धर्म माननेवाले कम नहीं हैं। धर्म जहाँ एक है, वहाँ सम्प्रदाय अनेक हैं। सम्प्रदाय अपने निजी सत्य की उद्घोषणा कर अन्यत्र कहीं भी सत्य नहीं देखता। धर्म न तो मन्दिर-मस्जिद तोड़ने में है और न लोगों के चित्त को अशान्त तथा उद्विग्न करने में। धर्म लोगों की भावनाओं को नहीं भड़काता। विवेकानन्द निवृत्ति को समस्त नैतिकता और धर्मों की नींव मानते थे। उन्होंने साफ शब्दों में यह स्वीकार किया कि धर्म की सदैव एक भूमिका नहीं रही है। वह कभी उन्नति करता रहा है तो कभी अवनति के मार्ग पर भी

बढ़ा है। अगर इसने एक ओर मनुष्य को शान्ति प्रदान की है, तो दूसरी ओर ऐसी 'भयंकरता की सृष्टि' भी की है, जैसी किसी ने नहीं की।

विवेकानन्द धर्मांधता के खिलाफ थे। वे इसे एक भयंकर बीमारी मानते थे। 'मनुष्य में जितनी दुष्ट बुद्धि है, वह सभी धर्मांधता द्वारा जगाई गई है। उसके द्वारा क्रोध उत्पन्न होता है, स्नायु-समूह अतिशय तन जाता है और मनुष्य शेर जैसा हो जाता है।' उनके लिए 'जय श्रीराम' और 'जय श्रीकृष्ण' का उद्‌घोष करना धार्मिक होना नहीं था। वे धार्मिक उत्तेजना और उन्माद के खिलाफ थे क्योंकि धर्म का कर्म तोड़ना नहीं, जोड़ना है। उसका सम्बन्ध जीवन से है, मृत्यु से नहीं। यह कम बड़ी बात नहीं है कि संसार के प्राय: सभी धर्मों की उत्पत्ति एशिया की प्रवहमान नदियों के भूखंड पर हुई। 'संसार का प्रत्येक धर्म गंगा और फरात नदियों के मध्यवर्ती भूखंड पर उत्पन्न हुआ है। एक भी प्रधान धर्म यूरोप या अमेरिका में उत्पन्न नहीं हुआ। प्रत्येक धर्म एशिया में उत्पन्न हुआ है और वह भी केवल उसी भूखंड में।'

विवेकानन्द की चिन्ता मन्दिर और गिरजाघर की चिन्ता नहीं थी। वे धर्म के संकीर्ण तथा साम्प्रदायिक स्वरूप के विरोधी थे। वे हिन्दू धर्म को प्राचीन वेदों पर आधारित मानते थे। वे वेदांती थे और वेदांत की अपनी सामाजिकता है। वे कर्मकांड और ज्ञानकांड में से ज्ञानकांड के समर्थक थे क्योंकि 'यही हमारे धर्म का आध्यात्मिक अंश' है। ज्ञान उनके लिए जीवन है और अज्ञान मृत्यु। उनकी एकमात्र चेष्टा थी भारत को अज्ञान के अन्धकार से निकाल कर ज्ञान के प्रकाश में ला खड़ा करना। अन्नदान और वस्त्रदान की तुलना में ज्ञानदान उनके लिए कहीं अधिक उपयोगी और बड़ा है। ज्ञान एकत्व में है और अज्ञान अनेकता में। विविधता में एकता का दर्शन ही सबसे बड़ा दर्शन है। इस ज्ञान का स्वतंत्रता से सम्बन्ध है। क्योंकि अज्ञान जहाँ हमें परतंत्र करता है, वहाँ ज्ञान से हमें स्वतंत्रता की प्राप्ति होती है, इस स्वाधीनता को विवेकानन्द ने 'मानव का चरम लक्ष्य' माना। स्वाधीनता की प्राप्ति राष्ट्र को बन्धनमुक्त करती है और मनुष्य अपने समस्त जीवन में स्वाधीनता प्राप्त करने की चेष्टा करता है। जिस जाति में स्वाधीन होने की छटपटाहट नहीं होती, वह जाति सदियों, सहस्राब्दियों तक गुलाम बनी रहती है—कभी विदेशी शासकों के अधीन और कभी देशी शासकों के अधीन।

भारत के अध:पतन का बड़ा कारण विवेकानन्द ज्ञान पर ब्राह्मणों का एकाधिकार मानते हैं। वैदिक युग और उपनिषद् युग में ऐसी स्थिति नहीं थी। ब्राह्मण पंडितों ने ब्राह्मणेतर जातियों को वेद पाठ के अधिकार से वंचित किया और स्त्रियों के भी सभी अधिकार छीन लिए। देश की समस्त विद्या-बुद्धि राज-शासक और दम्भ के बल से मुट्‌ठी-भर लोगों के एकाधिकार में रखी गई। उन्होंने ब्राह्मणों की तुलना में क्षत्रिय को प्रधानता दी। और यह कहा—"वे ही हिन्दू धर्म की उन सब वस्तुओं के जन्मदाता हैं, जिनको तुम महान और सुन्दर देखते हो, उपनिषद् किसने लिखी थी?

राम कौन थे ? कृष्ण कौन थे ? बुद्ध कौन थे ? जैनों के तीर्थंकर कौन थे ? जब कभी क्षत्रियों ने धर्म का उपदेश दिया, उन्होंने सभी को धर्म पर अधिकार दिया। और जब कभी ब्राह्मणों ने कुछ लिखा, उन्होंने औरों को सब प्रकार से वंचित करने की चेष्टा की।' गीता और व्यास सूत्र के उदाहरण देकर विवेकानन्द ने यह सिद्ध किया कि गीता में जहाँ सबको भक्ति मार्ग पर चलने की छूट है, वहाँ व्यास-सूत्र में शूद्रों को भक्ति मार्ग से वंचित करने के लिए वेदों की मनमानी व्याख्या की गई है।

विवेकानन्द प्राचीन रूढ़ियों के अनुसार जन्मानुसार चली आती हुई जाति-प्रथा के विरोधी थे और शूद्रों के साथ किए गए अत्यधिक अत्याचारों को स्पार्टा के लोगों द्वारा वहाँ के 'हेलटस' (अस्पृश्यों) के साथ किए गए अत्याचारों और अमेरिका में हब्शियों के साथ किए गए अत्याचारों से अधिक मानते थे। जाति-प्रथा और वर्ण-व्यवस्था ने भारतीय समाज का जो अहित किया, उससे वे नितांत दुखी थे और ग़रीबों तथा दलितों की स्वतंत्रता के बिना वे राष्ट्र की स्वतंत्रता की कल्पना नहीं कर सकते थे। राजनीतिक स्वतंत्रता का वहाँ कोई विशेष अर्थ या मोल नहीं है। आज जब हमारे देश में ग़रीब और दलित पूरी तरह स्वतंत्र नहीं हैं, शिक्षित नहीं हैं तो विवेकानन्द का सहज स्मरण जरूरी है। वर्ण-व्यवस्था एक विशेष समय में भारतीय समाज में भले 'मूल्यवान' रही हो पर "अब तो भारतीय वायुमंडल में दुर्गन्ध फैलाने के अतिरिक्त कुछ नहीं करती" (वही, 2/311)। विवेकानन्द वेदांती और संन्यासी होने के कारण प्रत्येक को अपने क्षेत्र में महान मानते थे। भारतवासियों की स्वार्थलोलुपता की उन्होंने सदैव निन्दा की। पाश्चात्य देशों के ग़रीबों की तुलना में अपने यहाँ के ग़रीबों को उन्होंने देवता कहकर पुकारा। उन्हें शिक्षित करना, उनकी खोई हुई जातीय विशिष्टता को पुनर्प्रतिष्ठित करना हमारा एकमात्र कर्तव्य है।

अपने देश के ग़रीबों की दुर्दशा ने विवेकानन्द को सदैव मथा। उन्हें दयनीय अवस्था तक पहुँचाने में पुरोहितों और विदेशी विजेताओं ने भूमिका निभाई। विशाल जन-समुदाय को इस देश में अपनी बुद्धि को उद्दीप्त करने का मौका नहीं दिया गया। इन मृतप्राय लोगों को जाग्रत करना विवेकानन्द पहला कार्य मानते थे। यह कम आश्चर्य की बात नहीं है कि सौ वर्ष बाद भी इस देश की बहुसंख्यक जनता की जीवन-स्थिति में कोई गुणात्मक परिवर्तन नहीं हुआ है। स्वाधीनता आन्दोलन के दौरान जब देश के नेता अंग्रेजों के खिलाफ आन्दोलन चला रहे थे, विवेकानन्द स्वतंत्रता के मंत्र का पाठ पढ़ा रहे थे। वे एक संघ की स्थापना करना चाहते थे। उनका संघ दीन-हीन, दरिद्र, निरक्षर किसान तथा श्रमिक समाज के लिए था और उन्होंने यह कहा था कि इनके लिए सब कुछ करने के बाद जब समय बचेगा तभी कुलीनों की बारी आएगी।

विवेकानन्द को कुलीनों, धनपतियों और धर्मगुरुओं से मतलब नहीं था। जिस तरह गौतम बुद्ध सामान्य जन के दुःख से दुःखी थे, जगत के कष्ट से पीड़ित थे, उसी

तरह विवेकानन्द भी ग़रीबों और दलितों के दु:ख से दु:खी रहे। गौतम बुद्ध निजी मुक्ति के लिए वन में तप करने नहीं गए थे और विवेकानन्द का दु:ख भी निजी दु:ख नहीं था।

गौतम बुद्ध विवेकानन्द के आदर्श थे। पत्रों, भाषणों, व्याख्यानों और बातचीत के क्रम में उन्होंने पचासों बार श्रद्धापूर्वक गौतम बुद्ध का स्मरण किया है। बौद्ध धर्मावलम्बी न होते हुए भी उन्होंने कई बार अपने को 'बौद्ध' कहा है। बुद्धदेव को उन्होंने अपना 'इष्टदेव' और 'ईश्वर' माना। विवेकानन्द कठोर वेदांती विचारों के होते हुए भी 'बहुत ही कोमल हृदय' वाले महापुरुष थे। बुद्ध को उन्होंने 'कर्मयोगी के चरम आदर्श का प्रतीक' तथा 'संसार का सर्वप्रथम श्रेष्ठ सुधारक' माना। बुद्ध के 'उन्नत दर्शन' और 'व्यापक सहानुभूति' को वे अपने हृदय में सँजोए रहे। 'इतिहास में मुझे जरा एक ऐसा चरित्र तो दिखाओ, जो सबसे ऊपर इतना ऊँचा उठ गया हो।' गौतम बुद्ध के प्रति विवेकानन्द के इस श्रद्धा-भाव और भक्ति-भाव का मुख्य कारण यह है कि बुद्ध ने जाति-विशेष के लिए धर्म का बन्द द्वार सबके लिए खोल दिया और लोक भाषा में सर्वजन सुलभ किया।

विवेकानन्द के लिए बुद्ध का श्रेष्ठत्व उनके निर्वाण-सिद्धान्त में न होकर 'उनकी अतुलनीय सहानुभूति' में है। बुद्ध ने अमीरों का निमंत्रण अस्वीकार कर वारांगना के भोजन का निमंत्रण स्वीकार किया था। ''बुद्धदेव की बुद्धि तथा उनके हृदय की बराबरी जगत के इतिहास में आज तक कोई नहीं कर सका।'' बुद्ध ने जाति-प्रथा पर प्रहार किया और विवेकानन्द भारत के पतन के कुछ प्रमुख कारणों में से एक इस जाति-प्रथा को मानते हैं। वेदान्ती होने के बाद भी उन्होंने शंकराचार्य में कई कमियाँ देखीं। शंकराचार्य की बुद्धि शुष्क थी और उनमें 'बुद्ध के विशाल हृदय का अणुमात्र भी नहीं था।' (वही, 1/362) ब्राह्मण धर्म ने सामान्य जन को जिन चीजों से वंचित किया, बौद्ध धर्म ने उसे वह प्रदान किया। विवेकानन्द बौद्ध धर्म की प्राणिमात्र के प्रति आश्चर्यजनक सहानुभूति और करुणा के साथ समाज-सुधार के प्रबल उत्साह को देखकर उनकी प्रशंसा करते हैं और बौद्ध धर्म तथा ब्राह्मण धर्म के बीच के पार्थक्य को भारत के पतन का कारण मानते हैं। उन्होंने राष्ट्र-प्रेम को राष्ट्र के निवासियों के प्रति प्रेम से जोड़कर देखा है। उन्होंने बार-बार युवकों से मनुष्य बनने का आह्वान किया, जिससे इस देश में ग़रीबों और दलितों का वास्तविक उद्धार हो सके। सामाजिक तथा राष्ट्रीय उन्नति के मार्ग में बाधक पुरोहितों और पंडितों को उन्होंने ठोकर मारकर निकाल देने की बात कही है, क्योंकि वे कभी सुधर नहीं सकते और उनका क्षुद्र तथा संकुचित हृदय कभी विशाल नहीं हो सकता। पुरोहिती पाखंड को जड़-मूल से निकाले बिना, मनुष्य बने बिना, कूपमंडूकता छोड़े बिना न तो अपना विकास किया जा सकता है और न राष्ट्र का। ग़रीबों और दलितों का भाग्य बदलने वालों को सामने आने की बात उन्होंने कही। उन्होंने स्पष्ट शब्दों

में यह लिखा है कि "पृथ्वी पर ऐसा कोई धर्म नहीं है, जो हिन्दू धर्म के समान ग़रीबों और नीच जाति वालों का गला ऐसी क्रूरता से घोंटता हो"। जाहिर है विवेकानन्द ऐसे हिन्दू धर्म के प्रवक्ता नहीं थे, अपितु इसके ठीक विपरीत वे दीन-दलितों के उद्धारक थे।

विवेकानन्द के यहाँ धनपतियों के लिए कोई सम्मान नहीं है। धनपतियों से उन्होंने दूर रहने की सलाह दी है। इन धनवानों और अभिजात्य वर्ग के लोगों को उन्होंने मृत माना 'तुम दस हजार वर्ष पुराने शव की तरह हो'। भारत की थोड़ी-सी शेष जीवन-शक्ति को उन्होंने ग़रीबों और दलितों में देखा। विवेकानन्द ने धनिकों को 'भूतकाल का प्रतिनिधि' कहा, उन्हें 'चलते-फिरते मुर्दे' की संज्ञा दी, उसे 'शून्य' और 'भविष्य के सन्दर्भ में अस्तित्वहीन' माना, मांसहीन, रक्तहीन कंकाल कहा और नए भारत के उदय के लिए उसे शून्य में समा जाने को कहा। एक शताब्दी पूर्व विवेकानन्द ने डंके की चोट पर यह कहा था कि जब तक भारत का धनाढ्य वर्ग विलीन नहीं हो जाता, तब तक नए भारत का निर्माण असम्भव है। यह धार्मिक व्यक्ति का कथन न होकर समतावादी और साम्यवादी समाज में विश्वास रखनेवाले व्यक्ति का कथन है। उन्होंने कहा, 'फेंक दो अपने शास्त्र-वास्त्र गंगाजी में। देश के लोगों को पहले अन्न की व्यवस्था करने का उपाय सिखा दो।' उन्होंने युवकों का आह्वान किया—मस्तिष्क वाले युवकों को यह कहा कि भारत माता कम से कम एक हजार मस्तिष्क वाले युवकों का बलिदान चाहती है। धनी और अमीर लोगों से उन्हें इतनी नफरत थी कि उन्होंने उनका 'क ख ग' तक नहीं जोहने को कहा और 'पर्वतकाय अनन्त दुःखराशि' में आग लगा देने को कहा, जिससे वह जलकर राख हो जाए।

वे पुरोहित-प्रपंच की बुराइयों के साथ सामाजिक अत्याचारों का भी नामो-निशान मिटा देना चाहते थे। ग़रीबों और दलितों के लिए, भारतीय युवकों और स्त्रियों के लिए वे विशेष चिन्तित थे। वैसी धार्मिक उन्नति उनके लिए फिजूल और गर्हित थी, जिससे करोड़ों जनता बर्बर जीवन व्यतीत करे और भूखों मरे। वे हिन्दुओं के आध्यात्मिक विकास के ही नहीं, भौतिक विकास के भी पक्षधर थे। भौतिक सभ्यता की आवश्यकता उन्होंने सुझाई। उनके लिए वे नौजवान मूर्ख थे, जो राष्ट्रीय स्वाधीनता आन्दोलन के दौरान अंग्रेजों से अधिक राजनीतिक अधिकार प्राप्त करने के लिए सभाएँ आयोजित करते थे, क्योंकि स्वाधीनता पाने का अधिकार मात्र उसी को है, जो औरों को भी स्वाधीन करे। क्या राष्ट्रीय स्वाधीनता आन्दोलन में या फिर आजाद भारत में ऐसा हुआ? क्या ग़रीबों और दलितों को स्वतंत्रता मिली? क्या ग़रीबों और दलितों की आर्थिक हालत सुधरी? क्या समाज के सम्पन्न और प्रभुत्वशाली तबके की ओर से उन पर किए जानेवाले अत्याचारों में कमी आई? विवेकानन्द ने पिछली शताब्दी में ही कहा था—"मान लो कि अंग्रेजों ने तुम्हें सब अधिकार दे

दिए, पर उससे क्या फल होगा? कोई-न-कोई वर्ग प्रबल होकर सब लोगों के सारे अधिकार छीन लेगा और उन लोगों को दबाने की कोशिश करेगा और गुलाम तो शक्ति चाहता है, दूसरों को गुलाम बनाने के लिए।''

विवेकानन्द ने अपने समय में साधुओं और ब्राह्मणों से यह पूछा था कि भारत की नीच, मलिन तथा दरिद्र जनता के लिए वे क्या कर रहे हैं? स्पष्ट है कि उनके लिए साधु और ब्राह्मण से कहीं अधिक पूज्य और श्रेष्ठ समाज के पिछड़े लोग हैं।

विवेकानन्द का जीवन दूसरों के लिए समर्पित था—ग़रीब, अशिक्षित, दलित तथा उत्पीड़ित लोगों के लिए। उनके लिए जीवन का एकमात्र प्रयोजन दूसरों के लिए जीना है। जो दूसरों के लिए नहीं जीते, वे मरे हुए लोग हैं।

ग़रीबों और दलितों की तुलना में सम्पन्न तथा शिक्षित लोगों का उनके लिए कोई अर्थ नहीं था। वे आधुनिक शिक्षा के कटु आलोचक थे। शिक्षा को वे बड़े सामाजिक उद्देश्य और नैतिक उत्थान से जोड़कर देखते थे। उनका मत था कि आजकल स्कूलों और कॉलेजों में दी जानेवाली शिक्षा 'अजीर्ण' के रोगियों की एक जमात तैयार कर रही है क्योंकि इस शिक्षा से न तो मनुष्य में स्वाभिमान जगता है, न परहित की भावना जन्म लेती है, न साहस और शक्ति का विकास होता है और न चरित्र बल निर्मित होता है। यह शिक्षा स्वावलम्बी न बनाकर परावलम्बी बनाती है।

विवेकानन्द ने ऐसे शिक्षित जनों को बार-बार धिक्कारा और फटकारा है। उन्होंने किसान, मजदूर, मोची, मेहतर आदि की कर्मशीलता और आत्मनिष्ठा को शिक्षित व्यक्तियों की तुलना में कहीं अधिक माना। उन्होंने अपने को शिक्षित कहनेवाले लोगों को इन शब्दों में फटकारा—''क्या खाक सीखा है? दूसरों की कुछ बातों को दूसरी भाषा में रटकर, मस्तिष्क में भरकर परीक्षा में उत्तीर्ण होकर सोच रहे हो हम शिक्षित हो गए! धिक्-धिक्, इसका नाम कहीं शिक्षा है? तुम्हारी शिक्षा का उद्देश्य क्या है? या तो क्लर्क बनना या एक दुष्ट वकील बनना और बहुत हुआ तो क्लर्क का ही दूसरा रूप डिप्टी मजिस्ट्रेट की नौकरी—यही न?'' उनके लिए ऐसी शिक्षा का कोई अर्थ नहीं था। आज हिन्दुस्तान में शिक्षितों और सुशिक्षितों की कमी नहीं है, लेकिन देश दिन-प्रतिदिन रसातल में चला जा रहा है। ग़रीबों और दलितों की स्थिति पूर्ववत् है। शिक्षा का सारा ढाँचा अगर आज चरमरा गया है तो इसका क्या एक कारण उसका वास्तविक लक्ष्य और उद्देश्य से दूर होना नहीं है? यह निषेधात्मक शिक्षा है, जो व्यक्ति के साथ पूरे समाज और राष्ट्र को एक अन्धी सुरंग में ले जा रही है। भारत की वर्तमान अवनति का मुख्य कारण विवेकानन्द शिक्षाविहीन होना भी मानते थे। देश की विश्वविद्यालयी शिक्षा के सम्बन्ध में उनका मत था कि इससे मात्र एक या दो प्रतिशत लोग लाभ उठा रहे हैं और जो शिक्षा पा रहे हैं, वे देश का कल्याण नहीं कर रहे हैं। विवेकानन्द की चिन्ता राष्ट्र के उत्थान और कल्याण

की थी। राष्ट्र का यह कल्याण और उत्थान ग़रीबों और दलितों का कल्याण—उत्थान है। बिना उनके कल्याण के राष्ट्र का कल्याण नहीं हो सकता।

विदेशियों की शिक्षा-संस्थाओं को उन्होंने थोड़े मूल्य पर उपयोगी गुलाम पैदा करने का कारखाना कहा है। उन्हें इस बात का गहरा दुःख था कि भारत के नवयुवकों की सबसे बड़ी महत्त्वाकांक्षा एक नौकरी पाने की है। उन्होंने कहा—"क्या समुद्र में इतना पानी भी न रहा कि तुम उसमें विश्वविद्यालय के डिप्लोमा, गाउन और पुस्तकों समेत डूब मरो।"

विवेकानन्द ने मनुष्य के बीच दूरी रखनेवाली शिक्षा को हिकारत की दृष्टि से देखा। अपने को शिक्षित समझकर इठलाने वाले अभिमानी लोगों द्वारा पिछड़ी जातियों को नीच समझने के सम्बन्ध में उनका कथन था—"यदि ये निम्न श्रेणियों के लोग अपना-अपना काम करना बन्द कर दें तो तुम लोगों को अन्न-वस्त्र मिलना कठिन हो जाए।" उच्च जाति के लोगों ने निचली जाति के लोगों को हजार वर्षों तक दबाकर, कुचलकर रखा। विवेकानन्द ने भविष्यवाणी की कि "अब हजार प्रयत्न करके भी उच्च जाति के लोग निम्न श्रेणियों को अधिक दबाकर नहीं रख सकेंगे। अब निम्न श्रेणियों के न्यायसंगत अधिकार की प्राप्ति में सहायता प्राप्त करने में ही उच्च श्रेणियों का भला है।"

सर्वसाधारण को शिक्षित करना उनकी प्रमुख चिन्ता थी। झोपड़ियों में बसनेवाला राष्ट्र के अन्धकार में फँसकर अपना विकास नहीं कर सकता। ग़रीबों के लड़कों के लिए शिक्षा से कहीं अधिक जरूरी जीविकोपार्जन है, जिससे उनका पेट भर सके। विवेकानन्द ने एक रास्ता ढूँढ़ निकाला—'अगर पहाड़ मुहम्मद के पास नहीं आता, तो मुहम्मद को ही पहाड़ के पास जाना पड़ेगा। यदि ग़रीब शिक्षा के निकट नहीं आ सकते, तो शिक्षा को ही उनके पास हल पर, कारखाने में और हर जगह पहुँचना होगा।'

देश की अज्ञता और दरिद्रता को देखकर उन्हें नींद नहीं आती थी। इस अज्ञता और दरिद्रता को ज्ञान से ही मिटाया जा सकता था। वे पेट की चिन्ता से बेचैन भारत को धार्मिक सन्देश और उपदेश सुनाना नहीं चाहते थे। नब्बे प्रतिशत लोगों का दुःख-दैन्य उन्हें परेशान करता था। एक ओर वे भारत के अतीत को याद करते थे और दूसरी ओर इसकी वर्तमान दशा देखकर पीड़ित होते थे। यह गहरी पीड़ा थी। भारत में लोक-शक्ति को संगठित करने के लिए वे सैकड़ों-हजारों ज्ञानी तथा विचारवान युवकों को बलिदानी मिजाज और त्याग-भावना से कार्यरत देखना चाहते थे। राष्ट्र को इस संगठित लोक-शक्ति से ही गति प्राप्त हो सकती थी। विवेकानन्द जड़ में आग लगाकर भारत की अशिक्षा, अज्ञान तथा निर्धनता का नाश करना चाहते थे। एक अखंड भारतीय राष्ट्र का संगठन उनका लक्ष्य था। भारतीय राष्ट्र का संगठन, हिन्दू राष्ट्र का नहीं।

वे भारत को पूर्ण स्वाधीन देखना चाहते थे क्योंकि बिना स्वाधीनता के हम उन्नति प्राप्त नहीं कर सकते। कर्म की स्वाधीनता, चिन्तन-मनन की स्वाधीनता। यह स्वतंत्रता बाहरी न होकर भीतरी थी, आन्तरिक थी। अपने देश का जनसाधारण उन्हें एक सोया हुआ तिमिंगल (एक विशालकाय समुद्री जीव) दिखता था। उनका सारा प्रयत्न इसे जगाने का था। कठोपनिषद् की घोषणा 'उत्तिष्ठित जाग्रत प्राप्य वरान्निबोधत वे बार-बार उद्धृत करते थे। भारतीय स्त्रियों की दशा देखकर वे कम असन्तुष्ट नहीं थे। दलित वर्ग में मात्र पिछड़ी जातियाँ नहीं थीं, इस देश की महिलाएँ भी थीं—भारतवासियों के 'पशु, दास, उद्यमहीन तथा दरिद्र' होने का एक बड़ा कारण उनके अनुसार यह भी था कि स्त्री जाति को नीच, अधम, महाहेय एवं अपवित्र माना गया। स्त्रियों की अवस्था को सुधारे बिना वे नए भारत की कल्पना नहीं कर सकते थे। स्त्रियों के कल्याण में ही जगत का कल्याण निहित है। गार्गी और मैत्रेयी से भी अधिक योग्यता रखनेवाली स्त्रियों के लिए मठ की स्थापना को उन्होंने महत्त्व दिया। वे दुःख से उड़नेवाले एक पक्षी की कल्पना नहीं कर सकते थे।

विवेकानन्द ने अन्य धर्मों की भी प्रशंसा की है। इस्लाम को उन्होंने जन साधारण के लिए सन्देश के रूप में देखा। यह सन्देश समानता का सन्देश था। उन्होंने इन पुराने लोगों को 'ईश्वर का दूत' माना और उनकी पूजा की—'मैं दंडवत करता हूँ और उनकी पूजा करता हूँ, मैं उनकी चरण-रज लेता हूँ'। इस्लाम धर्म की विशेषता और श्रेष्ठत्व वे इसमें देखते थे कि यह धर्म अपने सभी अनुयायियों को समान भाव से देखता है। एक-दूसरे के प्रति इस आदर्श भाव या समभाव का वे हिन्दू धर्म में अभाव देखते थे। वे इसे 'मिथ्या बकवास' मानते थे कि तलवार की धार पर यहाँ धर्मांतरण हुआ। जमींदारों और पुरोहितों से अपना पिंड छुड़ाने के लिए हिन्दुओं ने अपना धर्म बदला। आज अगर बिहार में एक लाख लोग बौद्ध धर्म में दीक्षित होने जा रहे हैं—इक्कीसवीं सदी में प्रवेश करने के कुछ वर्ष पूर्व—तो इसका क्या कारण है?

विवेकानन्द स्वप्नदर्शी थे, क्रान्तिकारी विचारक थे। सौ वर्ष पहले भारत की अधम स्थिति देखकर उनके भीतर प्रश्न-समूह उगे थे। उन्होंने उन प्रश्नों के उत्तर दिए, मार्ग भी सुझाया। स्वतंत्रता उनके लिए पहली आवश्यकता थी। उन्होंने जिस स्वतंत्रता की कल्पना की, वह आज भी बहुत दूर है। अन्तर्जातीय विवाह की बात कर उन्होंने जातिगत बन्धनों को भी तोड़ने की बात की। भारतीय युवकों को चीन और जापान से प्रेरणा लेने को कहा। वे संन्यासी थे और संन्यासी का कोई मत और सम्प्रदाय नहीं होता। वे संन्यासियों का कर्तव्य ग़रीबों के प्रति मानते थे। विचार-तरंगों के प्रसार में उनका विश्वास था—युक्तिसंगत विश्वास परोपकार के अलावा बाकी सभी कार्य उनके लिए कुकर्म थे। अस्पृश्यता को उन्होंने एक प्रकार की 'मानसिक व्याधि' माना। वे उस धर्म, सिद्धान्त और शिक्षा के पक्षधर थे, जिससे हम

मनुष्य हो सकें। वेदान्ती होते हुए भी उन्होंने शंकराचार्य में 'ब्राह्मणत्व के विशेष अभिमान' की चर्चा की और उनके अनुदार हृदय का उल्लेख किया। उन्हें सच्चे मनुष्य की आवश्यकता थी। 'शंख-ढपोर चेलों' की नहीं। मस्तिष्क को ऊँचे-ऊँचे विचारों और आदर्शों से सदैव भरने की बात उन्होंने कही।

विवेकानन्द ग़रीबों और दलितों में विचार उत्पन्न करना चाहते थे, जिससे वे अपने को स्वतंत्र कर सकें। रासायनिक पदार्थों को एकत्र करना उनके अनुसार सबसे बड़ा काम है, फिर उसके बाद प्राकृतिक नियमों के तहत 'रवा' बँध जाएगा। वे भारत को 'प्रबुद्ध भारत' बनाना चाहते थे—प्र+बुद्ध अर्थात् बुद्ध के सहित। भारत को गौतम बुद्ध से अलग करके देखना उनके लिए कठिन था। भोग उनके लिए लाख फनोंवाला सर्प था, जिसे कुचलना ही होगा। वे जिस नए भारत का स्वप्न देख रहे थे, आज तक वह स्वप्न ही है। क्या वाशिंगटन में सम्मेलन करनेवाले उनके स्वप्न को पूरा कर सकते हैं या यह कार्य भारतीय मार्क्सवादियों और तपे-तपाए समाजवादियों के जिम्मे है? आज की तारीख में कौन वह पार्टी या संगठन है, जो धनाढ्य वर्ग के नाश के लिए कृत संकल्प है, प्रयत्नशील है? विवेकानन्द ने कहा था, "इस नए भारत का उदय हो हल को थामे किसान की कुटी से, मछुआरों, मोचियों, मेहतर-भंगियों की झोंपड़ियों से, फल बेचनेवाले की भट्ठी से। नए भारत का उदय हो कारखानों, बाजारों और हाटों से। इन आम लोगों ने हजारों वर्षों से बिना उफ किए उत्पीड़न सहा है, जिस कारण उनके अन्दर बड़ी सहनशक्ति है, उन्होंने बड़े दुःख सहे, जिससे उन्होंने जीवनी-शक्ति पाई है। एक मुट्ठी चना खाकर उनमें इतनी स्फूर्ति है कि जो सारे विश्व में भी नहीं समा पाती। भूतकाल में अस्थि-पंजर! तुम्हारे सामने तुम्हारे उत्तराधिकारी हैं, आनेवाले भारत के प्रतीक! तुम शून्य में समाकर अदृश्य हो जाओ।"

11 से 12 सितम्बर, 1893 को शिकागो धर्म सम्मेलन हुआ था, जहाँ से स्वामी विवेकानन्द ने नई दुनिया बनाने का आह्वान किया था। दरअसल उनका जीवन ही उनका सन्देश है। उनका मानना था कि जब तक समाज में हाशिए पर रह रहे लोगों का उत्थान नहीं होता, नया भारतवर्ष नहीं बन सकता।

"मैं न तो कोई तत्त्व-जिज्ञासु हूँ न दार्शनिक हूँ और न सिद्ध पुरुष हूँ। मैं निर्धन हूँ और निर्धनों से प्रेम करता हूँ...बीस करोड़ नर-नारी, जो सदा ग़रीबी और मूर्खता के दलदल में फँसे हैं, उनके लिए किसका हृदय रोता है? उनके उद्धार का क्या उपाय है? कौन उनके दुःख में दुःखी है? वे अन्धकार से प्रकाश में नहीं आ सकते, उन्हें शिक्षा नहीं प्राप्त होती—उन्हें कौन प्रकाश देगा, कौन उन्हें द्वार-द्वार शिक्षा देने के लिए घूमेगा? ये ही तुम्हारे ईश्वर हैं, ये ही तुम्हारे इष्ट बनें। निरन्तर इन्हीं के लिए सोचो, इन्हीं के लिए काम करो, इन्हीं के लिए निरन्तर प्रार्थना करो—प्रभु तुम्हें मार्ग दिखाएगा। उसी को पं. महात्मा कहता हूँ जिसका हृदय ग़रीबों के लिए द्रवीभूत होता

है, अन्यथा वह दुरात्मा है।...जब तक करोड़ों भूखे और अशिक्षित रहेंगे तब तक मैं प्रत्येक उस आदमी को विश्वासघाती समझूँगा, जो उनके खर्च पर शिक्षित हुआ है, परन्तु जो उन पर तनिक भी ध्यान नहीं देता। वे लोग जिन्होंने ग़रीबों को कुचलकर धन पैदा किया है और अब ठाट-बाट से अकड़कर चलते हैं, यदि उन बीस करोड़ देशवासियों के लिए, जो इस समय भूखे और असभ्य बने हुए हैं, कुछ नहीं करते, तो वे घृणा के पात्र हैं।''

(1894 में शिकागो से आलासिंगा पेरुमल को लिखित पत्र का एक अंश विवेकानन्द साहित्य, तृतीय खंड, पृ. 345-46)

(1993)

सत्ता के दलाल और दलालों की सत्ता

हर्षद मेहता प्रकरण में अब तक जितना और जो कुछ लिखा गया या लिखा जा रहा है, उसमें तथ्यपरक सूचनाओं का अंबार भर है। घटना और समस्या की तह में जाने की कोई सामाजिक और राजनीतिक बेचैनी नहीं है और न वैसा विवेचन-विश्लेषण है, जिससे घटना और समस्या की बारीक पड़ताल हो सके।

हर्षद मेहता एक आर्थिक-राजनीतिक व्यवस्था की देन है—दो नम्बरी और काले धन पर टिकी—आर्थिक और राजनीतिक व्यवस्था का कुफल। वह व्यक्ति से कहीं अधिक आज के भ्रष्ट और घिनौने तंत्र का आर्थिक प्रतिनिधि है। वह दलाल अर्थ-व्यवस्था और दलाल राजनीति के स्वार्थी तथा राष्ट्रविरोधी गठबंधन का प्रतीक है। उसे मात्र एक शेयर दलाल के रूप में देखना वस्तुस्थिति से या तो आँखें मूँदना है या फिर स्थिति को अगंभीर तथा सामान्य बनाकर पेश करना है और यह दलाल अर्थ-व्यवस्था के पक्ष में है। इससे दलाल तंत्र और मजबूत होता है।

जिस दलाल को हमारे भारतीय समाज में हिकारत की दृष्टि से देखा जाता था और 'दलाल' कहना लगभग एक गाली की तरह था, वह दलाल सम्मानजनक दृष्टि से क्यों देखा जाने लगा? दलाल को यह मान-सम्मान कहाँ से हासिल हुआ? उसे सामाजिक प्रतिष्ठा किन कारणों से, कैसे प्राप्त हुई? दलाल हमारे समाज का महत्त्वपूर्ण अंग कैसे हो गया? और सबसे बड़ी बात यह है कि उसका यह क्षेत्र-विस्तार कैसे हो गया? पहले दलाल केवल शेयर बाजार से जुड़े होते थे और अब उनका प्रसार समाज के विविध क्षेत्रों में हो गया है। यह सब अचानक नहीं हुआ है। दलाल पहले एक विशेष व्यवसाय और पेशे से जुड़ा होता था। लेकिन अब दलाल संस्कृति है, दलाल स्वभाव है, दलाल संबंध है, दलाल आचरण और व्यवहार है। फिर क्या दलाल संस्कार के निर्माण में बहुत देर है?

दलाल के समक्ष केवल आर्थिक स्वार्थ और लाभ रहता है, उसे समाज और राष्ट्र से कोई मतलब नहीं है। उसकी भूमिका एक बिचौलिए की है और बिचौलिया श्रम तथा उत्पादन से कोसों दूर है। आज हर्षद मेहता अपनी प्रेस कांफ्रेंसों में डटकर यह कहता है कि उसने कोई गलत काम नहीं किया और सभी ऐसा करते हैं। वह पूरी सत्ता तथा 'सिस्टम' पर सवाल खड़ा कर रहा है। केवल उसे दोष देना और जिस

'सिस्टम' तथा राज्य-व्यवस्था में ऐसे दलाल पनपते और फैलते हैं, उस व्यवस्था पर प्रश्न खड़े नहीं करना बेईमानी नहीं तो और क्या है?

हर्षद मेहता को 'शेयर बाजार का अमिताभ बच्चन' कहा गया था। मीडिया ने उसे रातों-रात 'स्टार' बना दिया था। इस देश का अधिकांश पढ़ा-लिखा व्यक्ति हर्षद मेहता बनने की कोशिश में लग गया था। घरों में दो-तीन वर्ष के छोटे बच्चे तक उसका नाम जपने लगे थे। वह प्रायः प्रत्येक शिक्षित (?) घर का जाना-पहचाना सदस्य था। रातो-रात लोगों में अमीर बनने की वहशी इच्छा पैदा हो गयी थी। उसने एक मृगमरीचिका दिखाई थी, जिसमें सच्चाई नहीं होती। वह एक भ्रम था। न्यू इंडिया बीमा निगम के एक मामूली कर्मचारी रह चुके इस व्यक्ति ने पूरे देश में भ्रम-जाल फैला दिया। अफसर, नेता, मंत्री, बुद्धिजीवी, लेखक, पत्रकार—सब इसकी ओर ललचाई दृष्टि से देखने लग गये। क्या यह मात्र एक व्यक्ति का कमाल था या इसमें हमारी राजसत्ता और व्यवस्था का भी हाथ था? कांग्रेस का चुनाव-चिह्न 'हाथ' अक्सर चुनाव के समय दिखता है, लेकिन यह हाथ कांग्रेस का तो है ही, उस पूरे तंत्र का भी है, जिसने आज यह स्थिति पैदा कर दी है कि शेयर बाजार का एक दलाल प्रधानमंत्री पर एक करोड़ रुपये लेने का आरोप लगाता है। अगर दलालों की सत्ता नहीं होती तो हर्षद मेहता को इस आरोप के कारण चौबीस घंटे के भीतर जेल की कोठरियों में रहना पड़ता। यह दुर्भाग्य नहीं तो और क्या है कि उसके आरोपों का धीमा खंडन भी तीन दिनों के बाद हुआ। सत्ता के दलाल हमेशा रहे हैं और सत्ता अगर सही तौर पर लोकसत्ता और जनसत्ता नहीं है तो दलाल सत्ता से हमेशा चिपके रहेंगे। क्योंकि समाज का एक छोटा हिस्सा सत्ता से सदैव जुड़कर सदैव लाभ प्राप्त करता रहा है। यह राज्य सत्ता के ऊपर है कि वह दलालों को कितना महत्त्व और प्रश्रय देती है। जो सत्ता श्रमिकों, किसानों और मजदूरों की नहीं है, उत्पादक वर्ग समूहों की नहीं है, उस सत्ता और व्यवस्था में उत्पादकों का महत्त्व निरन्तर घटता जाता है और बिचौलियों तथा दलालों का महत्त्व बढ़ता जाता है। ऐसी व्यवस्था दलाल संस्कृति को जन्म देती और उसका विकास करती है। यह एक राजनीतिक-आर्थिक 'ट्रेंड' के रूप में विकसित होती है, जो बहुत बाद में चल कर मनो-सामाजिक (साइको-सोशल) प्रवृत्ति बन जाती है। तब केवल अर्थ-जगत में ही नहीं, राजनीति, शिक्षा, संस्कृति सभी क्षेत्रों में इसका प्रवेश हो जाता है—समाज का प्रायः प्रत्येक क्षेत्र इसकी गिरफ़्त में आ जाता है। परिवार तथा संबंध तक इससे अछूते और अलग नहीं रह पाते। यह दलाल पूँजीवाद और दलाल अर्थ-व्यवस्था के कारण संभव हो पाता है।

क्या हमारे देश में दलाल पूँजीवाद का निरन्तर विकास नहीं हुआ? 1966 में इन्दिरा गांधी जब प्रधानमंत्री बनीं, उसके बाद से यह दलाल पूँजीवाद बड़े बीभत्स तरीके से इस देश में फैलने लगा। ऐसा नहीं है कि उनके पिता पंडित जवाहरलाल नेहरू

के समय और उसके भी पहले ब्रिटिश भारत में दलाल नहीं थे। अंगेजों ने यहाँ आने के बाद जमींदारों के रूप में एक दलाल वर्ग अपनी हिफाजत और लूट के लिए पैदा किया था। इन जमींदारों ने अंग्रेजों का साथ दिया और किसानों का जमकर शोषण किया। स्वतंत्र भारत में जमींदारों का सत्ता में प्रवेश हो चुका था और वे महत्त्वपूर्ण बने रहे। आजाद भारत में अगर आज तक भूमि--समस्या नहीं सुलझी और भूमि-संबंधी कोई व्यावहारिक कानून किसानों के पक्ष में नहीं बन सका, तो उसका बड़ा कारण यह था कि भूमिपति सत्ता पर काबिज थे। भ्रष्टाचार आजाद भारत के शुरुआती दिनों से ही फलने-फूलने लगा गया था। रक्षामंत्री कृष्ण मेनन के समय जीप-स्कैंडल के संबंध में प्रधानमंत्री नेहरू का यह कथन था कि पैसा देश के बाहर तो नहीं गया। यानी देश के लुटेरे अगर देशवासी हों, तो विशेष चिन्ता की बात नहीं है। यह छठे दशक के आरंभिक वर्षों की घटना है।

1956 में सेराजुद्दीन और केन्द्रीय खान मंत्री के डी मालवीय प्रकरण को याद किया जा सकता है, जिसका पर्दाफाश लगभग सात वर्षों के बाद 'आनन्द बाजार पत्रिका' ने किया था। तत्कालीन कांग्रेस कार्यकारिणी समिति के समक्ष मालवीय ने यह स्वीकार किया था कि उन्होंने सेराजुद्दीन से दस हजार रुपये लिये और अपने संसदीय क्षेत्र के अन्तर्गत एक विधानसभा क्षेत्र (बस्ती) से कांग्रेस प्रत्याशी के रूप में सेराजुद्दीन को खड़ा करवाया था। सुप्रीम कोर्ट के एक न्यायाधीश एस के दास से तत्कालीन प्रधानमंत्री पंडित जवाहरलाल नेहरू ने इसकी जाँच कराई थी और दास रिपोर्ट हमेशा के लिए अंधेरी कोठरी में डाल दी गयी।

स्पष्ट है कि आज़ादी के समय से ही राजनीति भ्रष्टाचार के साथ जुड़ी रही है और कांग्रेस ने भ्रष्टाचार के पौधे को हमेशा खाद-पानी देने का काम किया है। 1957 में हरीदास मुंदरा कांड की जाँच जस्टिस छागला ने की थी और तत्कालीन वित्तमंत्री कृष्णमाचारी को त्याग पत्र देना पड़ा—पर उस समय स्थिति इतनी विकट और जहरीली नहीं थी। सत्ता के दलाल गिने-चुने लोग थे और सत्ता दलालों के हाथों में नहीं थी। कुछ राजनीतिक मूल्य और आचरण बचे थे तथा देश की अर्थ-व्यवस्था इतनी लाचार नहीं थी। जिस तरह राजनीति में गुंडों और बूथ लुटेरों की भरमार नहीं थी, उसी तरह दलालों का सत्ता व्यवस्था में खुला प्रवेश नहीं था।

दलाल पूँजीवाद का विकास इंदिरा गांधी के शासनकाल में हुआ। उनके प्रधानमंत्रित्वकाल में हजारों लोग आनन-फानन में करोड़पति बन गये। जो आज से बीस-पचीस वर्ष पहले कुछ भी नहीं थे, वे आज करोड़पति और अरबपति बने बैठे हैं। इस नवधनाढ्य वर्ग के हाथ में अलाउद्दीन का कोई चिराग नहीं था। उन्होंने कालाधन सत्ता के सान्निध्य में रहकर प्राप्त किया था—'राजनीतिक आशीर्वाद और संरक्षण' के फलस्वरूप। कांग्रेस पार्टी में चन्दे की राजनीति की जगह कमीशन की राजनीति प्रमुख हो गई और कमीशनखोरी के जमाने में दलालों की बन आई।

चन्दे की राजनीति के समय तक पार्टी की चिन्ता की जाती थी, पर कमीशन की राजनीति ने पार्टी की जगह मंत्रियों और नेताओं को महत्त्व दिया। अब व्यक्ति महत्त्वपूर्ण हो गया। कांग्रेस का जनाधार उसके इन्हीं आचरणों से नष्ट हुआ। हमारी अर्थ-व्यवस्था ने 1948 से ही दो नम्बर की अर्थ-व्यवस्था को महत्त्व दिया। बजट हमेशा घाटे का बनता रहा और घाटे के इस बजट ने भी काले धन की वृद्धि में अपना योगदान दिया। क्या 1948 से 1993 के बीच कालेधन में बेशुमार वृद्धि नहीं हुई, जिसे बाहर निकालने के लिए सरकार ने कभी बड़े नियम-कानून नहीं बनाए और जो पहले से नियम-कानून थे भी, उनका पालन नहीं किया गया। इस अर्थ-व्यवस्था ने बाद में चल कर 'क्विकमनी' का सिद्धान्त प्रतिपादित किया, जिसमें बिना किसी कर्म और श्रम के धनकुबेर बना जाता है। कमीशनखोरी केवल इंजीनियरों और अफसरों के बीच ही नहीं रही। सभी क्षेत्र में कमीशन खाया जाने लगा। कॉलेज के प्रिंसिपल तक कमीशनखोर हो गये। किताबों की खरीद में कमीशन लिया जाने लगा और इस तरह कमीशन-प्रथा ने दलाल वर्ग का विकास किया। अब प्रोफेसर, डॉक्टर, अफसर, इंजीनियर, प्रशासक में से कई दलाल की भूमिका में आ गए। 'आचरण की सभ्यता' का युग समाप्त हुआ और राजनीति में ही नहीं, जीवन में द्वन्द्व आरंभ हुआ। दलाल संस्कृति फैलने लगी और इसे बढ़ाने में सत्ता ने कोई कसर नहीं छोड़ी। 'दलाल' संज्ञा न रहकर विशेषण हो गया। दलाल का व्यक्ति से मनोवृत्ति और प्रवृत्ति में बदलाव भारतीय समाज का खतरनाक पहलू है क्योंकि दलाल मनोवृत्ति सामाजिक विकृतियों को जन्म देती और उन्हें फैलाती भी है। दलाल संस्कृति अपसंस्कृति से भी जुड़ी है। दलाल मनोवृत्ति वाले व्यक्तियों में अधिक संख्या अनुत्पादकों की है। बजट का एक बड़ा हिस्सा अनुत्पादक कार्य पर खर्च होता है। जिससे समाज में श्रम के प्रति निष्ठा घटी है। और बेईमानी, चापलूसी, फरेब आदि तरीकों से धन पैदा करने और बढ़ाने की कुत्सित होड़ लगी हुई है। हर्षद मेहता अपने पेशे से दलाल है, पर जिन पेशों की सामाजिक प्रतिष्ठा अभी कुछ बनी और बची हुई है, उससे जुड़े लोग अपने स्वभाव और मनोवृत्ति से क्यों दलाल बन रहे हैं? प्रतिभूति घोटाला कांड का एक दिलचस्प पहलू यह है कि इसमें सभी 'बड़े लोग' शामिल हैं। इस पूरे प्रकरण में दलाल पूँजीपति, नेता, मंत्री, वरिष्ठ अफसर और बैंकों के प्रमुख अधिकारियों की आपसी साँठ-गाँठ सामने आ चुकी है।

बिना श्रम किए रातों-रात अमीर बनने की बेचैन लालसा ने दलालों की संख्या बढ़ाई। 'सत्ता के संरक्षण और आशीर्वाद' के बिना क्या कोई आनन-फानन में करोड़पति-अरबपति बन सकता है? संयुक्त संसदीय समिति की रपट का एक अध्याय दलालों पर ही है। दलाल संस्कृति और लूट की संस्कृति एक दूसरे से जुड़ी हुई है। हर्षद मेहता द्वारा प्रधानमंत्री नरसिम्हा राव पर आरोप लगाये जाने या उन्हें एक करोड़ रुपये देने की घोषणा के बाद आज पूरे देश में एक 'दहाड़ती हुई चुप्पी' क्यों

है? केवल अखबारों में लिखा जा रहा है, लेकिन अस्सी करोड़ की आबादी वाले इस देश में यह खतरनाक चुप्पी क्यों है? क्या इससे यह अर्थ नहीं निकलता कि हमारा स्वभाव भी बदल रहा है? वह हमारे लिए बड़ी घटना नहीं है।

दलाल पूँजीवाद ने हमारे मानस और चिन्तन को भी प्रभावित किया है। रचनात्मक शक्तियाँ दिनोंदिन कमजोर होती गयी हैं और हमारे सामाजिक सरोकार भी कम होते गए हैं। जिस समाज में दलाल और सत्ता के आपसी रिश्ते सघन और मजबूत होते हैं, वहाँ सामाजिकता, रचनाशीलता, सच्चाइयाँ, क्रमशः कमजोर होती जाती हैं। राजनीतिक ताकत, राजनीतिक संरक्षण और राजनीतिक सम्पर्क के अलग-अलग फायदे हैं। सत्ताधारी पार्टी से संबंध फायदेमंद होता है। आज प्रायः प्रत्येक शहर में आठ-दस व्यक्ति अवश्य ऐसे हैं, जिन्होंने राजनीतिक सम्पर्क और संरक्षण से करोड़ों रुपये हासिल किए हैं। दलाल पूँजीवाद उपभोक्तावाद का विकास करता है। मनुष्य में भोग और उपभोग की प्रवृत्ति बढ़ती जाती है। औद्योगिक और महाजनी पूँजीवाद में एक प्रमुख अंतर यह है कि पहले में जहाँ उत्पादन प्रमुख है, वहाँ दूसरे में सूदखोरी और महाजनी। भारत में पूँजीवाद का विकास विकृत ढंग से हुआ जिसके कारण आज देश दलालों की चपेट में जा फँसा है।

बिड़ला और टाटा को अपने विस्तार में काफी समय लगा, लेकिन धीरूभाई अम्बानी को? इन्दिरा गांधी के प्रधानमंत्री बनने के पूर्व धीरूभाई अम्बानी कहाँ थे? किस स्थिति में थे? भारतीय उद्योगपतियों में उनका स्थान कहाँ था? सत्ता के संरक्षण और आशीर्वाद के कारण वे आज की स्थिति तक पहुँचे। प्रतिभूति घोटाला कांड में विजया बैंक तथा अमेरिकन एक्सप्रेस बैंक ने रिलायंस इंडस्ट्रीज लिमिटेड को गैरकानूनी सेवा देकर लाभ पहुँचाया। संयुक्त संसदीय समिति ने अपनी रपट में कई ऐसे मामले पेश किए हैं, जिनमें रिलायंस को ठेका देने में पक्षपात किया गया। यह ध्यान देने की बात है कि विजया बैंक भारतीय बैंक है और अमेरिकन एक्सप्रेस बैंक एक विदेशी बैंक है। दलाल पूँजीपति एक साथ देशी-विदेशी बैंकों से लाभ उठाता है। दलाल पूँजीपति राष्ट्रीय पूँजीपति से भिन्न है। आज राष्ट्रीय पूँजीवाद भी अपने पूर्व रूप का त्याग कर दलाल पूँजीवाद के मार्ग पर चल पड़ा है। सार्वजनिक प्रतिष्ठानों के अध्यक्ष अब सेवा-निवृत्ति के बाद उद्योगपतियों-पूँजीपतियों के यहाँ चाकरी करते हैं। तेल और प्राकृतिक गैस आयोग के अध्यक्ष एस एल खोसला ने अवकाश प्राप्ति के बाद रिलायंस ग्रुप में नौकरी कर ली, जबकि यह तेल एवं प्राकृतिक गैस आयोग की आचार-संहिता के विरूद्ध है। और सतपाल मित्तल तथा उनके सुपुत्र सुनील मित्तल? 1977 से 1993 के बीच के मात्र सोलह वर्षों में सुनील मित्तल बीस हजार रुपये से सौ करोड़ रुपये के मालिक कैसे बन गये? यह विशाल सम्पत्ति परिश्रम से हासिल हुई या 'राजनीतिक संरक्षण' के कारण? क्या सोलह वर्षों में बीस हजार से अरब रुपये पैदा कर लेना सत्ता की दलाली के बिना संभव है?

हर्षद मेहता के कथन पर विश्वास किया जाए तो कांग्रेसी सांसद सतपाल मित्तल ने उन्हें 'राजनीतिक आशीर्वाद और संरक्षण' का महत्त्व समझाया था। हर्षद मेहता के हलफनामे से यह स्पष्ट है कि वे प्रधानमंत्री नरसिम्हा राव के पास सतपाल मित्तल और सुनील मित्तल के साथ पहुँचे थे। सतपाल मित्तल कांग्रेस के सांसद थे और उनके पुत्र सुनील मित्तल पूँजीपति। यदि यह मुलाकात सच है तो एक सांसद और एक उद्योगपति क्या हर्षद मेहता और प्रधानमंत्री के बीच एक दलाल की भूमिका नहीं निभा रहे थे? यहाँ पेशे से कहीं अधिक आचरण महत्त्वपूर्ण है। सत्ता से नाजायज लाभ प्राप्त करने के सैकड़ों-हजारों उदाहरण हैं। यह सत्ता का आशीर्वाद और संरक्षण है, जिससे दूरसंचार क्षेत्र में टाटा, बिड़ला और थापर घराने की न चलकर सुनील मित्तल की चली। बम्बई में सेल्यूलर टेलीफोन व्यवस्था बनाने के ठेके के लिए टाटा, थापर और मोदी जैसे घराने खड़े रहे, लेकिन यह ठेका सुनील मित्तल की कम्पनी भारती सेल्यूलर को मिला। मात्र दो करोड़ के इक्विटी आधार तथा 14 करोड़ का व्यापार करने वाली कम्पनी को इतना बड़ा ठेका किन कारणों से मिला? इतना ही नहीं, सतपाल मित्तल को नेहरू की स्मृति में एक संस्थान स्थापित करने के लिए नयी दिल्ली में सिरीफोर्ट कॉम्प्लेक्स के समीप भूखंड आवंटित हुआ। उस समय नरसिम्हा राव मानव संसाधन विकास मंत्री थे। बाद में सतपाल मित्तल के लड़के ने नेहरू का नाम हटाकर 'सतपाल मित्तल सेंटर फॉर पार्लियामेंटेरियंस ऑन पॉप्यूलेशन एण्ड डेवलपमेंट' कर दिया। इसे कहते हैं खाँटी व्यावसायिक दिमाग, जिसके तहत नेहरू का इस्तेमाल मात्र भूखंड प्राप्ति के लिए किया जाता है। यह दलाल पूँजीपतियों का चरित्र है।

सतपाल मित्तल कांग्रेस के कैसे सांसद थे? 'सत्ता के गलियारों में उनका जबरदस्त' प्रभाव क्यों था? कांग्रेस सांसद अनेक थे, पर उस समय सतपाल मित्तल ही सत्ता के करीब क्यों थे? यह जबरदस्त प्रभाव क्या मात्र सांसद होने के कारण था या वे कहीं-न-कहीं बिचौलिये की भूमिका का भी निर्वाह कर रहे थे? सत्ता के संरक्षण की बात तो अलग है, मात्र सत्ता का सम्पर्क साधारण आदमी को धरती से उठा कर आकाश पर बैठा सकता है।

संयुक्त संसदीय समिति के समक्ष हर्षद मेहता का यह कथन कि प्रधानमंत्री से मुलाकात और उनके आशीर्वाद से शेयर बाजार में उनकी हैसियत बढ़ी, दबदबा कायम हुआ, क्या यह सिद्ध नहीं करता कि सर्वोच्च स्तर के राजनीतिक सम्पर्क किस प्रकार बाहरी शक्तियों को प्रभावित करते हैं? यह सत्ता का दबदबा है जिसके सम्पर्क में आकर दलाल का अपने क्षेत्र में दबदबा बढ़ जाता है। इस कारण कोई उन्हें स्पर्श तक नहीं करता। सार्वजनिक प्रतिष्ठानों और बैंकों की जो भूमिका है उसके परे उन्होंने दलाल का हित साधा और इनके उच्चाधिकारियों ने इसके एवज में अच्छी खासी रकम प्राप्त की। यह मात्र किसी दलाल विशेष के शक्तिशाली होने का सबूत

नहीं है, बल्कि दलाल व्यवस्था के विविध क्षेत्रों में फैलने का प्रमाण भी है। बैंकों के नामों के चेक दलालों के खाते में डाले गये। यह सब दलाल तंत्र के कारण ही संभव हो सका। देशी विदेशी दोनों बैंकों ने लुटेरों की भूमिका निभायी और यह रहस्य है कि इस घोटाले का कितना हिस्सा विदेश चला गया। देशी पूँजी को एक गिरोह की मिली भगत से लूट कर विदेश भेजना क्या राष्ट्रविरोधी कार्य नहीं है? दूसरी ओर विदेशी पूँजी के निवेश के लिए द्वार खोले जा रहे हैं। झकाझक आईने की तरह यह साफ है कि सत्ता तथा उससे जुड़े प्रतिष्ठानों, कार्यालयों, मंत्रालयों, वरिष्ठ नौकरशाहों, राजनेताओं तथा मंत्रियों की कथनी करनी में साम्याभाव है। कथनी में राष्ट्रीय और करनी में राष्ट्रविरोधी। दलाली जिसका पेशा है, उसमें यह छद्म नहीं है। दलालों की बोली की कीमत है। इसी कारण आज हर्षद मेहता की मुद्रा लगभग आक्रामक है और प्रधानमंत्री नरसिम्हा राव रक्षात्मक स्थिति में हैं। दलाल पूँजीवाद राजनीति की अच्छाइयों में सेंध मारता है और दलाल तथा दलाल पूँजीपति की ज़ुबान राजनेताओं की ज़ुबान से सही लगने लगती है।

विचारणीय यह है कि बैंक और सार्वजनिक उपक्रम दलालों के कब्जे में कैसे चले गए? इन्दिरा गांधी ने आरंभ में बैंकों का राष्ट्रीयकरण अपनी छवि बनाने के लिए किया था। ग्रामीण बैंकों को खोलने के पीछे उनकी राजनीतिक मंशाएँ थीं। लाभ सामान्य जनता को नहीं मिला। इन बैंकों के जरिए जो ऋण और सुविधाएँ दी गईं उनमें बैंकों के अधिकारियों ने कमीशन खाया। इस प्रकार बैंक के मैनेजर कमीशनखोर की भूमिका में आए। कमीशन खाने वाली सत्ता के लिए यह जरूरी हो जाता है कि वह निचले तबके तक कमीशनखोरों की भीड़ खड़ी कर दे और बैंकों के जरिए यह कार्य हुआ। स्वाभाविक था प्रतिभूति घोटाला कांड में दलों का बैंकों का साथ देना। बैंक अधिकारियों का ऐसा स्वभाव पहले से बन चुका था। इसे अपने पक्ष में इस्तेमाल करने की देर थी। हर्षद मेहता ने वही किया।

क्या इसे संयोग कहा जाएगा कि प्रतिभूति घोटाले में दलालों ने प्राय: सभी बैंकों का इस्तेमाल किया! देशी-विदेशी उनतीस बैंकों से इन दलालों के रिश्ते थे। स्टेट बैंक ऑफ इंडिया, कनारा बैंक, यूको बैंक, आंध्रा बैंक, बैंक ऑफ इंडिया— लगभग सभी बैंक शामिल थे। अनेक बैंकों ने नियमों का उल्लंघन किया। विदेशी बैंकों-सिटी बैंक, बैंक ऑफ अमेरिका, स्टैंडर्ड चार्टर्ड बैंक तथा ए एन जेड ग्रिंडलेज बैंक ने कुल घोटालों का छप्पन प्रतिशत हेरफेर किया।

कनारा बैंक के पूर्व अध्यक्ष एन डी प्रभु और पंजाब नैशनल बैंक के पूर्व चेयरमैन जे जे वार्ष्णेय हर्षद मेहता की कम्पनियों के निदेशक मंडल में शामिल हो गए। ये दोनों महापुरुष राष्ट्रीय आवास बैंक की सलाहकार समिति में भी थे और राष्ट्रीय आवास बैंक की भूमिका इस घोटाले में कम नहीं थी। इसी कारण बैंक ऑफ कराड (बीओके) को बंद किया गया और बैंक आफ मदुरै के अध्यक्ष एस पी

सभापति को बरखास्त किया गया। ऊर्जा वित्त निगम द्वारा यूको बैंक को दी जानेवाली एक सौ करोड़ की राशि हर्षद मेहता के खाते में जमा कर दी गयी थी। विदेशी बैंकों ने अपने कर्मचारियों के खिलाफ जिस तरह कोई कार्रवाई नहीं की, लगभग उसी तरह देशी बैंकों-राष्ट्रीयकृत बैंकों ने भी अपने अधिकारियों के खिलाफ कोई कदम नहीं उठाया। यूको बैंक के पूर्व अध्यक्ष की बाद में चल कर गिरफ्तारी हुई। स्टेट बैंक के प्रबंध निदेशक वी महादेवन को बरखास्त किया गया। रिजर्व बैंक के पूर्व गवर्नर एस वेंकटरमण की भूमिका क्या सही थी? दलालों से सांठ-गांठ में क्या वे शामिल नहीं थे?

उद्योगपति एस एन चतुर्वेदी ने योजना आयोग के तत्कालीन सदस्य बी कृष्णमूर्ति से हर्षद मेहता की भेंट कराई थी और कृष्णमूर्ति ने हर्षद की भेंट वित्त सचिव और रिजर्व बैंक के गवर्नर से कराई थी। यह दलाल और उनके शुभैषियों की एक लड़ी है, कड़ी है, जिसमें दलाल, नए उद्योगपति, योजना आयोग सदस्य, वित्त सचिव, रिजर्व बैंक के गवर्नर-सब शामिल हैं। यह सम्पर्क की राजनीति है, जो व्यवसाय से जुड़ी हुई है। एक उद्योगपति को, दलाल पूँजीपति को अपना उद्योग और व्यवसाय छोड़कर सत्ता से, निरन्तर सम्पर्क गाँठते और जोड़ते रहने की आवश्यकता क्यों है? क्या इससे यह सिद्ध नहीं होता कि सत्ता उद्योग और व्यवसाय का सही, सरल और वास्तविक विकास नहीं चाहती। वह प्रत्येक बड़े कार्य में कमीशन खाने की आदी हो गयी है, जिससे सत्ता के दलाल चरित्र का पता चलता है।

शेयर घोटाले में मंत्रियों और नेताओं की भूमिका असंदिग्ध रूप से स्पष्ट है। संयुक्त संसदीय जाँच समिति के मसविदे में बैंक घोटाले में आठ मंत्रियों के शामिल होने का जिक्र है। इसे दलालों की सत्ता नहीं कहें तो और क्या कहें? पूर्व वाणिज्य मंत्री पी. चिदम्बरम को फेयरग्रोथ का शेयर दस रुपये में मिला था, जबकि उसका बाजार-भाव उस समय हजार रुपये के करीब था। यह सामान्य व्यक्ति भी सोच सकता है कि हजार रुपये का शेयर दस रुपये में क्यों मिलेगा? जब वाणिज्य मंत्री पी. चिदम्बरम हों, जिनकी छवि राजीव गांधी के समय कम साफ नहीं थी, तो भीतरी घटनाओं की जानकारी और वाणिज्य मंत्रालय के क्रिया-कलापों की सूचना बाहर कैसे आ सकती है।

तत्कालीन वित्त राज्य मंत्री दलबीर सिंह, ग्रामीण विकास राज्य मंत्री रामेश्वर ठाकुर, तत्कालीन पेट्रोलियम मंत्री शंकरानन्द, तत्कालीन नगर विमानन मंत्री माधवराव सिंधिया, तत्कालीन उर्वरक मंत्री चिंता मोहन, वित्त मंत्री मनमोहन सिंह, गुलाम नबी आजाद आदि कई मंत्री इस घोटाले से किसी-न-किसी रूप से क्या नहीं जुड़े हैं? मनमोहन सिंह के वित्त मंत्रालय ने प्रतिभूतियों की इस घोटाले से कूपन दरों को पहले ही लीक कर दिया था। मनमोहन सिंह ने जाँच के दायरे से विदेशी बैंकों को अलग रखना चाहा था। उन्होंने रिजर्व बैंक के तत्कालीन गवर्नर एम वेंकटरमण का

बचाव किया था। उनके इस्तीफे को उचित नहीं माना था। संयुक्त संसदीय समिति ने 462 पृष्ठों की जाँच रपट में अलग से एक अध्याय वित्त मंत्रालय पर लिखा है। उसके अनुसार विदेशी बैंक और वित्त मंत्रालय इस घोटाले के सबसे बड़े जिम्मेदार हैं। वित्त मंत्रालय के आलस्य और सुस्ती का क्या यह एक कारण नहीं है कि वह विश्व बैंक और अन्तरराष्ट्रीय मुद्रा कोष के संकेतों और हिदायतों पर चलता है? नयी आर्थिक नीति के 'शुभागमन' के बाद ही शेयरों में आसमानी उछाल आया था। इस प्रकार नयी आर्थिक नीति और इस घोटाले के बीच एक सीधा संबंध बनता है। क्या अर्थव्यवस्था में बदलाव लानेवाले, आर्थिक उदारीकरण और खुलेपन के नीति-निर्धारक विश्व बैंक और अन्तरराष्ट्रीय मुद्रा कोष के साथ नहीं है? यह चौंकने की बात नहीं है कि क्या अर्थशास्त्री भी दलाल के साथ में खड़ा हो सकता है? दलाल पूँजीवाद और वित्तीय पूँजी के युग में दलाल बनने से कौन बच पाएगा, नहीं कहा जा सकता। सुब्रमण्यम स्वामी हार्वर्ड विश्वविद्यालय में अध्यापक रह चुके हैं लेकिन उनकी भूमिका क्या है? और हमारे साधु-संन्यासी? तांत्रिक चन्द्रास्वामी? सोमयज्ञ क्या इसीलिए असफल नहीं हो गया कि वह दलालों द्वारा शुरू किया गया था? सत्ता के दलालों को आज बड़ी बारीकी से पहचानने की ज़रूरत है क्योंकि अब वे धोती-कुर्ता से लेकर सफारी तक में दिखाई पड़ते हैं।

कई मंत्रियों के अलावा, कई सार्वजनिक संस्थानों पर भी घोटाले के आरोप हैं। भारतीय रेल, वित्त निगम, बिजली वित्त निगम, इंडियन एअरलाइंस, वायुदूत, एअर इंडिया, तेल व प्राकृतिक गैस आयोग आदि कई सार्वजनिक संस्थानों को संयुक्त संसदीय समिति ने आरोपों के घेरों में ला खड़ा किया है। बिजली वित्त निगम के निदेशक एम प्रसाद को अक्टूबर 1992 में ही बरखास्त किया गया था और उसके पहले वी कृष्णामूर्ति की गिरफ्तारी हुई थी। यह सब क्या प्रमाणित करता है! क्या हर्षद मेहता इस घोटाले का एकमात्र अभियुक्त है? उसकी प्रेरक और सहयोगी शक्तियाँ कहाँ छिपी हैं? स्थिति यह है कि इस पूरे घोटाले में हर्षद मेहता को छोड़कर हम दूसरे दलालों का नाम तक नहीं जानते। संयुक्त संसदीय जाँच समिति की रपट के मसविदे में घोटालेबाज बैंकों में सिटी बैंक तथा घोटालेबाज दलालों में भूपेन दलाल का नाम शीर्ष पर है। नरसिम्हा राव के सुपुत्र पी बी प्रभाकर राव और भूपेन दलाल के संबंध सर्वविदित हैं। प्रभाकर राव गोल्ड स्टार कम्पनी के निदेशक मंडल में हैं। भूपेन दलाल द्वारा आंध्र बैंक फाइनेंशियल सर्विसेज लिमिटेड को दिये जानेवाले दो करोड़ रुपये बाद में गोल्ड स्टार कम्पनी को क्यों दिये गये? क्या प्रधानमंत्री नरसिम्हा राव के सुपुत्र इस प्रतिभूति घोटाला काण्ड में शामिल नहीं है? भूपेन दलाल पर जमकर कार्रवाई नहीं हुई। केन्द्रीय जाँच ब्यूरो ने भूपेन दलाल के मामले में आखिर मुलायम रवैया क्यों अख्तियार किया? क्या इसलिए नहीं कि यह संस्था प्रधानमंत्री के अधीन है और प्रधानमंत्री के सुपुत्र भी इस घोटाले में शामिल हैं?

इस पूरे प्रकरण में केन्द्रीय जाँच ब्यूरो (सीबाआइ) की भूमिका भी संदेहास्पद और पक्षपातपूर्ण रही है। केन्द्रीय जाँच ब्यूरो के पूर्व संयुक्त निदेशक के माधवन घोटाले में शामिल लोगों को सामने लाने के लिए प्रयत्नशील थे, लेकिन उन्हें इस दिशा में आगे नहीं बढ़ने दिया गया। घोटाले की जाँच से उन्हें हटाया गया और जुलाई 1992 में उन्होंने नौकरी छोड़ दी। के. माधवन ने संयुक्त संसदीय समिति को भेजे गए अपने पत्र में यह आरोप लगाया है कि जाँच के दौरान उन पर ब्यूरो के निदेशक एम के दत्ता ने दबाव डाला। एम के दत्ता की सेवावधि बाद में सरकार ने बढ़ाई। राजीव गांधी ने सत्ता के दलालों का बड़े जोर-शोर से जिक्र किया था, पर वे स्वयं बोफोर्स कांड में चर्चित हुए और 'शक की सुई' बार-बार उनकी ओर घूमती रही। यह ध्यान देने की बात है कि राजीव गांधी प्रधानमंत्री थे और अभी नरसिम्हा राव प्रधानमंत्री हैं। बोफोर्स काण्ड में प्रधानमंत्री को दलाल कहा गया था और मौजूदा प्रतिभूति काण्ड में एक दलाल हर्षद मेहता प्रधानमंत्री को एक करोड़ रुपये देकर उनसे-राजनीतिक आशीर्वाद और संरक्षण प्राप्त करने की बात कह रहा है। ये दोनों घटनाएँ आखिर क्या सिद्ध करती हैं? 1987 से 1993 के बीच के ये दो बड़े आरोप क्या हमारी राज्य सत्ता के वास्तविक स्वरूप और चरित्र को चिह्नित नहीं करते? बोफोर्स का मामला सारे हंगामे के बावजूद खटाई में चला गया और संभावना यह भी है कि हर्षद मेहता प्रकरण में सारी बातें सामने नहीं आये। राजीव गांधी को दलाल या मिडॅल मैन कहना, बोफोर्स काण्ड में उनकी भागीदारी की चर्चा करना और आज हर्षद मेहता का डंके की चोट पर पूरे संसार को यह बताना कि उसने 4 नवम्बर 1992 के पौने ग्यारह बजे दिन में इस देश के प्रधानमंत्री से भेंट की और उन्हें एक करोड़ रुपये दिये, हमारी राज्यसत्ता के किस चरित्र का खुलासा करता है? इस महाघोटाले में दलाल, सार्वजनिक प्रतिष्ठान और उसके वरिष्ठतम अधिकारी, केन्द्रीय मंत्रीगण, बैंकों के प्रबंधक, अध्यक्ष और बड़े अफसर, रिजर्व बैंक के गवर्नर, वित्तमंत्री, केन्द्रीय जाँच ब्यूरो की भूमिका क्या सिद्ध करती है। क्या यह मामला, एक व्यक्ति का है? जिस तरह इस सम्पूर्ण मामले को हर्षद मेहता पर केन्द्रित कर दिया गया है, उससे कई सवाल उठ खड़े हुए हैं। एक दलाल को राज्यसत्ता तथा उससे जुड़े लोगों का सहयोग किन स्थितियों में प्राप्त होता है? क्या इस खेल में सत्ता के दलाल ही सामने आते हैं या फिर दलालों की सत्ता भी सुस्पष्ट होती है? दलालों की सत्ता राज्य की किन अर्थनीतियों का परिणाम है? क्या एक भ्रष्ट, घिनौनी और जनविरोधी राज्यसत्ता ने अपने लाभ के लिए सत्ता में दलालों का निर्बाध प्रवेश नहीं कराया? क्या इससे हमारा लोकतंत्र नष्ट नहीं होगा? क्या इससे 'राज्य' और संस्थाओं की गरिमा नष्ट नहीं हुई? क्या इससे नयी आर्थिक नीति और आर्थिक उदारीकरण का फलसफा हमारे सामने साफ नहीं हो गया है? यह कैसी नयी आर्थिक नीति है, जो एक ओर पूँजी निवेश पर बल देती है और दूसरी ओर

विविध स्रोतों से देशी पूँजी को विदेशी बैंकों तथा अन्य संस्थाओं के जरिये बाहर स्थानान्तरित कर रही है?

क्या इससे भारतीय अर्थ-व्यवस्था के चरमराने के संकेत नहीं मिलते? क्या भारतीय अर्थ-व्यवस्था/तंत्र को लुंज-पुंज स्थिति में ला खड़ा करने में हमारे नेता और मंत्री, अधिकारी, नौकरशाह, दलाल, दलाल पूँजीपति, सार्वजनिक संस्थान आदि शामिल नहीं है? क्या आज गद्दारों और राष्ट्रद्रोहियों को सामने ला खड़ा करने की ज़रूरत नहीं है? आज भ्रष्टाचार का रोना रोया जा रहा है और इस पूरे मामले को भ्रष्टाचार का मामला बनाकर पेश किया जा रहा है। विश्वनाथ प्रताप सिंह से लेकर लालकृष्ण आडवाणी तक भ्रष्टाचार के इसी मुद्दे पर बल दे रहे हैं। विपक्ष का एक बड़ा हिस्सा प्रधानमंत्री नरसिम्हा राव को प्रधानमंत्री पद से हटने को कह रहा है और प्रभाष जोशी की चिन्ता यह है कि राज्यसत्ता निरीह मुद्रा में क्यों खड़ी है। प्रभाष जोशी को दुःख है कि 'सत्ता की दुधारी तलवार' नरसिम्हा राव के हाथ में 'काठ की तलवार' बन गयी है, जिससे 'दुश्मन' पर वार करने को कौन कहे, वे बचाव भी नहीं कर पा रहे हैं। हर्षद मेहता हाथ उठाकर मुक्के मार रहा है और हम चुपचाप देख रहे है। आज एक दलाल की ज़ुबान प्रधानमंत्री की ज़ुबान से अधिक विश्वसनीय लग रही है। यह सब अचानक नहीं हुआ है। जो 'भ्रष्टाचार की गंगोत्री' की बात बार-बार कहते हैं, उन्हें यह मालूम है कि आज़ादी के बाद से ही इस भ्रष्टाचार को बढ़ावा मिला।

ए.जी. नूरानी ने बीस वर्ष पहले (1973) एक पुस्तक लिखी थी—'मिनिस्टर्स मिसकंडक्ट'। यह भ्रष्टाचार एक खास किस्म की सत्ता की छाँह में विकसित हुआ। जो लोग मात्र भ्रष्टाचार की बात करते हैं और राज्यसत्ता के घिनौने चरित्र की अनदेखी करते हैं, वे यथास्थिति के समर्थक हैं। वे राज्यसत्ता के साथ हैं, उसके समर्थक हैं और इन 'चतुर सुजानों' से सावधान रहने की ज़रूरत है क्योंकि इनका मकसद सरकार को बदलने भर से है। वे यह नहीं चाहते कि राज्यसत्ता पर थोड़ी भी आँच आए।

वस्तुस्थिति यह है कि संविधान की शपथ लेने वालों ने ही संविधान की धज्जियाँ उड़ाई हैं। संसद और विधानसभाओं में बैठने वालों ने ही संसद और विधानसभाओं की प्रतिष्ठा धूल में मिलायी है, जनप्रतिनिधियों ने ही जनता को बदहाल बनाया है, प्रोफसरों ने उच्च्च शिक्षा-जगत को कमजोर किया है, इंजीनियरों ने कमजोर पुल और दस दिनों में ढह जाने वाले मकान बनाये हैं। नौकरशाहों ने 'विकास' के नाम पर सर्वनाश किया है, डॉक्टरों ने ही मरीजों को जहर बुझी सुइयाँ भी चुभोयी हैं। इस समाज का आज कौन ऐसा क्षेत्र है, जहाँ सामाजिक और राष्ट्रीय हित को ध्यान में रखकर कार्य किया जाता है? राज्यसत्ता के संरक्षण के बिना यह सब संभव नहीं हुआ है। राज्यसत्ता ने स्वयं अपने को इस स्थिति में पहुँचा लिया है

कि शेयर बाजार का एक दलाल शेर की तरह गरज रहा है और देश का प्रधानमंत्री भीगी बिल्ली की तरह उसके सामने है।

औद्योगिक, विदेशी और और दलाल पूँजी के चरित्र को न समझने का यह दुष्परिणाम है। भारतीय समाज आज भी एक पिछड़ा समाज है। एक ऐसे पिछड़े समाज में जहाँ औद्योगिक पूँजीवाद भी अपनी जड़ें नहीं जमा सका हो उसे दलाल, महाजनी और वित्तीय पूँजी में धकेल देना क्या उचित है? आज अगर हर्षद मेहता सबके सर पर चढ़ा हुआ है और उसने एक झटके में थोड़ी देर के लिए ही सही, राज्यसत्ता का चित्र-चरित्र सामने रख दिया है, तो यह सरकार की आर्थिक नीतियों का दुष्परिणाम भी है। इस घोटाले को भारतीय राजनीति और अर्थ-व्यवस्था की ट्रैजिडी के रूप में भी देखा जाना चाहिए, जहाँ दलाल के कथन पर अगर विश्वास किया जाय तो वह प्रधानमंत्री को अर्थशास्त्र की बारीकियाँ सुझाता है और उसके पीछे या साथ रिजर्व बैंक के गवर्नर तक खड़े हो जाते हैं। यह वित्तीय पूँजी का वह जादुई करिश्मा है, जिसे अर्थशास्त्र के पुराने अध्यापक नहीं समझ सकते। भारत में जिस समय वित्तीय पूँजी का प्रसार हो रहा है, हर्षद मेहता उसका एक चतुर और उस्ताद खिलाड़ी है। फिलहाल इसके सामने सब मात हैं। मात्र कुछ वर्षों में अरबपति बनना इस पूँजी के दौर में ही संभव हुआ है। अगर हमारी सरकार इस वित्तीय पूँजी को बढ़ावा देती है, बहुराष्ट्रीय कम्पनियों को न्योता देती है, उदार आर्थिक नीतियों पर विशेष बल देती है, तो वह हर्षद मेहता जैसी सन्तानों को पैदा करने की भी जिम्मेदार होगी। नयी आर्थिक नीतियों के समर्थन और हर्षद मेहता की भर्त्सना में विरोध है। हमारी वामपंथी पार्टियाँ भी लगभग समान राग गा रही है कि प्रधानमंत्री नरसिम्हा राव प्रधानमंत्री पद छोड़ दे, अपने ऊपर लगाये गए आरोपों की जाँच करायें, पर प्रधानमंत्री 'कानूनी न्याय' की जगह 'राजनीतिक न्याय' की बात कर रहे हैं। जो मामला कानूनी है, उस मामले को राजनीतिक स्तर पर सलटाने की बात की जा रही है।

राजनीतिक पार्टियाँ विचार-शून्यता में चल रही हैं। हमारे अधिकांश बुद्धिजीवी पत्रकार और अखबारों के नामी-गिरामी सम्पादक में से बहुत कम इस घटना के आन्तरिक पक्षों, आर्थिक संदर्भों और राजनीतिक आशयों को एक साथ देख रहे हैं। सत्ता के दलाल से कहीं अधिक चिन्ता की बात यह है कि दलालों की सत्ता स्थापित हो जाय, वित्तीय पूँजी का निर्बाध आगमन हो, जो मिल-जुलकर शिक्षा-संस्कृति सब को नष्ट कर दे। एक दलाल अपने हिमालयी आकार में खड़ा है और हमसब उसके भुतहे विशाल आकार को देख रहे हैं। यह मुग्ध और उल्लसित होने का समय नहीं है। विश्व बैंक और अन्तरराष्ट्रीय मुद्रा कोष के भुतहे पाँव हमें रौंद डालेंगे। मानसिकता दलालों की न बने। हमें सावधान रहने की ज़रूरत है।

दलालों की फौज आती-जाती रहेगी। प्रधानमंत्री भी आते-जाते रहेंगे, लेकिन हमारे संस्कार दलाल हो गए तो? हमारी संस्कृति दलाल हो गयी तो? हमारा स्वभाव

दलाल हो गया तो? हम उस दिन की कल्पना करें जब सभी पेशे से न सही पर व्यवहार, आचरण, स्वभाव से दलाल बन जायें। यह कल्पना कितनी भयावह है। दलाल इसे नहीं सोच सकता। भ्रष्ट राज्यसत्ता से जुड़े और दलाल मानसिकता वाले लोग भी ऐसा नहीं सोच सकते। इस राजनीतिक व्यवस्था और राज्यसत्ता को खत्म किए बिना क्या यह संभव है? क्या कांग्रेस की जगह कोई दूसरी राजनीतिक पार्टी इसे दूर करेगी? कहाँ हैं वे शक्तियाँ, वे संगठन, वे सामाजिक-सांस्कृतिक जुझारू दस्ते, हमारे देश की मार्क्सवादी पार्टियाँ? इस दलाल व्यवस्था को बदलने वाली ताकतें कहाँ है?

(1993)

जीवन का मर्म छीन लिया है टेलीविजन ने

15 सितम्बर, 1959 को भारत में जिस दूरदर्शन का जन्म हुआ, वह आज 34 वर्ष के एक सजे-सजीले, जादुई व्यक्तित्व से सम्पन्न, अपने आकर्षक और लुभावने चेहरे के साथ हमारे ड्राइंग-रूमों और शयन-कक्षों में मौजूद है, जिसने सुबह की किरणों के साथ ही रात का एकान्त भी हमसे छीन लिया है और बच्चे, किशोर, युवक-युवतियाँ, अधेड़, वृद्धाएँ, वृद्ध सभी इसके मोह-जाल में फँसे हुए हैं। भारतीय वैज्ञानिकों ने दूसरे बहुउद्देशीय उपग्रह इनसेट-2 बी को 36 हजार किलोमीटर की ऊँचाई पर निर्धारित कक्ष के निकट स्थापित कर दिया है और 15 अगस्त, 1993 को 47वें स्वाधीनता दिवस के शुभ अवसर पर दूरदर्शन के पाँच चैनल का प्रधानमंत्री नरसिम्हा राव उद्घाटन कर चुके हैं। अब भारतीय दूरदर्शन के छह चैनल हो गए हैं, मनोरंजन, खेल-कूद, व्यावसायिक समाचार एवं समसामयिक कार्यक्रम, संगीत तथा ज्ञानवर्द्धक या संवर्द्धन चैनल। प्रधानमंत्री के अनुसार 'रफ़्ता-रफ़्ता' और भी चैनल उपलब्ध होंगे।

इस वैज्ञानिक और तकनीकी आत्मनिर्भरता का प्रचार-प्रसार सरकार दूरदर्शन के माध्यम से ही कर रही है और अधिकांश लोग यह सूचना पाकर खुश हैं कि अब दूरदर्शन पर प्रतिदिन अनेक फिल्में देखने को मिलेंगी। यह खुश होने और झूमते रहने का समय नहीं है।

भारतीय दूरदर्शन की विकास-कथा यह है कि यह एक आयातित दृश्य-श्रव्य संचार-माध्यम है, जिसकी आरम्भ में एक सकारात्मक भूमिका थी। 1960-61 के दौरान यूनेस्को के तत्त्वावधान में दूरदर्शन से सामाजिक शिक्षा के प्रयोग के तहत नागरिकों की जिम्मेदारियों और ट्रैफिक नियमों से लेकर सदाचरण तथा सरकारी सम्पत्ति की देखभाल और निगरानी जैसे विषयों पर विशेष कार्यक्रम प्रसारित किए गए थे। यह नेहरू का शासनकाल था। दूरदर्शन की उस समय शैक्षिक-सामाजिक भूमिका बन रही थी।

पहली बार 1965 में सूचना एवं प्रसारण मंत्रालय ने शिक्षा के साथ मनोरंजन कार्यक्रमों को जोड़ा। इस समय से दूरदर्शन में व्यावसायिक शक्तियों की दिलचस्पी बढ़ी। व्यावसायिक और प्रायोजित कार्यक्रमों का शुभारम्भ यहीं से हुआ। 1965 में

इन्दिरा गांधी सूचना और प्रसारण मंत्री थीं। इस वर्ष के भारत-पाक युद्ध और 1966-67 के सूखे के कारण दूरदर्शन के लिए सार्वजनिक खजाने से धन देना सम्भव नहीं था। 1972 तक हमारे देश में दूरदर्शन की कोई चामत्कारिक स्थिति नहीं थी। इसकी गति बेहद धीमी थी। दिल्ली दूरदर्शन केन्द्र प्रति सप्ताह केवल साढ़े 37 घंटे का कार्यक्रम प्रसारित कर रहा था। आरम्भ में पाकिस्तानी दूरदर्शन पर भारत-विरोधी प्रचार को समाप्त करने के लिए भारतीय दूरदर्शन ने हिन्दी फीचर फिल्मों को महत्त्व देना शुरू किया, जिससे जम्मू तथा पंजाब के लोग पाकिस्तानी कार्यक्रम नहीं देखें। फिल्मी और बंबइया संस्कृति से दूरदर्शन का सम्बन्ध इसी समय से जुड़ा। इमर्जेंसी के दौरान 1976 में इसे रेडियो से अलग कर स्वतंत्र विभाग दिया गया और धीरे-धीरे यह 'सामाजिक शिक्षा और विकास का माध्यम' नहीं रहा। आरम्भ में जो वायदे और प्रतिज्ञाएँ की गई थीं, वे अधूरी रहीं, उनके विपरीत कार्य किए गए और यह प्रभावशाली तथा शक्तिशाली संचार-माध्यम सरकार, फिल्म, टीवी सेट के निर्माताओं और हार्डवेयर उद्योग के अधीन चला गया।

समस्त संचार-माध्यमों (फिल्म, रेडियो, पत्र-पत्रिकाएँ, पुस्तकें, दूरदर्शन) में दूरदर्शन सर्वाधिक युवा, शक्तिशाली, चालाक, फरेबी तथा दुहरे-तिहरे चरित्र और व्यक्तित्व वाला माध्यम है। 'अन्तरंग माध्यम' होने के कारण यह मनुष्य के आचरण को प्रभावित और नियंत्रित ही नहीं करता, उसे अपनी मनचाही दिशा में मोड़ देने की पूरी ताकत रखता है। यह हमारी सामाजिक चेतना को प्रभावित करता है। सातवीं पंचवर्षीय योजना के दौरान इसका बेहद विकास हुआ। इस पंचवर्षीय योजना में दूरदर्शन पर आँख मूँदकर पैसा बहाया गया। इन्दिरा गांधी इसकी क्षमता और शक्ति से सुपरिचित थीं। आँकड़े प्रमाणित करते हैं कि इतना अधिक खर्च उस समय शिक्षा पर भी नहीं हुआ। उस समय 'समाज के तेज विकास के लिए एक नए सूचना-समाज की बेहद ज़रूरत' समझी गई थी। इस योजना में जन-संचार-माध्यमों का मुख्य लोगों की चेतना के स्तर को ऊपर उठाना, उनके सांस्कृतिक और सामाजिक जीवन को समृद्ध बनाना तथा उन्हें अधिक सूचना-सम्पन्न नागरिक बनाना था पर यह सब क्या सम्भव हुआ?

4 जनवरी, 1976 को दूरदर्शन पहली बार विज्ञापन का माध्यम बना और 1982 से प्रायोजित कार्यक्रम शुरू होने लगे। स्थिर चित्रवाले विज्ञापनों की जगह गतिशील चित्र वाले विज्ञापनों ने ली। विज्ञापन दूरदर्शन का स्थायी अंग बन गया। वर्गीज समिति ने एक दशक तक रेडियो को ही प्रमुख माध्यम बनाने का सुझाव दिया था, लेकिन 1980 में इन्दिरा गांधी के पुनरागमन ने कई क्षेत्रों में बड़े दूरगामी प्रभाव डाले। दूरदर्शन ने 1980-82 के बाद एक क्रान्ति ला दी। अब दूरदर्शन की गति धीमी नहीं रही। 1982 के एशियाड से बाढ़, अन्धड़ और तूफान की तरह दूरदर्शन चारों ओर फैल गया। इनसैट और एशियाई खेल दोनों ने मिलकर देश के भीतर

सचमुच की टीवी क्रान्ति ला दी। छठी योजना में दूरदर्शन के विकास के लिए जहाँ मात्र 86.95 करोड़ रुपए थे, वहाँ सातवीं योजना में 700 करोड़ रुपए खर्च किए गए। 15 अगस्त, 1982 को दूरदर्शन श्वेत-श्याम (ब्लैक एंड व्हाइट) न रहकर रंगीन हो गया और पहली बार इस दिन पूरे दिन का प्रसारण हुआ। आठवें दशक में ही दूरदर्शन अपनी सामाजिक और सांस्कृतिक भूमिका खोने लग गया था। रघुवीर सहाय के 'हँसो जल्दी हँसो' (1975) काव्य-संकलन में एक कविता है 'टेलीविजन'। टेलीविजन 'नाम दूरदर्शन है उसका काम किन्तु है दूरदर्शन।' दूरदर्शन को लेकर समय-समय पर कई समितियाँ बनीं, जिनमें पीसी जोशी कमिटी का विशेष महत्त्व है। कमिटी ने सर्वप्रथम समाज से जोड़कर दूरदर्शन को देखा और 'दूरदर्शन क्यों और किसके लिए' प्रश्न पर गम्भीरतापूर्वक विचार किया। इसने दूरदर्शन की सामाजिक-सांस्कृतिक भूमिका पर विशेष जोर दिया और दूरदर्शन को 'एक रचनात्मक संचारकर्ता' (ए क्रिएटिव कम्युनिकेटर) की भूमिका में देखा। जोशी कमिटी ने अनेक रचनात्मक सुझाव दिए थे, जिन्हें अमल में लाने से दूरदर्शन की एक सामाजिक-सांस्कृतिक तथा जन-पक्षधर छवि निर्मित होती और इस संचार-माध्यम के जरिए ठहरे और लगभग ठिठके भारतीय समाज को एक जोरदार धक्का देकर, गतिशील और सक्रिय बनाया जा सकता था। लेकिन कमिटी की रिपोर्ट ठंडे बक्से में डाल दी गई। जोशी रिपोर्ट में यह कहा गया था कि टीवी के आधे से अधिक कार्यक्रम विकास और शैक्षणिक कार्यक्रमों से सम्बन्धित होने चाहिए, लेकिन ऐसा नहीं हुआ। खून-पसीना बहानेवालों, किसानों, मजदूरों, श्रमिकों और युवाशक्तियों को प्रोत्साहित नहीं किया गया। इसके विपरीत विशेषज्ञों की एक भीड़ खड़ी की गई, शूटिंग पर ध्यान दिया गया, खूबसूरत और चमकते-दमकते चेहरों को महत्त्व दिया गया। उदास, थके-हारे और क्लांत चेहरों को टीवी ने अपने कार्यक्रमों से अलग रखा।

इन्दिरा गांधी, राजीव गांधी और नरसिम्हा राव—भारत के इन तीन कांग्रेसी प्रधानमंत्रियों ने अपने शासनकाल में समय-समय पर दूरदर्शन को जो तीव्र गति प्रदान की, उसके राजनीतिक कारण अधिक हैं। इन्दिरा गांधी ने 1980-82 के आसपास पूरे देश में दूरदर्शन का जाल बिछाने का प्रयत्न किया। इमर्जेंसी के बाद के चुनाव में सत्ता से उनका वंचित होना उस समय एक आश्चर्यजनक घटना थी और 1980 के बाद उनके लिए यह आवश्यक हो गया था कि दूरदर्शन जैसा सशक्त संचार-माध्यम सत्ता के स्थिरीकरण और केन्द्रीकरण में एक ताकतवर भूमिका का निर्वाह करे। 'ग़रीबी हटाओ' और 'समाजवाद' का नारा समाप्त हो चुका था और देश में उपभोक्तावाद का प्रचार-प्रसार होने लग गया था। उपभोक्तावाद (कन्ज्यूमरिज्म) के इस प्रचार-प्रसार के साथ भारतीय दूरदर्शन का प्रचार-प्रसार जुड़ा और बढ़ा। दोनों ने एक-दूसरे को बढ़ाने और ताकतवर बनाने में बड़ी भूमिका निभाई। उपभोक्तावाद ने दूरदर्शन पर कब्जा किया और दूरदर्शन ने उपभोक्तावाद को बढ़ावा

दिया। विकास के लिए प्रतिश्रुत दूरदर्शन विकास विरोधी बन गया। हमारी सरकारों ने विकास सम्बन्धी जिस अवधारणा को ग्रहण किया, दूरदर्शन विकास सम्बन्धी उस अवधारणा या दृष्टि से वंचित कैसे रह सकता था ? पीसी जोशी कमिटी ने लिखा— 'विकास के नाम पर इसे (दूरदर्शन को) अपनाकर और बाद में वस्तुतः तुच्छ मनोरंजन के लिए इसका उपयोग करने, विदेशी सीरियलों समेत विदेशी जीवन-पद्धति, विज्ञापनों द्वारा चमकाए गए विलास सामानों को दिखाकर जनोन्मुख की जगह सरकारोन्मुख बनाकर या शहरी सम्पन्न मध्यवर्गोन्मुख बनाकर भारत ने भी साबित कर दिया कि वह उसी रास्ते पर इस माध्यम को ले जाएगा, जिस पर विश्व के अधिकांश निर्गुट राष्ट्र चल रहे हैं।'

राजीव गांधी ने दूरदर्शन का 'ताबड़तोड़ विस्तार' किया। उनके प्रधानमंत्रित्वकाल के आरम्भिक वर्षों में उनके द्वारा लगभग प्रत्येक पन्द्रह दिनों पर रिले केन्द्र का उद्‌घाटन होता था। यह राजीव गांधी और कांग्रेस का भोंपू बना रहा। 1987 से मीडिया के दुरुपयोग का सिलसिला लगातार बढ़ता गया। 1987 स्वाधीनता का 40वाँ वर्ष था और उस समय विपक्ष राजीव गांधी पर बोफोर्स के गोले लगातार दाग़ रहा था। राष्ट्रपति ज्ञानी जैल सिंह उस समय से लेकर बाद तक राजीव गांधी को चिट्ठियाँ लिखने लग गए थे, जो अपने में अकेला उदाहरण था। विश्वनाथ प्रताप सिंह ने मंत्रिमंडल से इस्तीफा दे दिया था और पूरे देश में राजीव विरोधी और कांग्रेस विरोधी लहर बनने लग गई थी। ऐसे माहौल में तत्कालीन केन्द्रीय सरकार ने दूरदर्शन के जरिए अपनी सत्ता-राजनीति प्रचार-प्रसार के बूते चलाई।

15 अगस्त, 1982 को भारतीय दूरदर्शन द्वारा रंगीन कार्यक्रम प्रस्तुत करने के दस वर्ष बाद 15 अगस्त, 1993 को पाँच उपग्रह चैनल शुरू हो गए। राजीव गांधी ने विपक्ष के हमलों से बचने के लिए दूरदर्शन को सरकारी शिकंजों में कसा। उन दिनों दूरदर्शन राजीव-दर्शन कहलाने लग गया था। उसने अपनी विश्वसनीयता नष्ट कर दी थी। 1987-88 में राजीव गांधी की जो स्थिति थी, कुछ-कुछ वैसी ही स्थिति आज नरसिम्हा राव की है। हर्षद मेहता के आरोप अब भी हवा में गूँज रहे हैं, संयुक्त संसदीय जाँच समिति की रिपोर्ट अभी पेश नहीं हुई है, बोफोर्स के दलालों के नाम सामने आ चुके हैं, शेयर घोटाले और सार्वजनिक प्रतिष्ठानों के शेयरों की मामूली कीमत पर बिक्री चर्चा में है, नई आर्थिक नीति का सुपरिणाम या दुष्परिणाम सामने है, साम्राज्यवादी अमेरिका देश के भीतरी हिस्सों तक में घुसा हुआ है, बहुराष्ट्रीय कम्पनियों के जाल में देश फँस चुका है और यही वह समय है जब देश की जनता को दूसरी ओर मोड़ दिया जाए। नए पाँच चैनलों को इसी परिप्रेक्ष्य में देखा जाना चाहिए। एक दिन में पाँच-छह फिल्में देखिए और इन सारी समस्याओं को नजरअन्दाज कीजिए। घर के अपने कमरे में बैठे रहिए और बाहर जो हो रहा है, उससे या तो बेखबर रहिए या सूचनाओं के लिए दूरदर्शन पर निर्भर रहिए।

ध्यान दिया जाना चाहिए कि सितम्बर 1988 में विज्ञान-भवन (नई दिल्ली) में 'नेशनल हेराल्ड' की रजत जयंती पर तत्कालीन प्रधानमंत्री राजीव गांधी के दिए गए भाषण के बीच मानहानि विधेयक के विरोध में लगे नारे जब दूरदर्शन की खबरों में आ गए, तो कैमरा टीम के साथ ही तकनीशियनों का भी तबादला कर दिया गया था। यानी दूरदर्शन से प्रसारित सूचना वही होनी चाहिए, जो सरकार चाहती है। उस समय और आज के बीच फर्क इतना ही है कि उस समय गैर-कांग्रेसी सरकारें दूरदर्शन की भूमिका को लेकर सक्रिय थीं। सरकार द्वारा दूरदर्शन के दुरुपयोग को लेकर जनता दल ने उस समय दूरदर्शन के विरुद्ध एकदिवसीय प्रतीकात्मक आन्दोलन किया था। 26 जून, 1989 को दूरदर्शन केन्द्रों पर व्यापक प्रदर्शन के सिलसिले में एक लाख लोगों ने गिरफ्तारियाँ दी थीं। राजीव गांधी के शासन-काल में पश्चिम बंगाल की सरकार ने दूरदर्शन तथा सरकारी कार्यक्रमों में आमंत्रित करने पर पाबन्दी लगा दी थी, लेकिन आज स्थिति भिन्न है। आज उपभोक्तावाद परदे पर ही नहीं, बाहर भी बड़ी बेशर्मी से नृत्य कर रहा है और बहुराष्ट्रीय कम्पनियों के आगमन तथा नई आर्थिक नीति के खिलाफ विपक्ष की कोई पार्टी खड़ी और सक्रिय नहीं है। सबके अस्त्र-शस्त्र ढीले हैं और सबने इस आर्थिक लहर के सामने अपने घुटने टेक रखे हैं, लेकिन दूरदर्शन के खिलाफ आज भी स्वतंत्र रूप से जुलूस और प्रदर्शन जारी हैं, क्योंकि दूरदर्शन भारतीय उच्च वर्ग और मध्य वर्ग के भद्दे तथा फूहड़ मनोरंजन का साधन बनकर रह गया है।

व्यापक जनता तक जानेवाला यह संचार-माध्यम हमारी जड़ता को नष्ट कर हमें गतिशील और प्राणवान बना सकता था, सामाजिक-सांस्कृतिक जागरण में बड़ी क्रान्तिकारी भूमिका अपना सकता था, भारतीय लोकतंत्र को सुदृढ़ कर भारतीय चेतना का विकास कर सकता था, भारतीय जनता को उसके लोकतांत्रिक अधिकारों के प्रति सचेष्ट कर सकता था, लेकिन इसने ऐसा नहीं किया। यह इसलिए सम्भव नहीं था कि दूरदर्शन आज भी सरकारी कब्जे और नियंत्रण में है तथा इसके नीति-निर्धारकों, कर्ता-धर्ताओं और नियंताओं को न तो अपने सामाजिक-सांस्कृतिक मूल्यों से परिचय है, न उनमें निष्ठा है। वे भारतीय समाज और जनता के प्रति ईमानदार न होकर जन-विरोधी राज्य सत्ता तथा शासक पार्टी और उसकी नीतियों के प्रति समर्पित हैं।

दूरदर्शन पर सरकार और शासक पार्टी का वर्चस्व है। विपक्ष के नेता इस परदे पर कम दीखते हैं, कवि-लेखक, कलाकार, रंगकर्मी और बुद्धिजीवी तो और भी कम। यह सरकारी नीतियों का प्रचार माध्यम है। आज न तो प्रोडक्शन केन्द्र कम हैं और न टीवी ट्रांसमीटर्स। देश की अस्सी-पचासी प्रतिशत जनता तक पहुँच रखनेवाला यह संचार-माध्यम देश के पन्द्रह करोड़ खाते-पीते लोगों का अपना माध्यम है।

दूरदर्शन नव-उपनिवेशवाद, इजारेदार पूँजीवाद, बेशर्म और गर्हित उपभोक्तावाद का नया और बेहद खतरनाक सामाज़िक-सांस्कृतिक हथियार है, जो हमारे मस्तिष्क

को कुंद कर रहा है, हमसे हमारा मस्तिष्क छीन रहा है, एक जगह घंटों तक निष्क्रिय बैठाकर हमारे पाँवों को गतिहीन कर रहा है, हाथों को निष्क्रिय बना रहा है, आँखों की शनैः-शनैः रोशनी छीनकर हमें अन्धा कर रहा है, श्रवणेंद्रिय को अपनी तीव्र-कर्कश और लगातार कठोर ध्वनियों से प्रभावित कर रहा है, परिवार में प्रतिदिन बखेड़े करवा रहा है, बच्चों में सामान के प्रति एक कभी नहीं बुझने वाली भूख पैदा कर रहा है, हमारी पारिवारिकता और सामाजिकता का नाश कर रहा है, संस्कृति के नाम पर कूड़ा-कचरा परोस रहा है और कविता के नाम पर फूहड़ हास्य कविताओं की भीड़ खड़ी कर रहा है। हमारे ही घर में घुसकर, हमारा स्थायी पारिवारिक सदस्य बनकर वह हमसे हमारा सर्वस्व छीन रहा है। उसके सामने हम अवश, निरुपाय तथा असहाय हो चले हैं।

हमारे देश की सरकार दूरदर्शन पर फालतू कार्यक्रमों को बढ़ावा दे रही है और हम धीरे-धीरे निष्क्रिय तथा निष्प्राण होते चले जा रहे हैं। यह साम्राज्यवादी शक्तियों का, इजारेदार और महाजनी पूँजीवाद का, उपभोक्तावाद का बड़ा सुन्दर हथियार है। बड़ा महीन आक्रमण और प्रहार, जो हमें निरन्तर गुलाम और परजीवी बनाए जा रहा है। यह तलवार, तोप, राकेट और आधुनिक हथियारों से कहीं अधिक भयावह है। बेहद सूक्ष्म, जिसमें हमारा घर ही पानीपत का मैदान बन रहा है और परिवार के सभी सदस्यों में तनाव, कलह और युद्ध जारी है। मामला विस्फोटक है और हमारी चेतना पर इसका तीव्र प्रभाव पड़ रहा है। यह देश के मस्तिष्क पर निरन्तर हमला कर रहा है और हम मुहब्बत का राग अलाप रहे हैं। यह मैकाले की शिक्षा-नीति से मीलों आगे है।

इसने लगभग उस प्रत्येक घर को, जिसमें अभी मानवीय, नैतिक, सामाजिक और भारतीय मूल्य शेष हैं, घर के कुछ सदस्यों में शीत युद्ध जारी कर दिया है। यह शरीर की ऊर्जा से अधिक मस्तिष्क की शक्ति हमसे छीन रहा है।

यह हमारी इंद्रियों को नष्ट कर रहा है। सिनेमा के बड़े परदे पर हमारी आँखें चारों ओर घूमती हैं, लेकिन दूरदर्शन में ये आँखें एक विशेष चेहरे पर केन्द्रित हो जाती हैं और फिर दूरदर्शन का छोटा परदा हमें आँखों को चारों ओर क्या, अगल-बगल भी घुमाने का समय नहीं देता। एक बन्द कमरे में प्रतिदिन आँखों का छोटे परदे के एक विशेष हिस्से पर घंटों तक केन्द्रित हो जाना हमारी आँखों को बुरी तरह प्रभावित करता है। छोटा परदा होने के कारण यहाँ पृष्ठभूमि गौण है और चेहरा महत्त्वपूर्ण है। इतनी कम दूरी पर परदे के चेहरे पर हमारी आँखों में स्थिरता, निरन्तर स्थिरता बेहद खतरनाक है। दूरदर्शन की एक तस्वीर में तीन लाख बिन्दु होते हैं, जो फ्रेम के बीच में गतिशील रहते हैं और दर्शक उनमें से कुछ ही बिन्दुओं को देख पाता है। इतनी बड़ी बिन्दु-संख्या में से कुछ बिन्दुओं पर आँखों की स्थिरता तथा निरन्तर दबाव आँखों में दर्द पैदा करता है, उसकी शक्ति घटाता है तथा ज्योति को क्षीण

करता है। दूरदर्शन से दर्शक की दृश्येन्द्रिय, श्रवणेन्द्रिय और स्पर्शेन्द्रिय का सम्बन्ध है और यह हमारी बाह्येन्द्रिय को कमजोर तथा नष्ट करता है।

दूरदर्शन अपने दर्शकों को मनो-शारीरिक (साइको-फिजिकल) रूप में बुरी तरह प्रभावित करता है। यह स्नायुओं पर धीमी गति से प्रहार कर उसे शिथिल करता है। पहले स्नायुओं को तीव्रता प्रदान करना और पुनः उसे शिथिल करना, यह निरन्तर का कार्य व्यापार है। शरीर से ज्यादा और तुरन्त इसका प्रभाव मस्तिष्क पर पड़ता है। वह हमारी चिन्तन-शक्ति और चयन-क्षमता को धीरे-धीरे नष्ट करता है। एक दिन में विज्ञापन द्वारा जब बीस साबुन दिखाए जाते हैं, तो दर्शकों के लिए उनमें से किसी एक का चयन करना आसान नहीं रह जाता। यह दर्शकों के 'व्यू प्वाइंट' को विज्ञापनों के जरिए ही नहीं, कार्यक्रमों के जरिए भी बदलता है। शेखर कपूर ने 7 अगस्त, 1993 को दूरदर्शन पर राजमणि राय और रमेश सिप्पी के साथ हुई बातचीत में यह कहा था कि बीस दिन अगर उन्हें एक घंटे का कार्यक्रम दिया जाए तो वे दर्शक के 'व्यू प्वाइंट' को बदल सकते हैं।

दूरदर्शन साम्राज्यवादी सूचना-केन्द्र है। पहले यह एक 'दुधारी तलवार' की तरह था, लेकिन पिछले दो-तीन वर्षों से यह सांस्कृतिक उपनिवेशवाद को बढ़ावा दे रहा है। डीआर मनकेकर ने इसे 'सांस्कृतिक साम्राज्यवाद' की संज्ञा दी है। दूरदर्शन अपने विविध कार्यक्रमों के जरिए इस 'सांस्कृतिक साम्राज्यवाद' का ही प्रचार-प्रसार कर रहा है। भारतीय दूरदर्शन एक विशेष जीवनशैली तथा मूल्य का प्रचार कर रहा है। भारतीय जन और जीवन से कटा हुआ यह संचार-माध्यम अपने देश की जड़ों, परम्पराओं, मूल्यों और मान्यताओं से परे है। इसका एकमात्र उद्‌देश्य उपभोक्ता सामग्रियों तथा व्यवसाय को बढ़ाना है। यह मात्र उत्पादित माल ही नहीं बेचता, अपितु लोगों में आवश्यकताएँ उत्पन्न करता है। इन आवश्यकताओं के उत्पन्न हो जाने के बाद उन वस्तुओं के प्रति लोगों के मन में इच्छाएँ पैदा की जाती हैं और फिर वैसी वस्तुओं का उत्पादन किया जाता है। इस प्रकार यह हमारी मानसिकता को अपनी जमीन से हटाकर दूसरी दिशा में तेजी से ले जाता है।

आज मनुष्य को अपने अधीन करने के लिए नग्न बल-प्रयोग या आर्थिक बाध्यता ही सबकुछ नहीं है, इसके साथ आवश्यक है, 'मनुष्य के मस्तिष्क पर विजय'। मस्तिष्क पर यह विजय विविध रूपों में प्राप्त की जाती है। मस्तिष्क पर विजय प्राप्त कर उसे अपने अधीन बनाने में दूरदर्शन जैसे संचार-माध्यम की बड़ी भूमिका है। पहले जब सिद्धान्त, विचारधारा और दर्शन मानव मस्तिष्क को प्रभावित करते थे, तो मस्तिष्क की तार्किक क्षमता बढ़ती थी, लेकिन दूरदर्शन के साथ ऐसा नहीं है। यह साम्राज्यवादियों तथा उपभोक्तावादी शक्तियों का अधुनातन अस्त्र है, जो मानव मस्तिष्क को सुन्न और चिन्तन-रहित कर देता है। दूरदर्शन हमारे मस्तिष्क को एक अनिर्णयात्मक दशा में पहुँचाने की सामर्थ्य रखता है। धीरे-धीरे हमारा

मस्तिष्क निर्णय लेने की किसी भी अवस्था में नहीं रह जाता और मनुष्य को चिन्तन-रहित कर, अपने अधीन कर उस पर शताब्दियों और सहस्राब्दियों तक शासन किया जा सकता है। यह गुलाम बनाने की नई कला है, जिसे तकनीकी उपलब्धियों से हमने प्राप्त किया है। एक तकनीकी माध्यम तकनीकी संस्कृति की ही वकालत करेगा। इस तकनीकी विकास ने सभ्यता को 'एक सुकुमार फूल' नहीं रहने दिया है।

महान नेतृत्वशास्त्री क्लाद लेवी स्त्रास ने जिस 'मोनोकल्चर' (एक ही फसल की खेती) की बात की थी, 'प्रतिदिन एक ही प्रकार के विधिता-शून्य सांस्कृतिक भोजन परोसे जाने' की चर्चा की थी, वह आज कितनी अधिक सही है। इंग्लैंड तथा अमेरिका के स्कूलों में पढ़नेवाले लड़के तथा कंडक्टर अब अपने मस्तिष्क से कहीं अधिक 'कैलकुलेटर' और 'कम्प्यूटर' पर आश्रित हैं। यहाँ से गए एक भारतीय ने जब कैलकुलेटर नहीं रहने पर कंडक्टर को तुरन्त भाड़ा बताया, तो कंडक्टर का प्रश्न था—'आपको कैसे मालूम?'

मात्र तकनीकी विकास अपने में महत्त्वपूर्ण नहीं है। तकनीकी विकास सांस्कृतिक विकास का पर्याय भी नहीं है। मात्र तकनीकी क्रान्ति किसी भी देश या समाज में सामाजिक और सांस्कृतिक परिवर्तन नहीं ला सकी है।

भारतीय दूरदर्शन का सामाजिक, सांस्कृतिक और राष्ट्रीय दृष्टिकोण क्या है? दूरदर्शन जिस उपभोक्ता संस्कृति को प्रचारित कर रहा है, क्या वह उपभोक्ता संस्कृति हमारे समाज के लिए घातक नहीं है? दूरदर्शन राष्ट्रीय सांस्कृतिक एकता के लिए खतरे उत्पन्न कर रहा है। वह बच्चों के मस्तिष्क के साथ ही भारत की युवा-शक्ति को एक गलत रास्ते पर बढ़ा रहा है। एक दिन के ही राष्ट्रीय कार्यक्रमों का अगर बारीकी से अध्ययन किया जाए, विश्लेषण किया जाए तो यह सिद्ध हो जाएगा कि दूरदर्शन हमारे मूल्यों, आचारों और आदर्शों को नष्ट करने में सबसे आगे है। वह हमें कुंठित कर रहा है, हमारे खान-पान को बदल रहा है, वेश-भूषा परिवर्तित कर रहा है और हमारे दिमागी सोच को प्रभावित कर रहा है। यह नवधनाढ्य वर्ग का लाडला संचार-माध्यम है और भारत का यह नवधनाढ्य वर्ग आज भारत का सबसे बड़ा शत्रु है।

दूरदर्शन में ऐसे सीरियलों की कमी है, जिसने वर्तमान समस्या से जूझने के लिए अपने दर्शकों को प्रेरित किया। 'रजनी' जैसे सीरियल कम रहे हैं। ठीक इसके विपरीत दूरदर्शन ने जासूसी तथा रोमांचक सीरियलों को महत्त्व दिया। जसपाल भट्टी ने समस्या को फूहड़ और घिनौने हास्य में बदल दिया। ज्यादा सीरियल फिल्मी स्टाइलों पर बने और दूरदर्शन एक मिनी फिल्म इंडस्ट्री में तब्दील हो गया। पान बेचनेवालों ने सीरियल बनाए और दूरदर्शन ने यथार्थ से आँखें मूँदकर बालकों और किशोरों को स्वप्नलोकों या फंतासियों की यात्रा कराई। यह संघर्ष-क्षमता को

विकसित होने से, और सामाजिक समस्याओं के निदान हेतु युवाशक्ति को सक्रिय होने से रोकना है। दूरदर्शन ने अपराध, हिंसा, हत्या, लड़ाई, मार-धाड़ को महत्त्व दिया। यह केवल भारतीय दूरदर्शन के साथ नहीं है बल्कि आज जो देश अगुआ बने बैठे हैं, वहाँ की स्थिति और भी भयावह तथा विस्फोटक है।

प्रिन्ट मीडिया ने मनुष्य को आक्रामक बनाने में अपनी अधिक भूमिका नहीं निबाही। यह किया विजुअल मीडिया ने। नाटक, रंगमंच में भी यह गौण रहा। दूरदर्शन ने फिल्मों से, हॉलीवुड और बालीवुड की फिल्मों से अपना नाता जोड़ा और अपराध, हत्या तथा मार-धाड़ वाले सीरियल महत्त्वपूर्ण हो उठे। अमेरिका के येल विश्वविद्यालय के शोधकर्मियों ने अपने शोध के आधार पर यह निष्कर्ष निकाला है कि 'वुडी वुडपेकर' तथा 'टौम एंड जेरी' कार्टूनों के प्रदर्शनों का समर्थन करने तथा उसे जारी रखने की इच्छा रखनेवाले लड़के अन्य लड़कों की तुलना में अधिक लड़ाकू और आक्रामक थे। (द वीक, 25 जुलाई, 1993)

दूरदर्शन ने बच्चों, किशोरों और युवक-युवतियों का विशेष अहित किया है। दूरदर्शन बच्चों के लिए जरूरी है और इसे देखनेवाला प्राय: प्रत्येक बच्चा एक सम्भ्रम और उलझन की स्थिति में फँसा हुआ है। भारत में यह संचार-माध्यम बच्चों के मानसिक विकास को अवरुद्ध कर रहा है और उसे परम्परा-विमुख बना रहा है। बहुत दूर की राजनीति है, जिस पर हम ध्यान नहीं दे रहे हैं। कल को बच्चे युवा होंगे और देश तथा समाज का भविष्य इनके हाथ में होगा। इन्हें पहले से ही संवेदनहीन बनाकर उपभोक्तावादी शक्तियों का दास बनाया जा रहा है, जिससे बाद में भी उन शक्तियों को कोई चुनौती नहीं मिल सके, जैसी चुनौती ब्रिटिश साम्राज्यवाद और उपनिवेशवाद को हमारे देश की जनता ने दी थी। अगर दूरदर्शन इन बच्चों को सही दिशा में ले जाने की कुछ सार्थक कोशिश करता भी है, दोपहर में सुन्दर बाल-फिल्में दिखाता है तो स्टार टीवी और उसके सगोतिया जी टीवी के कार्यक्रम बिलकुल भिन्न होते हैं। दूरदर्शन अगर बच्चों को पारिवारिक मूल्यों, संयुक्त परिवार के सिद्धान्तों की ओर मोड़ता है तो स्टार टीवी और जी टीवी भ्रष्टाचार, पारिवारिक विरोध, विवाहेतर सम्बन्ध, आतंक, संत्रास आदि से जुड़े परगमन कार्यक्रम प्रस्तुत करते हैं। यह आकाश से लड़ी जानेवाली लड़ाई है और उपग्रह टीवी ने हमें जो दिया है, वह हमारे सामने है।

बच्चों में दूरदर्शन की लत बेहद बढ़ती जा रही है। लगातार टीवी देखते रहने से उनकी भाषा दूषित हो रही है। साहित्य, गणित, इतिहास, भूगोल सब कमजोर होता गया है। विज्ञान ने तकनीकी विकास के अपने चरम दौर में ज्ञान का, उसकी विविध शाखाओं का लगभग नाश कर डाला है। इंग्लैंड की एक रिसर्च के अनुसार स्कूलों में पढ़नेवाले छात्रों का कम-से-कम चार-पाँच घंटा टीवी देखने में बीतता है। ये बच्चे निष्क्रिय दर्शक (पैसिव व्यूवर्स) भी नहीं हैं। वे प्रत्येक शब्द और दृश्य को

आत्मसात् करते हैं, हृदयंगम करते हैं। टीवी के कार्यक्रम बच्चों को यथार्थ से विमुख कर फैंटेसी में ले जाते हैं, सिनेमाई तकनीकों के साथ जिसमें क्लोज-अप से लेकर ध्वनि-प्रभाव तक शामिल है। उपभोक्तावादी शक्तियाँ दूसरे देशों को ही नहीं, अपने देशों को भी नहीं बख्शतीं। उनका एकमात्र प्रयोजन धन इकट्ठा करना है और वे अपने को बनाए रखने के लिए बाल-मस्तिष्क पर सर्वप्रथम आक्रमण करती हैं। दूरदर्शन यांत्रिक संस्कृति और अनिर्बंध भोगवाद को प्रचारित-प्रसारित करता है और हम भूल जाते हैं कि पिछले दिनों की एक नई बीमारी 'एड्स' का जन्म इसी 'अनिर्बंध' भोगवाद के कारण हुआ है।

स्वयं अमेरिका में क्या हो रहा है? स्कूली लड़के लड़कियों को 'कुतिया' कह रहे हैं और लड़कियाँ उन्हें 'कुत्ते' कह रही हैं। अब प्यार के बदले 'हिट स्कींस' चल रहा है। वहाँ चौदह-सोलह वर्ष के लड़के इसी उम्र की लड़कियों के साथ बलात्कार कर रहे हैं और उनकी हत्या कर रहे हैं। हत्या का आरोप लगने पर भी उनके चेहरों पर कोई शिकन नहीं होती। अनुमान है कि एक औसत अमेरिकी बच्चा सोलह वर्ष की उम्र तक टीवी पर तैंतीस हजार हत्याएँ देख चुका होता है यानी जन्म के दिन से पाँच-छह हत्याएँ। अमेरिका में बच्चों में आनेवाले बदलावों के पीछे टीवी को एक बड़ा कारण माना गया है। वहाँ एक सर्वेक्षण में एक-चौथाई लड़कों का यह कथन था कि अगर किसी औरत पर रुपए खर्च किए हैं तो उससे बलात्कार करना उस पुरुष का अधिकार है। सोलह प्रतिशत लड़कियों की भी यही राय थी और अमेरिका में पिछले एक दशक में तेरह-चौदह वर्ष के लड़कों द्वारा यौन-आक्रमणों की संख्या में दुगुनी वृद्धि हुई है। (दि टाइम्स, लन्दन, 17 जुलाई, 1993)।

दूरदर्शन व्यक्तिवाद, स्वार्थपरता और धन लिप्सा को बढ़ावा देता है। यह अनियंत्रित उपभोक्तावाद को बढ़ावा देता है और इस विकट समय में 'मूल्यों का प्रश्न मानव स्वतंत्रता' के बजाय रुचि की दासता को बढ़ाता है। वह हमारी अभिरुचियों को नियंत्रित ही नहीं करता, उन्हें अपने लाभ के लिए उत्पन्न भी करता है और हम बाद में अभिरुचि के दास बन कर रह जाते हैं। वह हमारी कलात्मक तथा सांस्कृतिक अभिरुचियों को नष्ट करता है। रामानन्द सागर और बीआर चोपड़ा जैसे फिल्म निर्माता रामायण और महाभारत सीरियल बनाते हैं, जिन्हें इतिहास, पुराण, परम्परा, संस्कृति से कुछ लेना-देना नहीं है, वे पैसों के जोर पर संस्कृति के क्षेत्र में दखलंदाजी करते हैं और हमारी रुचियाँ निर्धारित करते हैं।

अमेरिका में जहाँ टीवी और उसके कार्यक्रमों को लेकर बहस तथा चिन्ता बनी हुई है, वहाँ हम अपने देश में नशे में डूबे और झूमते चल रहे हैं। मजे की बात यह है कि हमारे यहाँ इसमें बड़े-बूढ़े तक शामिल हैं। एक साथ तीन पीढ़ियाँ इसकी शिकार हो रही हैं, जिनमें सबसे अधिक खतरनाक बात यह है कि बच्चे का कोमल और रचनात्मक मस्तिष्क इसकी लपेट में आ गया है। हांगकांग की सरकार दूरदर्शन

सम्बन्धी एक व्यापक बिल (केबल, उपग्रह और लौकिक तथा ऐहिक कार्यक्रमों को लेकर) बनाने पर विचार कर रही है। सिंगापुर में उपग्रह डिशेज पर पाबन्दियाँ लगा दी गई हैं और मलेशिया तथा बर्मा में यह राजनीतिज्ञों, राजनयिकों और होटलों में रहनेवाले विदेशियों के लिए ही पाबन्दी-रहित है। स्टार टीवी तथा सीएनएन के कार्यक्रमों को मलेशिया में प्रसारित होने के पहले 'सेंसर' किया जाता है। इंद्रजित लाहिड़ी ने एशिया के विविध देशों द्वारा इस सम्बन्ध में की जा रही पहलों की चर्चा की है। ('ए रिवोल्यूशन स्पीनिंग एक्रॉस एशिया' दि टेलीग्राफ, 1 अगस्त, 1993)। ताइवान जैसे देश मात्र लाभ के लिए स्टार टीवी तथा सीएनएन के कार्यक्रमों को अनुमति नहीं दे रहा है, लेकिन हमारे देश में फिलहाल आर्थिक लाभ ही सबकुछ है। केबल टीवी के अन्धाधुंध प्रसार को रोकने के लिए 3 अगस्त, 1993 को सरकार ने राज्य सभा में बिल पेश किया। सूचना और प्रसारण राज्य मंत्री के.पी. सिंह देव ने यह कहा कि सांस्कृतिक हमलों के सम्भावित खतरे के मद्देनजर केबल नेटवर्कों की अनाप-शनाप बढ़ोतरी से समाज के लिए गम्भीर नतीजे निकल सकते हैं।

दूरदर्शन हमें अपने कमरे में नजरबन्द कर चुका है। अब यह हमारे ही घर में हम पर लगातार हमले कर रहा है और हमें इसकी परवाह नहीं है। टेलीविजन के पास आज कोई 'विजन' नहीं है और जो है भी वह मानव-विरोधी है, जीवन-विरोधी है। जो लोग मनोरंजन या रिलैक्स होने की बात करते हैं, वे इसका उत्तर नहीं दे सकते कि क्या सचमुच दूरदर्शन के कार्यक्रम हमें मानसिक शान्ति पहुँचाते हैं? मार-धाड़, परदे पर होनेवाली हत्याएँ, खूनी दृश्य, उत्तेजक और उन्मादी हरकतें, कान फोड़ देनेवाला संगीत आखिर हमें कहाँ ले जाता है? हम इसे तुरन्त नहीं जान सकते, क्योंकि यह संचार-माध्यम एक धीमी प्रक्रिया के तहत, 'रफ्ता-रफ्ता' हमें विनाश की ओर ले जाता है। परदे पर हिंसा तथा आक्रमण के दृश्यों को देखने से हम सभी संवेदन-शून्य हो जाते हैं। यह संवेदन-शून्यता हमारी सामाजिकता को नष्ट करती है और इजारेदार पूँजीवाद यही चाहता है कि हम मानवीय संवेदनाओं से रहित एक यंत्र या पदार्थ भर बनकर रह जाएँ।

पश्चिम में दूरदर्शन को 'प्लग इन ड्रग' कहा जाता है अर्थात् स्विच दबाइए और औषधि खाइए, पर यह औषधि है या जहर? यहाँ विज्ञापन महज विज्ञापन नहीं है। विज्ञापन ने हमारे भावों तक को अपनी गिरफ्त में ले लिया है। हमारी भावनाओं, खुशियों, सफलताओं आदि को एक विशेष किस्म के भोज्य, पेय पदार्थ, वस्त्र तथा प्रसाधन-सामग्रियों से जोड़ दिया गया है। इन विज्ञापनों का बच्चों पर सीधा प्रभाव पड़ता है। महिलाओं को दूरदर्शन उपभोग की सामग्री मानता है, परिवार नियोजन का प्रचार भद्दे और अश्लील तरीके से किया जाता है। साबुन का विज्ञापन मात्र साबुन का विज्ञापन नहीं है, उसके साथ बढ़िया बाथरूम है, समुद्र का किनारा है और है

विशेष वस्त्र। अब यह अगर हमारे पास नहीं है, तो हम कुंठित हों या फिर इसे पाने के लिए भ्रष्टाचार की गंगोत्री के पास जाएँ। हिंसा और हत्या करें। दूरदर्शन सांस्कृतिक विकास की बात तो दूर रही, हमें ऐसी ही शिक्षा प्रदान करता है।

अनेक कम्पनियाँ भारत में टीवी को फैलाने या जाल बिछाने में सक्रिय हैं— इंग्लैंड की पिअर्सन पीएससी, सीएनएन, ईएसपीएन, एचबीओ एशिया, ऑस्ट्रेलियन ब्रॉडकास्टिंग कम्पनी और इन सबके ऊपर रुपर्ट मर्डोख, जिनके चतुर कारनामे विश्व विदित हैं। 1994 के मध्य तक मर्डोख भारत तथा एशिया क्षेत्र में पन्द्रह चैनल कार्यक्रम प्रस्तुत करने जा रहे हैं। टीवी एशिया के अध्यक्ष अमिताभ बच्चन से उन्होंने नियमित भेंट की है। मर्डोख ने स्टार टीवी का अधिग्रहण कर लिया है, जिससे स्काई टीवी की सम्भावनाएँ बढ़ गई है। स्टार टीवी अपने नेटवर्क का विस्तार कर रहा है। बम्बई और दिल्ली के अलावा यह अपने दो और कार्यालय कलकत्ता तथा बेंगलुरु में खोलने जा रहा है। इंद्रजित लाहिड़ी ने जानकारी दी है कि इस वर्ष मध्य जून में वरिष्ठ स्काई टीवी अधिकारियों ने सूचना और प्रसारण मंत्रालय के अधिकारियों से बातचीत की थी और आधिकारिक स्रोतों के अनुसार स्काई टीवी दिल्ली में स्काई न्यूज ऑफिस तथा मार्केटिंग खोलना चाहता है। (स्टार टर्न फॉर मर्डोख, हिन्दुस्तान टाइम्स, नई दिल्ली, 8 अगस्त, 1993) हमारी सरकार इस प्रकार बड़ी टीवी कम्पनियों को भी न्योता दे रही है। उदार आर्थिक नीति के जो परिणाम-दुष्परिणाम सामने आने हैं, उनमें एक संचार-माध्यम का भी है। सरकार सांस्कृतिक हमलावरों के खिलाफ कौन-सी नीति बना रही है? भारत की धरती और आकाश, दोनों ही हमलावरों की निगाहों में हैं। भारतीय दूरदर्शन चैनल नहीं देख रहा है। यह चैनल एक निर्माता देख रहा है। चैनल को देखकर ही चैनल को नियंत्रित किया जा सकता है। भारत में विदेशी टीवी कम्पनियों के जाल बिछाने का एक कारण यहाँ सांस्कृतिक जागरण जैसी उत्पन्न होनेवाली स्थिति को रोकना भी है और उसके समानान्तर एक ऐसी उपभोक्तावादी संस्कृति को घर-घर तक फैला देना है, जिससे परिवार और समाज भले टूट जाए, लेकिन यह इजारेदार पूँजीवाद, यह उपभोक्तावाद नष्ट नहीं हो। क्या हम इससे सुपरिचित हैं और अगर हैं तो क्या कर रहे हैं? मेट्रो चैनल्स भारत में जितने देखे जा रहे हैं, उतना किसी सैटेलाइट चैनल पर हमारा अपना चैनल नहीं देखा जा रहा। क्या एक जनविरोधी सरकार इस शक्तिशाली संचार-माध्यम को जनाकांक्षाओं के अनुरूप ढालने की सामर्थ्य और इच्छाशक्ति रखती है?

हमारी सरकार बार-बार विविधता में एकता का जाप करती है। आधुनिक सम्प्रेषण के क्षेत्र में भारत का तेजी से प्रवेश करना सांस्कृतिक क्षेत्र में नई चुनौतियाँ पैदा करना है। (पी.सी. जोशी : परिवर्तन और विकास के सांस्कृतिक आयाम) ये चुनौतियाँ हमारे सामने हैं और सवाल यह है कि क्या हम इन चुनौतियों का सामना कर रहे हैं?

पश्चिमी देशों में बढ़ती हिंसा, बलात्कार, संवेदनहीनता, टूटते परिवार और बोझ माने जा चुके बड़े-बूढ़ों की मानसिकता को तलाश रहे हैं, विद्वान, समाजशास्त्री और मनोवैज्ञानिक। खास तौर से अमेरिका, फ्रांस और ब्रिटेन में इन मनोविकारों को बढ़ाने में टीवी की भूमिका स्पष्ट हो गई, जिस कारण इन देशों में इसके खिलाफ बड़े पैमाने पर विरोध का माहौल बन रहा है। मानवीय सम्बन्धों को मशीनी स्वरूप देने, स्त्री को उपभोग वस्तु में तब्दील करने और बच्चों को एक कृत्रिम दुनिया में जीने का झूठा सपना दिखानेवाला यह माध्यम हमें अपनी गिरफ़्त में ले चुका है।

(1993)

आज़ादी के पचास वर्ष

'साहब, सच बताओ, जब तुम सुराज का नाम लेते हो, तो उसका कौन-सा रूप तुम्हारी आँखों के सामने आता है? तुम भी बड़ी-बड़ी तलब लोगे, तुम भी अंग्रेजों की तरह बंगलों में रहोगे...तुम्हारे भाई-बन्दों की ज़िन्दगी भले आराम और ठाट से गुजरे, पर देश का तो कोई भला न होगा। अभी तुम्हारा राज नहीं है, तब तो तुम भोग-विलास पर इतने मरते हो, जब तुम्हारा राज हो जाएगा, तब तो तुम ग़रीबों को पीसकर पी जाओगे।'

—प्रेमचन्द के उपन्यास 'गबन' (1930) में देवीदीन।

'भ्रष्टाचार के पचास वर्ष पूरे हुए!
बलात्कार और व्यभिचार के पचास वर्ष!!
पूरे हुए पचास वर्ष हत्या और हाहाकार के!!!

फिर भी कुछ लोगों के लिए
मचलती और झूमती हुई आती है आज़ादी!
बर्बादी का ऐसा बेशर्म जश्न कब और कहाँ मनाया गया है
इतिहास में?
इस बीच लगातार हलाल हुए हैं भगतसिंहों के सपने!
बिस्मिलों की तमन्नाएँ, अशफ़ाकुल्लाओं के जज़्बात!!
सुभाषों की ललकार, गांधियों के सन्देश और जयप्रकाशों की तड़प
हिंसा और हड़प के पैरोकारों का ध्यान नहीं गया उधर,
कान नहीं गया किसी का दुर्घटना के इतने कड़े कर्कश नाद पर!!
भविष्य में अँधेरों से भयभीत—
रोशन उँगलियों की प्रतीक्षा करता रहा देश!
आज़ादी के पहले की बात और थी, आज़ादी के बाद की और है!
वह गुलामी का दौर था, यह गुलामों का दौर है!!

पिछले पचास वर्षों में इस देश की अन्तरात्मा सो गई है!
गिद्धों और महागिद्धों की भूमि हो गई है इस देश की धरती!!
सोने की चिड़िया की जान सांसत में है!'

शलभ श्री रामसिंह की कविता 'आज़ादी की पचासवीं सालगिरह पर'
(जनसत्ता सबरंग, साहित्य विशेषांक, मुम्बई, 26 अक्तूबर, 1997) का अंश।

भारतीय समाज आज चौतरफे राजनीतिक, आर्थिक, सामाजिक और सांस्कृतिक संकट, भूख, ग़रीबी, काहिली, भ्रष्टाचार, अत्याचार, लूट, डकैती, अपहरण, बलात्कार, अस्थिरता, ऋण, जातिवाद, धर्मान्धता, विखंडन, बेरोजगारी, अशिक्षा, पिछड़ापन, मूल्यहीनता, अन्धी नकल, उपभोक्तावाद, विघटन, असहिष्णुता, रूढ़िवादिता, आतंक, निर्लज्ज व्यक्तिवाद, स्वार्थपरता, कुटिलता, परम्परा-विमुखता, अन्याय, अपराध, धूर्तता आदि के दुष्चक्र में फँसकर किसी समुचित मार्ग की तलाश कर पाने में अक्षम हो रहा है। जिस फूहड़ ढंग से पिछले दिनों स्वतंत्रता की स्वर्ण जयन्ती का सरकारी, अर्द्ध-सरकारी और गैर-सरकारी आयोजन हुआ, वह हास्यास्पद बनकर रह गया। विज्ञापनों ने स्वतंत्रता के ऐतिहासिक सन्दर्भ और गरिमामय अर्थ को नष्ट किया और हमारे कई लेखकों, पत्रकारों, स्तम्भ लेखकों, बुद्धिजीवियों आदि ने पिछले पचास वर्ष को या तो पाँच दशकों में विभाजित कर उस दशक की प्रमुख घटनाओं को रेखांकित किया या फिर अलग-अलग क्षेत्र में हुए महत्त्वपूर्ण योगदान को रेखांकित कर अपने गुरुतर उत्तरदायित्व से मुँह मोड़ा। जन प्रतिनिधियों और सांसदों के क्रिया-कलाप उनके पूर्व क्रिया-कलापों की तरह ही लाजवाब रहे। दिल्ली की फैशन डिजाइनर ऋतु बेरी 'आज़ादी दिल की और आज़ादी बिल की' का घटिया और भद्दा प्रचार करती रही तथा कथाकार और 'हंस' के सम्पादक राजेन्द्र यादव 'स्वतंत्रता के अर्थ' की तलाश करते रहे।

भारतीय संसद ने छह दिनों (26 अगस्त, 1997 से) के अपने विशेष ऐतिहासिक सत्र में इस पर 65 घंटे तक चर्चा की। इस 'स्वाधीन' किन्तु 'चिन्ता'—चर्चा में आधे से अधिक सदस्य—285, शामिल हुए थे और बयासी सदस्यों ने अपना लिखित भाषण सदन के पटल पर रखा था। सदन में दूसरी आज़ादी का संकल्प लिया गया था, बिना इस चर्चा के, कि पहली आज़ादी अगर सही और मुकम्मिल आज़ादी नहीं थी तो क्यों और वह आज़ादी जैसी भी थी, उसे पटरियों से उतारकर गुलामी में बदल देनेवाली राष्ट्रद्रोही शक्तियाँ कौन थीं? भारतीय संसद ने सर्वसम्मति से छठे दिन चार पृष्ठों का प्रस्ताव 'अठारह सूत्री राष्ट्रीय एजेंडा' पारित किया और भ्रष्टाचार की समाप्ति, राजनीति को अपराधीकरण से मुक्त करने, निरक्षरता दूर करने, बेरोजगारी मिटाने और जनसंख्या वृद्धि पर रोक लगाने का संकल्प लिया। लोकसभा के तत्कालीन अध्यक्ष पी.ए. संगमा ने भारत के दूसरे स्वाधीनता-संग्राम का निर्णय

लिया और उसकी रूपरेखा रखी। सात प्रमुख प्रस्तावों में लिंग-भेद की समाप्ति और अर्थव्यवस्था का समुचित प्रबन्ध भी शामिल किया गया। लोकसभा में अध्यक्ष पी.ए. संगमा और राज्यसभा में सभापति कृष्णकांत ने संसद के इस विशेष सत्र के समापन-दिवस पर यह प्रस्ताव पेश किया था। जाहिर है भारतीय संसद में सर्वसम्मति से पारित इस प्रस्ताव में उन चालीस सांसदों की भी सहमति रही होगी, जिन पर चुनाव आयुक्त जी.वी.जी. कृष्णामूर्ति के अनुसार कई आपराधिक मामले थे।

भारत का स्वाधीनता-संग्राम पारित प्रस्तावों से नहीं लड़ा गया था। स्वाधीनता-संग्राम में लाखों लोग जेल गए थे, हजारों ने फाँसी के तख्ते चूमे थे। इस घोषित दूसरी आज़ादी में कितने जेल जाएँगे और कितनों को फाँसी दी जाएगी—यह सांसदों को मालूम नहीं था। चुनाव आयुक्त ने जिन चालीस अपराधी सांसदों का जिक्र किया था, अगर उन पर इस विशेष सत्र में संसदीय कार्रवाई की जाती या फिर उनके दल उन सांसदों को अपने दल से बाहर कर देने, निष्कासित करने की घोषणा करते, तो सम्भव था दूसरी आज़ादी की दिशा में संसदीय और दलीय प्रयत्न की इच्छा जाहिर होती। इसके पहले जयप्रकाश नारायण के नेतृत्व में जब एक लहर उठी थी और केन्द्र में जनता पार्टी की सरकार बनी थी, तो उसे भी दूसरी आज़ादी कहा गया था। यह एक प्रकार से स्वाधीनता-संग्राम की राष्ट्रीय ऐतिहासिक स्मृति को मिटा देने का संसदीय और बौद्धिक उपक्रम भी है क्योंकि स्वाधीनता-संग्राम ब्रिटिश शासन को समाप्त करने का ही नहीं, उसके साथ एक आततायी व्यवस्था को मिटाकर नई जन-व्यवस्था कायम करने का भी संग्राम था। उसे अर्थहीन, अप्रासंगिक और विकृत करने के कुटिल प्रयत्न पिछले पचास वर्षों में कम नहीं हुए हैं।

ग्यारहवीं लोकसभा में चौदह राजनीतिक दलों के संयुक्त मोर्चे के दो प्रधानमंत्रियों—एच.डी. देवगौड़ा और इन्द्र कुमार गुजराल ने अपने मंत्रिमंडल की जो सूची प्रस्तुत की थी, वह गुणवत्ता और काबिलियत की दृष्टि से 4 अगस्त, 1947 को जवाहरलाल नेहरू द्वारा माउंटबेटन को पेश की गई अपने प्रथम मंत्रिमंडल की सूची से जितनी भिन्न थी, उसे पचास वर्ष की भारतीय राजनीति के ह्रास और पतन की एक बानगी के रूप में भी देखा जा सकता है। नेहरू के तेरह सदस्यीय प्रथम मंत्रिमंडल में थे—बल्लभ भाई पटेल, अब्दुल कलाम आजाद, राजेन्द्र प्रसाद, जॉन मथाई, जगजीवन राम, बलदेव सिंह, सी.एस. भामा, राजकुमारी अमृत कौर, रफी अहमद किदवई, बी.आर. अम्बेडकर, श्यामा प्रसाद मुखर्जी, शम्मुख चेट्टी और एन. वी. गाडगिल।

स्वतंत्रता की स्वर्ण जयन्ती के अवसर पर प्रायः सबने इसे एकमत से स्वीकारा है कि यह आज़ादी एकांगी और अधूरी है। स्वतंत्रता की लड़ाई ऐसी आज़ादी प्राप्त करने के लिए नहीं थी। स्वाधीनता आन्दोलन की दो धाराएँ थीं—क्रान्तिकारी और सुधारवादी। कांग्रेस का क्रान्तिकारी कार्यक्रमों और आन्दोलनों से कभी सरोकार

नहीं रहा था। क्रान्तिकारी ब्रिटिश साम्राज्यवादियों का नाश चाहते थे और कांग्रेस इसके विपरीत उससे समझौते करती रही थी। स्वतंत्र भारत के पिछले पचास वर्षों का कोई आकलन स्वतंत्रता आन्दोलन की इन दो धाराओं के गुणात्मक अन्तर की चर्चा के बगैर असंगत और अनुचित सिद्ध होगा।

भारत की राजनीतिक स्वतंत्रता के सन्दर्भ में बहुधा कांग्रेस के लाहौर अधिवेशन (दिसम्बर, 1929) तथा रावी नदी के तट पर लाहौर में कांग्रेसी नेताओं द्वारा लिए गए 'पूर्ण स्वराज्य' के संकल्प (26 जनवरी, 1930) को उद्धृत किया जाता है। 'पूर्ण स्वराज्य' को कांग्रेस ने अपने एजेंडे में शामिल कर लिया था। यह सदैव याद किया जाना चाहिए कि तीसरे दशक के अन्तिम वर्षों में क्रान्तिकारियों ने पूरे देश में एक हलचल पैदा कर दी थी। क्रान्तिकारियों की कार्यवाहियों से विवश होकर कांग्रेस ने 'पूर्ण स्वराज्य' का प्रस्ताव पास किया था। क्रान्तिकारी अपने पुराने मार्ग से अलग हो रहे थे और समाजवाद की स्थापना पर बल दे रहे थे। वे 'राजनीतिक और आर्थिक क्रान्ति' की बात कर रहे थे। 'नौजवान भारत सभा' के अमृतसर में होनेवाले सम्मेलन (1928) के लिए तैयार घोषणा-पत्र में यह कहा गया था—'बीसवीं शताब्दी के आरम्भ से अंग्रेज नौकरशाही ने भारत के प्रति एक नई नीति अपनाई है। वे हमारे देश के पूँजीपति तथा निम्न पूँजीपति वर्ग को सहूलियतें देकर उन्हें अपनी तरफ मिला रहे हैं। दोनों का हित एक हो रहा है। भारत में ब्रिटिश पूँजी के अधिकाधिक प्रवेश का अनिवार्यतः यही परिणाम होगा। निकट भविष्य में बहुत शीघ्र हम उस वर्ग को तथा उसके नेताओं को विदेशी शासकों के साथ जाते देखेंगे। कोई गोलमेज कॉन्फ्रेंस या इसी प्रकार की और कोई संस्था द्वारा दोनों के बीच समझौता हो जाएगा। तब उनमें शेर और लोमड़ी के बच्चे का रिश्ता नहीं रह जाएगा। समस्त भारतीय जनता के आनेवाले महान संघर्ष के भय से आज़ादी के इन तथाकथित पैरोकारों की कतारों की दूरी बगैर किसी समझौते के भी कम हो जाएगी।' (भगतसिंह और उनके साथियों के दस्तावेज : जगमोहन सिंह, चमनलाल) इसी घोषणा-पत्र में '98 प्रतिशत के लिए स्वराज्य' की बात कही गई थी। क्रान्तिकारियों ने जिस दो प्रतिशत को छोड़ दिया था, वे साम्राज्यवाद के समर्थक थे। इन क्रान्तिकारियों ने ही यह घोषणा की और लोगों को यह विश्वास दिलाया कि वे जिस क्रान्ति की बात करते हैं, उसका अर्थ 'केवल मालिकों की तब्दीली' नहीं है। 1928 से 31-32 तक केवल क्रान्तिकारी ही नहीं, भारतीय लेखक भी, जिनमें प्रेमचन्द सर्वोपरि हैं, ने स्वतंत्रता को एक नई राज्यसत्ता और व्यवस्था से जोड़कर देखा। इसके लिए सुधारवादी आन्दोलन गैर-जरूरी बल दे रहे थे, कांग्रेस स्वतंत्रता और स्वराज्य के अमूर्त प्रयोग द्वारा एक प्रकार का छल कर रही थी और वही छल संसद के प्रस्ताव के द्वारा भी किया गया है, जिसमें एक नई आज़ादी की प्राप्ति की सांसद-अभिलाषा व्यक्त हो रही है।

नौजवान भारत सभा के 1928 के उस घोषणा-पत्र में भारतीय युवकों को इन शब्दों में सावधान किया गया था—''मक्कार तथा बेईमान लोगों के हाथों में न

खेलें।'' ये 'मक्कार तथा बेईमान' कौन थे—'हर नाजुक मौके पर आदर्श का परित्याग' करनेवाले ?

साम्राज्य को नष्ट किए बिना क्रान्ति की सफलता संदिग्ध ही नहीं असम्भव भी थी। उस दौर में क्रान्तिकारियों के नारे थे—'इंकलाब जिन्दाबाद' और 'साम्राज्यवाद मुर्दाबाद'। कांग्रेस ने साम्राज्यवाद के खात्मे की बात नहीं की। साम्राज्यवाद की समाप्ति के बाद ही देश और समाज में आमूल परिवर्तन सम्भव था। भगतसिंह ने 6 जून, 1929 को असेम्बली बम कांड पर सेशन कोर्ट में अपने बयान में कहा था—''देश को एक आमूल परिवर्तन की आवश्यकता है।'' कांग्रेस इस आमूल परिवर्तन के पक्ष में नहीं थी। कांग्रेसी नेता पूर्ण स्वतंत्रता प्राप्ति के पक्ष में नहीं थे। वे हृदय से इसे नामंजूर करते थे और इसी कारण दुर्गा भाभी तथा अन्य क्रान्तिकारी नेताओं ने लाहौर कांग्रेस में 'हिन्दुस्तान सोशलिस्ट रिपब्लिकन एसोसिएशन का घोषणापत्र' बाँटा था। इस दस्तावेज में 'देश को स्वतंत्र कराने के गांधी के ढंग को पूर्णतया नामंजूर' किया गया था और यह कहा गया था कि भारत के किसानों और मजदूरों के समक्ष दुहरा खतरा है—''विदेशी पूँजीवाद का एक तरफ से और भारतीय पूँजीवाद के धोखे भरे हमले का दूसरी तरफ से खतरा है। भारतीय पूँजीवाद विदेशी पूँजी के साथ हर रोज बहुत से गठजोड़ कर रहा है।'' लाहौर कांग्रेस के बाद क्रान्तिकारियों ने अपना दूसरा परचा पूरे देश में 26 जनवरी, 1930 को बाँटा था। इन दो परचों के द्वारा कांग्रेस की पोल खोली जा रही थी और देशवासियों को यह बताया जा रहा था कि कांग्रेस जिस रास्ते पर चलकर स्वतंत्रता प्राप्त करना चाहती है, वह रास्ता क्रान्ति का नहीं समझौते का रास्ता है। क्रान्ति के रास्ते पर चलकर जहाँ किसानों और मजदूरों का राज्य स्थापित होता, वहाँ कांग्रेसी रास्ते से कुछ चुने हुए लोगों का राज्य स्थापित हुआ।

1930–31 में भगतसिंह तथा अन्य क्रान्तिकारियों ने साफ शब्दों में यह कहा था कि गांधीवाद 'सत्ता में हिस्सेदारी के पक्ष में है', वह चाहता है कि ''दिल्ली का शासन गोरे हाथों से भूरे हाथों में आ जाए। यह लोगों के जीवन से दूर हैं और इनके गद्दी पर बैठते ही जालिम बन जाने की बहुत सम्भावनाएँ हैं।'' वे कांग्रेस के उद्देश्य से भलीभाँति परिचित थे। उनकी समझ एकदम साफ थी—''भारत सरकार का प्रमुख लार्ड रीडिंग की जगह यदि सर पुरुषोत्तम दास ठाकुर दास हो तो उन्हें (जनता को) इससे क्या फर्क पड़ता है? एक किसान को इससे क्या फर्क पड़ेगा, यदि लार्ड इरविन की जगह सर तेज बहादुर सप्रू आ जाएँ।'' उस समय जो गांधी-इरविन पैक्ट हुआ था, वह आज तक अपने बदले और आधुनिक रूपों में जारी है। इसका अगला विकास नेहरू और माउंटबेटन के बीच हुआ और आज नए सिरे से इस देश के शासक वर्ग का साम्राज्यवाद, विश्व पूँजीवाद और नव उपनिवेशवाद के साथ सम्बन्ध और समझौता जारी है।

भारतीय स्वतंत्रता की स्वर्ण जयन्ती के समय गोल-मटोल बातें करने, संसद में दूसरी आज़ादी के लिए प्रस्ताव पेश करने तथा भद्दे ढंग से उत्सवों-आयोजनों को जारी रखने से कुछ प्राप्त होने को नहीं है। ब्रिटिश साम्राज्यवाद से समझौता करने का जो सिलसिला चला था, वह आज अमरीकी साम्राज्यवाद से समझौते तक पहुँच चुका है। रामविलास शर्मा ने लिखा है—"भारतीय पूँजीवाद ने सन् 1920-21 में, फिर सन् 1930-34 में अंग्रेजों से समझौता किया था; समझौते से जिस तरह भगतसिंह और अन्य क्रान्तिकारी 1928 से 1931 के आरम्भ तक लोगों को आगाह करा रहे थे, लगभग उसी तरह हिन्दी-उर्दू के लेखकों ने 1930-32 से लेकर 1978-80 तक इस ओर लोगों का ध्यान दिलाया है।"

समझौता करनेवालों को अपनी फिक्र अधिक थी, देश की चिन्ता कम थी। जो परिवर्तनकामी और क्रान्तिकारी थे, उनका मार्ग दूसरा था। जनता विद्रोहियों और क्रान्तिकारियों के साथ अल्पावधि के लिए ही सही, जुड़ती रही। नाविक-विद्रोह में जनता ने अद्भुत सहयोग दिया था, पर कांग्रेस उसके साथ नहीं थी। साहिर लुधियानवी ने अपनी मशहूर नज्म 'जहाजियों की बगावत' (फरवरी, 1946) में लिखा—"तुम समझौते की आस रखो/हम आगे बढ़ते जाएँगे।" इसी नज़्म में उन्होंने यह प्रश्न किया—"क्या कौमो-वतन की जय गाकर/मरते हुए सभी गुंडे थे ?/जो देश का परचम लेके उठे/वो शोख सिपाही गुंडे थे ?/जो बारे गुलामी सह न सकें/वो मुजरिमे शाही गुंडे थे ?"

भारतीय जनता जिस आज़ादी के लिए एक लम्बे समय से संघर्ष कर रही थी, मर-मिट रही थी, यह वह आज़ादी नहीं थी। "ये दाग़-दाग़ उजाला/ये शब-गजीदा सहर/वो इन्तिजार था जिसका/ये वो सहर तो नहीं।" सूर्य कुहासे में छिप गया था और रौशनी में एक अन्धेरा था। किसान और मजदूर पूरी तरह हाशिये पर डाल दिए गए। बम्बई प्लान (1944) ने भारत की भविष्य-योजना पर जो विचार किया था, वह जे. आर.डी. टाटा और जी.डी. बिड़ला के मनोनुकूल था। इस प्लान ने भारत के आर्थिक विकास के लिए भारी और बेसिक उद्योगों पर बल दिया—जैसे बिजली, इस्पात, ईंधन, मशीन बिल्डिंग, प्लांट्स आदि। भारतीय उद्योगपतियों और पूँजीपतियों को कृषि की कोई चिन्ता नहीं थी। उन्हें आधुनिक भारत का निर्माण करना था और अपने उद्योग विकसित करने थे।

साम्राज्यवाद से निरन्तर संघर्ष के बदले समय-समय पर किया गया समझौता भारत की समस्त बदहाली का प्रमुख कारण है। 'स्वतंत्र' भारत का संकट कुछ वर्षों की देन नहीं है। इसके बीज कांग्रेस की समझौतापरक नीतियों में दिखाई देंगे। स्वाधीनता आन्दोलन मात्र राजनीतिक आन्दोलन नहीं था। वह सामाजिक-सांस्कृतिक आन्दोलन भी था। कांग्रेस ने धीरे-धीरे इस आन्दोलन को मात्र राजनीतिक आन्दोलन बनाकर छोड़ दिया और तब समझौते के विविध रास्ते स्वयं खुलते गए। कांग्रेस

सोशलिस्ट पार्टी के गठन के एक दशक के भीतर 'भारत छोड़ो आन्दोलन' शुरू हुआ और दो-तीन वर्ष बाद ही सोशलिस्ट कांग्रेसियों की तुलना में किनारे पड़ते गए। 'भारत छोड़ो आन्दोलन' में उनकी प्रमुख भूमिका थी, पर अंग्रेजों के भारत छोड़ने के बाद भारत में समाजवादी समाज की स्थापना का उनका स्वप्न साकार नहीं हो सका। कम्युनिस्टों ने भी अपनी क्रान्तिकारी भूमिका अदा नहीं की और नेहरू के आभामंडल के प्रभाव के कारण कांग्रेस से अपने सम्बन्ध को वह समाप्त नहीं कर सकी।

नाविक विद्रोह और तेलंगाना संग्राम के बीच में भारत को जो राजनीतिक स्वतंत्रता प्राप्त हुई थी, वह सम्पूर्ण रूप से प्राप्त राजनीतिक स्वतंत्रता नहीं थी। यह एक समझौते के तहत प्राप्त स्वतंत्रता थी। 15 अगस्त, 1947 के समारोह का महात्मा गांधी ने अकारण बहिष्कार नहीं किया था। स्वतंत्रता-प्राप्ति के मात्र चार-पाँच महीने बाद जनवरी 1948 में गांधी ने यह साफ शब्दों में कहा था कि भारत ने जिस प्रकार की स्वतंत्रता प्राप्त की है, उससे वह सन्तुष्ट नहीं हैं। गांधी के इस कथन को ध्यान में रखकर ही 'उन्हें कांग्रेस शासित स्वतंत्र भारत में प्रथम विरोधी नेता' की संज्ञा दी गई है। (दि अपोजिशन एंड दि लेफ्ट : ई.एम.एस. नम्बूदरिपाद, फ्रंट लाइन, अगस्त 22, 1997)

'सत्ता का हस्तान्तरण' ('ट्रांसफर ऑफ पावर') के कई खंडों के प्रकाशन के बाद यह तथ्य और सुस्पष्ट हो गया कि अंग्रेजों ने भारतीय नेताओं को सत्ता हस्तान्तरित की थी। अब उसका उत्तर एस गोपाल के सम्पादन और निर्देशन में भारतीय इतिहास अनुसन्धान परिषद् की ओर से 'टुवड्र्स फ्रीडम' के दस खंडों में प्रकाशित अन्य सही स्रोतों से प्राप्त तथ्यों और सूचनाओं के आधार पर हमारे प्रमुख तथा महत्त्वपूर्ण इतिहासकार भले दें, पर इस सच्चाई से इनकार नहीं किया जा सकता कि भारत की जनता जहाँ क्रान्ति-मार्ग को अपनाने के लिए उत्सुक थी (नाविक-विद्रोह में मुम्बई में सामान्य जनता का नौसैनिकों को दिया गया सहयोग) वहाँ कांग्रेसी नेता सत्तासीन होने के लिए बेचैन थे। उन्हें राष्ट्र के विभाजन की कीमत पर भी प्राप्त सत्ता स्वीकार्य थी।

2 जून, 1947 को भारत के सात नेताओं—नेहरू, पटेल, कृपलानी, जिन्ना, लियाकत अली खान, रबनिस्तर तथा बलदेव सिंह, जो क्रमश: कांग्रेस, मुस्लिम लीग तथा सिखों के प्रतिनिधि थे, ने तत्कालीन वायसराय लार्ड माउंटबेटन के अध्ययन-कक्ष में बैठकर राष्ट्र-विभाजन की बातें कीं और अगले दिन वायसराय महोदय ने इन सबको इस पर एकमत करा लिया कि भारत को दो स्वतंत्र राष्ट्रों में विभाजित कर दिया जाए। विभाजन की यह योजना इंग्लैंड के सम्राट जॉर्ज षष्ठ के दूर के भाई तथा रानी विक्टोरिया के प्रपौत्र लुई माउंटबेटन की थी। अपने अन्तिम प्रेस कॉन्फ्रेंस में उपस्थित तीन सौ पत्रकारों में से एक भारतीय पत्रकार के इस प्रश्न का कि 'प्रशासनिक शक्तियों की अदला-बदली की कोई निश्चित तारीख भी आपने

सोच रखी है?' कुछ क्षणों बाद माउंटबेटन ने यह उत्तर दिया था, "भारतीय हाथों में सत्ता का अन्तिम तबादला 15 अगस्त, 1947 के दिन किया जाएगा।" ('फ्रीडम ऐट मिडनाइट : लैरी कॉलिंस तथा डामिनिक लैपियर) भगतसिंह ने इस 'समझौते' या 'तबादले' की बात 16 वर्ष पूर्व 1930–31 में ही कही थी। वह 'गोरी बुराई' की जगह 'काली बुराई' को लाने के विरुद्ध थे।

15 अगस्त, 1947 को भारत और पाकिस्तान में से किसी देश की सीमारेखा निश्चित नहीं थी। सुप्रसिद्ध अंग्रेज न्यायशास्त्री सर सिरिल रैडक्लिफ के पास भारत तथा पाकिस्तान की विभाजन-रेखा तय करने का पर्याप्त समय नहीं था। रैडक्लिफ ने माउंटबेटन को हड़बड़ी में होनेवाली गम्भीर भूलों की ओर ध्यान भी दिलाया था, पर वायसराय के मुँह से 15 अगस्त की तिथि निकल चुकी थी। 15 अगस्त की इस तिथि को घोषित करने के पीछे मुख्य कारण कुछ और था। 1943 में विंस्टन चर्चिल ने माउंटबेटन को दक्षिण-पूर्वी एशिया का सुप्रीम एलायड कमांडर नियुक्त किया था और माउंटबेटन की कमांड ने जापानियों को करारी मात दी थी। 15 अगस्त, 1945 को जापान सरकार ने हथियार डाल दिए थे। माउंटबेटन ने जापान के आत्म-समर्पण की तिथि को भारत का स्वतंत्रता-दिवस बना दिया। यह जापान के आत्म-समर्पण की दूसरी वर्षगाँठ थी। भारत की सीमारेखा 15 अगस्त के कारण बड़ी हड़बड़ी में तय हुई थी। माउंटबेटन ने रैडक्लिफ को आश्वस्त किया था कि यह विभाजन-रेखा जहाँ से भी गुजरेगी, दोनों देश उसे स्वीकार कर लेंगे। रैडक्लिफ ने नेहरू और जिन्ना दोनों से यह पूछा था कि दोषयुक्त विभाजन रेखा क्या सचमुच 15 अगस्त तक तय हो जानी चाहिए? दोनों नेता विलम्ब के पक्ष में नहीं थे और उन दोनों ने दोष निभा लेने की बात कही थी।

भारत के प्रथम प्रधानमंत्री पंडित जवाहरलाल नेहरू को स्वतंत्रता के दिन अपने देश की चौहद्दी तथा सीमारेखा की कोई जानकारी नहीं थी। माउंटबेटन ने पहले आज़ादी दी और बाद में देश का नक्शा दिया। माउंटबेटन ने नेहरू से यह भी 'आग्रह' किया था कि 14 अगस्त के सूर्यास्त के बाद पूरे देश में जब यूनियन जैक (ब्रिटिश झंडा) उतारा जाये, तब कहीं कोई समारोह न हो। स्वतंत्रता-आन्दोलन के दौर में इस यूनियन जैक को उतारने के कारण ही सैकड़ों-हजारों लोगों ने गोलियाँ खाई थीं। इंग्लैंड का ध्वज उतारने पर किसी प्रकार का समारोह न किए जाने के माउंटबेटन के आग्रह को नेहरू ने स्वीकार लिया। 15 अगस्त, 1947 के बाद माउंटबेटन ने नेहरू और जिन्ना—दोनों प्रधानमंत्रियों को एक-एक बन्द लिफाफे में भारत और पाकिस्तान की विभाजन रेखाएँ सौंपी थीं।

जवाहरलाल नेहरू ने प्रधानमंत्री होने के पूर्व ही भारत के अन्तिम वायसराय लॉर्ड माउंटबेटन को भारत का प्रथम गवर्नर जनरल का पद प्रस्तावित किया था। नेहरू के इस प्रस्ताव को जिन्ना और महात्मा गांधी ने भी सही माना था। जिस इंग्लैंड

के खिलाफ 1857 से लड़ाई लड़ी जा रही थी, उसके भारत स्थित वायसराय लॉर्ड माउंटबेटन को भारत का प्रथम गवर्नर जनरल बनाया गया। यह समझौता नहीं तो और क्या था? यह 'राष्ट्र का सर्वोच्च सम्मान' था, जो एक वायसराय को दिया जा रहा था। भारत की सामान्य जनता और कांग्रेसी नेताओं के बीच इतना अधिक फासला आ चुका था कि 15 अगस्त, 1947 को माउंटबेटन सोने की कारीगरी वाली बग्घी (यह बग्घी वर्षों पूर्व लन्दन की एक विशेष कम्पनी ने भारत में जॉर्ज पंचम और क्वीन मेरी के शाही आगमन को ध्यान में रखकर बनाई थी) पर सवार थे और उसी दिन कलकत्ता के गवर्नर के सरकारी आवास में सामान्य भारतीय नागरिक प्रवेश कर स्वतंत्रता की प्रसन्नता में भारत के भूतपूर्व गोरे शासकों की ऑयल पेंटिंग्स में अपने छातों की नोकें आक्रोशपूर्वक घुसेड़ रहे थे। भारतीय जनता क्रोध का इजहार कर रही थी और जवाहरलाल नेहरू माउंटबेटन से भारत के प्रथम प्रधानमंत्री की शपथ ले रहे थे। 'दिनकर' ने 'अरुणोदय' शीर्षक कविता (15 अगस्त, 1947) में इस 'आज़ादी' को एक चुनौती मानकर यह प्रश्न पूछा था—''है कौन, हवा में जो उड़ते इन सपनों को साकार करे?/है कौन उद्यमी नर, जो इस खंडहर का जीर्णोद्धार करे?'' गांधी, नेहरू और पटेल के रहते हुए एक कवि ने ऐसा प्रश्न क्यों किया था?

यह भारत की राजनीतिक स्वतंत्रता की विडम्बना थी कि दिल्ली में माउंटबेटन बग्घी पर सवार थे और महात्मा गांधी कलकत्ता के हैदरी हाउस में गुमसुम पड़े हुए थे। रैडक्लिफ की विभाजन-रेखाओं के प्रकाशन के बाद दोनों देशों में भूचाल आ गया था और स्थिति इतनी भयावह तथा अनियंत्रित हो चुकी थी कि 6 सितम्बर, 1947 को देश का संचालन अपने हाथ में लेने का प्रस्ताव माउंटबेटन के समक्ष रखा गया। उप-प्रधानमंत्री पटेल ने इस प्रस्ताव का अनुमोदन किया था। माउंटबेटन ने इन दोनों नेताओं (नेहरू और पटेल) से कहा था—'अभी-अभी देश मैंने आप लोगों को सौंपा है। वही देश आप मुझे पकड़ाना चाहते हैं।' ('फ्रीडम ऐट मिडनाइट') कुछ ही दिनों के लिए सही, फिर देश का संचालन माउंटबेटन के हाथ में था। वे भारत के प्रथम गवर्नर जनरल जो थे।

महात्मा गांधी देश के विभाजन के खिलाफ थे। उन्होंने कहा था कि देश का विभाजन उनकी लाश पर होगा। उस समय गांधी के साथ कांग्रेस के सभी नेता नहीं थे। भारतीय कांग्रेस कमेटी के मात्र तीन नेता—खान अब्दुल गफ्फार खान, जयप्रकाश नारायण और रामनोहर लोहिया ने गांधी का उस समय समर्थन किया था और ये तीनों नेता सत्ता से कभी जुड़े नहीं रहे। खान अब्दुल गफ्फार खाँ ने पाकिस्तान में अन्तिम समय तक सत्ता के खिलाफ लड़ाई लड़ी, जयप्रकाश नारायण ने इन्दिरा गांधी की निरंकुशता का डटकर विरोध किया और उन्हीं के कारण केन्द्र में पहली बार गैर कांग्रेसी सरकार (जनता पार्टी की सरकार) बनी। डॉ. राममनोहर लोहिया ने सदैव कांग्रेस के खिलाफ लड़ाई लड़ी। भारतीय संसद में उन्होंने यह कहकर कि—देश की सामान्य जनता का

खर्च जहाँ तीन आना है वहाँ हमारे प्रधानमंत्री नेहरू पर एक दिन में तीस हजार का खर्च है, केवल लोगों को चौंकाया नहीं था, जनता और उसके नेता के बीच की दूरी भी दिखा दी थी।

जवाहरलाल नेहरू की जन्मशती के कुछ वर्ष बाद उनके सर्वोत्तम जीवनी लेखक सुप्रसिद्ध इतिहासकार एस. गोपाल ने टेक्सॉस विश्वविद्यालय के द्विदिवसीय अन्तरराष्ट्रीय कॉन्फ्रेंस में भारत में 'साम्प्रदायिक संघर्ष' के लिए नेहरू को थोड़ा ही सही जिम्मेदार ठहराया।

वर्तमान भारत की समस्त समस्याओं की प्रमुख जिम्मेदार कांग्रेस है, जिसकी केन्द्र में एक लम्बे समय तक सरकार रही है। इसने अपनी जो संस्कृति विकसित की, भारत की सभी राजनीतिक पार्टियों ने उस संस्कृति को ग्रहण कर लिया। व्यवस्था-परिवर्तन की बात समाप्त हो गई और जिस किसी तरह से सत्ता हथियाने तथा सरकार बनाने का एकसूत्री कार्यक्रम बन गया। आज अगर राजनीतिक पार्टियों को विचारधारा से कोई लगाव नहीं रहा और ये वोट की राजनीति तथा चुनावी गणित और समीकरण में उलझकर कुर्सी का खेल खेल रही हैं, तो यह स्वाभाविक है। इस राजनीति ने सबके भीतर सत्ता की लपलपाती भूख पैदा कर दी है। कांग्रेस कभी व्यवस्था परिवर्तन के पक्ष में नहीं रही और भारत की वामपन्थी पार्टियों का आचरण भी कांग्रेस जैसा ही रहा। विभिन्न विचारधाराओं वाली राजनीतिक पार्टियों का विकास नहीं हुआ। कांग्रेस के भीतर जो सोशलिस्ट पार्टी जन्मी थी, वह धीरे-धीरे अपने उद्‌देश्यों से भटक कर असमय मृत्यु का शिकार हो गई और वामपन्थी पार्टियों ने भी चुनावी गणित में अपनी परिवर्तनकारी भूमिका का होम कर दिया। सातवें दशक के अन्त में नक्सलबाड़ी आन्दोलन ने एक दिशा दिखाई और अनेक कारणों से वह भी अनेक धड़ों में विभक्त हो गई।

स्वतंत्रता-प्राप्ति के केवल एक वर्ष बाद 'दिनकर' ने अपनी कविता—'पहली वर्षगाँठ' में लिखा—''टोपी कहती है, मैं थैली बन सकती हूँ/कुरता कहता है—मुझे बोरिया ही कर लो/...कहते हैं, जो थे साधु-सरीखे पाक-साफ/डुबकियाँ लगा, वे भी अब पानी पीते हैं।'' इसी कविता की अन्तिम पंक्तियों में कवि ने उस समय जो भी कहा, वह आज सम्पूर्ण सच बनकर हमारे समक्ष उपस्थित है—'ओ धूमधाम से नहीं मनाओगे तुम क्या/कुछ ही वर्षों में दशक चोर बाजारी का ?/छल, कपट का, राजनीति की तिकड़म का/क्रम-क्रम से उत्सव इनका भी होना चाहिए।'

महात्मा गांधी ने भारतीय राष्ट्रीय कांग्रेस को भंग करने की बात कही थी। उनकी यह मान्यता थी कि कांग्रेस का गठन जिस उद्‌देश्य को लेकर हुआ था, वह पूरा हो चुका है।

वे एक दूसरे संगठन के निर्माण के पक्ष में थे। उनके अनुसार इस संगठन का नाम 'लोक सेवा संघ' होता, जिसका दलीय राजनीति से कोई सरोकार नहीं होता।

दलगत राजनीति से परे निःस्वार्थ भाव से लोगों की सेवा करनेवाला संगठन। कांग्रेस से जुड़े लोग इतने निःस्वार्थी नहीं थे। 1937 की प्रान्तीय सरकारों के बाद वे सत्ता का अर्थ और अच्छी तरह समझ चुके थे। किसानों और मजदूरों की हित-चिन्ता से परे कांग्रेस जमींदारों और पूँजीपतियों के हितों की चिन्ता करती रही है।

आज़ादी के पिछले पचास वर्ष कांग्रेसी संस्कृति के चतुर्दिक फैलने और विविध राजनीतिक पार्टियों द्वारा उस संस्कृति को आत्मसात् कर लेने के वर्ष हैं। पिछले पचास वर्षों में लोकतांत्रिक संस्थाओं का ह्रास, ग़रीबी में वृद्धि, सामाजिक-आर्थिक न्याय से वंचित जन-समूह, भ्रष्टाचार, राजनीति का अपराधीकरण, जातिवादी उभार, साम्प्रदायिक वैमनस्य, आतंकवादी गतिविधियाँ, अलगाववादी प्रवृत्तियाँ अचानक नहीं बढ़ीं। चार-पाँच वर्ष की अल्पावधि को छोड़कर केन्द्र में कांग्रेस की ही सरकार रही है। मोरारजी देसाई, चौधरी चरण सिंह, विश्वनाथ प्रताप सिंह, चन्द्रशेखर, एच.डी. देवेगौड़ा और इन्द्रकुमार गुजराल की सरकार कहने के लिए गैर-कांग्रेसी थी। किसी भी गैर-कांग्रेसी सरकार ने कांग्रेस की नीतियों से सर्वथा अलग अपनी नीतियाँ निर्मित नहीं कीं। व्यवस्था-परिवर्तन का स्वप्न क्रान्तिकारियों की शहादत के साथ ही जैसे एक लम्बे समय के लिए स्थगित हो गया। कांग्रेस ने तथा अन्य राजनीतिक दलों ने सामान्य जनता के साथ छल-प्रपंच किया है, उसे प्रत्यक्ष-परोक्ष रूप से लूटा है, देश में अराजक स्थिति उत्पन्न कर उसे गृह-युद्ध की दशा में लाकर छोड़ दिया है। अपराधियों और माफियाओं को संरक्षण देकर एक समानान्तर व्यवस्था भी उत्पन्न की है। संविधान की शपथ लेकर संविधान की कम धज्जियाँ नहीं उड़ाई गई हैं—आज अलग-अलग इन सब पर अनेक स्वतंत्र ग्रन्थ लिखने की आवश्यकता है।

जवाहरलाल नेहरू 15 अगस्त, 1947 से 27 मई, 1964 तक इस देश के प्रधानमंत्री रहे और लालकिले से सत्रह बार देश की जनता को उन्होंने जो सम्बोधित किया, उसमें 'हमें आगे बढ़ना है' की घोषणा की जाती रही। इसके पूर्व आज़ादी की अर्द्धरात्रि में नेहरू ने 'ट्रस्ट विद डेस्टिनी' में जितनी बातें कही थीं, वे कर्म में फलित नहीं हो पाईं। नेहरू ने छठे दशक में ही अपनी पुत्री इन्दिरा गांधी को कांग्रेस में जिस तरह आगे बढ़ाया, उसने वंशवाद को भारतीय राजनीति में इतना बढ़ा दिया कि आज प्रायः प्रत्येक राज्य में उसकी खेती हो रही है। भारतीय लोकतंत्र को परिवार के इस घेरे से निकालने के लिए राजनेताओं ने प्रयत्न नहीं किए। सत्ता में परिवारवाद, भाई-भतीजावाद फूलता गया। इन्दिरा गांधी प्रधानमंत्री बनीं। उनके बेटे संजय गांधी ने सत्तर के दशक में भारतीय राजनीति को अपराधियों और बदमाशों के हवाले करने में कोई कसर उठा नहीं रखी। आपातकाल के दिनों में संजय गांधी का भय और आतंक मंत्रियों और ऊँचे अधिकारियों के बीच कम नहीं था। कई प्रदेश के मुख्यमंत्री उनकी चप्पलें उठाते रहे, जी-हुजूरी करते रहे। वंशवाद का वृक्ष सत्तर के दशक में सयाना और सघन हो गया था।

कांग्रेस समझौतावादी और सुधारवादी रास्ते पर सदैव अग्रसर होती रही थी। दूसरे और तीसरे दशक में ही उसमें चालाक तत्त्वों और तबकों का प्रवेश हो चुका था। महात्मा गांधी ने 1925 में ही यह लिखा था—"मैं प्रति सप्ताह तमाम पत्र पाता हूँ कि भ्रष्टाचार और अनुशासनहीनता कांग्रेस में समा चुकी है। ऐसे लोग कांग्रेस में घुस आए हैं, जो निजी स्वार्थ के लिए इसका इस्तेमाल करना चाहते हैं।"

निजी स्वार्थ से जुड़े नेताओं ने राष्ट्रीय हितों को हाशिये पर डाल दिया। 1967 के लोकसभा चुनाव तक कांग्रेस को 46 प्रतिशत वोट प्राप्त होते रहे। यह वोट प्रतिशत 1967 से 84 के बीच घटकर 42 प्रतिशत हो गया। नौवीं लोकसभा के चुनाव (1989) में कांग्रेस को कुल 39.5 प्रतिशत मत, दसवीं लोकसभा के चुनाव (1991) में 36.5 प्रतिशत मत, ग्यारहवीं लोकसभा के चुनाव (1996) में 19.7 प्रतिशत मत तथा बारहवीं लोकसभा के चुनाव (1998) में उसे 25.72 प्रतिशत मत प्राप्त हुए। कांग्रेस की यह स्थिति या दुर्गति उसके जनविरोधी कार्यों का परिणाम है।

इन्दिरा गांधी ने अपने शासनकाल के आरम्भिक वर्षों में ही राजनीति से मूल्य, सिद्धान्त और आदर्श को बाहर कर दिया। राज्य के आतंक ने आतंक के राज्य की सृष्टि की। अब कहीं भी परिवर्तन की राजनीति नहीं थी। नक्सलबाड़ी आन्दोलन ने संघर्ष और प्रतिरोध के द्वारा परिवर्तन की जिस राजनीतिक धारा को सामने रखा, उससे वामपन्थी पार्टियाँ सहमत नहीं थीं। वामपन्थी अवसरवाद और सुविधापरस्ती के कारण ही 1967 में नक्सलबाड़ी आन्दोलन का शंखनाद हुआ। इसने सत्ता की राजनीति के ठहरे गँदले जलाशय में कई वर्षों तक हलचल पैदा की और केवल राजनीति में ही नहीं, कला, साहित्य तथा संस्कृति में भी अपनी अमिट छाप छोड़ी, पर 'राज्य' कहीं अधिक शक्तिशाली था। उसने इस आन्दोलन को दबाने और कुचलने में देर नहीं की। हजारों युवकों और युवतियों ने स्वतंत्र भारत में उसी तरह अपनी आहुति दी, जिस तरह परतंत्र भारत में क्रान्तिकारियों ने दी थी।

भारत की राजनीतिक पार्टियों ने आरम्भ में विचारधारा के नाम पर अपना विभाजन किया। चीनी-आक्रमण के कुछ ही वर्ष बाद भाकपा दो हिस्सों में बँट गई और सत्तर के दशक के अन्त में, 1969 में कांग्रेस विभाजित हुई। कांग्रेस का यह विभाजन किसी सिद्धान्त और विचारधारा के स्तर पर नहीं था। इन्दिरा गांधी ने निजी हितों के लिए इसे विभाजित किया। अब अखिल भारतीय कांग्रेस इन्दिरा कांग्रेस बनकर रह गई। एक अखिल भारतीय राजनीतिक पार्टी का एक व्यक्ति-विशेष के साथ जुड़कर सिमट जाना भारतीय राजनीति के लिए एक बड़ी दुर्घटना थी क्योंकि इसी समय से संस्थाएँ नष्ट होने लगीं और देश व्यक्ति में सिमटता गया। यह वह कांग्रेसी संस्कृति थी, जो एक रोग और महामारी की तरह अन्य राजनीतिक पार्टियों में फैल गई। वामपन्थी दल कमोबेश इसके अपवाद रहे। कांग्रेस व्यक्तिगत हितों और स्वार्थों के लिए छोटे-छोटे स्तर पर विभाजित होती रही। इन्दिरा गांधी ने कांग्रेस

को विभाजित किया और कांग्रेस इन्दिरा तथा कांग्रेस संगठन के दो हिस्सों में बँटी। बाद में कांग्रेस जगजीवन, इंडियन कांग्रेस सोशलिस्ट शरत चन्द्र सिन्हा, कर्नाटक कांग्रेस पार्टी, केरल कांग्रेस (मणि), मध्य प्रदेश विकास कांग्रेस, कांग्रेस तिवारी, तमिल मनीला कांग्रेस, तृणमूल कांग्रेस, अरुणाचल कांग्रेस, कांग्रेस सेकुलर, तमिलगा राजीव कांग्रेस, मणिपुर स्टेट कांग्रेस आदि दल पैदा हुए। इनमें से अनेक दल मर चुके हैं और कई दल अपने कुछ सांसदों के साथ बारहवीं लोकसभा में मौजूद हैं।

पहली लोकसभा में कांग्रेस के अलावा सोशलिस्ट पार्टी, प्रोग्रेसिव डेमोक्रेटिक फ्रंट, किसान मजदूर प्रजा पार्टी, वर्कर्स एंड पीजेंट्स पार्टी, अखिल भारतीय राम राज्य परिषद, अखिल भारतीय गणतंत्र परिषद् तथा अन्य राजनीतिक पार्टियाँ थीं। भारत में स्वतंत्रता के पश्चात् राजनीतिक दलों का जन्म और निधन त्वरित गति से होता रहा। आरम्भ में ये सारे दल कुछ विचारों और धारणाओं के साथ अवतरित हुए थे, पर शीघ्र ही वे नष्ट हो गए। सत्ता के निजी, व्यवसायी और तात्कालिक खेल में ऐसे दलों की मृत्यु स्वाभाविक भी थी। भारतीय लोकदल, जनता पार्टी, स्वतंत्र पार्टी, संयुक्त सोशलिस्ट पार्टी, किसान मजदूर प्रजा पार्टी और अन्य पार्टियाँ दूसरे दलों में विलीन हो गईं या मिट गईं। बारहवीं लोकसभा में कुल चालीस दल हैं, जिनमें तेरह दलों के एक-एक सांसद हैं और सौ से अधिक सांसद मात्र दो दल—कांग्रेस और भाजपा के हैं।

राजनीतिक दल शनैः-शनैः व्यक्ति विशेष के हाथ में सिमटकर रह गए। कार्यकर्ताओं की उपेक्षा और अनदेखी होती रही। कुछ दलों को छोड़ दें, जिनमें वामपन्थी दल प्रमुख हैं, तो सारे दल व्यक्ति और नेता विशेष के निजी दल बनकर रह गए। दल का आन्तरिक लोकतंत्र समाप्त हो गया। पार्टी के चुनाव स्थगित होते रहे। राममनोहर लोहिया ने कांग्रेस विरोध की जो लहर स्वतंत्र भारत के आरम्भिक दो दशकों में पैदा की थी, वह समाप्त हो गई। इन्दिरा गांधी निरंकुश होती गईं और स्वतंत्र भारत में इस प्रधानमंत्री ने आपातकाल लागू किया। कांग्रेस निचले स्तर तक पतित हो चुकी थी और जिन चुनावों से इस देश में सरकार चुनी जाती रही, वह चुनाव एक प्रहसन बनकर रह गया। सातवें दशक के आरम्भ में ही नागार्जुन ने लिखा—"अब तो बन्द करो हे देवी! यह चुनाव का प्रहसन!" लेखकों और कवियों ने स्वतंत्र भारत में आरम्भ से ही इस आज़ादी को वास्तविक आज़ादी नहीं माना, इसकी कलई खोली और अपनी रचनाओं के द्वारा सत्तासीनों को अगर एक ओर आगाह किया तो दूसरी ओर देश की सामान्य जनता के समक्ष वास्तविक चित्र उपस्थित किए। दिनकर स्वतंत्र भारत के आरम्भिक वर्षों में 'आज़ादी' को परिभाषित कर रहे थे। जिस समय इस देश में प्रथम आम चुनाव (1952) हुआ, उसी समय 'दिनकर' ने लँगोटी धारण किए, दुर्बल, कृश, भूखे मनुष्य के सम्बन्ध में यह लिखा—"यह वही आदमी है, जिसकी पीड़ाओं को आगे करके/स्वाधीन हुए थे तुम

जिसकी/प्रतिमा जग के सम्मुख धरके।'' नेतागण जहाँ सरकार बनाने और चलाने में मस्त थे, इस कवि ने कहा—''आज़ादी केवल नहीं आप अपनी सरकार बनाना ही/ आज़ादी है उसके विरुद्ध खुलकर विद्रोह मचाना भी।''

स्वतंत्र भारत के अधिसंख्य नेता जननेता नहीं थे। नहीं हैं। नागार्जुन ने 1960 में 'सत्ताधारी प्रेत' कविता लिखी थी। सत्ता-प्राप्ति के लिए चुनाव लड़े जाते रहे। नए-नए राजनीतिक मुहावरे ईजाद हुए। इन्दिरा गांधी ने 'ग़रीबी हटाओ' का लुभावना नारा पेश किया और उनके सुपुत्र राजीव गांधी ने इस देश को इक्कीसवीं सदी में ले जाने की घोषणा की। पूरा देश कुछ लोगों के हाथों में बन्धक बन गया। छठी लोकसभा (1977) में कांग्रेस की अप्रत्याशित पराजय के बाद जो राजीव गांधी सपरिवार भारत छोड़कर इटली जाने और वहाँ बसने की इच्छा प्रकट कर रहे थे, उन्हें सातवीं लोकसभा (1980) में विजयी इन्दिरा गांधी ने संजय गांधी की मृत्यु के बाद राजनीति में उतार दिया। आज अगर बिहार में लालू प्रसाद की पत्नी रावड़ी देवी मुख्यमंत्री हैं, हरियाणा के मुख्यमंत्री बंसीलाल के बेटे, पंजाब के मुख्यमंत्री प्रकाशसिंह बादल के बेटे, जम्मू-कश्मीर के मुख्यमंत्री फारुख अब्दुल्ला के बेटे तथा अरुणाचल प्रदेश के मुख्यमंत्री के बेटे सांसद हैं और राजनीति में वंशवाद राजवंश बढ़ रहा है, तो यह अकारण नहीं है। कांग्रेस ने राजवंश को बढ़ाया। कांग्रेस का अर्थ जवाहरलाल नेहरू और इन्दिरा गांधी बनकर रह गया। ऐसी स्थिति में कांग्रेस तथा अन्य पार्टियों का जन-विमुख होना तथा जनाधार से कटना स्वाभाविक था। दुष्परिणाम यहाँ तक हुआ कि वामपन्थी पार्टियों का भी जनाधार समाप्त होता गया। राजनीतिक दलों का यह चरित्र बन गया (वामपंथी पार्टियों को छोड़कर) कि सत्ता-लाभ और सत्ता-प्राप्ति के लिए वे किसी भी हद तक जाएँ और समझौता करें।

बिहार के पूर्व मुख्यमंत्री लालू प्रसाद यादव ने जनता दल के अध्यक्ष पद के चुनाव में अपनी हार को भाँपकर एक अलग पार्टी गठित कर ली। दो-तीन वर्ष पहले कांग्रेस का प्राथमिक सदस्य बनने वाली सोनिया गांधी कांग्रेस का अध्यक्ष बन गईं, और कांग्रेस पार्टी के संविधान में संशोधन कर उन्हें कांग्रेस संसदीय दल का नेता भी चुन लिया गया। तेलुगु देशम के बालयोगी को भाजपा ने जिस कला-कौशल से बारहवीं लोकसभा का अध्यक्ष बनाया—यह सब भारतीय राजनीति में छल प्रपंच, स्वामीभक्ति, अवसरवाद, अनैतिकता, लोकतंत्र विरोध, पारस्परिक गठजोड़, सन्देह, अविश्वास, आदि को निरन्तर बढ़ाता गया है। नेहरू के 'ट्रस्ट विद इंडिया' से लेकर 'राष्ट्रीय एजेंडा' तक भारतीय जनता की वास्तविक हालत में कोई गुणात्मक सुधार नहीं हुआ है।

स्वतंत्रता-प्राप्ति के बाद के वर्षों में राष्ट्र-निर्माण और उन्नयन का कार्य स्थगित होता गया और 'राज्य' अधिक शक्तिशाली बना। राज्य-व्यवस्था के सुदृढ़ीकरण ने अंग्रेजों द्वारा निर्मित स्थापित संस्थाओं को हमेशा के लिए जीवन्त बनाए रखा। शासन करने और सत्ता प्राप्ति के लिए सभी तरह के समीकरण स्थापित किए गए। आदर्शों

को तिलांजलि दी गई और सिद्धान्त दिखावे के होकर रह गए। कांग्रेस मध्यमार्गी दल बनकर रह गई। भारतीय जनसंघ ने, जिसका जन्म हुए बहुत दिन नहीं हुआ था, प्रथम आम चुनाव में 3.1 प्रतिशत वोट प्राप्त कर राजनीतिक दलों के बीच अपनी उपस्थिति दर्ज कराई थी। प्रथम आम चुनाव में इसके तीन सदस्य सांसद निर्वाचित हुए थे, जिनमें एक श्यामा प्रसाद मुखर्जी भी थे।

आज़ादी के दो दशक बाद तक भारत की प्रमुख राजनीतिक पार्टी कांग्रेस ही रही। यद्यपि 1967 में नौ प्रदेशों में संयुक्त विधायक दलों की सरकार का गठन हुआ था, फिर भी 1977 तक, अर्थात् स्वतंत्रता प्राप्ति के तीन दशक बाद तक केन्द्र में कांग्रेस का ही वर्चस्व रहा। भारतीय जनसंघ बहुलतावाद और विविधता के विरुद्ध था। उसका नारा था, 'एक देश, एक व्यक्ति, एक संस्कृति।' यह पार्टी अपने नए नाम (भाजपा) के साथ अप्रैल, 1980 में प्रकट हुई। इन्दिरा गांधी द्वारा घोषित आपातकाल के विरुद्ध भारत के सभी राजनीतिक दल एकजुट हुए थे और पहली बार केन्द्र में गैर-कांग्रेसी सरकार बनी। जनता पार्टी में कांग्रेस-विरोधी सभी दल शामिल हुए।

जयप्रकाश नारायण ने 'सम्पूर्ण क्रान्ति' की जो अवधारणा प्रस्तुत की थी, वह अस्पष्ट, अमूर्त और वायवीय थी। स्वाभाविक था कि उनके राजनीतिक शिष्य बाद के वर्षों में देश और प्रदेश को विपरीत दिशा में ले जाएँ। पचास के दशक में ही भारतीय जनता कांग्रेस का विकल्प पेश करने लगी थी। 1957 के दूसरे आम चुनाव में केरल में कम्युनिस्ट पार्टी सत्ता में आई। 28 महीने तक ही यह सरकार बनी रही। केन्द्र की कांग्रेस सरकार ने इस निर्वाचित सरकार को अपदस्थ कर दिया। कांग्रेस के इस विकल्प को केरल से बाहर फैलाने का कार्य वामपंथियों का था, पर वामपन्थी दलों ने कांग्रेस का सदैव के लिए सैद्धान्तिक विरोध कर अपनी एकजुटता कभी कायम नहीं की। कांग्रेस ने अनिश्चय और अस्थिरता के दौर में देश को धकेल दिया। कांग्रेस-विरोधी पार्टियों का भी उद्देश्य व्यवस्था-परिवर्तन नहीं रहा। 1977 में कांग्रेस के विरुद्ध वाम, दक्षिण तथा साम्प्रदायिक शक्तियों की पहली बार एकता हुई, जो सिद्धान्तविहीन थी, जिससे मोरारजी देसाई की सरकार दो वर्ष चार महीने कुछ दिन ही चल पाई। आज जिस गठबन्धन को अनिवार्य मानने की बात कही जाती है, वह गठबन्धन पहली बार 1977 में कायम हुआ। सत्ता प्राप्ति और उसमें भी प्रधानमंत्री बनने की ललक और हवस जो चरण सिंह के समय दिखाई पड़ी थी, उसका आकार-प्रकार आज कहीं बड़ा हो चुका है। कांग्रेस तोड़-फोड़ की नीति अपनाकर अन्य राजनीतिक दलों को कमजोर करती गई है और कमजोर करने की इस प्रक्रिया में स्वयं कमजोर हो गई है। पिछले दो दशक सत्ता-प्राप्ति के इसी घिनौने और कुत्सित खेल के दशक हैं। इस खेल में कांग्रेस, भाजपा तथा अन्य पार्टियाँ शामिल होती रही हैं। वामपन्थी पार्टियों ने भी अपने को इसमें शामिल किया और

इससे सर्वथा विलग होकर अपनी स्वतंत्र पहचान स्थापित कर भारतीय राजनीति को अग्रगति प्रदान नहीं की। कांग्रेस ने 1979 में चरण सिंह को समर्थन दिया था और तुरन्त उसने अपना समर्थन वापस भी ले लिया। वर्षों बाद यही (समर्थन देने और लेने) कार्य भाजपा ने विश्वनाथ प्रताप सिंह की सरकार के साथ किया और फिर कांग्रेस ने इन्द्र कुमार गुजराल की सरकार के साथ किया। भारतीय राजनीति कुर्सी का घिनौना खेल बनकर रह गई और इसमें सभी दल यथाशक्ति शामिल होते रहे। कांग्रेस और विरोधी दलों को भारतीय जनता ने सुचारु रूप से शासन चलाने के कई बार अवसर दिए, पर राजनीतिक दलों ने अपने सामाजिक दायित्व का निर्वाह नहीं किया। जनविमुख भारतीय राजनीति ने संसद को त्रिशंकु बनाकर रख दिया। दलों का विचारधारा से कोई लगाव नहीं रहा और किसी भी प्रकार की जोड़-तोड़ से सत्ता प्राप्ति मुख्य उद्देश्य बनकर रह गया। जातिवादी उभार और साम्प्रदायिक कटुता को फैलाने का कार्य राजनीतिक दलों ने किया।

अंग्रेजों ने भारत का जितना विभाजन किया था, उससे कहीं अधिक गहरा तथा सुदृढ़ विभाजन इस देश के राजनीतिक दलों ने किया। वोट की राजनीति में वोट बैंक ही सर्वस्व बना। पहले कांग्रेस ने मुसलमानों और दलितों-पिछड़ों के वोट बैंक पर अपना कब्जा जमाया था। उनके आश्वासनों और प्रलोभनों ने न तो अल्पसंख्यकों की दशा ठीक की और न उपेक्षित तबकों को उसका अधिकार दिलाया। इन्दिरा गांधी का सत्ता में पुनर्प्रवेश (1980) भी उन्हें तथा कांग्रेसियों को पुनर्चिन्तन के लिए तैयार नहीं कर सका। भारतीय मतदाताओं ने कांग्रेस से आजिज आकर पहली बार केन्द्र में सरकार बनाने का सुअवसर कांग्रेस विरोधी दलों को दिया था पर वे पाँच वर्ष भी एक साथ रहकर राज्य संचालन नहीं कर सके। आपसी तोड़-फोड़ में जनता सरकार अपने कार्यकाल का आधा भाग भी पूरा नहीं कर सकी। आपातकाल ने इन्दिरा गांधी और कांग्रेसी नेताओं का वास्तविक तथा सत्ता-लोलुप चरित्र जनता के समक्ष उपस्थित कर दिया था। इन्दिरा गांधी के शासन-काल से ही अनेक प्रकार की बुराइयाँ जन्म लेने लगी थीं। 'राज्य' शक्तिशाली होता गया और जैसा कि गांधीवादी अर्थशास्त्री जयदेव सेठी ने लिखा है, यह 'आई बी एस' था—'इम्पीरियलिस्ट व्यूरोक्रेटिक स्टेट' और यह राज्य राष्ट्र के विरुद्ध था—'द आई बी एस एगेंस्ट द नैशन।' पहले 'राज्य' को शवित-सम्पन्न बनाकर राष्ट्र-निर्माण और विकास की उपेक्षा करने, पुन: राज्य को अपने-अपने व्यक्तिगत अहं, स्वार्थ और लोभ के कारण निष्क्रिय तथा पंगु स्थिति में रख देने का सुनियोजित प्रयत्न कम नहीं किया गया है। राज्य के समानान्तर एक निजी राज्य का निर्माण भ्रष्ट अधिकारियों, अपराधियों, लबाड़ राजनीतिज्ञों तथा माफियाओं के सहयोग से किया गया। हिन्दी प्रदेश और उसमें विशेषत: बिहार और उत्तर प्रदेश में ऐसी स्थितियाँ निर्मित हुईं। बाहरी दबावों, विश्व बैंक और अन्तरराष्ट्रीय मुद्रा कोष के सक्रिय हस्तक्षेप तथा दिशा-निर्देश के

कारण राज्य की कल्याणकारी भूमिका नष्टप्राय होती गई है। 1989 के बाद भारतीय राजनीति को मंडल और कमंडल की राजनीति बनाकर रख दिया गया। समाजवादी नेताओं तथा उनके शिष्यों ने आरक्षण को एक क्रान्तिकारी कदम मान लिया। 'सामाजिक न्याय' के मुहावरे में सामान्य जनता को लपेटा गया, पर शब्द-जाल का यह प्रभाव बहुत समय तक उनके लिए प्रभावकारी नहीं बन सका। जिस जनता दल के दो-दो प्रधानमंत्री बने, वह जनता दल आन्तरिक टूट का शिकार बनता गया और उसके एक प्रधानमंत्री इन्द्रकुमार गुजराल को बारहवीं लोकसभा का चुनाव अकाली दल के सहयोग से लड़ना पड़ा।

भारतीय राजनेताओं के एक बड़े हिस्से ने संविधान, संसद, लोकतंत्र और 'राज्य' के प्रति अपने कर्तव्य का समुचित पालन नहीं किया है। राजनीतिक दल सत्ता-प्राप्ति के कुत्सित-खेल में निरन्तर शामिल होते रहे और यह सत्ता प्राप्ति दलित-वंचित तबकों को किसी प्रकार का न्याय दिलाने के लिए नहीं थी। चतुरतापूर्वक इतिहास प्रमुख व्यक्तियों का अपने लाभार्थ उपयोग किया गया। जिस प्रकार गांधी का बार-बार नामोल्लेख कर कांग्रेस ने उन्हें नंगा किया, उसी प्रकार लोहिया तथा जयप्रकाश के बाद उनके अनुयायियों ने भी उनके विचार तथा दर्शन का मखौल उड़ाया है। मार्क्स, लेनिन और माओ-त्से-तुंग की माला जपने वाली वामपन्थी पार्टियों ने भी मार्क्सवादी सिद्धान्त को भारतीय परिवेश के अनुकूल लागू करने की पिछले एक दशक में कोई सार्थक कोशिश नहीं की। विचारधारा से अलग होनेवाली राजनीतिक पार्टियों में कार्यकर्ताओं का अभाव होना स्वाभाविक था और स्वाभाविक था माफियाओं का नए सिरे से उदय।

बोहरा समिति ने इस सिलसिले में संसद में जो रिपोर्ट रखी थी उसका कोई परिणाम नहीं निकला। प्राय: सभी प्रदेशों की विधानसभाओं में जिस तरह हुल्लड़बाजी, गाली-गलौज, मारपीट तथा अन्य अशोभन दृश्य दिखाई देते हैं, भारतीय संसद में अब जैसे अगंभीर सांसद और दु:खद दृश्य दिखाई पड़ते हैं उससे भारतीय लोकतंत्र के भविष्य के प्रति चिन्तित होना जायज है। रघुवीर सहाय ने वर्षों पहले अपनी एक कविता में लिखा था—'लोकतंत्र का अन्तिम क्षण है, कहकर, आप हँसे।'

पूर्व केन्द्रीय गृह सचिव एन.एन. बोहरा ने 1995 में केन्द्र सरकार को राजनीति के अपराधीकरण के मुद्दे पर जो रिपोर्ट दी थी, उसमें यह कहा गया था—"वास्तव में माफिया का एक नेटवर्क राज्य के तंत्र को अप्रासंगिक बनाते हुए एक समानान्तर सरकार चला रहा है।" उस रिपोर्ट में डीआईबी का यह कथन उद्धृत किया गया है—'देश में अपराधी गिरोहों, सशस्त्र सेनाओं, ड्रग माफिया, तस्कर गिरोहों, नशीली दवाओं के वितरक तथा आर्थिक समूहों के विकास और फैलाव में तेजी हो रही है, जिन्होंने नौकरशाहों, स्थानीय स्तर के सरकारी तंत्र, राजनीतिज्ञों और संचार-माध्यमों से जुड़े लोगों से रातों-रात सम्पर्क विकसित कर लिए तथा योजनाबद्ध ढंग से गैर-

राज्यीय क्षेत्रों में अपने लोग बिठा दिए हैं। "इन समूहों में कुछ के सम्बन्ध अन्तरराष्ट्रीय स्तर पर हैं, जिनमें विदेशी खुफिया तंत्र शामिल हैं। अन्तरराष्ट्रीय सम्पर्कों के बड़े तस्कर समूहों ने आर्थिक वित्तीय गतिविधियों, जैसे हवाला के लेन-देन, काले धन के प्रवाह तथा अनेक समानान्तर आर्थिक कामों में अपनी घुसपैठ बना ली है, जिससे देश के आर्थिक ताने-बाने को गम्भीर क्षति हो रही है।" राजनीति में अपराधियों का प्रवेश और वर्चस्व राजनीतिक दलों की सिद्धान्त-विमुखता और विचारहीनता के कारण सम्भव हुआ है। भारतीय मतदाताओं ने कांग्रेस के प्रति कभी अपनी मोहासक्ति प्रकट नहीं की। नेहरू के शासन-काल में भी भारतीय मतदाताओं का कांग्रेस वोट प्रतिशत स्थिर रहा है और इन्दिरा गांधी की हत्या के बाद कांग्रेस को आठवीं लोकसभा (1984) में जो अपार बहुमत प्राप्त हुआ, उसमें भी कांग्रेस का वोट प्रतिशत उसके पहले के वोट प्रतिशत की तुलना में अधिक नहीं था।

नौवीं लोकसभा के चुनाव (1989) के बाद दलितों, पिछड़ों और वंचित तबकों में चेतना का जो विकास हुआ है, उसे भी राजनीतिक दलों ने आपसी जोड़-तोड़ के कारण नष्ट कर दिया है। दलितों की जीवन-दशा सुधारने के बदले अम्बेडकर पार्क बनाने को महत्त्व दिया गया तथा कांशीराम, मुलायमसिंह यादव, लालू प्रसाद और मायावती की राजनीति में बदलाव के वास्तविक और सार्थक संकेत तथा अभिलक्षण दिखाई नहीं पड़े।

स्वतंत्र भारत में जनता को जिस प्रकार उसकी जड़ों, परम्पराओं से काटकर, उसकी चिन्ताओं तथा समस्याओं से आँखें मूँदकर उसे त्रिशंकु की तरह लटका दिया गया, उसके कारण भी 1989 से लेकर अब तक की लोकसभा त्रिशंकु है। यह देखने और विचारने का कम प्रयत्न किया जाता है कि पिछले चार संसदीय चुनावों में भारतीय मतदाताओं ने किसी भी दल को स्पष्ट बहुमत क्यों नहीं दिया और जिस जनादेश को सभी राजनीतिक दल अपने पक्ष में व्याख्यायित-विवेचित करते हैं, वह खंडित जनादेश क्यों है? भारतीय मतदाताओं का प्रायः सभी राजनीतिक दलों से मोहभंग हो चुका है। वह एक असमंजस की स्थिति में है। जिस कांग्रेस पार्टी को स्वतंत्र भारत के आरम्भिक तीन दशकों—पहली लोकसभा से लेकर पाँचवीं लोकसभा तक उसने स्पष्ट जनादेश दिया था, उस पार्टी ने भारतीय जनता की आवश्यक आवश्यकताओं की पूर्ति तक नहीं की। इससे आजिज आकर भारतीय मतदाताओं ने केन्द्र में विपक्ष की सरकार बनाई पर वह सरकार तीन वर्ष भी नहीं चल सकी। एक दल तीस वर्ष तक राज्य-संचालन में सक्षम रहा था और दूसरी ओर अनेक दल मिलकर तीन वर्ष भी एक सरकार नहीं चला सके। यह भारतीय राजनीति की विडम्बना और दुर्घटना थी।

सिद्धान्तों और आदर्शों को बहस में लाकर बौद्धिक सक्रियता और जीवन्तता कायम की जा सकती है, पर व्यवहार में नहीं उतारे जाने पर सारे सिद्धान्त और

आदर्श व्यर्थ सिद्ध होते हैं। भारतीय जनता के लिए यह झटका भी था और एक बड़ा हादसा भी। प्रायः सभी विरोधी दलों ने अपने-अपने स्तर पर इस प्रकार जनविरोधी कार्य किया। जनता ने यह भलीभाँति देखा और समझ लिया कि भारत की, सभी राजनीतिक पार्टियों का एकमात्र लक्ष्य सत्ता-प्राप्ति है और आपसी मत-भिन्नता के कारण वे एक साथ बहुत दिनों तक रह भी नहीं सकते। त्रिशंकु लोकसभा का बीज भारत के सभी राजनीतिक दलों ने आठवें दशक में ही डाल दिया था। कांग्रेस ने आपातकाल लागू कर अपना निरंकुश चरित्र स्पष्ट कर दिया था और विरोधी दल शासन चलाने के लिए पाँच वर्ष तक भी एक साथ नहीं रह सके थे। इसी हालत में सातवीं लोकसभा में इन्दिरा गांधी का पुनरागमन हुआ था। केवल मीडिया और प्रचार-तंत्र ने ही नहीं, भारतीय लेखकों और बुद्धिजीवियों के एक समूह ने भी इन्दिरा गांधी और कांग्रेस का नए सिरे से प्रत्यक्ष और परोक्ष रूप से गुणगान किया। इन्दिरा गांधी और कांग्रेस की नवें दशक के आरम्भ में पुनर्वापसी ने विविध समस्याओं को सामने ला खड़ा किया।

क्षेत्रीय दल पहले से थे। बिहार में झारखंड पार्टी, पंजाब में शिरोमणि अकाली दल का अस्तित्व पहली लोकसभा से ही था। तमिलनाडु में बाद में द्रमुक अस्तित्व में आया पर ये सभी क्षेत्रीय पार्टियाँ टूटती भी गईं। क्षेत्रीय दलों की आवश्यकता थी क्योंकि कांग्रेस ने इस देश के सभी राज्यों का समान विकास नहीं किया था। क्षेत्रीय विषमताओं के तीव्र उभार ने नौवें दशक में अन्य नई क्षेत्रीय पार्टियों को जन्म दिया, पर क्षेत्रीय दल टूटते भी गए। शिरोमणि अकाली दल के कई ग्रुप बने—फतह सिंह ग्रुप और सिमरनजीत सिंह मान ग्रुप से लेकर बादल ग्रुप तक की इसकी विकास-कथा का अब अपना एक अलग इतिहास है। इसी प्रकार द्रमुक भी एक क्षेत्रीय दल के रूप में कायम नहीं रहा। जिस जस्टिस पार्टी की स्थापना मद्रास में 1916 ईसवी में हुई थी उसने मद्रास प्रेजिडेंसी में 1920, 1923 और 1930 ईसवी में मंत्रिमंडल का गठन किया था। 1944 में द्रविड़ कषगम अस्तित्व में आया था और इसी की एक प्रशाखा के रूप में द्रविड़ मुनेत्र कषगम ने जन्म धारण किया था और बाद में द्रविड़ मुनेत्र कषगम से अखिल भारतीय अन्ना द्रविड़ मुनेत्र कषगम उत्पन्न हुआ। राष्ट्रीय और क्षेत्रीय दलों का विभाजन सैद्धान्तिक से कहीं अधिक निजी वर्चस्व का परिणाम था। ब्राह्मणवाद का डटकर विरोध करनेवाली बसपा की मायावती ने उत्तर प्रदेश में भाजपा के साथ मिलकर जिस प्रकार सरकार बनाई और जयललिता ने अपनी पार्टी का जिस प्रकार बारहवीं लोकसभा के चुनाव के पूर्व भाजपा से गठबन्धन कराया, वह इसका प्रमाण है कि क्षेत्रीय राजनीतिक पार्टियों ने सिद्धान्त की जगह कई कारणों से तालमेल को प्राथमिकता दी।

राजनीतिक दलों के घोषणापत्र मात्र दिखावे बनकर रह गए। अब यह स्थिति है कि सभी पार्टियों के घोषणा-पत्र लगभग समान हैं। विविधता तथा बहुलता की

मिथ्या बातें करनेवालों ने यह देखने की आवश्यकता नहीं समझी कि किस प्रकार इस विविधता का ह्रास राजनीतिक दलों के घोषणा-पत्रों तक में दिखाई पड़ता है।

भारत के राजनीतिक विश्लेषकों में त्रिशंकु लोकसभा के वास्तविक कारणों की खोज अभी जारी है। राजनीति दलों ने सिद्धान्त और आचरण में कोई समानता नहीं रखी। उन्होंने शब्द को कर्म से काटकर संस्कृति के क्षेत्र में संकट उत्पन्न किया और आज जिस विश्वसनीयता की बात कही जा रही है, उसे भी नष्ट किया। सुधार और परिवर्तन की वास्तविक आकांक्षा से दूर प्राय: सभी राजनीतिक दलों ने यथास्थितिवाद को महत्त्व दिया। अब उनके पास कोई ठोस कार्यक्रम नहीं था और वे इतने शक्तिहीन हो चुके थे कि उनसे कोई उम्मीद पालना भी व्यर्थ था। कांग्रेस समय-समय पर अन्य राजनीतिक दलों के विभाजन के लिए भी तत्पर रही। इसका उसे लाभ यह था कि राजनीतिक दल का एक धड़ा उससे जुड़ता और प्रदेश में उसके सहयोग से सरकार बनती। 1967 में संयुक्त विधायक दलों की साझा सरकार ने एक नया प्रयोग किया था जो कांग्रेस के सामने एक उदाहरण था। मात्र सत्तासीन होने को प्रमुखता देने से समस्याओं का निराकरण नहीं होता। उनकी संख्या में और अधिक अभिवृद्धि होने लगती है।

इन्दिरा गांधी और राजीव गांधी की हत्या ने यह स्पष्ट किया कि कांग्रेस ने देश और विदेश की नीतियों में कई गलतियाँ की हैं। पहले अकाली दल को तोड़ना, पुन: भिंडरावाले को आगे बढ़ाना तथा केन्द्र-राज्य के पारस्परिक सम्बन्धों को सौहार्दपूर्ण ढंग से नहीं देखने के साथ ही अन्य अनेक ऐसे कारण रहे हैं, जिसने पंजाब में आतंकवाद को बढ़ाया था। नौवें दशक का समय इसी आतंकवाद के बढ़ने और फूलने का समय है। पंजाब और जम्मू-कश्मीर में यह आतंकवाद बड़ी तेजी से फैला और सीमा-प्रदेश होने के कारण पाकिस्तान ने इसे बढ़ाने में लगातार बढ़-चढ़कर हिस्सा लिया। असम और बाद में कई पूर्वोत्तर राज्यों में यह 'उग्रवाद' बढ़ा।

स्वतंत्र भारत में इन्दिरा गांधी की हत्या के बाद दिल्ली में हुई सिख-हत्या कांग्रेस और राज्य के नाम पर एक कलंक है। यह दुर्भाग्यपूर्ण बात है कि तात्कालिक लाभ तथा अपने क्षुद्र स्वार्थों के लिए हमारे राजनीतिक दल केवल बाबरी मस्जिद के टूटने की निरन्तर चर्चा करते हैं, उसे एक राजनीतिक मुद्दा बनाते हैं, पर दिल्ली में हुए नरसंहार (सिख हत्या) की चर्चा नहीं करते। ये दोनों घटनाएँ उन दो राजनीतिक दलों के द्वारा घटी—कांग्रेस और भाजपा के द्वारा, जो आज देश की प्रमुख पार्टियाँ हैं। सिख-संहार में प्रशासन मूक रहा और दिल्ली के कांग्रेसी नेता इस कांड का नेतृत्व करते रहे। यह सामान्य घटना इसलिए नहीं थी कि दल-विशेष के साथ प्रशासन भी जुड़ा था और नेता की ध्वंसकारी तथा विभेदकारी भूमिका भी स्पष्ट हुई। यह मात्र एक दुर्घटना नहीं थी, इसने अन्य दलों और नेताओं को एक परोक्ष संकेत भी दिया। बाद के वर्षों में अनेक राज्यों में ऐसे उदाहरण कमोबेश दूसरे ढंग से देखने को मिले।

राजनीतिक अस्थिरता का प्रश्न अचानक उत्पन्न नहीं हुआ है। कांग्रेस तथा अन्य मध्यमार्गी दलों की निष्प्रभावकारी भूमिका के कारण भाजपा को अपने पाँव फैलाने में आसानी हुई। स्वतंत्र भारत में किसी भी राजनीतिक दल ने भारतीय जनता की विवेक-क्षमता को और अधिक विकसित तथा सम्पुष्ट करने का कार्य नहीं किया। सारी राजनीति चुनाव तथा वोट की राजनीति में सिमट गई और इसके लिए जनता को एक-दूसरे से विविध आधारों पर विभाजित करने का प्रयत्न किया गया। राजनीतिक दलों को वोट बैंक की आवश्यकता थी और यह आवश्यकता जनता को विभाजित किए बगैर पूरी नहीं की जा सकती थी। अंग्रेजों ने बहुत पहले राष्ट्रीय स्वाधीनता आन्दोलन के दौरान यह कार्य किया था। भारतीय समाज में जाति और धर्म दो ऐसे मुद्दे हैं, जिन्हें बुझाने और समाप्त करने के बजाय उसे और अधिक सुलगाया और भड़काया गया है। दलित और पिछड़ी जातियों के साथ शताब्दियों से जिस प्रकार अमानवीय व्यवहार किया जाता रहा है, वह हमारे समाज के लिए एक कलंक है। इसे जड़मूल से समाप्त करने की शक्ति सत्ताकांक्षी राजनीतिक दलों के पास नहीं हो सकती थी। आवश्यक था इसके लिए सामाजिक सुधार कार्यक्रमों के साथ वास्तविक लोकतांत्रिक राजनीतिक पार्टी का जन्म। जनता दल की स्थापना और 'सामाजिक न्याय' के चमकीले मुहावरे से आशा की एक हल्की किरण दिखाई पड़ी थी, पर कुछ ही समय बाद यह सिद्ध हो गया कि यह भी सत्ता की वह राजनीति है, जिसके लिए वोट बैंक ही सर्वस्व है। अभी तक कांग्रेस यह खेल खेलती रही थी, मुसलमान और दलित-पिछड़ा समुदाय उससे जुड़ा था, पर अब इन समुदायों की कांग्रेस में कोई आस्था नहीं रही थी।

भारतीय जनता पार्टी राष्ट्रीय स्वयं सेवक संघ के विचारों और सिद्धान्तों पर आधारित है। विश्व हिन्दू परिषद्, बजरंग दल तथा इस प्रकार के अन्य संगठन कट्टर हिन्दूवाद को बढ़ावा देते रहे और इन्होंने 'हिन्दू' की गलत तथा मनोनुकूल व्याख्याएँ प्रस्तुत कीं। भारतीय जनसंघ ने 1977 में अपनी निजी पहचान समाप्त की थी और उस समय जनता पार्टी का गठन हुआ था। कुछ ही समय बाद 'निजी पहचान' की ओर सब दल निकल पड़े। 1977 के चुनाव में जनता पार्टी के चिह्न पर भारतीय जनसंघ ने चुनाव लड़ा था। दुहरी सदस्यता के प्रश्न पर जनता पार्टी की सरकार गिर गई थी और महज दो-तीन वर्ष बाद जनता पार्टी कई धड़ों में विभक्त हो गई। 1980 के चुनाव के बाद भारतीय राजनीतिक दलों की स्थिति बदल गई। कांग्रेस की जीत ने अन्य दलों को विलग कर दिया। भाजपा अपने जन्म के बाद पहली बार आठवीं लोकसभा में चुनाव में उतरी। इस चुनाव में उसने 229 प्रत्याशी खड़े किए थे और उसके केवल दो प्रत्याशी विजयी हुए थे। उसके बाद भाजपा आगे बढ़ती गई और जैसा कि उसके एक प्रमुख नेता ने कहा है, वह फीनिक्स की तरह राख से उठ खड़ी हुई। भाजपा ने अपना कट्टरतावादी रूप सामने रखा और हिन्दुओं

को मुसलमानों से काटकर अपने पक्ष में खड़ा किया। आज बारहवीं लोकसभा में भाजपा तथा उसके सहयोगी दलों की सरकार है तथा चुनाव में उसका वोट प्रतिशत पहले से कहीं अधिक है।

भाजपा ने नौवीं लोकसभा में केन्द्र में राष्ट्रीय मोर्चा को सहयोग दिया। यह सहयोग बहुत दिनों तक बना नहीं रहा। बोफोर्स के मुद्दे पर केन्द्र में राजीव गांधी की सरकार पुन: नहीं बनी और राजीव गांधी ने मुस्लिम कट्टरपंथियों को परे नहीं ठेलकर राजनीति को स्वस्थ नहीं बनाया। शाहबानो केस से लेकर अयोध्या में ताला खुलवाने जैसे कांग्रेसी प्रयत्नों से फिर सत्तासीन होने की कोशिशें व्यर्थ होती गईं। सारा बल इस पर दिया जाने लगा कि भारतीय मतदाताओं का बहुमत किस राजनीतिक दल के पास है और इसके लिए अगर एक ओर भाजपा ने कट्टरतावाद को बढ़ाया तो दूसरी ओर जनता दल ने आरक्षण तथा मंडल आयोग की सिफारिशें लागू कराने को लेकर समाज में एक अस्थिरता उत्पन्न की। जनता दल, दस वर्ष से कम अवधि में दस से अधिक बार टूटी और सत्ता-प्राप्ति का घिनौना खेल जारी रहा। 6 दिसम्बर, 1992 को बाबरी मस्जिद का ध्वंस भाजपा की नीयत के साथ ही राज्य तथा प्रशासन की अक्षम भूमिका का भी गवाह है।

सत्ता की राजनीति वोट की राजनीति होती है और वोट की राजनीति अशिक्षित-अर्द्धशिक्षित समाज में तोड़-फोड़ तथा विभेद की राजनीति बनकर रह जाती है। पिछले दो दशकों की भारतीय राजनीति इसी तोड़-फोड़ और विभाजन की राजनीति है, जिसे गठबन्धन की राजनीति भी कहा जा सकता है। अयोध्या एक धार्मिक स्थल न रहकर राजनीति का क्रीड़ा-स्थल बन गया। उस समय उत्तर प्रदेश में भाजपा की सरकार थी और केन्द्र में कांग्रेस की सरकार। भाजपा और कांग्रेस दोनों दल मूक दर्शक बने रहे। यह तटस्थता से कहीं अधिक संलग्नता थी। केन्द्र और राज्य दोनों की दिशाएँ एक थीं। भाजपा और कांग्रेस दोनों के लक्ष्य एक थे। बाबरी मस्जिद के ध्वंस के साथ स्वर्ण मन्दिर में हुए ब्लू स्टार ऑपरेशन (1984) को अगर हम रखकर देखें तो यह स्पष्ट हो जाता है कि नौवें दशक में भारतीय 'राज्य' अक्षम हो रहा था, उसे अपने देश के भीतर सेना की सहायता लेनी पड़ रही थी और समस्त तंत्र, जो एक व्यवस्था को बनाए रखने के लिए था, राजनीति दलों तथा उनके नेताओं के अधीन बनकर रह गया था। यह अचानक नहीं हुआ था। इसकी नींव वर्षों पहले पड़ चुकी थी। सत्ता लोलुपों ने देश का यह एक नया विभाजन किया था और यही दल एकता तथा अखंडता की माला जप रहे थे। यह जनता से किया गया छल था और यह राजनीतिक छल प्राय: सभी दलों ने अपनी-अपनी सामर्थ्य के अनुसार किया। भाजपा ने राम मन्दिर को मुख्य मुद्दा बनाकर जन-भावनाओं के साथ खिलवाड़ किया, इसने मिथकों को नष्ट किया तथा तथ्यों को तोड़-मरोड़कर कर प्रस्तुत किया। यह भारतीय जन-जीवन का वास्तविक मुद्दा नहीं था। इसलिए तुरन्त ये

मुद्दे भी समाप्त हो गए। अस्थिरता, अनिश्चय, सन्देह, अविश्वास, भ्रम जैसी दशाओं में राजनीतिक दलों ने पूरे समाज को रख दिया। 'राज्य' के इसी अस्थिरता वाले दौर में भ्रष्टाचार और अपराध फलने-फूलने लगे। भारतीय मतदाताओं ने नौवीं लोकसभा से लेकर बारहवीं लोकसभा तक किसी भी राजनीतिक दल को बहुमत नहीं दिया और त्रिशंकु संसद अस्तित्व में आई। बारहवीं लोकसभा के चुनाव में भाजपा ने अपने घोषणा-पत्र में जिन मुद्दों—राम मन्दिर निर्माण, कश्मीर-सम्बन्धी संविधान की 370वीं धारा और समान सिविल कोड को आगे रखा था, सरकार बनाते समय उसने इन मुद्दों को पीछे रखकर 'राष्ट्रीय एजेंडा' प्रस्तुत किया।

आठवीं लोकसभा के बाद कोई राजनीतिक दल बहुमत प्राप्त नहीं कर सका। जातिवाद और कट्टरतावाद को सत्ता प्राप्ति के लिए बढ़ाया गया। 'सामाजिक न्याय' की निरन्तर घोषणा करनेवाले दलों ने भूमि-सुधार का कोई कार्यक्रम लागू नहीं किया। राजनीतिज्ञ पद-यात्रा से लेकर रथ-यात्रा करते रहे और शब्दों को उसके उत्स तथा स्रोत से काटकर हास्यास्पद बना दिया गया। ग्यारहवीं लोकसभा में 29 राजनीतिक दल थे और अब बारहवीं लोकसभा में चालीस राजनीतिक दल हैं। भारतीय लोकतंत्र दलों की इस दलदल में गर्दन तक फँस चुका है और उसे इस दलदल से निकालनेवाला कोई राजनीतिक दल नहीं है। ग्यारहवीं लोकसभा में संयुक्त मोर्चे की चौदह दलों की सरकार थी। बारहवीं लोकसभा में भाजपा तथा उनके सहयोगी दलों की संख्या अठारह है। संयुक्त मोर्चे की सरकार धर्मनिरपेक्षता तथा साम्प्रदायिकता के मुद्दों को लेकर बनी थी। भारतीय जनता सदैव धर्मनिरपेक्ष रही है और गैर-साम्प्रदायिक भी। राजनीतिक दलों को धर्मनिरपेक्षता और पारस्परिक सद्भाव से विशेष मतलब नहीं रहा है। कांग्रेस ने संयुक्त मोर्चे की सरकार का बाहर से समर्थन किया था और उसी ने संयुक्त मोर्चे की सरकार गिराई थी। जनता को इन राजनीतिक दलों ने निरन्तर विवश किया कि वह इन्हीं में से किसी का चयन करे और जनता के समक्ष कोई अन्य विकल्प प्रस्तुत नहीं किया गया।

एक सही राजनीतिक विकल्प रखने का यह दायित्व वामपन्थी पार्टियों का था। वामपन्थी पार्टियों ने बंगाल, केरल और त्रिपुरा जैसे राज्यों में एक वाम मोर्चा गठित भी किया, पर केन्द्र की राजनीति में उन्होंने अपनी सार्थक भूमिका अदा नहीं की। भारतीय वामपन्थी पार्टियों को अपने समस्त मतभेदों को भुलाकर एक परिवर्तनकारी भूमिका अदा करने के लिए एक होना चाहिए था, जिसकी आवश्यकता अभी भी है, पर वे वर्गीय राजनीति से मुँह मोड़ (या चुरा) कर जातीय और अवसरवादी राजनीति में फँसते गए। पचास वर्ष में उन्होंने अपने अवसरवादी तथा ढुलमुल चरित्र का ही परिचय दिया और भारतीय वामपन्थ को उसकी आरम्भिक तीक्ष्ण धार से अलग किया। वे सदैव कांग्रेस तथा अन्य मध्यमार्गी दलों के पीछे चलते रहे या उन्हें सहयोग देते रहे। कांग्रेसी संस्कृति ने उन्हें भी हजम कर लिया। स्वतंत्रता के आरम्भिक

वर्षों में यह स्थिति नहीं थी। आज सात हिन्दी प्रदेशों का एक भी सांसद किसी भी वामपन्थी दल का नहीं है।

जो संसदीय राजनीति में नहीं फँसे, उन्होंने भी 'क्रान्ति' तथा 'परिवर्तन' को मुख्य मानकर अपनी दिशाएँ नहीं बदलीं। जो क्रान्तिकारी संगठन संसदीय राजनीति में उतरे, उन्होंने भी समझौते का ही मार्ग चुना। पचास वर्ष में भारतीय राजनीति लोक-विमुख होने के कारण ह्रासोन्मुख होती गई और यह इसलिए सम्भव हुआ कि किसी भी राजनीतिक दल ने भारतीय किसानों और मजदूरों को केन्द्र में रखकर अपनी राजनीति का स्वस्थ विकास नहीं किया। जिस कांग्रेस ने अंग्रेजों से यह 'आज़ादी' पाई थी, वह कांग्रेस कभी किसानों और मजदूरों की पार्टी नहीं थी। भारतीय पूँजीपति और जमींदारों ने सदैव उस पर कब्जा जमाए रखा था।

आज़ादी के बाद कांग्रेस सरकार ने देश के आर्थिक विकास के लिए जो नीतियाँ निर्धारित कीं, वे पूँजीपति वर्ग की नीतियाँ थीं, जिन्हें बनाने में पूँजीपति वर्ग की बड़ी भूमिका रही है। सभी औद्योगिक नीतियाँ पूँजीपति वर्ग के हितों को ध्यान में रखकर बनाई गई थीं। देशी पूँजीपतियों ने साम्राज्यवाद के खिलाफ कभी शंखनाद नहीं किया। भारतीय पूँजीवाद ने शत्रु से समझौता किया। उसने क्रान्तिकारी तथा परिवर्तनकामी भूमिका नहीं निबाही। 1942 के पूर्व भारतीय औद्योगिक घराने कांग्रेस के साथ पंक्तिबद्ध नहीं थे। 'भारत छोड़ो आन्दोलन' के बाद भारतीय पूँजीपति बड़ी संख्या में कांग्रेस से जुड़े। यह सच है कि जमनालाल बजाज (1889-1942) तथा घनश्याम दास बिड़ला (1894-1983) जैसे बड़े उद्योगपतियों ने स्वाधीनता-आन्दोलन के दौर में उपनिवेशविरोधी राष्ट्रवाद की राजनीति में अपने को शामिल किया था, पर सन् 1920 से पूर्व भारत के बड़े औद्योगिक घराने, जिनमें पारसियों का प्रमुख स्थान था, राष्ट्रवादी आन्दोलन से परे थे। राष्ट्रीय स्वाधीनता आन्दोलन में गांधी के आगमन के पश्चात् गुजराती और मारवाड़ी उद्योगपतियों का प्रवेश हुआ। गांधी के आगमन ने भारतीय उद्योगपतियों के बीच 'उत्प्रेरक' का कार्य किया। क्लाक मार्कोविल्स के अनुसार गुजराती और मारवाड़ी उद्योगपतियों के बीच गांधी इसलिए स्वीकृत हुए कि वे हिन्दू व्यापारिक जातियाँ थीं और उनमें नैतिक मूल्यों के प्रति अभी तक आस्था शेष थी। 1946-47 में बड़े औद्योगिक घराने कांग्रेस के साथ की सामाजिक शक्तियों के गठबन्धन में प्रमुख तत्त्व थे। भारतीय पूँजीवाद अपनी क्रान्तिकारी भूमिका का निर्वाह करने में सक्षम नहीं रहा और उसने विदेशी पूँजी के साथ समय-समय पर समझौते किए। भगतसिंह ने आरम्भ में ही इसे पहचाना था और भारतीय पूँजीवाद के विदेशी पूँजी के साथ गठजोड़ का उल्लेख किया था। गुन्नार मिर्डल ने 'एशियन ड्रामा' में लिखा है कि ब्रिटेन द्वारा भारत को स्वतंत्रता प्रदान करने का उसे आर्थिक फल प्राप्त हुआ—'भारत और पाकिस्तान में वह अपनी वित्तीय, व्यापारिक और औद्योगिक स्थिति लगभग ज्यों की त्यों बनाए रहा।' भारतीय पूँजीपति भारतीय

जमींदारों की तरह औपनिवेशिक व्यवस्था से उत्पन्न थे। ब्रिटिश पूर्व भारतीय पूँजी से भारतीय पूँजीवाद का विकास नहीं हुआ था। भूपतियों के साथ भारतीय पूँजीपतियों का गठजोड़ स्वाभाविक था क्योंकि ये दोनों एक ही कुक्षि से उत्पन्न थे, सहोदर थे।

जवाहरलाल नेहरू की अध्यक्षता में कांग्रेस प्लानिंग कमेटी का गठन 1938 में हुआ था। बम्बई प्लान ने 1944 में भारत की आगामी योजनाओं पर विचार किया था और स्वतंत्रता के पश्चात् राष्ट्रीय योजना समिति योजना आयोग में परिवर्तित हो गई। इसके पूर्व 1945 में जेल से निकलने के बाद नेहरू ने कलकत्ता में अपना एक दिन प्रशान्त चन्द्र महालनोबिस के साथ व्यतीत किया था। भारत के आर्थिक विकास को लेकर कांग्रेस, भारतीय पूँजीपति तथा नेहरू चिन्तित थे। चालीस के दशक में महात्मा गांधी का खादी का अर्थशास्त्र 'ग्राम स्वराज्य' की उनकी संकल्पना से जुड़ा था और वह अर्थशास्त्र लघु तथा समुचित उद्यमों और प्रौद्योगिकी का समर्थक था। स्वतंत्रता के पश्चात् गांधी के अर्थशास्त्र को खारिज किया गया और उसके स्थान पर उस संयुक्त जोखिम को स्वीकारा गया, जिसमें एक साथ कीन्स का 'कैपिटलिस्ट मैक्रो-इकॉनॉमिक्स था, स्टालिन का योजनाबद्ध राज्य-निवेश था और गांधी की ग्रामीण विकास नीतियाँ भी थीं। स्वतंत्र भारत की अर्थव्यवस्था के निर्माण और विकास में इस प्रकार गांधी, कीन्स और स्टालिन के आर्थिक विचारों को एक साथ रखा गया। राष्ट्र निर्माण के नाम पर केन्द्र ने राज्यों को अपने अनुसार निर्देशित किया।

महालनोबिस को योजना-सम्बन्धी प्रारूप को विकसित करने का कार्य सौंपा गया और देश में सेमिनारों तथा बातचीत के द्वारा अर्थ-सम्बन्धी नीतियाँ स्पष्ट होने लगीं। पूँजीवादी तथा समाजवादी देशों के अर्थशास्त्रियों को आमंत्रित कर उनके विचार सामने लाए गए और अन्त में 'मिश्रित अर्थव्यवस्था' की अवधारणा प्रस्तुत हुई। भारतीय पूँजीपतियों के पास संसाधनों और प्रौद्योगिकी का अभाव था, जिससे वे भारी उद्योग का निर्माण कर सकते। ऐसी स्थिति में राज्य ही निवेशकर्ता हुआ और यह स्वाभाविक था कि उसका नियंत्रण रहे।

1947 तक भारतीय पूँजीपतियों की जितनी परिसम्पत्ति थी, उसकी तुलना में पिछले पचास वर्ष में उसमें आशातीत वृद्धि हुई है। भारत के पूँजीपतियों में आज भी टाटा परिवार शीर्ष पर है। टाटा और बिड़ला ने अपने उद्योग क्रमशः 1868 और 1912 ईस्वी में स्थापित किए थे। 1947 में टाटा की कुल परिसम्पत्ति 62 करोड़ थी जो पचास वर्ष में बढ़कर 37,511 करोड़ हो गई। इसी प्रकार बिड़ला की कुल परिसम्पत्ति 1947 में मात्र 5 करोड़ थी और उद्योगपतियों में उनका स्थान तेरहवाँ था, जो पचास वर्ष में बढ़कर पाँचों बिड़ला बन्धुओं की कुल परिसम्पत्ति मिलाकर 28,440 करोड़ की हो गई है। भारतीय उद्योगपतियों में आज टाटा और बिड़ला क्रमशः पहले और दूसरे स्थान पर हैं और स्वतंत्र भारत में उनकी परिसम्पत्तियों की यह आशातीत वृद्धि राज्य के सक्रिय सहयोग के बगैर सम्भव नहीं थी। नवम्बर

1947 में तत्कालीन वित्तमंत्री आर.के. शंमुखन चेट्टी ने जब स्वतंत्र भारत में पहला बजट पेश किया था, उनके समक्ष भारतीय अर्थनीति का कोई सुस्पष्ट ढाँचा नहीं था। मार्च 1950 में योजना आयोग का गठन हुआ और जुलाई 1951 में रूसी मॉडल के आधार पर प्रथम पंचवर्षीय योजना लागू की गई। विदेशी पूँजी के बिना भारतीय उद्योग नीति का विकास नहीं किया जा सकता था। 1948 में भारतीय औद्योगिक वित्तीय कारपोरेशन (आई.एफ.सी.आई.) का गठन हुआ, जो दीर्घावधि के लिए उद्योग धंधों को आर्थिक सहायता प्रदान करे। हिन्दी के दो प्रमुख कवियों—केदारनाथ अग्रवाल और नागार्जुन ने उसी समय अमरीकी साम्राज्यवाद की भारतीय पूँजीपतियों से साँठ-गाँठ और अंग्रेजी, अमरीकी तथा देशी जोंकों के एक होने की बात कही थी। विदेशी पूँजी के बिना भारत उस मार्ग पर नहीं चल सकता था, जिस मार्ग पर चलने का संकल्प नेहरू तथा उनके अनुयायियों ने लिया था।

तत्कालीन प्रधानमंत्री जवाहरलाल नेहरू ने 6 अप्रैल, 1949 को 'विदेशी पूँजी' पर अपना 'विशेष बयान' दिया। नेहरू ने कृषि और उद्योग दोनों में परिवर्तन लाने की कोशिश की, जिससे भारतीय अर्थव्यवस्था में सुधार और विकास हो सके। विकास के यूरोपीय मॉडल ने भारत को पराश्रितावस्था में ला खड़ा किया। भारतीय अर्थव्यवस्था पूँजीपति वर्ग के हितों को ध्यान में रखकर बनाई थी। क्लाद मार्कोविल्स के अनुसार, 1939 में भारत की पचास प्रमुख कम्पनियों में बत्तीस अंग्रेजों द्वारा संचालित थीं, जिन्होंने स्वाधीनता के बाद अपनी पूँजी इन कम्पनियों से निकाली। भारतीय पूँजीपतियों के पास न तो अधिक पूँजी थी और न ऊँची तकनीक। स्वतंत्र भारत में केवल निजी क्षेत्र इनके लिए लाभप्रद नहीं था। सार्वजनिक क्षेत्र भारतीय पूँजीपतियों के लिए आवश्यक था और जब तीन-चार दशक बाद ये पूँजीपति और औद्योगिक घराने मुटा गए, तब इनके लिए सार्वजनिक क्षेत्र का विशेष महत्त्व नहीं रह गया था। स्वतंत्रता-पश्चात् भारतीय पूँजीवाद का विकास पश्चिमी देशों के पूँजीवादी विकास से इस अर्थ में भिन्न था कि वहाँ पूँजीवादी क्रान्ति सम्पन्न हो चुकी थी। भारत में न तो समाजवाद विकसित हुआ और न पूँजीवाद। भारतीय अर्थव्यवस्था का बेडौल, असन्तुलित और फीलपाँवी विकास हुआ, जिसकी झलक आज हम भारतीय राजनीति में भी देख सकते हैं।

1947 में भारत का ब्रिटेन के ऊपर कर्ज था। इसके पास अपना 1612 करोड़ रुपए का स्टर्लिंग जमा था। चार वर्ष बाद 1951 में इस पर विदेशी कर्ज मात्र 32 करोड़ रुपए था, 1990 में यह डेढ़ लाख करोड़ था और आज यह छह लाख करोड़ से कम नहीं है। भारत को इतने ऋण की आवश्यकता क्यों पड़ी और जिन कार्यों के लिए ये ऋण लिए गए, क्या उससे भारत की सामान्य जनता की आर्थिक दशा सुधरी ? वह भूख और ग़रीबी से, अन्धेरे और अशिक्षा से मुक्त हुई ? विदेशी पूँजी ने देश की अर्थव्यवस्था का विकास नहीं किया।

नेहरू ने केवल बड़े उद्योगों पर बल दिया था तथा छोटे और मँझोले उद्योगों की उपेक्षा की थी। इसका परिणाम विपरीत सिद्ध हुआ। बेरोजगारी बढ़ी और करोड़ों हाथ बेकार रहे। श्रम-शक्ति का सही और सार्थक उपयोग नहीं हो सका और इसके फलस्वरूप अनेक प्रकार की समस्याएँ उत्पन्न हुईं। स्वतंत्र भारत के पचास वर्षों में आम भारतीय नागरिक की क्रयशक्ति का विकास नहीं हुआ। लघु उद्योग विकसित नहीं हुए और शहरों में जनसंख्या का दबाव निरन्तर बढ़ता गया। 1991 की जनगणना के अनुसार देश की अधिकांश श्रमशक्ति 65 प्रतिशत लोग रोजगार के लिए कृषि पर निर्भर हैं और कृषि क्षेत्र को उद्योग-क्षेत्र की तुलना में उचित महत्त्व प्राप्त नहीं हुआ। भारतीय पूँजीपतियों में से किसी ने भी अपना पूँजी निवेश कृषि में नहीं किया। भारतीय उद्योग का सम्बन्ध भारतीय आम जनता से नहीं था। विनोबा भावे का भूदान आन्दोलन पाँचवें दशक में पैंतालीस लाख एकड़ जमीन प्राप्त कर भी कुछ सार्थक कार्य नहीं कर सका। 1949 में भारतीय मुद्रा का इकतीस प्रतिशत अवमूल्यन हुआ। स्वतंत्र भारत में तीन बार भारतीय मुद्रा का अवमूल्यन हो चुका है। 1947 में एक अमरीकी डालर तीन-चार रुपए के समतुल्य था। 1990-91 में अठारह रुपए के समतुल्य और आज रुपए की औसत विनिमय दर एक अमरीकी डालर के बदले चालीस रुपए के लगभग है।

स्वतंत्र भारत की आर्थिक प्रगति (?) भारत को विदेशी सहायता और ऋण से सम्भव हुई है। भारतीय पूँजीपतियों ने बुनियादी ढाँचे का अधिक विकास नहीं किया। राज्य ने स्वेच्छा से यह जिम्मेदारी ली और पूँजीगत उत्पाद उद्योगों को खड़ा किया। स्वतंत्र भारत में भारतीय पूँजीपतियों ने राज्य के सहयोग से अपने बड़े उद्योग-धंधे खड़े किए। अपोलो और रैनबैक्सी से लेकर अम्बानी, जिंदल और अन्य बड़े व्यापारिक-औद्योगिक घरानों के स्थापना-वर्ष को ध्यान में रखें तो यह सहज पता चलता है कि अल्प समय में इन्होंने कितनी अधिक परिसम्पत्ति खड़ी की है। धीरू भाई अम्बानी का इस क्षेत्र में प्रवेश 1966 में हुआ और मात्र तीस वर्ष में यह भारतीय औद्योगिक घरानों में तीसरे नम्बर पर है, जिसकी कुल परिसम्पत्ति 19,346 करोड़ रुपए है। तीन लाख से अधिक गाँवों में आज पीने के पानी का अभाव है, जो पचास वर्ष में पूरा नहीं हुआ और तीस वर्ष में इतनी अधिक परिसम्पत्ति एक व्यापारिक-औद्योगिक घराने को हासिल हो गई। यह अपने में कोई अनोखा चमत्कार नहीं था। राज्य ने इन पूँजीपतियों—पुराने और नए पूँजीपतियों को दिल खोलकर सहयोग किया और यह राज्य की घोर पक्षपाती भूमिका है, जिससे इस देश में अमीर और अधिक अमीर हो रहा है और ग़रीब और अधिक ग़रीब हो रहे हैं।

जवाहरलाल नेहरू ने राज्य द्वारा निर्मित और संचालित कल-कारखानों को 'आधुनिक भारत का मन्दिर' कहा था। इन मन्दिरों के पुजारियों ने जिस तरह मूर्तियाँ गायब कीं, उसकी अपनी अलग कथा है। स्वतंत्र भारत में सार्वजनिक क्षेत्र निजी क्षेत्र

के विकास का माध्यम बनकर रह गया। दूसरी पंचवर्षीय योजना पहली योजना की तुलना में कहीं अधिक व्यापक थी। इस योजना में भारी उद्योग का आधार रखा गया और सार्वजनिक क्षेत्र को विकास की सारी जिम्मेदारी सौंप दी गई। सार्वजनिक क्षेत्र ने आरम्भ में सचमुच बड़ी भूमिका का निर्वाह किया, पर इससे भारत का सामाजिक-आर्थिक विकास असम्भव था। भारत के सामाजिक-आर्थिक विकास के लिए औद्योगीकरण से कहीं अधिक आवश्यक ग्रामीण भारत का पूँजीवादी रूपान्तरण था। इस पूँजीवादी रूपान्तरण के लिए जिन क्रान्तिकारी कार्यक्रमों की आवश्यकता थी, उसे कांग्रेस पूरा नहीं कर सकती थी। राज्य सत्ता फिर इस रूप में कायम नहीं रह सकती थी।

सोवियत संघ की योजना-प्रक्रिया तथा भारत की योजना-प्रक्रिया में अन्तर था। वहाँ की योजना-प्रक्रिया 'निर्देश मूलक' थी। भारतीय अर्थव्यवस्था को पटरी पर लाने का कार्य सार्वजनिक तथा निजी क्षेत्र दोनों का था। स्वतंत्र भारत के आरम्भिक तीन दशकों में सार्वजनिक क्षेत्र की भूमिका ठीक-ठाक रही थी। दूसरी पंचवर्षीय योजना में लोहा तथा इस्पात के निर्माण पर जो बल दिया गया था, बिजली तथा भारी उद्योग को जो महत्त्व दिया गया था, उसके लिए विदेशी सहायता की आवश्यकता थी। विदेशी सहायता के बिना भारत का औद्योगिक विकास सम्भव नहीं था। योजना आयोग ने इन तीन दशकों में आर्थिक विकास से संबंधित उल्लेखनीय कार्य किए।

आर्थिक इतिहासकारों के अनुसार ब्रिटिश भारत के अन्तिम पचास वर्ष में (1890-1940) भारतीय अर्थव्यवस्था की संवृद्धि-दर शून्य थी। स्वतंत्र भारत के पहले दस वर्ष—पचास के दशक में यह संवृद्धि-दर 4 प्रतिशत के लगभग रही। फिर भी 1951-84 के बीच भारतीय अर्थव्यवस्था की संवृद्धि-दर में कोई अभिवृद्धि नहीं हुई। वह 3.8 प्रतिशत प्रतिवर्ष थी। 1989-90 में यह बढ़कर 4 प्रतिशत हो गई। दूसरे विकासशील देशों में अर्थव्यवस्था की यह संवृद्धि-दर भारत से अधिक थी। यह विकास-दर नौवीं पंचवर्षीय योजना (1997-2002) के पहले वर्ष 1997-98 में भी पाँच प्रतिशत से अधिक नहीं रहने वाली है।

स्वतंत्र भारत की अर्थव्यवस्था ने न तो बेरोजगारी की समस्या समाप्त की और न भारतीय जनता की आर्थिक बदहाली दूर की। जिस औद्योगिक उत्पादन पर बल दिया गया, उसका उपयोग ग़रीब तबके के लिए नहीं था। सामान्य जनता की क्रय-शक्ति नहीं बढ़ी। साम्राज्यवादी शक्तियों, भारतीय पूँजीपतियों तथा नौकरशाही के एक हिस्से के बीच के सम्बन्ध ने भारतीय अर्थव्यवस्था का वास्तविक और आवश्यक विकास नहीं होने दिया। जिस बम्बई प्लान के तहत इसकी नींव डाली गई थी, उसमें वह सम्भव भी नहीं था। 1951 में देश की कुल जनसंख्या जितनी थी, उससे कुछ अधिक ही (40 करोड़ के लगभग) आज ग़रीबी-रेखा के नीचे रहनेवाले लोग हैं।

भारत का औद्योगिक उत्पादन भारत की सामान्य जनता के लिए नहीं है। विकास के इस ढाँचे ने भारत में और समस्याएँ भी उत्पन्न की, एक देश के भीतर दो-तीन देशों का (अमीरों और ग़रीबों का) निर्माण कर दिया। करोड़ों घर आज भी ऐसे हैं, जिनमें दोनों वक्त चूल्हा नहीं जलता। प्राय: प्रत्येक जिले में चार लाख से अधिक लोग बेकार और बेरोजगार हैं।

भारत ने जिस विकास-मार्ग का चयन किया, वह उसका अपना नहीं था। 'विश्व पूँजीवाद की प्रचलित पूँजी गहन तकनीक' से भारत का विकास असम्भव था। उस समय किसी वैकल्पिक तकनीक पर ध्यान नहीं दिया गया और उसकी खोज नहीं की गई। 'पूँजी गहन तकनीक' पर निर्भर रहने के लिए पूँजी की आवश्यकता थी और इसे प्राप्त करने के लिए विश्व पूँजीवाद की शरण लेनी थी, कर्ज से लद जाना था। आज भारत विश्व के कर्जखोर देशों में आगे है। भारतीय अर्थव्यवस्था ने सम्भावनाओं को खारिज कर निर्भरता पर बल दिया। स्वाभाविक था कि इस अर्थव्यवस्था से गिने-चुने समुदाय को लाभ प्राप्त हो। पूर्व वित्तमंत्री पी. चिदम्बरम ने तो यूरोपीय शक्तियों को अपने वित्तीय संसाधनों के साथ भारत में आने को केवल निमंत्रित ही नहीं किया, उन्हें दोबारा दो सौ वर्ष तक यहाँ रहने की प्रार्थना भी की। यह उनके पूर्व वित्तमंत्रियों—टी.टी. कृष्णामाचारी और चरण सिंह के 'समाजवादी एजेंडा' तथा 'किसानों के हित' से भिन्न था और विदेशी पूँजी के पूर्णतः पक्ष में था।

पाँचवें और छठे दशक में होनेवाले भूमि सुधारों से भूमिहीन किसान और खेतिहर मजदूरों को कोई लाभ प्राप्त नहीं हो सका। अमरीका के डॉ. विलियम गॉड ने 'हरित क्रान्ति' शब्द को जन्म दिया था। भारत में इस 'हरित क्रान्ति' ('ग्रीन रिवोल्यूशन') से कृषि-क्षेत्र में पूँजीवादी पद्धति का प्रवेश हुआ। 'हरित क्रान्ति' के समय और उसके बाद भारत के कई औद्योगिक घरानों ने खाद कारखाने निर्मित किए। इस नई कृषि-नीति में जिस नलकूप, ट्रैक्टर और आधुनिक उर्वरकों को प्रमुखता दी गई थी, उससे पूँजीपतियों और बड़े किसानों को लाभ मिला। राज्य ने इस हरित क्रान्ति के द्वारा जमींदारों को संरक्षण दिया और साम्राज्यवादी उनकी पीठ पर थे ही। यह एक नया गठजोड़ था, जिसमें साम्राज्यवादी, राज्य, देशी पूँजीपति और बड़े जोतदार एक साथ शामिल थे। हरित क्रान्ति ने कुलकों और धनी किसानों को उस कतार में लाकर खड़ा किया, जहाँ पूँजीपति पहले से खड़े थे। सामान्य जनता की हालत में हरित-क्रान्ति ने ठहराव लाने का कार्य किया। यह क्रान्ति से अधिक कृषि-क्षेत्र में भ्रान्ति थी। 'क्रान्ति' जैसे पवित्र शब्द को 'हरित क्रान्ति' तथा 'सम्पूर्ण क्रान्ति' से जोड़कर उसकी अर्थ-गरिमा नष्ट की गई। पूँजी का प्रवेश कृषि क्षेत्र में नहीं हुआ, केवल कृषि की पूँजीवादी पद्धति की शुरुआत हुई, जिससे एक खास समुदाय लाभान्वित हुआ।

भारतीय अर्थव्यवस्था समाजवादी पटरी पर चलने का स्वाँग भर करती रही। जिस प्रकार औद्योगिक नीति को क्रियान्वित करने के लिए विदेशी ऋण लिए गए,

उसी प्रकार नई कृषि–नीति को विदेशी सहायता के बिना लागू करना कठिन था। नई औद्योगिक नीति के आरम्भ में 1949 में भारतीय मुद्रा का अवमूल्यन किया गया था और अब नई कृषि–नीति को क्रियान्वित करने के लिए विदेशी मुद्रा आवश्यक थी। 1946 में विश्व बैंक का एक शिष्टमंडल बर्नाड आर. बेल. के नेतृत्व में भारतीय अर्थव्यवस्था के व्यापक अध्ययन हेतु भारत आया था। इस शिष्टमंडल ने भारतीय कृषकों पर विशेष ध्यान देने का अकारण आग्रह नहीं किया था। 1966 में विश्व बैंक ने भारत पर रुपए का अवमूल्यन करने के लिए दबाव डाला था और जून 1966 में इन्दिरा गांधी के शासन–काल में रुपए का 36.5 प्रतिशत अवमूल्यन हुआ।

नेहरू और इन्दिरा गांधी की सरकारों ने इस प्रकार उद्योग और कृषि दोनों क्षेत्रों के विकास के लिए विदेशी ऋण प्राप्त किए। भारतीय कृषि में पहली बार तकनीकी विकल्प का प्रवेश हुआ। यह तकनीकी विकल्प हमारी अपनी आवश्यकताओं और स्थितियों को देखकर उत्पन्न नहीं हुआ था। इस नई कृषि–नीति के कारण उद्योगपति और जमींदार एक हुए। इन दोनों की एकता ने बाद में चलकर अन्य अनेक तबकों के साथ गठजोड़ किया और समाज में बहुविध समस्याएँ उत्पन्न कीं। इसके पूर्व ऐसी बुरी दशा नहीं थी। राजनीति और अपराध, भ्रष्टाचार में बढ़ावा, आपातकाल, आतंकवाद— सबके सूत्र इसमें तलाशे जा सकते हैं। स्वतंत्र भारत का यह नया गठबन्धन था। इसके बाद शासन की निरंकुशता खुलकर दिखाई पड़ी।

सत्तर के दशक के अन्त से दलाल पूँजीपति शासक–वर्ग पर हावी होने लगे। हरित क्रान्ति की जो नीतियाँ थीं, उसने दलाल पूँजीपतियों का साम्राज्यवादी पूँजी से रिश्ता स्थापित कराया। सातवें दशक के आरम्भ से ही भारतीय बचत का एक बड़ा भाग लाभ और ब्याज के रूप में बाहर जाने लगा। ब्रिटेन की कम्पनियाँ पहले की तुलना में अधिक लाभ प्राप्त करने लगीं। 1963 के आरम्भ में जवाहरलाल नेहरू ने 'सैटरडे इवनिंग पोस्ट' को जो इंटरव्यू दिया था, उसमें यह साफ कहा था कि 'ब्रिटेन की कम्पनियाँ ब्रिटिश शासन के दिनों में कमाए गए मुनाफे की तुलना में आज ज्यादा मुनाफा कमा रही हैं।' भारत की यह अर्थव्यवस्था देर-सवेर समाप्त होनी थी। मिश्रित अर्थव्यवस्था ने आरम्भ में एक प्रकार के प्रगति–भ्रम की सृष्टि की। इस अर्थव्यवस्था में विदेशी पूँजी के सहारे राष्ट्र के आर्थिक विकास का कार्यक्रम तय किया गया था। सार्वजनिक क्षेत्रों ने एक लम्बे समय तक विदेशी कम्पनियों को देश पर हावी नहीं होने दिया था, पर नौवें दशक में चीजें बदलने लगीं। इन्दिरा गांधी ने अन्तरराष्ट्रीय मुद्राकोष से ऋण लिया। उस समय अन्तरराष्ट्रीय मुद्रा कोष ने अनेक शर्तें रखीं। जिस रास्ते पर गाड़ी दौड़ाई गई थी, उस रास्ते पर अब चलने में इन शर्तों को मानने के सिवा और कोई उपाय बचा नहीं था। अस्सी के दशक में समस्याएँ विकट और विकराल हुईं। यह उत्तर नेहरू युग था, जिसमें मिश्रित अर्थव्यवस्था से अलग एक नई अर्थव्यवस्था स्वीकारी जा रही थी। नौवें दशक के मध्य तक देश

पाँच खरब रुपए के विदेशी कर्ज के नीचे दब गया था। अब साम्राज्यवादी पूँजी निश्चिंत थी क्योंकि देश की बचत का एक बड़ा हिस्सा सूद के रूप में उसे नियमित रूप से प्राप्त होता था।

सकल राष्ट्रीय आय का आधा से अधिक भाग अस्सी के दशक के आरम्भ में ही काला धन था। यह काला धन ('ब्लैक मनी') निरन्तर बढ़ता गया और इसने समानान्तर अर्थव्यवस्था खड़ी कर दी। इस काले धन का श्रम तथा उत्पादन से सम्बन्ध नहीं था। एक ओर कालाधन बढ़ता गया और दूसरी ओर विदेशी बैंकों में अरबों-खरबों रुपए जमा किए गए। भारतीय समाज के प्रभावशाली वर्ग ने भारतीय अर्थव्यवस्था को कमजोर करने में अपनी पूरी शक्ति लगाई। बोफोर्स के मामले पर राजीव गांधी को जनता ने सबक सिखाया था, पर 1989 के बाद लगातार घपले और घोटाले होते गए और जनता इस भ्रष्टाचार से उदासीन-सी हो गई। 1991 से अब तक प्रत्येक वर्ष इस तरह के आर्थिक घोटालों और अपराधों की संख्या बढ़ती गई। इसका आरम्भ 1948 से ही हो चुका था, जब लन्दन में उच्च आयुक्त कृष्ण मेनन का नाम जीप-कांड से जुड़ा था। संसद में 1958 में फीरोज गांधी ने मुंदरा कांड को सामने रखा था, जिसमें तत्कालीन वित्तमंत्री टी.टी. कृष्णमाचारी को त्यागपत्र देना पड़ा था। 1991 के बाद ऐसी घटनाओं की बाढ़ आ गई। सत्ता के दलालों ने दलालों की सत्ता खड़ी कर दी। दादाभाई नौरोजी ने अपने समय में भौतिक अपक्षय के साथ नैतिक अपक्षय ('द मैटेरियल एंड मॉरल ड्रेन') की बात कही थी। काले धन की समानान्तर भारतीय अर्थव्यवस्था ने अनेक क्षेत्रों में संकट खड़े किए। हवालों और घोटालों से इस काले धन का सीधा सम्बन्ध रहा। काले धन के अनियंत्रित प्रवाह ने औद्योगिक विकास में मदद नहीं पहुँचाई। यह धन उपभोक्ता सामग्रियों में खर्च होने लगा। काला धन, घोटाला, उपभोक्तावाद—सबके पारस्परिक सम्बन्ध सुदृढ़ होते गए। काला धन सामान्य जन के शोषण से ही इकट्ठा होता रहा और समय-समय पर इस काले धन को निकालने तथा मुख्य अर्थ-धारा में लाने की जो भी घोषणाएँ हुईं, वे निष्फल सिद्ध हुईं। सामान्य जन के शोषण से एकत्र काला धन सामान्य जन को लाभ पहुँचाने में असमर्थ रहा। इस कालेधन के विकास में राजनेताओं, पदाधिकारियों तथा पूँजीपतियों ने मिल-जुलकर राष्ट्रविरोधी कार्य किया। स्वतंत्र भारत में न तो विदेशी पूँजी का उन्मूलन हुआ और न सम्पत्ति का न्यायपूर्ण विभाजन हुआ।

विश्व बैंक और अन्तरराष्ट्रीय मुद्रा कोष से ऋण लेने के साथ ही मिश्रित अर्थव्यवस्था कमजोर पड़ने लगी। विदेशी पूँजी के प्रवाह के साथ ही साम्राजी पूँजी का हस्तक्षेप बढ़ा, जिसने सार्वजनिक क्षेत्र का विरोध किया और देशी दलाल पूँजीपतियों के साथ सहयोग स्थापित कर 'राज्य' की कल्याणकारी भूमिका को क्रमशः रोका। आज भारतीय अर्थ-नीति की डोर विदेशियों के हाथ में है और 'राज्य' की भूमिका कठपुतली की है। इसको नए दर्शन-चिन्तन से सबल बनाया

गया। 'इतिहास के अन्त' के साथ ही 'राज्य के अन्त' की भी घोषणा हुई। राज्य की कल्याणकारी और दायित्वपूर्ण भूमिका में कमी आने लगी। विदेशी ऋण पर सूद की राशि में अभूतपूर्व वृद्धि होने लगी और ब्याज देने के लिए भी ऋण लिया जाने लगा। भारतीय औद्योगिक पूँजीपति ने राष्ट्रीय दायित्व से मुँह मोड़ लिया। विदेशी पूँजी के साथ देशी पूँजी का अटूट रिश्ता स्थापित हुआ और इस नापाक सम्बन्ध ने बेरोजगारी, भ्रष्टाचार आदि को खूब बढ़ावा दिया। भारतीय पूँजीवाद ने स्वतंत्र भारत में अपने उत्तरदायित्व का निर्वाह नहीं किया। वह पंगु, विकृत, जनविमुख बनकर रह गया।

दसवीं लोकसभा में तत्कालीन वित्त मंत्री मनमोहन सिंह द्वारा पेश बजट से (24 जुलाई, 1991) भारतीय अर्थव्यवस्था में उदारीकरण की शुरुआत हुई। इसके पूर्व राजीव गांधी के शासन-काल में ही आर्थिक सुधार पर बल दिया जा चुका था। भारत में आर्थिक सुधार का पहला चरण राजीव गांधी का कार्यकाल था और दूसरा चरण नरसिम्हा राव का कार्यकाल था। ये दोनों कांग्रेसी प्रधानमंत्री थे और कांग्रेस ने ही नेहरू की अर्थ-नीति से भिन्न एक नए मार्ग का चुनाव किया। स्वतंत्र भारत के आरम्भिक दशकों में विदेशी पूँजी का प्रभुत्व अधिक नहीं था। इसके बढ़ने के साथ ही अर्थव्यवस्था भी बदली। गैट और डंकल के जरिए विश्व-स्तर पर यह आर्थिक प्रक्रिया घटित हो रही थी और पूर्वी यूरोपीय देशों से कम्युनिस्ट सरकारों की समाप्ति तथा सोवियत रूस के विखंडन ने इस बदली आर्थिक गति को और तीव्र कर दिया। अस्सी के दशक में अमरीकी पूँजी और साम्राजी पूँजी के 'अराजक प्रवाह' ने आर्थिक क्षेत्र में नई खलबली पैदा कर दी। इन्दिरा गांधी की हत्या के बाद उनके ज्येष्ठ पुत्र राजीव गांधी भारत के प्रधानमंत्री हुए। उनके समय में निजी क्षेत्र पर विशेष बल दिया गया। राजीव गांधी ने अनेक क्षेत्रों में फैले हुए सार्वजनिक क्षेत्र की आलोचना की और उन्होंने सार्वजनिक क्षेत्र की जगह विविध क्षेत्रों में निजी क्षेत्रों के खोलने की बात कही। उनके तथा उनके सलाहकारों के अनुसार इससे भारतीय अर्थव्यवस्था अधिक स्वतंत्रता के साथ अपना विकास करती। वस्तुत: यह सब बहुराष्ट्रीय निगमों के प्रवेश के लिए उठाया गया कदम था। राजीव गांधी के शासन काल में 'नई' और 'राष्ट्रीय' नीतियों की बाढ़-सी आ गई थी। पुरानी नीतियाँ बिना विचारे खारिज की जा रही थीं और 'राष्ट्रीय नीतियों' की प्राय: सभी क्षेत्र में घोषणाएँ की जा रही थीं। आर्थिक सुधार की दूसरी लहर नरसिम्हा राव के शासन-काल में चली। वित्तीय पूँजी और बाजार अर्थव्यवस्था ने पुराने आर्थिक नियमों को ताक पर रख दिया। विश्व बैंक तथा अन्तरराष्ट्रीय मुद्रा कोष के निर्देश पर देश का आर्थिक बजट बनने लगा। आर्थिक सुधार ने संहार का कार्य किया। सदी के अन्तिम दशक में देश गुलामी की नई जंजीरों में बँध गया। अन्तरराष्ट्रीय वित्तीय पूँजी के महाजाल में फँसकर आर्थिक विकास और सुधार का राग अलापना भ्रम की सृष्टि करना है।

आज़ादी के पहले विदेशी व्यापार में भारत मुनाफे की स्थिति में था। विश्व-व्यापार में तब भारत 2.4 प्रतिशत निर्यातक देश था। नौवें दशक में यह निर्यात घटकर 0.4 प्रतिशत रह गया। आज भी निर्यात में भारत अपने पुराने प्रतिशत पर नहीं पहुँचा है। इस दशक में उदारीकरण और आर्थिक सुधार के नाम पर भारतीय अर्थव्यवस्था ने अपने को जितना खोला, उतना विकसित देशों की अर्थव्यवस्था ने भी अपने को नहीं खोला है। मंटो की कहानी 'खोल दो' का स्मरण स्वाभाविक है। नई आर्थिक नीति और उद्योग-नीति ने भारतीय अर्थव्यवस्था को चार दशकों के समाजपाद और राज्य हस्तक्षेप से अलग कर दिया। प्रायः प्रत्येक आर्थिक क्षेत्र में विदेशी निवेशकर्ताओं के प्रवेश को छूट दी गई और इसके लिए नए नियम बने।

विदेशी मुद्रा भुगतान का संकट स्वतंत्र भारत में बार-बार इसलिए खड़ा हुआ कि उन आर्थिक नीतियों को नहीं अपनाया गया, जिससे निर्यात बढ़े। निर्यात से अधिक आयात होता रहा। औद्योगिक उत्पादों के निर्यात की जगह कच्चे माल के निर्यात पर जोर दिया गया, जिससे ज्यादा मूल्य प्राप्त नहीं होता है। निर्यात की तुलना में आयात की वृद्धि दर 1990-91 के बाद लगातार बढ़ती गई है। यह आयात सम्पन्न और धनाढ्य वर्ग की माँग की पूर्ति के लिए हुआ। यह नव धनाढ्य वर्ग काले धन से जुड़ा हुआ है और आर्थिक उत्पादन में इसका नगण्य स्थान है। विदेशी मुद्रा भुगतान संकट का मुख्य जिम्मेदार भारत का यह नव धनाढ्य वर्ग है, जो पिछले तीन दशकों में बड़ी तेजी से विकसित हुआ है। सरकारी खर्च में जो निरन्तर वृद्धि हुई, उसका सामान्य जनता से कोई सम्बन्ध नहीं था। नौकरशाही मजबूत होने के साथ घृणित और पतित भी हुई। सरकारी खर्च सीमित करने की जगह और बढ़ता गया। पहली पंचवर्षीय योजना में यह सरकारी व्यय राष्ट्रीय बचत का साठ प्रतिशत था, जो दूसरी योजना में बढ़कर एक सौ पाँच प्रतिशत और तीसरी योजना में एक सौ दो प्रतिशत के लगभग हो गया। उस समय समाजवादी समाज का नारा गूँज रहा था और इसका अधिकांश समय नेहरू के शासन-काल का था। सरकारी खर्च में विराम न लगने के कारण राज्य मशीनरी जहाँ जनता से कटकर अपने में सिमटती गई, वहीं उसमें भ्रष्टाचार के तत्त्व भी विकसित होने लगे। बजट घाटे का होने लगा। आयात के बिल में सबसे अधिक वृद्धि तेल उत्पादों के कारण हुई और इसका अनुपात क्रमशः बढ़ता गया। सामान्य जनता का तेल के इस आयात से अधिक सम्बन्ध नहीं था। 1996-97 में मात्र प्राकृतिक तेल के आयात का खर्च एक हजार करोड़ डालर का हुआ। एक ओर रईसों और रईसजादों के लिए इस प्रकार के अनेक खर्च और दूसरी ओर विकास पर पूँजीगत खर्च में कटौती। विकास पर पूँजीगत खर्च तो 1985-86 के सकल घरेलू उत्पाद के 2.5 प्रतिशत से घटकर 1996-97 में कुल आधा प्रतिशत हो गया है। 'ढाँचागत समायोजन कार्यक्रम' ('स्ट्रक्चरल एडजस्टमेंट प्रोग्राम', सैप) के द्वारा विश्व बैंक और अन्तरराष्ट्रीय मुद्रा कोष ने जितनी शर्तें थोपीं

और लादीं, उनमें से कोई भी शर्त भारत की सामान्य जनता के 'आर्थिक विकास' की नहीं थी। इसके ठीक विपरीत उन्हें आर्थिक रूप से और विपन्न करने के लिए थी। 'राज्य' को इसके लिए तैयार किया गया। विकास के लिए निजी पूँजी और विदेशी पूँजी को उचित माननेवाले अर्थशास्त्रियों की कमी नहीं रही।

सुनियोजित साजिश के तहत इस 'आर्थिक सुधार' ने भारतीय अर्थव्यवस्था को बहुराष्ट्रीय कम्पनियों तथा विदेशी पूँजी के हवाले कर दिया। जिस 'सार्वजनिक क्षेत्र' की आलोचना की जाती रही है, वह राष्ट्रीय बचत में अपना योगदान करता रहा है। सरकारी आर्थिक सर्वे और आधिकारिक दस्तावेज तक मिथ्या सूचनाएँ देते रहे हैं। सार्वजनिक क्षेत्र का राष्ट्रीय बचत में 1993-94 में 18.4 प्रतिशत योगदान था, जो 1994-95 में बढ़कर 18.6 प्रतिशत हो गया और यह निजी क्षेत्र के योगदान से कहीं ज्यादा था। सरकार सार्वजनिक उद्यमों की उपलब्धियों को छिपाने व उन्हें अक्षम बताने की कोशिश करने लगी है।' सरकार सार्वजनिक उद्यमों की उपलब्धियों को छिपाकर निजी पूँजी के पक्ष में खड़ी हो चुकी है। केन्द्र सरकार ने कृषि, सिंचाई, ग्रामीण विकास, ऊर्जा आदि के क्षेत्र में पिछले बजट में जो कटौतियाँ कीं, वे सरकार के जनविरोधी और दुश्मन समर्थक चेहरे को उजागर करती हैं। नई आर्थिक नीति के बाद भारतीय अर्थशास्त्रियों के एक ग्रुप ने 'वैकल्पिक आर्थिक सर्वे' का प्रकाशन 1992-93 से प्रतिवर्ष इसलिए आरम्भ किया कि सरकार की गलत सूचनाओं को सामने लाकर सही तथ्यों से जनता को अवगत कराया जाए। केन्द्रीय तथा प्रान्तीय सरकारों ने शिक्षा, संस्कृति से लेकर अनेक क्षेत्रों के खर्चे में पिछले कई वर्षों से लगातार कटौती की है।

सरकारी पूँजी को निजी पूँजी बनाने में अब अधिक देर नहीं है। विदेशी संस्थागत निवेशकों को इतनी अधिक छूट अन्य किसी भी देश में नहीं दी गई है। इस पूरी प्रक्रिया को 'स्वतःस्फूर्त पराधीनता अपनाने की प्रक्रिया' कहा गया है। भारत को आत्मनिर्भरता से परनिर्भरता में लाने के लिए विदेशी पूँजी ने अपना प्रभाव दिखाया और आँख मूँदकर हमारी सरकार ने उसे सहयोग दिया। देश बहुराष्ट्रीय निगम पूँजी और एकाधिकारवादी पूँजी के चंगुल में फँसता गया है। भाजपा ने 'स्वदेशी' की बात कही थी, पर जो आर्थिक-प्रक्रिया शुरू हो चुकी है, उसे बदलने का कार्य भाजपा तथा उसके सहयोगी दल नहीं कर सकते। वामपंथियों ने अपने अवसरवाद को समाप्त नहीं किया और एकाधिकारी पूँजीवाद के विरुद्ध आन्दोलन नहीं चलाया। पश्चिम बंगाल में माकपा की सरकार विदेशी निवेशकर्ताओं के पास दौड़ती रही और प्रायः प्रत्येक राज्य ने भिखमंगों की तरह बाहर दौड़ लगाई। विदेशी पूँजीपतियों और बहुराष्ट्रीय कम्पनियों को अपने यहाँ आने की प्रार्थना की।

लाभ में चलनेवाले उद्योगों के शेयर औने-पौने दाम में बेचे गए और सार्वजनिक कम्पनियों को विकसित तथा चुस्त करने की चिन्ता नहीं की गई। अर्थशास्त्री

के. अशोक राव के अनुसार, ''पिछले छह सालों के आर्थिक सुधारों का एक ही अर्थ है—लाभ का निजीकरण और घाटे का राष्ट्रीयकरण।'' आर्थिक सुधार के इस काल में ही करोड़ों-अरबों के घपले हुए। हर्षद मेहता जैसे एक सामान्य सट्टेबाज ने ऊँचे अधिकारियों के साथ मिलकर जिस तरह घोटाला किया और विदेशी बैंकों के जरिए जो अर्थ-राशि बाहर गई, उस पर कोई कार्रवाई नहीं हुई।

स्वतंत्र भारत की उपलब्धियों की गिनती आसान है, पर इन उपलब्धियों से भारत की सत्तर-अस्सी करोड़ जनता का सम्बन्ध नहीं है। राजनीति और अर्थनीति ने संकट को और गाढ़ा किया। श्रमजीवी वर्ग ग़रीबी में और अधिक फँसता चला गया तथा परोपजीवी वर्ग मजे लूटता रहा। पंचवर्षीय योजनाएँ कागज पर धरी रह गईं। इन योजनाओं से सामान्य जनता लाभान्वित नहीं हुई। विलासितापूर्ण उत्पादन की वृद्धि होती रही और आवश्यकता से जुड़े उत्पादन कम होते गए। जो सकल घरेलू उत्पाद और प्रति व्यक्ति आय के आँकड़े प्रस्तुत किए जाते हैं, वे भी विश्वासपरक नहीं हैं। इन आँकड़ों से वास्तविक ग़रीबी और भुखमरी का पता नहीं लग पाता है। कृषि और उद्योग दोनों ही क्षेत्रों में स्थिति असन्तोषजनक है। खेती में निवेश करने का प्रश्न इसलिए नहीं उठता कि आज अधिक ब्याज देनेवाले क्षेत्रों और आर्थिक संस्थाओं की कमी नहीं है। मांड से लेकर बासमती चावल तक पेटेंट कराया जा चुका है और आज़ादी के पचास वर्ष का फूहड़ जश्न मनानेवाले उसे नहीं देख रहे हैं।

विज्ञान तथा प्रौद्योगिकी के क्षेत्र में स्वतंत्र भारत में अभूतपूर्व प्रगति हुई है, पर उसका लाभ सामान्य जन तक नहीं पहुँचा है। औद्योगिक और प्रौद्योगिक विकास में भारत विश्व के गिने-चुने देशों में है, पर इस विकास ने भारतीय जन-जीवन की आर्थिक और सामाजिक दशा को आगे बढ़ाने में मदद नहीं पहुँचाई है। गाँव आज भी अन्धेरे में डूबे हुए हैं और पीने का पानी सबको सहज सुलभ नहीं है। तालाबों और कुओं की उपेक्षा कर चापाकल को बढ़ावा देने से समस्या और भी विकट हुई है। वैज्ञानिक शोध और प्राकृतिक संसाधन मंत्रालय की स्थापना (1951) स्वतंत्र भारत के आरम्भिक वर्षों में ही हुई थी। 1958 में जिस विज्ञान नीति प्रस्ताव को स्वीकारा गया था, उसमें 'विज्ञान के सर्वांगीण विकास' की बात कही गई थी, जिसमें 'शिक्षा, कृषि, उद्योग एवं सेना की आवश्यकताओं को पूरा करने के लिए उच्चतम स्तर के वैज्ञानिकों को तैयार करना, ज्ञान-प्राप्ति के लिए उचित वातावरण तैयार करना, जनता में वैज्ञानिक चेतना का विकास तथा वैज्ञानिक ज्ञान का देश की जनता के हित में उपयोग करना' था, पर वह सरकारी नीतियों के कारण सफल नहीं हो सका।

स्वतंत्रता के समय भारत विज्ञान और प्रौद्योगिकी के क्षेत्र में अन्य विकासशील देशों की तुलना में आगे था। रमन, साहा और बोस जैसे वैज्ञानिकों की वैज्ञानिक उपलब्धियाँ सामने थीं। कलकत्ता में 1876 में ही महेन्द्र लाल सरकार ने भारतीय विज्ञान संस्था की स्थापना कर दी थी। लन्दन की रॉयल संस्था के मॉडल पर यह

स्थापित हुआ था। 1928 में सी.वी. रमन ने 'रमन इफेक्ट' की खोज की थी, जिससे उन्हें नोबेल पुरस्कार प्राप्त हुआ था। उन्होंने रमन शोध संस्थान खोला था। भौतिकी के क्षेत्र में परतंत्र भारत में भारतीय वैज्ञानिकों ने विशेष महत्त्वपूर्ण कार्य किए थे। मेघनाथ साहा और एस.एन. बोस के कार्य विश्वविख्यात हो चुके थे। स्वतंत्र भारत में जवाहरलाल नेहरू ने वैज्ञानिक विकास के लिए आधारभूत संरचना पर विशेष ध्यान दिया। विश्वविद्यालयों से अलग जिन वैज्ञानिक, शोध-संस्थानों की स्थापना हुई, उसने शिक्षा से विज्ञान का घनिष्ठ सम्बन्ध नहीं जोड़ा। कृषि, चिकित्सा, उद्योग, परमाणु ऊर्जा, अन्तरिक्ष, रक्षा अनुसन्धान तथा अन्य कई क्षेत्रों में जो लक्ष्य निर्धारित किए गए थे, वे प्राप्त हुए। वैज्ञानिक प्रयोगशालाओं पर ध्यान दिया गया। नेहरू के आधुनिक भारत का स्वप्न विज्ञान और प्रौद्योगिकी के क्षेत्र में उन्नति के बगैर साकार होना असम्भव था। डॉ. हरगोविन्द खुराना और डॉ. एस. चन्द्रशेखर की वैज्ञानिक उपलब्धियों ने देश को आगे बढ़ाया। बड़े-बड़े प्रोजेक्ट्स और टीम कार्य आरम्भ हुए। वैज्ञानिक शोध-संस्थानों को विश्वविद्यालयों से काटकर अन्त:क्रियाओं को कम किया गया और बुनियादी शोध का कार्य तीव्र गति से आगे नहीं बढ़ा। भारतीय कृषि शोध-संस्थान ने खाद्य उत्पादन में लगभग आत्मनिर्भर स्थिति उत्पन्न कर दी। परमाणु वैज्ञानिकों ने परमाणु ऊर्जा के क्षेत्र में भारत को विश्व-स्तर पर प्रतिष्ठित किया। 1974 के परीक्षण के पश्चात् परमाणु ऊर्जा के क्षेत्र में भारत आगे बढ़ता गया। स्वतंत्र भारत में वैज्ञानिक उपलब्धियों की कमी नहीं है पर पिछले एक दशक से अधिक से शोध और विकास के क्षेत्र में विकास अत्यन्त धीमा रहा है। विदेशी हस्तक्षेप और पूँजी प्रवाह ने वैज्ञानिक शोध-कार्य की गति धीमी कर दी। भारतीय समाज से भारतीय वैज्ञानिकों का जुड़ाव घटता गया और वैज्ञानिक क्षमताओं को भारतीय समाज के बहुसंख्यक समुदाय से अभिन्न नहीं किया गया। भारतीय वैज्ञानिकों के अनवरत पलायन ने यह सिद्ध किया कि देश में उनके लिए पहले की तरह अब अधिक सम्भावनाएँ नहीं हैं। आई आई टी से निकलनेवाले छात्रों को बाहर जाने का अवसर मिलता रहा है और बहुत कम छात्र भारतीय समस्याओं से जुड़े हैं। एक ओर वैज्ञानिक और तकनीकी क्षेत्र में हमारा उल्लेखनीय विकास और दूसरी ओर पीने के पानी का अभाव यह दर्शाता है कि हमने वैज्ञानिक और तकनीकी विकास को जीवन तथा समाज से पूर्णत: नहीं जोड़ा। सरकारी नीतियों ने इसे और बढ़ावा दिया है। उसने युवा भारतीय वैज्ञानिकों के बड़े समूह को भारतीय समाज की समस्याओं से काटकर, उदासीन कर बाहर जाने को विवश कर दिया है। ब्रिटिश नौकरशाही प्रणाली ने भी विज्ञान और प्रौद्योगिकी के विकास में बाधाएँ खड़ी कीं। राजनीति ने तो बाद में इधर से मुँह ही फेर लिया।

अनुसन्धान और विकास पर सकल राष्ट्रीय उत्पाद का एक प्रतिशत भी खर्च नहीं करना तकनीकी आयात को बढ़ाना है। बुनियादी शोध की अवहेलना कर प्रौद्योगिकी

का विकास नहीं हो सकता। वैज्ञानिक चेतना के विकास को महत्त्व नहीं देकर समाज को रूढ़ियों, अन्धविश्वासों में प्रतिगामी शक्तियाँ ले जाती हैं और ऐसी प्रतिगामी राजनीतिक पार्टियों से किसी प्रकार के वैज्ञानिक विकास की चिन्ता करना गलत है। आई आई टी से शिक्षित प्रशिक्षित छात्र प्रशासनिक सेवाओं तथा व्यापारिक संस्थाओं को महत्त्व देते हैं। उदारीकरण ने और अधिक समस्याएँ ला खड़ी की हैं। जन-विज्ञान और जन-प्रौद्योगिकी को महत्त्व देकर ही भारतीय समाज का विकास सम्भव है। उच्चतम प्रौद्योगिकी से राष्ट्र की विश्व-छवि भले बनी हो, सामान्य जन को कोई लाभ प्राप्त नहीं हुआ है। ऋण-जाल में फँसने के बाद विज्ञान और प्रौद्योगिकी का विकास सम्भव नहीं है। विश्व बैंक विकासशील देशों को विकसित देशों की प्रौद्योगिकी पर निर्भर बनाता है। सार्वजनिक पूँजी के लुटेरों और माफिया गिरोहों से विज्ञान के क्षेत्र में किसी भी प्रकार के विकास का भ्रम पालना अपने तथा दूसरे को भी धोखा देना है। 'लुटेरे पूँजीवाद' और 'माफिया पूँजीवाद' से किसी प्रकार की आशा पालना व्यर्थ है।

आज़ादी के समय हमारे देश की जितनी जनसंख्या थी, उससे कहीं अधिक आज अशिक्षितों की संख्या है। स्वतंत्र भारत में अशिक्षा और निर्धनता को दूर करने के आवश्यक कार्य नहीं किए गए। प्राथमिक शिक्षा की जगह उच्चतर शिक्षा पर अधिक ध्यान दिया गया। ज्यादा संसाधन उच्च शिक्षा पर खर्च किए गए। भारत विश्व में उच्च शिक्षा प्राप्त आबादीवाला प्रमुख देश है। चीन के विश्वविद्यालयों में उच्च अध्ययन के लिए जहाँ एक छात्र जाता है, वहाँ भारत में छह छात्र। प्राथमिक शिक्षा में आज चीन कहीं अधिक आगे है। लोगों को प्राथमिक शिक्षा से वंचित कर सामाजिक, आर्थिक, राजनीतिक विकास को भी अवरुद्ध किया गया। भारत की आधी जनता अशिक्षित है। भारतीय महिलाएँ दो-तिहाई से अधिक निरक्षर हैं। शिक्षा का प्रत्यक्ष सम्बन्ध विकास से है। विकास को अवरुद्ध करने और सामाजिक गतिशीलता को रोकने के लिए प्राथमिक शिक्षा की चिन्ता नहीं की गई। भारतीय शिक्षा जनोन्मुख न होकर अभिजनोन्मुख हो गई। शिक्षा के क्षेत्र के विकास के बाद ही आर्थिक विकास सम्भव है। चीन में 1979 के आर्थिक सुधार के पहले शिक्षा का विकास हो चुका था। शिक्षा का आर्थिक क्षेत्र से घनिष्ठ सम्बन्ध है। स्वतंत्र भारत में शिक्षा और आर्थिक क्षेत्र की धीमी गति दोनों एक-दूसरे से जुड़ी हुई है। भारत का आर्थिक सुधार कम हाथों में सिमटकर रह गया है, क्योंकि यहाँ शिक्षा भी उन्हीं कतिपय लोगों तक सीमित रही। चीन में आर्थिक सुधार का लाभ सामान्य लोगों तक इसलिए पहुँच सका कि वहाँ सामान्य जनता पहले से शिक्षित हो चुकी थी। शिक्षा और विकास के आपसी रिश्तों को न देखने के कारण यहाँ जिस प्रकार का 'आर्थिक सुधार' लागू किया गया, उसका फल हमारे सम्मुख है।

भारतीय शिक्षा व्यवस्था मैकाले की शिक्षा-व्यवस्था है। स्वतंत्र भारत में अंग्रेजों द्वारा निर्मित व्यवस्था को ही आगे बढ़ाया गया। अंग्रेजों ने राज करने और इस देश

की सम्पत्ति लूटने के लिए अपना विशाल तंत्र खड़ा किया था। स्वतंत्र भारत में इस विशाल तंत्र को यथावत् रखा गया और शिक्षा-व्यवस्था में कोई परिवर्तन नहीं किया गया। प्रतिगामी और जन-विरोधी नीतियों ने प्राथमिक शिक्षा को अपनी कार्य-सूची में नहीं रखा। कॉलेज और विश्वविद्यालयों की संख्या में वृद्धि कर 'राज्य' ने भारतीय मध्य वर्ग को अपना सहयोगी बनाया, बेरोजगारों की संख्या में वृद्धि की और शिक्षा के मैकाले ढाँचे में किसी प्रकार का परिवर्तन नहीं किया। नेहरू जिस नए भारत की कल्पना कर रहे थे, वह नया भारत पुरानी शिक्षा-प्रणाली से नहीं बन सकता था। बुनियादी और उपयोगी शिक्षा पर ध्यान नहीं देकर शिक्षा का स्वतंत्र भारत में जीवन से सम्बन्ध-विच्छेद कर दिया गया। प्रतिभा पलायन जारी रहा और प्रगति बाधित हुई। सबके लिए प्राथमिक शिक्षा की घोषणा 1964-66 में ही की गई थी और यह तय किया गया था कि आठ वर्ष की अवधि में इसे पूरा कर लिया जाएगा, जो सम्भव नहीं हुआ। जो पाठ्य-क्रम बने, वे जीवन और स्थानीय परिवेश से कटे हुए थे।

स्वतंत्र भारत के प्रथम प्रधानमंत्री नेहरू को 'पंडित जी' (आदरणीय शिक्षक) कहा गया और भारत की अधिकांश जनता अशिक्षित रही। अब विदेशी कर्ज से संचालित जो शिक्षा का कार्यक्रम (जिला प्राथमिक शिक्षा कार्यक्रम, डी.पी.ई. पी.) है, वे महँगी शिक्षा-प्रणाली के कारण सफल नहीं हो सकते।

भारतीय संविधान में 'राज्य के नीति के निर्देशक तत्त्व' के अन्तर्गत पैंतालीसवें अनुच्छेद में 'बालकों के लिए निःशुल्क और अनिवार्य शिक्षा का उपबन्ध' है। इसमें यह कहा गया है कि ''राज्य इस संविधान के प्रारम्भ से दस वर्ष की अवधि के भीतर सभी बालकों को चौदह वर्ष की आयु पूरी करने तक निःशुल्क और अनिवार्य शिक्षा देने के लिए उपबन्ध करने का प्रयास करेगा।'' संविधान के अनुसार सभी बालकों को अनिवार्य शिक्षा 1960 तक प्राप्त हो जानी चाहिए थी। वह कब होगी, कुछ नहीं कहा जा सकता। प्राथमिक शिक्षा में छठे दशक में शिक्षा के मद के कुल खर्च का मात्र चौंतीस प्रतिशत खर्च हुआ और यह तब, जब डी.एस. कोठारी ने देश में 'शैक्षिक क्रान्ति' लाने की बात कही थी। शिक्षा राजनीतिक सहभागिता के लिए एक प्रभावशाली उपकरण है। शैक्षिक असमानता के कारण भी नागरिक के मौलिक अधिकारों की उपेक्षा की जाती रही। लोकतांत्रिक व्यवस्था को कमजोर बनाए रखने के लिए, विकास का समान अवसर सबको नहीं प्रदान करने के लिए, मुख्य धारा में आने से विशाल जन-समूह को रोकने के लिए, पिछड़ों तथा दलितों को और दबाए रखने के लिए तथा सम्पन्नता का लाभ एक सीमित वर्ग में सीमित करने के लिए भी शिक्षा का प्रचार-प्रसार नहीं किया गया। संविधान के पैंतालीसवें अनुच्छेद और कोठारी कमीशन के प्रस्ताव की शिक्षा नीति—सबने मिलकर भी अब तक निरक्षरता की व्यापक समस्या का समाधान नहीं किया है। शिक्षा की उपेक्षा कर और उस क्षेत्र में निजी स्कूलों की निरन्तर बाढ़ को न रोककर सरकार ने शिक्षा के प्रति अपनी उदासीनता जाहिर की है। शिक्षा से

विकास और प्रगति के सह-सम्बन्ध को जोड़े बगैर देश की प्रगति भी असम्भव है। शिक्षा के विकास से ही मध्ययुगीन मूल्यों तथा सामन्ती संस्कारों से मुक्त हुआ जा सकता है। मैकाले की शिक्षा-पद्धति को कायम रखकर देश के विकास की बात करना धूर्तता और मक्कारी के सिवा और कुछ नहीं है।

अंग्रेजी भाषा के वर्चस्व ने गुलामी की बेड़ी और मजबूत की। भारतीय भाषाओं के स्थान पर अंग्रेजी को महत्त्व देकर 'दिमागी गुलामी' बढ़ाई गई और हमने अपनी परम्परा तथा जड़ों को हिकारत की दृष्टि से देखा। साम्राज्यवाद साम्राज्य स्थापित करने के लिए भाषा को हथियार के रूप में इस्तेमाल करता है। स्वतंत्र भारत में अंग्रेजी की जिस तरह हिमायत की गई, उसने हमारे मौलिक चिन्तन, कर्म तथा आविष्कारों को भी प्रभावित किया। भाषा की राजनीति खूब की गई, और हमने जनभाषा तथा मातृभाषा की उपेक्षा की। जैसी व्यवस्था, वैसी नीतियाँ। स्वतंत्र भारत की राज्य-व्यवस्था से किसी क्रान्तिकारी नीति की उम्मीद भी नहीं की जा सकती थी। पूँजीवादी व्यवस्था ने उद्योग, कृषि, शिक्षा, संस्कृति, प्रत्येक क्षेत्र में जो कार्य किए, वे भारतीय जनता के हित में नहीं थे। अर्द्ध-सामन्ती, अर्द्ध-औपनिवेशिक व्यवस्था को स्वतंत्र भारत में कमजोर नहीं किया गया। इसे मिटाने के लिए जिस क्रान्तिकारी परिवर्तन की ज़रूरत थी, उसे कोई क्रान्तिकारी पार्टी ही पूरा कर सकती थी। स्वतंत्र भारत में आज भी उस क्रान्तिकारी राजनीतिक पार्टी की आवश्यकता बनी हुई है, जो व्यवस्था में आमूलचूल परिवर्तन कर शिक्षा, राजनीति, अर्थव्यवस्था, संस्कृति सभी क्षेत्रों में बदलाव ला सके। अर्द्ध-सामन्ती और अर्द्ध औपनिवेशिक व्यवस्था ने आगे बढ़कर नव सामन्ती तथा नव औपनिवेशिक व्यवस्था में अपने को ढालना शुरू कर दिया है।

संस्कृति का सम्बन्ध अर्थ और राजनीति से भी है। पूँजीवादी राजनीति और अर्थव्यवस्था ने संस्कृति को और अधिक दूषित किया। 15 अगस्त, 1947 को ओंकारनाथ ठाकुर का 'वन्दे मातरम्' का गायन और स्वर्ण-जयंती के अवसर पर रहमान द्वारा 'वंदे मातरम्' के गायन की भिन्नता किसी से छुपी नहीं है। स्वतंत्र भारत में हमने संस्कृति से अपसंस्कृति तक की यात्रा की है। पी.सी. जोशी और श्यामाचरण दुबे की संस्कृति-सम्बन्धी चिन्ताएँ इसी से उत्पन्न हैं। संस्कृतिकर्मियों को राजनीतिज्ञों ने तरजीह नहीं दी और संस्कृति, भाषा, शिक्षा सबको हाशिये पर डाला। जिन शिक्षा शास्त्रियों, भाषाविदों, बौद्धिकों, कवियों, लेखकों और संस्कृतिकर्मियों से यह अपेक्षा की गई थी कि वे तंत्र और शासन के जनविरोधी और गैर-रचनात्मक नीतियों का एकजुट होकर विरोध करेंगे और राजनीति को एक नई दिशा देने में क्रान्तिकारी भूमिका का निर्वाह करेंगे, वह न हुआ। उपभोक्तावादी भोगवादी निर्लज्ज संस्कृति ने सबको प्रभावित करना आरम्भ किया और जिन्हें निर्देशक की भूमिका में उपस्थित होना था, वे निर्लज्ज तथा घटिया भूमिका में चले गए। जिस नए सांस्कृतिक पुनर्जागरण

की बात कही गई, वह राजनीति की चेरी बनकर पूरी नहीं हो सकती थी। इसके लिए सभी प्रकार के समझौतों, पुरस्कारों, प्रलोभनों, पदों और बिकाऊ इच्छाओं का गला घोंटना जरूरी था और जरूरी था श्रमजीवी जनता के साथ जीवन्त सम्बन्ध स्थापित करना। संस्कृति के अधिकांश केन्द्र स्वाधीन भारत में जहाँ-जहाँ जिन रूपों में विकसित हुए, वे अपने उत्स और स्रोत से कटे हुए थे। अस्सी के दशक में मध्य प्रदेश में 'भारत भवन' का निर्माण और 'संस्कृति-पुरुष' के रूप में अशोक वाजपेयी का उदय हिन्दी प्रदेश के लिए एक सामान्य घटना नहीं थी। सम्मान और पुरस्कार की होड़ाहोड़ी में अधीनता की संस्कृति को बढ़ावा दिया गया और समस्त कल्पनाशीलता तथा रचनाशीलता को परे किया गया। राजनीति की तरह ही संस्कृति के क्षेत्र में भी एक 'कॉकस' या गिरोह जन्मा, जिसने राज्य का चाटुकार बनकर उसकी सुविधाएँ प्राप्त कीं और अपने अनुयायियों तथा शिष्यों को उपकृत किया। देश की राजधानी दिल्ली तथा प्रदेश की राजधानियों में संस्कृति के संसाधन इकट्ठे किए गए और सुविधाभोगियों की भीड़ लगती रही। सब कुछ नगर और राजधानी केन्द्रित बनकर रह गया। शोध-संस्थान, विज्ञान और प्रौद्योगिकी संस्थान, केन्द्रीय विश्वविद्यालय, विविध अकादमी की तरह सांस्कृतिक संस्थान और प्रतिष्ठान अभिजनोन्मुख बनकर रह गए। संस्कृति राजनीति के पीछे चल पड़ी। अपने स्रोतों से बेखबर होकर तथा उससे विच्छिन्न होकर किया गया संस्कृति-कर्म एक सीमित क्षेत्र में सिमट गया।

'राज्य' को दिशा-निर्देश देने तथा उसकी गर्हित पूँजीवादी नीतियों का विरोध नहीं कर संस्कृतिकर्मियों ने इसके विपरीत 'राज्य' से कई प्रकार की अपेक्षाएँ कीं। मौखिक और वाचिक सांस्कृतिक परम्परा समाप्त होने लगी क्योंकि यह उनके यहाँ जीवित थी, जो साक्षर नहीं थे। सामान्य जन जीवन में श्रम और कर्म से उत्पन्न जो संस्कृति सैकड़ों-हजारों वर्षों से जीवन्त रूप में विद्यमान थी, उसकी जगह एक नकली, कृत्रिम और उपभोक्तावादी संस्कृति का प्रचार-प्रसार किया गया। कट्टर दक्षिणपन्थी राजनीतिक पार्टी भाजपा तथा उसके सिद्धान्तकारों ने 'राष्ट्रीय संस्कृति' की बात आरम्भ की, जिसमें 'हिन्दुत्व' पर विशेष बल था। भाजपा ने बड़ी चतुराई और कुशलता के साथ स्वतंत्रता-संघर्ष के प्रायः सभी प्रेरणाप्रद शब्दों और मुहावरों को अपनी झोली में डाल लिया। उसने 'सांस्कृतिक राष्ट्रवाद' की बात कही और एक बड़े समुदाय को प्रभावित किया। पी. सी. जोशी ने 'सत्ता की राजनीति और संस्कृति का सूखा' निबन्ध ('अवधारणाओं का संकट' शीर्षक पुस्तक में संकलित) में अपने देश के सन्दर्भ में पोलैंड के सुविख्यात समाजशास्त्री ओसोवस्की की 'तीखी टिप्पणी' उद्धृत की है—'ओसोवस्की के शब्दों में कहा जाए तो साधारणतः भारत का 'राजनीतिक वर्ग आज संस्कृतिकर्मियों से वही अपेक्षा रखता है, जो एक शराबी बिजली के खम्भे यानी लैम्प पोस्ट से। दोनों को सहारे की तलाश है, रोशनी की नहीं।' पिछले एक-डेढ़ दशक से पुरस्कारों और सम्मानों की संख्या अकारण

नहीं बढ़ी है। अस्सी के दशक से कला, साहित्य, संस्कृति, राजनीति, अर्थव्यवस्था, शिक्षा, उद्योग—प्राय: सभी क्षेत्र में जो बदलाव हुए हैं, वे देश को एक नई गुलामी में ले जाने के लिए हैं। कई ऐसे बौद्धिक जन हैं, जो बाजार के हमले को भूलकर साम्प्रदायिकता को ही सबसे बड़ा खतरा मानते हैं। एजाज अहमद ने माना है कि हिन्दुत्व से बड़ा खतरा संस्कृति के लिए बाजार है। उदारीकरण की आड़ में जो बाजार-पूजा है, वह संस्कृति के लिए कहीं अधिक घातक है।

आर्थिक उदारीकरण के बाद संस्कृति पर यह हमला और तेज हुआ है। लोक संस्कृति को नुमायश की चीज मानकर और अभिजन को केन्द्र में रखकर किया गया सांस्कृतिक विकास जिस गहरे संकट को जन्म दे चुका है, उसे दूर करने या उससे संघर्ष कर उसे पराजित करने की शक्ति भारत के संस्कृतिकर्मियों में आज बहुत कम है। केन्द्राभिमुखता और सत्ताभिमुखता ने ऐसे संस्कृतिकर्मियों की धार कुंद कर दी है। बुद्धिजीवियों तथा संस्कृतिकर्मियों ने स्वयं को अप्रासंगिक बना लिया है। वह सामाजिक-राजनीतिक घटनाओं पर आज त्वरित प्रतिक्रिया कम करता है और समानधर्माओं को एकत्र कर किसी समुचित मार्ग की तलाश नहीं कर रहा है। अब अधिक का ध्यान पुरस्कार और सम्मान पर टँगा है। मुक्तिबोध ने वर्षों पूर्व कवियों, लेखकों, कलाकारों, बुद्धिजीवियों, पत्रकारों और राजनेताओं को डोमा उस्ताद के साथ जुलूस में देखा था। हिंसा और सेक्स बड़ी तेजी से सभी इलाकों में फैल रहा है। कवि, संस्कृतिकर्मी जो भी विरोध में है और मुखर है, उस पर निशाने साधे जा रहे हैं, हत्याएँ हो रही हैं। विविध क्षेत्रों में स्वतंत्र भारत की उपलब्धियों और अनुपलब्धियों की चर्चा कई कारणों से आवश्यक है। नगर-केन्द्रित भारतीय मध्यवर्ग गाँवों और कस्बों से ही नहीं, अपने परिवेश से भी कट चुका है। वह अपने घर में नजरबन्द होकर प्रसन्न है। इन्दिरा गांधी ने अस्सी के आरम्भ में सत्ता में पुनर्वापसी के पश्चात् दृश्य संचार-माध्यम पर अपना विशेष ध्यान दिया। विश्व में उस समय तक मीडिया अपनी शक्ति स्थापित कर चुका था और उसके समक्ष 'राज्य' शक्तिशाली नहीं रह गया था। संचार तथा सम्प्रेषण क्रान्ति के नए दौर का आरम्भ हो चुका था। समस्त संचार-माध्यमों में से दूरदर्शन पर विशेष ध्यान दिया गया। बाजार को घर में प्रवेश करना था और इसके लिए दूरदर्शन से बड़ा माध्यम और कोई हो भी नहीं सकता था।

सातवीं पंचवर्षीय योजना के दौरान दूरदर्शन का अद्‌भुत विकास हुआ। शिक्षा पर भी इतना अधिक उस समय खर्च नहीं किया गया था। उस समय 'समाज के तेज विकास के लिए एक नए सूचना-समाज की बेहद ज़रूरत' समझी गई थी। 'छठी योजना में दूरदर्शन के विकास के लिए जहाँ मात्र 86.95 करोड़ रुपए थे, वहाँ सातवीं योजना में 700 करोड़ रुपए खर्च किए गए। दूरदर्शन ने उपभोक्तावाद को बढ़ाया। विदेशी पूँजी बड़ी मात्रा में आ रही थी और इस पूँजी से सामान्य जनता की आर्थिक

स्थिति सुधरने वाली नहीं थी। राजीव गांधी और नरसिम्हा राव के समय इसका विस्तार और विकास अन्य कारणों से भी हुआ। 1987 में जब राजीव गांधी पर बोफोर्स के गोले दागे जा रहे थे और पूरे देश में राजीव तथा कांग्रेस विरोधी समाँ बँधा हुआ था, दूरदर्शन के जरिए सत्ता-राजनीति अपना प्रचार करती रही। इसी प्रकार नरसिम्हा राव के शासन-काल में हर्षद मेहता कांड, संसदीय जाँच समिति की उसकी रपट, शेयर घोटाले तथा सार्वजनिक प्रतिष्ठानों के शेयरों की मामूली कीमत पर बिक्री, इस सबसे जनता को मोड़ने के लिए दूरदर्शन ने विज्ञापनों के द्वारा घर को बाजार में बदल दिया और सही सूचना देने तथा स्वस्थ मनोरंजन प्रदान करने से अपने को दूर रखा। दूरदर्शन पर जिस भारत की छवि प्रस्तुत की जाती रही है, वह भारत दस-पन्द्रह करोड़ लोगों का भारत है, जो सुखी और सुविधा-सम्पन्न है। इसने अपने को भारतीय मध्यवर्ग के साथ नत्थी कर लिया और उस विशाल आबादी से अपनी आँखें फेर लीं, जो भारत के श्रमिकों, कामगारों और किसानों की है। इस संचार और सम्प्रेषण-क्रान्ति ने एक सीमित समुदाय की जीवन-शैली बदली। साम्राज्यवादियों तथा उपभोक्तावादी शक्तियों के इस अधुनातन अस्त्र ने भारतीय मध्यवर्ग की सामाजिक भूमिका को नष्ट किया।

निराला ने 'मंहगू महंगा रहा' (1946) कविता में लिखा था—"अखबार व्यापारियों ही की सम्पत्ति हैं।" अखबार का व्यापार से यह रिश्ता स्वतंत्र भारत में अधिक बढ़ा। वे व्यापारियों की ही सम्पत्ति बने रहे। समाचार-पत्रों ने स्वाधीनता-संग्राम में एक बड़ी भूमिका निभाई थी। उसने लोगों की चेतना का विकास किया था और स्वतंत्रता की लड़ाई में अपनी रचनात्मक तथा सक्रिय भूमिका अदा की थी। प्राय: सभी प्रमुख राजनेताओं तथा स्वतंत्रता सेनानियों का किसी-न-किसी पत्र से सम्बन्ध रहा। 1947 के बाद यह मान लिया गया कि अब आज़ादी की लड़ाई पूरी हो चुकी है। नए-नए घरानों ने अपने समाचार-पत्र निकाले, पर अब पत्रकारिता पहले की तरह 'मिशन' नहीं रही। उसके सामने कोई बड़ा लक्ष्य नहीं था। फिर भी विधायिका और कार्यपालिका की उत्तरदायित्वहीनता से अलग न्यायपालिका और प्रेस ने स्वतंत्र भारत में अपनी सक्रिय भूमिका का निर्वाह भी किया। 'न्यायिक सक्रियता' से राजनीतिज्ञ तंग होते गए और समाचार-पत्र ने सूचनाएँ देने का अपना कार्य जारी रखा। उसने संघर्ष का मार्ग नहीं चुना पर राज्यसत्ता के निरंकुश रवैये का समय-समय पर डटकर विरोध किया। भाषावार राज्यों के गठन के बाद भाषाई पत्रकारिता का नए सिरे से जन्म और विकास हुआ। क्षेत्रीय समाचार-पत्रों की संख्या निरन्तर बढ़ती गई और आज जिस क्षेत्रीय राजनीति की हम चर्चा करते हैं, उसके जन्म और विकास में भी क्षेत्रीय समाचार-पत्रों की अपनी भूमिका रही। खोजी पत्रकारिता का जन्म हुआ और पत्रकारों के एक अच्छे समूह ने भारतीय लोकतंत्र की अपने ढंग से रक्षा की। इन्दिरा गांधी ने प्रेस को झुकाने तथा समर्पित कराने की कम कोशिशें नहीं कीं, पर प्रेस ने

एकाधिकारवादी रवैये का डटकर विरोध किया। लोकतांत्रिक अधिकारों और संविधान की रक्षा के लिए वह सदैव मुखर रहा। स्वतंत्र भारत में समाचार-पत्रों ने सामाजिक-आर्थिक परिवर्तन को अधिक तेज नहीं किया। राजनीति उसके लिए प्रमुख रही और कला-संस्कृति को उसने बाद में रखा।

पचास वर्ष की कथा एक 'बृहत्कथा' है। राजनीति जितनी पथ-भ्रष्ट और जन-विमुख होती गई, कला, साहित्य तथा संस्कृति के क्षेत्र में ऐसी पथभ्रष्टता और जन-विमुखता कम दिखाई पड़ी। आठवें दशक तक विचारधारा का प्रभुत्व छाया रहा। हिन्दी साहित्य धीरे-धीरे अपनी समृद्ध परम्परा से कटता गया। पिछड़ों और दलितों के उभार ने राजनीति के अतिरिक्त कला, साहित्य और संस्कृति के क्षेत्र में जितने प्रश्न खड़े किए, वे अब भी जीवित प्रश्न हैं। दलित राजनीति की तर्ज पर दलित-साहित्य का विकास हुआ। स्वतंत्रता-पूर्व के लेखकों में जो गहरा आत्म-सम्मान और सबल जनपक्षधरता थी, वह स्वतंत्र भारत के हिन्दी लेखकों में लम्बे समय तक शेष थी। नक्सलबाड़ी आन्दोलन ने एक नया और सही मार्ग राजनीति तथा विचारधारा में दिखाया, जिस ओर कवि, लेखक तथा कलाकार आगे बढ़े, पर बाद में यह आग भी मन्द हो गई। साम्राज्यवाद के खिलाफ रामविलास शर्मा को छोड़कर हिन्दी के किसी लेखक ने अपना लेखन निरन्तर जारी नहीं रखा। अस्सी के दशक के बाद साहित्य में करुणा और क्रोध के स्वर धीमे पड़े। साहित्यिक-सांस्कृतिक संगठन बने और टूटे। व्यक्तिवाद तथा अवसरवाद ने मिलकर लेखकों के भीतर की आग कम कर दी। सत्ता संस्थानों से राजनीतिक दलों से उनके सम्बन्ध ने उनकी वैचारिक सघनता और क्षमता को भी बाद में कम किया। वामपन्थी पार्टियों के तीन धड़ों से जुड़े लेखक संगठनों में से कई संगठनों ने राजनीतिक दलों की तरह अपने को भी समझौतापरस्ती में कम या अधिक ढाल लिया। परम्परा के प्रति धीरे-धीरे एक उदासीनता छाती गई। सोवियत संघ की घटनाओं के बाद वामपन्थी विचारधारा से जुड़े कई लेखकों ने अपना रास्ता बदल लिया। वित्तीय और विदेशी पूँजी के अप्रतिहत फैलाव ने बहुतों को एक सुन्न स्थिति में डाल दिया। पुरस्कार और सम्मान के प्रति भूख बढ़ती गई। उत्तर-आधुनिकतावाद, उत्तर संरचनावाद, विखंडनवाद, इतिहास का अन्त, राज्य का अन्त के साथ बुद्धिजीवियों का एक समूह जुड़ा और विश्व-ग्राम के वे सुसभ्य, सुसंस्कृत नए नागरिक बने। प्रेमचन्द का 'हंस' राजेन्द्र यादव के हाथ आया और राजेन्द्र यादव की दलित तथा नारी-चिन्ता ने अन्य चिन्ताओं को दरकिनार कर दिया।

स्वतंत्र भारत में देश की आधी आबादी (नारियों) की दशा बिगड़ती गई है। तिलक और दहेज के कारण 1 घंटा 42 मिनट में एक स्त्री की हत्या होती है। 54 मिनट में एक स्त्री के साथ बलात्कार होता है और 26 मिनट पर एक स्त्री के साथ छेड़खानी होती है। ऐसे कुकर्म करनेवाले जिन शक्तियों से, जिन व्यवस्थाओं से जुड़े

हैं, उन पर चर्चा न करना समस्या से आँखें मूँदना है। राजनीति के पीछे चलकर लेखकों ने अपनी अग्रगामी भूमिका को स्वयं खारिज किया। संवाद घटा, विचारधारा से जुड़ाव कम हुआ। जिस समय संसद में अपराधी चुनकर जा रहे थे, लोकतंत्र को नष्ट करने के दुष्प्रयत्न हो रहे थे, जनपद बदहाली में फँस चुका था, उस समय अशोक वाजपेयी को 'कविता का जनपद' और 'साहित्य का लोकतंत्र' परेशान करता रहा। दिल्ली जिस प्रकार सत्ता का केन्द्र रही, उसी प्रकार कला और संस्कृति की भी वह राजधानी बन गई।

रामविलास शर्मा ने हिन्दी जाति और हिन्दी नवजागरण की अवधारणा प्रस्तुत कर हिन्दी क्षेत्र में एक वैचारिक हलचल उत्पन्न की। उन्होंने एक हिन्दी प्रदेश की आवश्यकता पर बल दिया, स्वदेशी आन्दोलन की अनिवार्यता पर प्रकाश डाला और विदेशी पूँजी के आगमन को रोकने की बात कही। हिन्दी के लेखकों, पत्रकारों और बुद्धिजीवियों के एक समूह ने अतार्किक ढंग से इसका विरोध किया या वे उदासीन बने रहे।

भारतीय भाषाओं का लेखन किसी भी अर्थ में अपनी गुणवत्ता में विदेशी भाषाओं के लेखन से कम नहीं है, पर सलमान रुश्दी ने पचास वर्ष के भारतीय साहित्य में केवल मंटो को शामिल किया। भारतीय भाषाओं में पिछले पचास वर्ष में उनकी दृष्टि में कोई महत्त्वपूर्ण लेखन नहीं हुआ। जो अंग्रेजी में अनूदित नहीं है, वह उच्च स्तरीय नहीं है—यह धारणा अंग्रेजी-मोह से उत्पन्न है, जिसमें साहित्य से गहरे लगाव का कोई संकेत नहीं है।

स्वतंत्र भारत में कलाकारों, नर्तकों, नर्तकियों, संगीतज्ञों, मूर्तिकारों, कवियों, लेखकों, विचारकों, चिन्तकों और बुद्धिजीवियों का अभाव नहीं है। अनेक ने अपनी रचनाओं से विश्वस्तर पर ख्याति भी प्राप्त की है, पर सबने एक साथ मिलकर अपने समय और समाज को भ्रष्ट राजनीति तथा विदेशी गुलामी से मुक्त करने की सार्थक पहल नहीं की है। इतिहासकारों ने नई और सार्थक व्याख्याएँ कीं। अपने इतिहास-लेखन से एक सही इतिहास-दृष्टि का विकास किया, पर समकालीन भारतीय इतिहास पर महत्त्वपूर्ण कार्य अधिक नहीं हो सका। दलितों, पिछड़ों और ग़रीबों की आवाज बनने का कार्य मध्यवर्ग ने कम कर दिया। वह अपने नीड़ में कैद होकर रह गया।

आँकड़े प्रत्येक क्षेत्र के बहुत हैं और उन आँकड़ों से स्वतंत्रता के पचास वर्ष का गुणगान किया जा सकता है। आर्थिक सर्वे 1995-96 के अनुसार, 1951 के बाद स्वास्थ्य सेवाओं का बहुत अधिक विस्तार हुआ। 1951 में मेडिकल कॉलेज 28 थे, जो 1993 में बढ़कर 146 हुए, अस्पतालों की संख्या 2694 (1951) से बढ़कर 13,692 (1992) हो गई, चिकित्सा केन्द्र 6155 (1951) से बढ़कर 27,403 (1992) हुए, प्राथमिक स्वास्थ्य केन्द्र 725 (1951) से बढ़कर 21,853 (1996) हुए, चिकित्सकों की संख्या 61,840 (1951) से बढ़कर 4,10,875 हो गई और

नर्स-संस्था 16,550 (1951) से कहीं अधिक 5,12,595 (1994) हो गई। इस तरह के आँकड़े पचासों क्षेत्र से लिए जा सकते हैं और स्वतंत्र भारत की उपलब्धियाँ गिनाई जा सकती हैं। वे कुछ हैं भी, पर सच्चाई यह है कि स्वतंत्र भारत में उद्योग का लाभ हो या कृषि का लाभ, चिकित्सा का लाभ हो या शिक्षा का लाभ, वैज्ञानिक प्रगति का लाभ हो या कला-संस्कृति का लाभ—वह सामान्य जन को बहुत कम प्राप्त हुआ है। इस देश में एक ओर करोड़ों लोगों के पास तौलिया खरीदने की सामर्थ्य नहीं है और दूसरी ओर मुम्बई में माइकल जैक्सन का तौलिया लाख से अधिक रुपए में नीलाम होता है। संविधानेतर शक्तियों ने अपना जिस प्रकार दबदबा कायम किया है, वह यह सोचने को किसी को भी विवश कर सकता है कि आखिर यह देश किसका है? हमारे देश की नौकरशाही, न्याय-व्यवस्था, पुलिस-व्यवस्था सब अंग्रेजों की देन है। यह व्यवस्था राज करने और शोषण करने के लिए थी। आज इस व्यवस्था का होना यह प्रमाणित करता है कि राज करनेवाले और शोषण करनेवाले मिटे नहीं हैं। वे नए-नए चेहरों में हमारे सामने हैं।

1950 से अब तक 185 लाख से अधिक लोग विकास परियोजना के कारण विस्थापित हुए हैं, जिनमें आदिवासियों की संख्या इकतालीस प्रतिशत है। 1951 में दस लाख से अधिक जनसंख्या वाले शहरों की संख्या मात्र तीन थी, जो आज बढ़कर तेईस हो गई है। 1947 में देश में केवल 86,000 टेलीफोन थे, जिसकी संख्या आज बढ़कर डेढ़ करोड़ से अधिक है। पिछले पाँच वर्ष में केबल टी.वी. के डेढ़ करोड़ 'कनेक्शन' लगे हैं। पिछले पचास वर्ष में वाहनों की संख्या पैंतालीस प्रतिशत बढ़ी है, जबकि सड़कों की लम्बाई में मात्र पाँच-गुना वृद्धि हुई। प्रथम पंचवर्षीय योजना में शिक्षा पर योजना का सात प्रतिशत व्यय था, जो आठवीं योजना में घटकर 4.5 प्रतिशत रह गया। 1951 में कुछ अशिक्षितों और निरक्षरों की संख्या 266 मिलियन थी, जो अब बढ़कर 404 मिलियन हो गई है। 1965 के बाद लूट-डकैती आदि की अनुमानित राशि 3,626 करोड़ रुपए है, जबकि 1992 के सिर्फ बैंक घोटाले की राशि 3,971 करोड़ रुपए है। स्वतंत्रता के बाद प्रदेशों में राष्ट्रपति शासन लगभग 100 बार लगा है, जिसमें केवल इन्दिरा गांधी के समय इसकी संख्या 46 रही। 1952 के बाद से कांग्रेस पार्टी सात बार विभाजित हुई और 1977 के बाद जनता पार्टी में ग्यारह बार विभाजन हुआ है।

पचास वर्ष बाद किसान आत्महत्या कर रहे हैं, सबकी जान-माल असुरक्षित है, देश में माफिया-तंत्र सुदृढ़ हो चुका है और पूरी व्यवस्था सड़ चुकी है। पूरा देश तस्करों, गुंडों, अपराधियों, भ्रष्ट नौकरशाहों, पतित राजनीतिज्ञों की गिरफ्त में है। वामपन्थी पार्टियाँ एकजुट होकर परिवर्तन नहीं करना चाहतीं। भारत विश्व का अकेला देश है, जहाँ सभी प्रकार की विचारधाराएँ एक साथ मौजूद हैं। अमर्त्य सेन ने अपने एक लेख में महान इतिहासकार ई. पी. थाम्पसन को उद्धृत किया है कि

भारतीय मानस में सभी प्रकार के पूर्वी और पश्चिमी विचार मौजूद हैं। हिन्दू, मुस्लिम, बौद्ध, ईसाई, सेकुलर, लिबरल, स्टालिनवादी, माओवादी, लोकतांत्रिक, समाजवादी, गांधीवादी सभी विचार। यह भारत की संक्रमणकालीन स्थिति है। श्यामाचरण दुबे ने 'संक्रमण की पीड़ा' में इस संक्रमणकालीन स्थिति पर अपने ढंग से विचार किया है। यह सच है कि पूर्व और पश्चिम के सभी विचार यहाँ मौजूद हैं और विचारों की इस विविधता में समय-समय पर टकराहटें भी होती रही हैं। विश्व का प्रत्येक विचार भारतीय मानस के किसी भी हिस्से में जीवित, सक्रिय और गतिशील है। यह एक चमत्कार की तरह है। अमर्त्य सेन इसे 'फ्रीडम ऑफ माइंड' कहते हैं। इस स्वतंत्र मानस से किसी को एतराज नहीं हो सकता। होना भी नहीं चाहिए। 'फ्रीडम ऑफ माइंड' बेशक एक बड़ी उपलब्धि है, पर जिस तरह की स्थितियाँ इस देश में उत्पन्न हो चुकी हैं, राजनीतिक दलों ने जो अस्थिरता पैदा कर दी है, उसमें आज विश्व पूँजीवाद के खेल से आँखें मूँदना उसी के पक्ष में खड़ा होना है। देश शताब्दी के अन्त में कवियों, लेखकों, शिक्षकों, युवाओं, बौद्धिकों की ओर देख रहा है। अगले पचास वर्ष किस तरह के होंगे, हम सबको तय करने हैं। आज़ादी का जश्न मनाने और वास्तविक आज़ादी की प्राप्ति के लिए संगठित होकर उठ खड़े होने में फर्क है।

(1998)

विश्व बैंक, अन्तरराष्ट्रीय मुद्रा कोष, गैट, विश्व व्यापार संगठन और अमरीका (भारतीय सन्दर्भ में)

"बातों में तुम हमको सबको प्यार करोगे
लेकिन स्वारथ का सौदा-व्यापार करोगे
चीजें बनकर, पुर्जे बनकर आ जाओगे
भारत की सूनी हाटों में छा जाओगे
धोखे के धंधे में कूड़ा दे जाओगे
दीनों के हाथों का सोना ले जाओगे
जल्दी-जल्दी दिल्ली को न्यूयार्क करोगे
चुपके-चुपके हर लेने का कार्य करोगे
शासन की डोरी खींचोगे, वार करोगे
भोली जनता का पूरा संहार करोगे।"

(केदारनाथ अग्रवाल की लिखित कविता 'अमरीका से' (10 अक्तूबर, 1951) की पंक्तियाँ, 'कहें केदार खरी खरी', 1983, पृ. 86)

द्वितीय विश्वयुद्ध (1 सितम्बर, 1939-2 सितम्बर, 1945) के अन्तिम दौर में ब्रेटनवुड्स सम्मेलन ने विश्व बैंक और अन्तरराष्ट्रीय मुद्रा कोष जैसी जुड़वाँ सन्तानों को जन्म दिया। इन दो संस्थाओं का जन्म अमरीका द्वारा हिरोशिमा और नागासाकी पर की जानेवाली बम-वर्षा (क्रमश: 6 अगस्त, 1945 तथा 9 अगस्त, 1945) के पहले हुआ। 1944 में मित्र राष्ट्र की सेनाओं ने रोम में प्रवेश किया और फ्रांस, बेल्जियम, हॉलैंड तथा बुल्गारिया को स्वतंत्र करा लिया। 1944 की जुलाई में अमरीका के न्यू हैम्पशायर के ब्रेटनवुड्स में एक अन्तरराष्ट्रीय सम्मेलन हुआ, जिसमें द्वितीय विश्वयुद्ध की समाप्ति के पश्चात् अन्तरराष्ट्रीय वित्तीय प्रणाली के परिचालन हेतु विचार-विमर्श किया गया। विश्व आर्थिक मन्दी के दौर (1929-35) को बीते बहुत दिन नहीं हुए थे और विश्व के प्रमुख देशों के समक्ष 1929 के शरत का उदाहरण सामने था, जब न्यूयॉर्क का शेयर बाजार पछाड़ खाकर गिर पड़ा था। 24 अक्तूबर, 1929 को कीमतें बड़ी तेजी से गिरने लगी थीं और 29 अक्तूबर तक यह दशा हो गई थी कि उस दिन

को 'शेयर बाजार के इतिहास में सबसे काला दिन' कहा गया। इस भयावह आर्थिक मन्दी (ग्रेट डिप्रेशन) ने वित्त, व्यापार, औद्योगिक उत्पादन तथा रोजगार को सम्पूर्ण विश्व में प्रभावित कर दिया था।

द्वितीय विश्वयुद्ध के समय मित्र राष्ट्रों के अर्थशास्त्री और वित्तीय विशेषज्ञ युद्धोत्तर काल में आर्थिक समस्याओं के निदान हेतु विविध योजनाओं के निर्माण के सम्बन्ध में सोचने लग गए थे। प्रथम विश्वयुद्ध के पश्चात् अनेक देशों ने 'आर्थिक राष्ट्रवाद' को विकसित किया था। इस राष्ट्रवाद के परिणामस्वरूप अमरीका तथा फ्रांस जैसे देशों ने 'सुरक्षा की नीति' ग्रहण की थी। ब्रेटनवुड्स की बैठक के पहले संयुक्त राज्य अमरीका तथा ब्रिटेन के प्रतिनिधियों के बीच कई वार्ताएँ हुईं। अमरीका की ओर से डॉ. एच.डी. ह्वाइट और ब्रिटेन की ओर से सुप्रसिद्ध अर्थशास्त्री लॉर्ड जे.एम. कीन्स ने अपनी योजना पेश की। डॉ. ह्वाइट ने 'स्थायीकरण कोष' (स्टेबेलाइजेशन फंड) के लिए 'ह्वाईट प्लान' तैयार किया और कीन्स ने 'अन्तरराष्ट्रीय समाशोधन संघ' (इंटरनेशनल क्लियरिंग यूनियन) की योजना प्रस्तावित की। दूसरे देशों के प्रतिनिधियों से भी इस सम्बन्ध में सुझाव लिए गए। ये दो योजनाएँ सामान्य सिद्धान्तों में एक-दूसरे के समीप थीं, लेकिन इनमें कई प्रमुख अन्तर भी थे। इन दोनों योजनाओं को मूर्त रूप देने के पूर्व ब्रिटिश और अमरीकी प्रतिनिधियों की कई बैठकें 23 जून से 30 जून, 1944 तक अटलांटिक सिटी में हुईं। इन बैठकों में विश्व बैंक परियोजना सम्बन्धी ब्रिटिश सुझाव के अतिरिक्त कई प्रमुख मुद्दों पर भी बातचीत हुई।

1 जुलाई, 1944 को ब्रेटनवुड्स सम्मेलन का शुभारम्भ हुआ। यह सम्मेलन बाईस दिनों तक चला। इसका उद्घाटन भाषण अमरीका के ट्रेजरी-सचिव हेनरी मॉर्गनथाउ ने दिया। 44 देशों के 400 प्रतिनिधि इस सम्मेलन में उपस्थित थे। इन प्रतिनिधियों में तीस विकासशील देश के थे। अफ्रीका तथा एशिया के प्रतिनिधियों की संख्या आठ थी। भारत भी इन 44 देशों में शामिल था। प्रमुख समस्याओं पर विचार हेतु सम्मेलन ने अपने को तीन कमीशनों में विभक्त किया। पहले कमीशन के अध्यक्ष डॉ. ह्वाइट थे और उन्हें अन्तरराष्ट्रीय मुद्रा कोष के अनुबन्ध के अनुच्छेदों को तैयार करने का भार सौंपा गया था। दूसरे कमीशन के अध्यक्ष अर्थशास्त्री जे.एम. कीन्स थे जिन्हें, उन्हें प्रस्तावित अन्तरराष्ट्रीय बैंक और आयोग की स्थापना के सम्बन्ध में विचार करना था। तीसरे कमीशन के अध्यक्ष मैक्सिको के डॉ. एडुआर्डो सुएरेज को अन्तरराष्ट्रीय वित्तीय सहयोग के सम्भावित साधनों पर विचार करना था। आज पचास वर्ष बाद लातिन अमरीका देश मैक्सिको 'नाफ़्ता (उत्तर अमरीका मुक्त व्यापार समझौता) का सदस्य होने के बाद भी महामन्दी के भयावह दौर से गुजर रहा है और वहाँ से विदेशी निवेशक अपना धन समेटकर पलायन कर रहे हैं।

1994 में विश्व बैंक और अन्तरराष्ट्रीय मुद्रा कोष की पचासवीं वर्षगाँठ मनाई गई। इन दो संस्थाओं की स्थापना के पीछे के मूल उद्देश्यों तथा अभिप्रायों पर

विचार किया गया और यह लक्षित किया गया कि ये दो संस्थाएँ अपने आरम्भिक उद्देश्यों से भटक गई हैं। भारत के भूतपूर्व विदेश सचिव मुचकुंद दुबे ने इसके आरम्भिक उद्देश्यों तथा वर्तमान वास्तविकताओं के बीच फैलती खाई (या : निंग गल्फ) का उल्लेख किया (दि हिन्दू, दि ब्रेटनवुड्स ट्विन्स, 18-20 अक्तूबर, 1994)। इतना ही नहीं, कई कोनों से इन संस्थाओं को अब विघटित या समाप्त कर देने की भी बात कही गई क्योंकि पचास वर्ष काफी हैं। (फिफ्टी इयर्स इज इनफ)

द्वितीय विश्वयुद्ध के बाद विश्व अर्थव्यवस्था को संचालित करने में इन दो संस्थाओं की बड़ी भूमिका रही है। कीन्स ने मुद्रा कोष को विश्व केन्द्रीय बैंक (वर्ल्ड सेन्ट्रल बैंक) के रूप में देखा था जिसके पास अपने प्रचुर संसाधन हों और जिसकी अपनी मुद्रा भी हो। कीन्स ने इस मुद्रा का नाम भी रख दिया था—'बैंकर'। इन दोनों संस्थाओं ने कीन्स के विचारों से कहीं अधिक अमरीकी ट्रेजरी के परम्परागत सिद्धान्तों को महत्त्व दिया। इन संस्थाओं का बुनियादी सिद्धान्त बन्धन रहित बहुपक्षीय व्यापार तथा परिवर्तनीय मुद्रा की पद्धति के जरिए राजनीतिक तालमेल और आर्थिक सुधार कायम करना था।

द्वितीय विश्वयुद्ध ने अमरीका को कोई क्षति नहीं पहुँचाई। युद्ध की आवश्यकता के लिए उसने बड़े पैमाने पर उत्पादन किए। यूरोप के अन्य देश जहाँ युद्ध से बुरी तरह प्रभावित हुए थे, वहाँ अमरीका को कोई खरोंच भी नहीं लगी थी। विश्वयुद्ध से प्रभावित देशों को अमरीकी सहायता पर निर्भर होना पड़ा। डालर अन्तरराष्ट्रीय व्यापार का साधन बन गया। पौंड की हालत पतली हो चली थी। अमरीका विश्वयुद्ध के बाद दुनिया का सबसे शक्तिशाली राष्ट्र बन गया। 1949 में जब तक सोवियत वैज्ञानिकों ने अपने पहले परमाणु-बम का विस्फोट नहीं किया था, परमाणु शक्ति और रहस्य पर अमरीका का एकाधिकार था। 1946 में अमरीका में 'ऐटमिक एनर्जी कमीशन' का गठन हो चुका था। इसी वर्ष अमरीका में 'इम्प्लायमेंट एक्ट' बना, जिसमें पूर्ण रोजगार नीति शामिल थी। अमरीकी विदेश राज्यमंत्री जॉन मार्शल के नाम पर 1947 में 'मार्शल प्लान' लागू हुआ। 1948 से 52 के बीच अमरीका ने इस योजना के अन्तर्गत पश्चिमी यूरोप के देशों को आर्थिक पुनर्निर्माण के लिए बारह अरब डालर की सहायता प्रदान की। इस योजना के संचालन के लिए अमरीका में 'यूरोपियन को-ऑपरेटिव ऐडमिनिस्ट्रेशन' का गठन हुआ और यूरोप में 'ऑर्गनाइजेशन फॉर यूरोप इकॉनॉमिक कोऑपरेशन' गठित हुआ। इतिहास में अब तक का यह अकेला उदाहरण था, जब किसी एक राष्ट्र ने विश्व के अनेक राष्ट्रों को इतनी बड़ी मात्रा में सहायता दी हो। अमरीकी सहायता कम्युनिज़्म के प्रसार को रोकने के लिए थी। 1949 में अमरीकी राष्ट्रपति हैरी एस. ट्रूमैन ने अविकसित देशों की ओर 'मार्शल प्लान' का मुँह खोल दिया और इसी वर्ष चीन में कम्युनिस्टों की सरकार बनी।

विश्व बैंक और मुद्रा कोष अमरीकी दबाव में आरम्भ से ही रहे। अप्रैल 1948 में अमरीका द्वारा 'मार्शल प्लान' के अभिग्रहण के बाद विश्व बैंक ने अपनी प्राथमिकताएँ बदलीं। पहले उसकी प्राथमिकता में पुनर्निर्माण शामिल था। उसका नाम ही था—'पुनर्निर्माण और विकास के लिए अन्तरराष्ट्रीय बैंक' (इंटरनेशनल बैंक फॉर रिकंस्ट्रक्शन एंड डेवलपमेंट)। अब बैंक ने लम्बी अवधि के लिए 'सहयोग' देना आरम्भ किया, जिससे उसके सदस्य देश आर्थिक विकास कर सकें। बैंक ने यूरोपीय देशों को उधार देना जारी रखा, लेकिन इसके साथ ही उसने फुर्तीले ढंग से अल्पविकसित देशों को भी सहायता देना आरम्भ किया। विश्व बैंक ने 'ट्रांसपोर्ट' के क्षेत्र में सबसे अधिक ऋण दिए।

विश्व बैंक तथा मुद्रा कोष के सदस्य देशों की संख्या क्रमशः बढ़ती गई। 1960 के बाद विश्व बैंक के सदस्य देशों की संख्या में विशेष वृद्धि हुई। 1947 के बाद विश्व के अनेक देश स्वतंत्र होने लगे थे। 1945-46 में बैंक के सदस्य देशों की संख्या 28 थी, जो 1960-61 में बढ़कर 68 हो गई और सत्रह वर्ष बाद 1977-78 में इसकी संख्या 132 हो गई थी। जैसे-जैसे औपनिवेशिक देश स्वतंत्र होते गए, संसाधनों की कमी के कारण तथा अपने विकास के लिए उन्हें बैंक का सदस्य देश बनना पड़ा। मुद्रा कोष के सदस्य देशों की संख्या आज 178 है, जिनमें विकासशील देश 130 हैं। विश्व बैंक के प्रायः सभी अध्यक्ष अमरीकी रहे हैं। वहाँ किसी भी प्रकार के निर्णय के लिए पचासी प्रतिशत वोट जरूरी हैं, जिसमें अकेले अमरीका उन्नीस प्रतिशत वोट का मालिक है। स्पष्ट है कि विश्व बैंक का कोई भी निर्णय अमरीका की इच्छा के बगैर असम्भव है। इसी तरह मुद्रा कोष का पैंतालीस प्रतिशत वोट जी-7 के देशों—(ब्रिटेन, कनाडा, फ्रांस, जर्मनी, इटली, जापान और अमरीका के पास है। ये सात औद्योगिक देश अपने वोट के सामने किसी को टिकने नहीं दे सकते। चूँकि सैनिक और राजनीतिक दृष्टि से अमरीका आज भी दुनिया का सर्वाधिक शक्तिशाली राष्ट्र है, इसलिए उसके सामने अन्य देशों की कुछ भी नहीं चलती।

विश्व बैंक, मुद्रा कोष और अमरीका ने 1946-47 से ही भारत पर अपनी दृष्टि बनाए रखी। विश्व बैंक ने पंचवर्षीय योजना के पूर्व सर्वप्रथम 1949 में भारत को दो ऋण राशि प्रदान की। सात मिलियन की पहली ऋण राशि भूमि-सुधार या भूमि-उद्धार के लिए दी गई थी और दूसरी राशि तैंतीस मिलियन की थी, जो रेलवे विस्तार कार्यक्रम के तहत प्रदान की गई थी। इसके अगले वर्ष 1950 में सत्रह मिलियन डालर का ऋण दामोदर वैली कॉरपोरेशन को विद्युत शक्ति के विकास के लिए दिया गया था। प्रथम पंचवर्षीय योजना के पूर्व विश्व बैंक ने इस प्रकार सत्तावन मिलियन डालर ऋण भारत को दिया। लन्दन में भारत की बकाया राशि बृहत् मात्रा में फँसी पड़ी थी, जिससे भारत को यह ऋण लेना पड़ा। विश्व बैंक द्वारा भारत को ऋण दिए जाने के पूर्व ही 'सत्ता के हस्तान्तरण' (1947) के तुरन्त बाद हिन्दी के दो प्रमुख

कवियों—नागार्जुन और केदारनाथ अग्रवाल ने 1948 में भारत में अमरीका तथा अमरीकी मुद्रा डालर के प्रवेश पर कविताएँ लिखीं। नागार्जुन ने 'लाल भवानी' कविता में लिखा—"अंग्रेजी, अमरीकी जोंकें, देशी जोंकें एक हुईं/नेताओं की नीयत बदली, भारत माता टेक हुई।" (हजार-हजार बाँहों वाली, 1981, पृ. 48) केदारनाथ अग्रवाल ने 'यदि आएगा डालर' कविता में लिखा—"वह अपने साम्राज्यवाद के घोर नशे में/ भारतीय पूँजीपतियों से साँठ-गाँठ कर/क्रय दिल्ली की राजनीति की कर लेगा/नेहरू और पटेल आदि की मति हर लेगा।" (कहें केदार खरी-खरी, 1983, पृ. 50) डालर के सामने पौंड घुटने टेक चुका था और 'मार्शल प्लान' के तहत डालर और ताकतवर हो रहा था।

विश्व बैंक ने भारत की विकास योजनाओं में विशेष तथा सक्रिय अभिरुचि प्रदर्शित की। यह पूरी योजना 3360 करोड़ की थी, जिसका बयानवे प्रतिशत घरेलू संसाधनों से प्राप्त हुआ था। विदेशी सहायता 382 करोड़ की ली गई थी, जिसमें से अट्ठावन प्रतिशत राशि का ही उपयोग किया गया। आरम्भ से ही विदेशी सहायता का पूरा तथा सही उपयोग नहीं किया गया और कर्ज की राशि का एक हिस्सा बेकार पड़ा रहा। इस योजना में बाहरी सहायता का चौदह प्रतिशत अर्थात् 52.21 करोड़ रुपए विश्व बैंक ने दिए थे। पहली योजना में ही विदेशी सहायता का समुचित उपयोग न हो पाना क्या सिद्ध करता है! यह विशेष उल्लेखनीय है कि हिन्दी के पूर्वोद्धृत दो कवियों ने पंचवर्षीय योजना पर 1953 और 54 में जो दो कविताएँ लिखीं, वे आज अधिक महत्त्वपूर्ण हैं। हिन्दी के काव्यालोचक इधर ध्यान नहीं देते। नागार्जुन ने 'बताऊँ?' (1953) शीर्षक कविता में लिखा—'बताऊँ/कैसी लगती है—/पंचवर्षीय योजना?/हिडिम्बा की हिचकी, सुरसा की जंभाई!!/बताऊँ/कैसी लगती है—/नेहरू की विदेशी-वाणिज्य-भक्ति?/धीरोदत्त नायक की सुदुर्लभ परकाया-रसाई/' (वही, पृ. 54) और केदारनाथ अग्रवाल ने 'वास्तव में' (1954) कविता में यह लिखा—"पंचवर्षीय योजना की रीढ़ ऋण की शृंखला है/पेट भारतवर्ष का है और चाकू डालरी है/संधियाँ व्यापार की अपमान की कटु ग्रन्थियाँ हैं/हाथ युग के सारथी हैं/भाग्य रेखा चाकरी है/" (वही, पृ. 110)

प्रथम पंचवर्षीय योजना (1951-56) के दौरान नेहरू ने प्रसिद्ध सांख्यिकीविद् पी.सी. महालनोबिस को सोवियत रूस भेजा था, वहाँ के योजना-सम्बन्धी अनुभवों को जानने के लिए। वहाँ से लौटने के बाद महालनोबिस ने दूसरी पंचवर्षीय योजना (1956-61) के लिए नेहरू के साथ मिलकर एक मॉडल का निर्माण किया, जिसे 'नेहरू-महालनोबिस मॉडल' के नाम से जाना जाता है। दूसरी योजना पहली योजना की तुलना में कहीं अधिक व्यापक थी। इस योजना में औद्योगिक विकास पर विशेष बल दिया गया। भारत का यह औद्योगिक विकास बिना विदेशी सहायता और ऋण के सम्भव नहीं था। सर्वप्रथम भारी उद्योग का आधार इसी योजना में रखा गया। इस

योजना को 'देश की बहुत ऊँची छलाँग' माना गया। सार्वजनिक क्षेत्र को विकास की पूरी जिम्मेदारी सौंपी गई और निजी क्षेत्रों को उपभोक्ता उद्योग दिए गए। इस योजना में आयात को बड़े परिमाण में रखने के कारण भारत का विदेशी मुद्रा भंडार समाप्त हो गया। द्वितीय पंचवर्षीय योजना में लोहा तथा इस्पात के निर्माण के व्यापक विस्तार पर जोर दिया गया, बिजली तथा भारी उद्योग को महत्त्व दिया गया और इसके लिए विदेशी सहायता जरूरी थी। पहली योजना की तुलना में लगभग सात गुना अधिक 2359 करोड़ की विदेशी सहायता प्रदान की गई। योजना के दूसरे-तीसरे वर्ष (1957-58) ही विदेशी मुद्रा भंडार समाप्तप्राय था और अनेक औद्योगिक परियोजनाएँ अर्थाभाव में अधूरी पड़ी थीं। इस समस्या से मुक्त होने के लिए भारत ने पहली बार मुद्रा कोष तथा विश्व बैंक के अतिरिक्त अन्य बहुपक्षीय संस्थानों से ऋण के लिए आग्रह किया। इसी समय से 'बाहरी हस्तक्षेप' आरम्भ हुआ। इन वित्तीय संस्थानों ने उस समय भारत की नीति को उलट देने का सुझाव दिया था। विश्व बैंक ने 261 करोड़ रुपए दिए, जो कुल विदेशी सहयोग का 10.3 प्रतिशत था। इसमें से केवल 223 करोड़ रुपए का उपयोग किया गया। 1956 के पूर्व विश्व बैंक ने 125 मिलियन डालर की सहायता दी और यह सहायता भारतीय रेलवे की पुनः प्रतिष्ठा के लिए दी गई थी। विश्व बैंक ने 1958 में एक संघ की स्थापना के बाद ही प्रमुख रूप से ऋण दिया। औद्योगिक देशों के इस समूह में पाँच देश थे—अमरीका, इंग्लैंड, पश्चिमी जर्मनी, कनाडा और जापान। इन पाँच देशों ने भारत के आर्थिक सहयोग के निमित्त विश्व बैंक द्वारा प्रदत्त ऋण के साथ द्विपक्षीय व्यवस्था की, जो द्वितीय तथा तृतीय योजनाओं के लिए आवश्यक थी। विश्व बैंक ने 'एड इंडिया ग्रुप' को संगठित करने में बड़ी भूमिका निबाही और इस ग्रुप के जरिए भारत को बड़े पैमाने पर ऋण दिए गए। 1958-62 के बीच भारत और विश्व बैंक के बीच अधिक 'हार्दिक सम्बन्ध' बना। उस समय यह आवाज भी उठी थी कि बैंक भारत को झोंके खिला रहा है। उसी समय भारत और पाकिस्तान के जल-विवाद में विश्व बैंक ने मध्यस्थता भी की। नेहरू के शासनकाल (1947-64) में ही बैंक ने भारत के आन्तरिक मामलों में हस्तक्षेप करना आरम्भ कर दिया था। 1960 में बैंक और भारत सरकार ने मिलकर अन्तरराष्ट्रीय वित्तीय समूह से एक त्रिसदस्यीय शिष्टमंडल का चयन किया, जिन्हें बाद में 'तीन कुशल व्यक्ति' (थ्री वाइज मैन) की संज्ञा दी गई। ये तीन थे—इंग्लैंड के सर ओलिवर फ्रेंक्स, जर्मनी के हरमान अबस तथा अमरीका के ऐलन स्प्राउल। इन तीनों व्यक्तियों ने मिलकर एक रिपोर्ट तैयार की। तीसरी योजना में औद्योगिक विकास को लेकर यह रिपोर्ट तैयार हुई थी। विश्व बैंक के शिष्टमंडल के प्रतिनिधि माइकल एल. हॉफमैन ने भी तीसरी योजना को सामान्य समर्थन दिया। इस योजना (1961-66) में उद्योग पर बल दिया गया था। यह ध्यान देने की बात है कि विश्व बैंक ने आरम्भ से ही भारत के औद्योगिक विकास को

अच्छा नहीं माना। तृतीय योजना की व्यय-राशि का 28 प्रतिशत विदेशी सहायता से प्राप्त हुआ था और विश्व बैंक ने कुल विदेशी सहायता का मात्र 5.8 प्रतिशत (2790 करोड़ में से मात्र 159.56 करोड़ रुपए) दिया।

विश्व बैंक ने आरम्भ से ही भारत में सार्वजनिक क्षेत्र की तुलना में निजी क्षेत्र को महत्त्व दिया। आई.एफ.सी. (इंडस्ट्रियल फाइनेंस कारपोरेशन) की तुलना में उसने आई.सी.आई.सी.आई. (इंडस्ट्रियल क्रेडिट एंड इन्वेस्टमेंट कॉरपोरेशन ऑफ इंडिया) को सहायता दी। पहली योजना के समय विश्व बैंक के कई तकनीकी तथा आर्थिक शिष्टमंडल बैंक द्वारा आई.एफ.सी. को दी जानेवाली सहायता की जाँच के क्रम में भारत आए लेकिन बैंक ने सार्वजनिक क्षेत्र (आई.एफ.सी.) के बदले निजी क्षेत्र (आई.सी.आई.सी.आई.) को सहायता दी। 1956 के मध्य में मैक किट्रिक के नेतृत्व में भारत आनेवाले शिष्टमंडल ने भारत सरकार के सार्वजनिक क्षेत्र को महत्त्व देनेवाली नीतियों की आलोचना की थी। तेल, कपास और कोयला के प्रति सरकारी झुकाव को इस शिष्टमंडल ने अच्छा नहीं माना था। 1956 में ही भारतीय वित्त मंत्री कृष्णमाचारी तथा विश्व बैंक के अध्यक्ष यू जीन ब्लैक के बीच होनेवाले पत्राचार इसे और स्पष्ट करते हैं। विश्व बैंक के अध्यक्ष ने निजी निवेशकों पर अधिक जोर दिया था और कृष्णमाचारी ने सार्वजनिक उद्यम की प्रमुखता सम्बन्धी भारतीय नीति का अपने पत्र में जिक्र किया था। ये दोनों पत्र प्रकाशित हुए थे और बैंक की यह कहकर आलोचना की गई थी कि वह भारत की आन्तरिक नीतियों को प्रभावित करने का प्रयास कर रहा है। 1958 में जब भारत विदेशी मुद्रा संकट से जूझ रहा था, बैंक के एक शिष्टमंडल ने भारतीय योजनाओं को उद्योग की तुलना में कृषि पर ध्यान केन्द्रित करने की बात कही थी। बैंक सदैव राज्य की औद्योगिक जिम्मेदारियों को कम करने के पक्ष में रहा। बैंक ने कभी भारी तथा आधारभूत उद्योगों के लिए ऋण नहीं दिए। इसने अविकसित देशों को यातायात तथा विद्युत के लिए ऋण प्रदान किए जिसे 'सम्भावित तथा प्रच्छन्न विकास' कहा जाता है। एक बार 'सम्भावित तथा प्रच्छन्न विकास' के बाद सम्बद्ध राष्ट्र के लिए अपने यहाँ विदेशी निजी निवेशकों को आमंत्रित करना जरूरी हो जाता है।

जवाहरलाल नेहरू के समय में ही विश्व बैंक ने कई बार अपने शिष्टमंडल यहाँ भेजे। उसने 'एड इंडिया कन्जोरटियम' द्वारा भारत की आर्थिक समस्याओं में अन्तरराष्ट्रीय अभिरुचि उत्पन्न की। नेहरू के निधन के पश्चात् 1964 के अन्त में भारतीय अर्थव्यवस्था के व्यापक अध्ययन के लिए विश्व बैंक का एक शिष्टमंडल बर्नाड आर. बेल के नेतृत्व में भारत आया। भारतीय अर्थव्यवस्था का विविध कोणों से अध्ययन करने के लिए इस शिष्टमंडल ने स्वयं कई ग्रुप बनाए। तीन अलग-अलग रिपोर्टों के आधार पर बेल ने एक पूर्ण रिपोर्ट तैयार की और बैंक के अध्यक्ष जॉर्ज डी. ब्रुड्स को सितम्बर, 1965 में उसने यह रिपोर्ट सौंपी। इस रिपोर्ट में भारत

सरकार की अर्थ-नीतियों की आलोचना की गई थी, कृषि, व्यापार, विदेशी विनिमय प्रबन्धन तथा प्रशासन को लेकर अनेक बातें कही गई थीं और ऋण भुगतान में भारत को असमर्थ घोषित किया गया था। बेल शिष्टमंडल ने भारतीय कृषकों पर अधिक ध्यान देने को कहा, भारतीय रुपए के अवमूल्यन का प्रस्ताव सामने रखा तथा विदेशी व्यापार नियंत्रण को समाप्त करने की सिफारिश की। 1966 में विश्व बैंक ने भारत पर रुपए का अवमूल्यन करने के लिए दबाव डाला और जून, 1966 में रुपए का 36.5 प्रतिशत अवमूल्यन हुआ। इन्दिरा गांधी भारत की प्रधानमंत्री बन चुकी थीं (24 जनवरी, 1966) और अमरीका में राष्ट्रपति जॉनसन ने 1965 में ही 'ग्रेट सोसायटी' की योजना हेतु एक रूपरेखा तैयार कर दी थी। जॉनसन की विदेश नीति में मुख्य रूप से दक्षिण-पूर्वेशिया के देश शामिल हो चुके थे। भारतीय मुद्रा के अवमूल्यन ने भारत की अर्थव्यवस्था को उस समय विशेष लाभ नहीं पहुँचाया।

तीसरी योजना ठप्प हो गई। इस समय की नई कृषि-नीति का भारतीय मुद्रा के अवमूल्यन से स्पष्ट सम्बन्ध है। नई कृषि-नीति को क्रियान्वित करने के लिए विदेशी मुद्रा आवश्यक थी और 6.9 अरब डालर का विदेशी कर्ज भारत को दिया गया। नई कृषि-नीति में नलकूप, ट्रैक्टर तथा आधुनिक उर्वरक को प्रमुखता दी गई। नियंत्रण तथा लाइसेंस की प्रणाली उदार बनाई गई और पहली बार भारतीय कृषि में तकनीकी विकल्प का प्रवेश कराया गया। उद्योगपति और जमींदार के हित अनुकूल हुए। भारत को विदेशी कर्ज अमरीका, इंग्लैंड, सोवियत रूस, पश्चिम जर्मनी, जापान जैसे औद्योगिक देशों और विश्व बैंक एशिया विकास बैंक (ए.डी.बी.) तथा अन्तरराष्ट्रीय विकास संघ (आई.डी.ए.) से प्राप्त होता रहा। नई कृषि-नीति ने उद्योगपतियों और जमींदारों में 'गठजोड़' कायम किया। "जमींदारों को एक ओर राज्य का संरक्षण मिला और दूसरी ओर साम्राज्यवादियों ने उनकी पीठ पर हाथ रखा। उन्हें ट्रैक्टर, उर्वरक व कीटनाशक बेचे।" (डॉ. दलीप एस. स्वामी : 'उन्नीस सौ अस्सी के दशक की नई अर्थ-नीति', समकालीन जनमत, मार्च, 1986)

भारत की अर्थव्यवस्था 1965-66 में बेहद खराब थी, जिससे चौथी योजना अपने निश्चित समय (1966) पर शुरू नहीं की जा सकी और पंचवर्षीय योजना के स्थान पर वार्षिक योजनाएँ आरम्भ की गईं। ये वार्षिक योजनाएँ सन् 1966 से 1969 तक चलीं। विश्व बैंक ने भारत की खराब अर्थव्यवस्था और वार्षिक योजनाओं के कारण इस अवधि में भारत को नाम मात्र का ऋण दिया। 1966-69 के दौरान विदेशी सहायता कुल खर्च का 27 प्रतिशत थी और विश्व बैंक ने कुल विदेशी सहायता का एक प्रतिशत भाग प्रदान किया था। आधिकारिक तौर पर चौथी योजना (1969-74) 1 अप्रैल, 1969 को आरम्भ हुई और विश्व बैंक ने कुल विदेशी राशि का 14.3 प्रतिशत दिया। विश्व बैंक ने 1966-74 के बीच निजी क्षेत्र को सर्वाधिक ऋण दिए। यह ऋण कुल दिए गए ऋण का 82 प्रतिशत था।

1970 में अमरीका की आर्थिक स्थिति अच्छी नहीं थी। वियतनाम से अमरीका का युद्ध शुरू हो चुका था, जो अप्रैल, 1975 में समाप्त हुआ। जून, 1970 में अमरीका में 1960 की तुलना में निर्वाह-व्यय तीस प्रतिशत अधिक बढ़ चुका था। 1971 के मध्य तक औद्योगिक उत्पादन में काफी गिरावट आ चुकी थी, बेरोजगारी तेजी से बढ़ रही थी, डालर दो बार अवमूल्यित हो चुका था और राष्ट्रीय ऋण की सीमा 1972 में ही तीन बार बढ़ चुकी थी। जॉनसन के बाद वहाँ उस समय निक्सन का प्रशासन था। अमरीकी अर्थव्यवस्था की इस लड़खड़ाती स्थिति में निक्सन ने 1972 में चीन और मास्को की यात्रा की थी। डालर की स्थिति में गुणात्मक फर्क आ गया था। वह स्वर्ण का अनुकल्प नहीं रह रहा था। बैंकरों का चिन्तित समुदाय अपने डालर स्टॉक को दूसरे अनुकल्प के लिए तैयार करने लगा था, जिससे अमरीकी सरकार को डालर और स्वर्ण के बीच के सम्बन्ध को तोड़ने के लिए विवश होना पड़ा। अमरीका को विदेश व्यापार में हानि हो रही थी और बैंकर डालर के गतिशील विनिमय दर की माँग कर रहे थे। सोने से अब तक डालर अनुबंधित था, जिसे निक्सन ने 15 अगस्त, 1971 की घोषणा के द्वारा अनुबंधित नहीं रहने दिया। यह विशेष ध्यान देने की बात है कि 1971 से ही विश्व बैंक और मुद्रा कोष ने अपनी नीतियों में विशेष परिवर्तन किया।

विश्व बैंक के पाँचवें अध्यक्ष रॉबर्ट मेकनमारा के समय विश्व बैंक ने दूसरे चरण में प्रवेश किया। मेकनमारा पहले अमरीका के रक्षामंत्री थे और उन्होंने विश्व बैंक की नीतियों में परिवर्तन कर अमरीका की ढीली अर्थव्यवस्था को कहीं-न-कहीं से मदद पहुँचाई। वाशिंगटन में विश्व बैंक और अन्तरराष्ट्रीय मुद्रा कोष का संयुक्त अधिवेशन 27 सितम्बर से 1 अक्तूबर, 1971 तक हुआ। इन दोनों संस्थाओं ने तीसरी दुनिया के देशों की ओर विशेष ध्यान दिया। उनके सामने लैटिन अमरीका, अफ्रीका और एशिया के पिछड़े देश थे। इन्होंने ऋण या सहायता का बड़ा मुँह उस ओर खोल दिया। मेकनमारा ने तीसरी दुनिया के देशों को यह समझाया कि सकल राष्ट्रीय उत्पाद (जी.एन.पी.) में वृद्धि विकास का मापदंड नहीं है और उन्हें अपने निवासियों के रोजगार, आय तथा पौष्टिक आहारादि के सम्बन्ध में ध्यान देना चाहिए। 1973 में बैंक ने अपने परिचालन ढाँचे का पुनर्गठन किया। वाशिंगटन में पाँच क्षेत्रीय कार्यालय खोले गए।

अमरीका को डालर के अवमूल्यन से उबारने के लिए अमरीकी राष्ट्रपति जेराल्ड आर. फोर्ड ने 8 अक्तूबर, 1974 को अमरीकी कांग्रेस में एक अवमूल्यन विरोधी योजना प्रस्तुत की। उसके 'ह्विप इन्फ्लेशन नाउ' (डब्ल्यू.आई.एन.) का प्रस्ताव एक प्रकार से ठंडा ही रह गया था। 1974 के डालर का अवमूल्यन बढ़कर 10.2 प्रतिशत हो गया जो 1976 में घटकर पाँच से छह प्रतिशत के बीच हुआ। अमरीका में बेरोजगारी की दर में होनेवाली वृद्धि थमने का नाम नहीं ले रही थी और

1976 में हेनरी ए. किसिंजर ने ईरान के साथ 10 अरब डालर के अमरीकी हथियारों की खरीद की बात की। इसी वर्ष अमरीकी राष्ट्र की दो सौवीं वर्षगाँठ मनाई जा रही थी। फोर्ड के बाद जिमी कार्टर अमरीकी राष्ट्रपति बने और उन्होंने अपने कार्यकाल के पहले वर्ष (1977) में विदेशी मामलों के आचरण के साथ मानव अधिकार को जोड़ दिया। अमरीका संकट से उबर नहीं रहा था। सत्तर के दशक के अन्त में तेल आयात से उत्पन्न विदेशी व्यापार में होनेवाले बड़े घाटे उसके आर्थिक विकास में गतिरोध उत्पन्न कर रहे थे और 1976 में डालर का जो अवमूल्यन पाँच-छह प्रतिशत था, वह 1979 में बढ़कर तेरह प्रतिशत से अधिक हो चुका था। बेरोजगारी अलग परेशान कर रही थी। 1980 में रोनाल्ड रीगन के राष्ट्रपति बन जाने के आरम्भिक वर्षों तक अमरीका की हालत बहुत नाजुक रही। 1982 में अमरीका गम्भीर मन्दी के दौर से गुजर रहा था। द्वितीय विश्वयुद्ध के दिनों की हालत नजर आने लगी थी। 1940 के बाद पहली बार बेरोजगार इतनी अधिक संख्या में छाए हुए थे। एक करोड़ साढ़े बारह लाख के करीब। तीस से अधिक बैंकों में ताले लटक गए थे।

यह केवल संयोग नहीं था कि 1979 के अन्तिम दिनों में इंग्लैंड और अमरीका में शासन परिवर्तन के साथ ही विश्व अर्थव्यवस्था में भी परिवर्तन हुए। रोनाल्ड रीगन और मारग्रेट थैचर के समय विश्व की अर्थव्यवस्था के अतिरिक्त अन्य क्षेत्रों में भी परिवर्तन देखने को मिलते हैं। अमरीका में एक नया अर्थशास्त्र विकसित हुआ, जिसे रीगन के नाम पर 'रीगनामिक्स' कहा गया। यह पूरा आठवाँ दशक उथल-पुथल का दशक रहा और सम्भवतः बीसवीं सदी का यह एक महत्त्वपूर्ण दशक है, जिसने दुनिया को तहस-नहस करने में विशेष भूमिका निभाई। इसी दशक में विश्व बैंक और मुद्रा कोष ने तीसरी दुनिया के देशों की नीतियों पर दबाव डाला, उन्हें अपने नेतृत्व में चलने दिया और जितना कर्ज दिया, उससे कहीं अधिक राशि वसूल की। कीन्स ने अपने समय में इन संस्थाओं के बारे में ऐसा नहीं सोचा था। कीन्स का विश्वास था कि ये संस्थाएँ अधिक नियंत्रित व्यवस्था होंगी, जहाँ सुधार और अभियोजन आपसी स्तर पर निर्धारित होंगे और धनी तथा ग़रीब देशों के साथ ही घाटे तथा मुनाफे वाले देश एक-दूसरे के प्रति साझेदार होंगे। 1979-80 के बाद पूरी स्थिति ही बदल गई।

सातवें दशक के अन्त में भारत ने मुद्रा कोष से 5 बिलियन के विशेष प्राप्ति अधिकार (स्पेशल ड्राइन्स राइट, एस.डी.आर.) के लिए आग्रह किया था। इस विशेष प्राप्ति अधिकार को मुद्रा कोष ने 1969 में स्थापित किया था। मुद्रा कोष ने अब तक इसे दो बार आबंटित किया था—पहले इसके जन्म के समय तथा दूसरे 1978-81 के बीच। भारत द्वारा किए गए आग्रह पर मुद्रा कोष ने कई शर्तें लगाईं। उसने स्पष्टतः आयात के उदारीकरण, मूल्य नियंत्रण को मुक्त करने, औद्योगिक उत्पादन को अनियंत्रित करने, निर्यातोन्मुखी औद्योगीकरण को प्रोत्साहित करने,

सार्वजनिक उपक्रमों तथा प्रतिष्ठानों को दिए जानेवाले बजट-लाभों को कम करने, टैक्स में छूट देने आदि की निश्चित शर्तें सामने रखीं। इन शर्तों को मानने का अर्थ नेहरू की अर्थ-नीति से विमुख होना था। 1980 के बाद के समय को कई अर्थशास्त्रियों ने, जिनमें बी. मैथ्यू कूरियन प्रमुख थे, उत्तर नेहरू युग की संज्ञा दी है। मुद्रा कोष के सामने अन्ततः हमें झुकना पड़ा। 1981 में विशेष प्राप्ति अधिकार (एस.डी.आर.) के आबंटन के बाद मुद्रा कोष के सैंतीस नए सदस्य बने हैं, लेकिन उन्हें इसकी सुविधा प्राप्त नहीं हुई है। सितम्बर, 1994 के अन्तिम दिनों में विश्व बैंक और मुद्रा कोष की मैड्रिड बैठक में विशेष प्राप्ति अधिकार के एक और आबंटन को लेकर सदस्य देशों में मतभेद हुआ। विशेष प्राप्ति अधिकार एक अन्तरराष्ट्रीय ऋण इकाई है, जो डालर के अनुकल्प में सदस्य देशों को दी जाती है। यह सदस्य देशों को दी जानेवाली प्रतिबन्ध रहित वित्तीय सहायता है, जिससे सदस्य भुगतान-सम्बन्धी कठिनाइयाँ हल कर सकें। पचासवीं वर्षगाँठ पर भी विश्व के प्रमुख औद्योगिक देशों के न चाहने से इसे सदस्य देशों को नहीं दिया जा सका।

भारत में अस्सी के दशक में ही समस्याएँ और विकराल हुईं। पंजाब और कश्मीर में अलगाववादी शक्तियाँ बढ़ीं, धर्म तथा सम्प्रदाय राजनीति से जुड़कर और शक्तिशाली बने, प्रगतिशील शक्तियाँ कमजोर हुईं तथा प्रतिगामी शक्तियों ने हुँकारना आरम्भ किया। भोपाल में 'भारत भवन' की स्थापना हुई और अशोक वाजपेयी ने 'कविता की वापसी' का नारा दिया। कला, साहित्य, संस्कृति, अर्थ-नीति, राजनीति सभी क्षेत्रों में इस दशक में हुए कार्यों की अभी व्यापक समीक्षा शेष है। दूरदर्शन का जाल इसी दशक में फैला। बहुराष्ट्रीय कम्पनियों का आगमन आरम्भ हुआ और एक उपभोक्ता वर्ग फला-फूला। भोपाल के यूनियन कार्बाइड संयंत्र की जहरीली गैस के रिसाव से ढाई हजार व्यक्ति मरे और भोपाल में ही विश्व कविता का आयोजन हुआ।

पश्चिम और अमरीकापरस्त भारतीय अर्थशास्त्रियों ने नेहरू की अर्थनीति को विफल तथा असंगत करार दिया और बाजारीकरण, निजीकरण, उदारीकरण और खगोलीकरण का सिद्धान्त सामने पेश किया। राजीव गांधी के शासन काल में इसे अहमियत दी गई। 'इस गुब्बारे की छाया में' देश वित्तीय अस्थिरता और भारी विदेशी कर्ज में डूबता गया। विदेशी मुद्रा संकट अचानक नहीं आया। उसके पीछे कर्जखोरी का एक लम्बा इतिहास था, निर्यात की जगह आयात को दिया गया महत्त्व था, विश्व बैंक तथा कोष के अतिरिक्त अमरीका और अन्य औद्योगिक देशों की विदेशी नीतियाँ थीं, उनके प्रत्यक्ष-अप्रत्यक्ष दबाव थे और भारतीय राजनीति का अराष्ट्रीय चरित्र था। राष्ट्रीय स्वाधीनता आन्दोलन के समय में ही इसके उन बीज-बिन्दुओं की तलाश भी की जा सकती है, जहाँ कांग्रेस ने समझौता का रास्ता चुना और देश को विदेशी पूँजी से 1947 के बाद भी मुक्त नहीं किया। केन्द्र में जनता सरकार की स्थापना के बाद भी नीतियों में कोई मौलिक परिवर्तन नहीं आया और

इन्दिरा गांधी की सत्ता में पुनर्वापसी के बाद सारा दृश्य ही बदल गया। भारतीय औद्योगिक पूँजीपति का चरित्र अब बदल चुका था। विदेशी पूँजीपतियों के साथ उनका व्यवहार 'शत्रुतापूर्ण' न रहकर 'मित्रतापूर्ण' हो गया। बिड़ला और टाटा को लम्बी दूरी तय करनी पड़ी थी, जो अम्बानी और हिन्दुजा जैसों ने राज्य के खुले सहयोग के कारण कम समय में ही तय की। अब भारतीय पूँजीपतियों के लिए साम्राज्यवादी शत्रु नहीं मित्र थे, जिससे विदेशी पूँजी के साथ उनका सहयोग बढ़ता गया। भारतीय पूँजीपतियों का चरित्र यह हो गया कि वे हत्या के आरोप में गिरफ्तार भी होने लगे। यह सब हठात् नहीं हुआ था।

अस्सी के दशक में अमरीका विश्व का सर्वप्रमुख पूँजी निर्यातक देश था। अमरीकी पूँजी के इस निर्यात या प्रवाह को 'अराजक' कहा गया है। अमरीकी पूँजी के इस 'अराजक प्रवाह' के दौरान भारत कर्ज से लदता गया। 1980 तक यह दुःखद और भयावह स्थिति नहीं थी। अस्सी के दशक में बजट का घाटा लगातार बढ़ता गया और राज्य ने जी खोलकर गैर-कल्याणकारी योजनाओं या कार्यों में खर्च किए। विकास की गति अगर अवरुद्ध न हुई, तो निश्चित रूप से बहुत धीमी हो गई। कर्जदार देशों में 1980 में भारत का स्थान विकसनशील देशों में पीछे था। ग्यारह वर्षों में वह पीछे से आगे आ गया और आज वह ब्राजील तथा मैक्सिको के बाद दुनिया का तीसरा सबसे बड़ा कर्जदार देश है। 1980 में विदेशी ऋण पर सूद की जो राशि 9.3 प्रतिशत थी, वह ग्यारह वर्षों में तिगुनी से अधिक हो गई। यही वह समय है—1990-91 का, जब ब्रेटन वुड्स की इन दो लाडली सन्तानों ने भारत पर अपनी शर्तें थोपनी शुरू कीं और भारतीय बजट तक को अपने निर्देशन में बनाया। उनकी व्यापक तथा अन्तर्वेधी शर्तों पर चलने के परिणामस्वरूप पिछले तीन-चार वर्षों में यह देश किसी चक्रव्यूह में घिरा प्रतीत होता है।

अकसर भारतीय प्रधानमंत्री नरसिम्हा राव और वित्तमंत्री मनमोहन सिंह की 'नई आर्थिक नीति' (1991) से भारतीय अर्थव्यवस्था के उदारीकरण की चर्चा की जाती है पर वास्तविकता यह है कि राजीव गांधी ने अपने शासनकाल में इस उदार अर्थनीति को जन्म दे दिया था। डॉ. रामविलास शर्मा ने 'हिन्दी जाति का पुनर्गठन और राष्ट्रीय एकता' वाले व्याख्यान (उत्तरार्द्ध 38, नवम्बर, 1994 में प्रकाशित) में 'टाइम्स ऑफ इंडिया' के हवाले से फरवरी, 1994 के प्रथम सप्ताह में सम्पन्न विश्व मराठी सम्मेलन में वित्त मंत्री मनमोहन सिंह द्वारा महाराष्ट्र के मुख्यमंत्री शरद पवार की प्रशंसा का उल्लेख किया है। इस सम्मेलन में मनमोहन सिंह ने महाराष्ट्र व्यापार मंडल के समक्ष शरद पवार द्वारा 1988 में दिए गए भाषण को अपने लिए 'गीता' माना था। रामविलास शर्मा ने लिखा है, 'अभी तक मैं यह समझता था कि उदारीकरण की नीति नरसिम्हा राव ने चलाई है, अब मालूम होता है कि उस रास्ते पर पहले शरद पवार चल पड़े थे।' (वही)

1988 में भारत के प्रधानमंत्री राजीव गांधी थे। एक वर्ष पूर्व 1987 में संयुक्त राज्य अमरीका में स्टाक मूल्यों में भारी गिरावट हुई थी, जिससे पूँजी निवेशकों को 500 अरब डालर की क्षति हुई थी। शेयर बाजार की इस गिरावट के कारण डालर की कीमत बहुत घट गई। इसी वर्ष अमरीका ने बोफोर्स सौदे के दलाल विन चड्ढा को ढूँढ़ने तथा उसमें किसी प्रकार का सहयोग देने से इनकार किया था। राजीव गांधी के समय में ही भोपाल में गैस दुर्घटना हुई थी, जिसमें दोषी अधिकारियों को कोई सजा नहीं दी गई। वारेन हेस्टिंग्स पर मुकदमा चला था। यूनियन कार्बाइड के चेयरमैन वारेन एंडरसन को भोपाल से दिल्ली और दिल्ली से बाहर जाने दिया गया। राजीव गांधी के सलाहकार दून स्कूल के उनके मित्र थे या फिर वे लोग थे, जिनका भारत की सामान्य जनता से कोई सीधा और घना सम्बन्ध नहीं था। राजीव गांधी इक्कीसवीं सदी में भारत को ले जा रहे थे और यह तकनीकी और कम्प्यूटर क्रान्ति के बिना असम्भव था। इसके लिए भारत की प्रतिबन्धात्मक और चयनात्मक नीति को बदलना आवश्यक था। नेहरू की अर्थ-नीति में उनके दौहित्र ने फेरबदल कर दिया। यह फेरबदल अपने चरम रूप में 1991 की 'नई अर्थनीति' में सम्भव हुआ। भारतीय अर्थव्यवस्था जनोन्मुख न रहकर कुलीनोन्मुख या अभिजनोन्मुख हो गई। 1980 में जो विदेशी कर्ज 20.6 अरब डालर था, वह दस वर्षों में बढ़कर 69 अरब डालर हो गया और 1994 में यह बयानवे अरब डालर है।

1989 से 1991 के मध्य तक भारत की अस्थिर राजनीति और विदेशी मुद्रा संकट के समय विश्व बैंक और मुद्रा कोष का दबाव बढ़ा। इस समय भारत की अर्थव्यवस्था बिगड़ी हुई थी। मुद्रा कोष ने ऋण देने के लिए भारत पर अपनी शर्तें थोपीं। उस समय भारत को ऋण देने के अन्य स्रोत अनिच्छुक थे और भारत सरकार के समक्ष इन दो संस्थाओं के पास जाने के सिवा अन्य कोई उपाय नहीं था। चन्द्रशेखर के प्रधानमंत्री बनने के बीस दिनों बाद 30 नवम्बर, 1990 को विश्व बैंक ने भारत सरकार को 'एंडर्सन मेमोरेन्डम' प्रस्तुत किया, जिसमें वित्तीय सहयोग पाने के पहले कई राजनीतिक और आर्थिक शर्तें अनुबद्ध थीं, जिनका पालन आवश्यक था। ढाँचागत समायोजन नीतियों (स्ट्रक्चरल एडजस्टमेंट प्रोग्राम, सैप) को 'नई अर्थ नीति' जैसा नाम दिया गया। 22 अप्रैल, 1991 को विश्व बैंक और मुद्रा कोष ने भारत को 1 बिलियन डालर ऋण देने का निश्चय किया। इस निश्चय के दो-ढाई महीने के बाद भारतीय मुद्रा का अवमूल्यन हुआ। इन दोनों संस्थाओं ने रुपए के अवमूल्यन करने के निर्देश दिए और तीन दिनों के भीतर रुपए का दो बार अवमूल्यन हुआ। इसके पहले राजीव गांधी की हत्या हो चुकी थी। भारतीय अर्थशास्त्रियों और समाजशास्त्रियों ने अब तक इस तथ्य की ओर ध्यान नहीं दिया है कि भारत में तीन बार हुए रुपए के अवमूल्यन के पहले तीन महत्त्वपूर्ण हत्याएँ क्यों हुईं ? महात्मा गांधी की हत्या और उसके आसपास रुपए के पहली बार होनेवाले अवमूल्यन के बाद ताशकंद में तत्कालीन प्रधानमंत्री लाल बहादुर शास्त्री

की सन्देहास्पद मृत्यु और उसके बाद हुआ रुपए का अवमूल्यन तथा राजीव गांधी की हत्या के बाद तीसरी बार होनेवाला रुपए का अवमूल्यन क्या कोई संकेत नहीं देता? ये तीनों हत्याएँ सामान्य राजनीतिक हत्याएँ नहीं थीं।

विश्व बैंक और मुद्रा कोष के निर्देशों पर भारत में नई आर्थिक नीति (नेप) को 1991 में डॉ. मनमोहन सिंह ने लागू किया। भारत की दसवीं लोकसभा में नई सरकार ने बाहरी निर्देशों पर नई आर्थिक नीति प्रस्तुत की। यह उल्लेखनीय है कि इस नई अर्थनीति में पहले की अर्थनीति से प्रस्थान था। उदारीकरण और खगोलीकरण या वैश्वीकरण के सिद्धान्त का जोर-शोर से प्रचार किया गया तथा 'विश्व ग्राम' की अवधारणा को खूब विज्ञापित किया गया। संसद में इस पर जमकर विचार-विमर्श नहीं हुआ और जाहिर है कि जनता के सामने इसकी चर्चा नहीं की गई। नई आर्थिक नीति ने भारत को किसी भी कोने से अप्रभावित नहीं रहने दिया। उदारीकरण और खुलेपन के सिद्धान्त को स्वीकार किया गया और विदेशी पूँजी तथा बहुराष्ट्रीय कम्पनियों के उन्मुक्त विचरण के लिए सारी मर्यादाएँ और अस्मिता ताक पर रख दी गईं। पिछले चार वर्षों में भारतीय समाज के विविध क्षेत्रों में होनेवाले हजारों परिवर्तन, विश्व बैंक तथा मुद्रा कोष का निरन्तर हस्तक्षेप, गैट के करार और भारत के आन्तरिक मामलों में अमरीका की लगातार दखल की एक सूची अगर तैयार की जाए, तो वह बहुत लम्बी होगी। भारत की इस खुली, उदार तथा बाजार अर्थनीति ने सबकुछ अस्त-व्यस्त कर डाला है। वित्तीय पूँजी के इस खेल में जितने भी विकसनशील राष्ट्र फँसे हैं, उन्हें भयंकर तबाहियाँ झेलनी पड़ी हैं। आर्थिक सुधार और ढाँचागत प्रोग्राम जैसी शब्दावली में इनके भीतर छिपी हुई उन नीतियों, योजनाओं और षड्यंत्रों का पता नहीं चलता है, जिसने तीसरी दुनिया के साठ-सत्तर देशों को बदहाली की स्थिति में ला खड़ा किया है।

विश्व बैंक और मुद्रा कोष ने आठवें दशक के आरम्भ में ढाँचागत समायोजन कार्यक्रम (सैप) के जरिए विश्व के करोड़ों लोगों को बदहाली की स्थिति में ला दिया है। माइकेल चोसदोवक्सी के अनुसार इस कार्यक्रम की राष्ट्रीय मुद्राओं को अस्थिर करने तथा विकसनशील देशों की अर्थव्यवस्था को बरबाद करने में बड़ी भूमिका रही है। (ग्लोबल इम्पौवेरिस्मेंट एंड द आई एम एफ-वर्ल्ड बैंक इकॉनामिक मेडिसिन, फ्रंट लाइन, 12 अगस्त, 1994)

भारत में 'ढाँचागत समायोजन कार्यक्रम' नई अर्थनीति के चमकीले लबादे में 1991 से लागू हुए हैं, पर अस्सी के दशक के आरम्भ से ही ये कार्यक्रम लातीनी अमरीका, अफ्रीकी तथा एशियाई देशों में लागू होते रहे हैं। आर्थिक बदहाली में फँसे देश इस कार्यक्रम के अन्तर्गत ऋण प्राप्त करते हैं और इस ऋण से वे पूर्व के ऋणों तथा उसके ब्याज का भुगतान कर ऋण प्राप्त करने की विश्वसनीयता बनाए रखते हैं। जिन देशों में आर्थिक समायोजन कार्यक्रम (स्ट्रक्चरल एडजस्टमेंट प्रोग्राम) लागू किए गए, वे देश ग़रीबी, भुखमरी और आर्थिक पराधीनता के त्रिचक्र में फँस

चुके हैं। इस कार्यक्रम ने विकासशील देशों की आर्थिक स्थिरता की जगह आर्थिक बदहाली और विनाश की स्थितियाँ उत्पन्न कर दी हैं, उन्हें निर्बल, अशक्त, निरुपाय और दरिद्र बनाकर छोड़ दिया है।

'ढाँचागत समायोजन कार्यक्रम' के तहत विश्व बैंक और अन्तरराष्ट्रीय मुद्रा कोष अपनी मनमानी और चालाक शर्तें थोपता है। ढाँचागत समायोजन नीतियाँ अपने साथ अनेक आफतें लाती हैं। इन नीतियों को स्वीकार करने से देश का विकास अवरुद्ध हो जाता है, विकास के कार्यक्रम समाप्त होते हैं, रोजगार के अवसर घटते हैं, बाजार पर बहुराष्ट्रीय कम्पनियों का कब्जा हो जाता है, मजदूरों और नौकरीपेशा लोगों की छँटनी आरम्भ हो जाती है, सामाजिक अस्थिरता फैलती है, स्वास्थ्य सेवाएँ नष्ट होती हैं, मलेरिया जैसी पुरानी बीमारी फिर से फैलने लगती है, सार्वजनिक अस्पताल दम तोड़ने लगते हैं, खाद्य पदार्थों की कीमतें आसमान छूने लगती हैं, दवाओं के दाम बढ़ जाते हैं, 'राज्य' अपनी कल्याणकारी भूमिका को तिलांजलि देकर बहुराष्ट्रीय कम्पनियों का एजेंट बन जाता है। पूरी सामाजिक, आर्थिक, सांस्कृतिक और राजनीतिक व्यवस्था चरमराने लगती है।

ढाँचागत समायोजन की शर्तें केवल विश्व बैंक, अन्तरराष्ट्रीय मुद्रा कोष, अमरीका और यूरोप के देशों के लिए लाभकर हैं। नाइजीरिया, अल्जीरिया तथा अन्य अफ्रीकी देशों के उदाहरण हमारे समक्ष हैं, जहाँ रोटी, दवा और शिक्षा का संकट मौजूद है। यह प्रचारित करना कि ढाँचागत समायोजन कार्यक्रम के द्वारा देश का आर्थिक विकास सम्भव है, सफेद झूठ है। वाल्डन बैलो (11.11.1945) की पुस्तक 'डार्क विक्ट्री–दि युनाइटेड स्टेट्स, स्ट्रक्चरल एडजस्टमेंट एंड ग्लोबल पावर्टी' (1993) में इस कार्यक्रम की पोल खोली गई है और यह बताया गया है कि यह कार्यक्रम अमरीका ने यूरोपीय देशों के साथ मिलकर एक विशेष उद्देश्य से चलाया। यह विकासशील देशों के विरुद्ध खोला गया एक नया मोर्चा था, जिसकी छवि दोगली थी। ऊपर से यह जहाँ आर्थिक स्थिरता और सुदृढ़ता का राग अलापता था, वहीं भीतर से इस योजना की गिरफ्त में आनेवाले देश आर्थिक असन्तुलन के भयावह चक्र में फँसते गए।

भारत में 1991 से यह योजना चली और पिछले चार वर्षों का सर्वेक्षण यह बताता है कि हमारी स्थिति क्या है।

विश्व बैंक पिछले कुछ समय से भारत को ऋण–जाल में फँसने की चेतावनी दे रहा है और 'दूरगामी कदम' उठाने की 'नेक सलाह' दे रहा है। यह 'दूरगामी कदम' क्या हैं? भारत अपने नियमों और कानूनों को तेजी से बदले। आर्थिक नियमों और कानूनों में जितनी ढील दी गई है, उसे 'उदारीकरण' और 'मुक्त बाजार' के समर्थक कम मानते हैं। यह ढील और छूट इतनी अधिक हो कि भारत में बहुराष्ट्रीय कम्पनियाँ आसानी से आ सकें और अपने पाँव जमा सकें।

विश्व बैंक और अन्तरराष्ट्रीय मुद्रा कोष कर्ज के अपने जाल निरन्तर फैलाता जा रहा है। आँकड़े बताते हैं कि इन दोनों वित्तीय संस्थाओं ने जिन देशों को जितनी ऋण राशि दी उससे कहीं अधिक कम समय में ही उसने वसूली। तीसरी दुनिया के अधिसंख्य देशों का इन संस्थाओं ने आर्थिक शोषण किया है। जुलाई, 1994 में इन संस्थाओं की स्वर्ण जयन्ती मनाई गई और उसके एक महीने पूर्व जून, 1994 के अन्त में अमरीकी साप्ताहिक 'टाइम' ने विश्व बैंक के रवैये तथा उसके शोषणकारी स्वरूप पर प्रकाश डाला। 'इकॉनामिस्ट' ने भी इन दो अन्तरराष्ट्रीय वित्तीय संस्थाओं पर अपने सम्पादकीय में सवाल खड़े किए।

विश्व बैंक और अन्तरराष्ट्रीय मुद्रा कोष ने 1990 के बाद सीधा हस्तक्षेप किया। नरसिम्हा राव और मनमोहन सिंह ने उसके सुझावों (या आदेशों ?) का पालन किया। भारतीय अर्थतंत्र को अधिक उदार और लचीला बनाया गया। सोवियत संघ के पतन और पूर्वी यूरोप से कम्युनिज्म के लगभग सफाए के बाद इन दोनों संस्थाओं के खुले हस्तक्षेप को अनदेखा नहीं किया जा सकता। अमरीका ने यूरोपीय देशों को एकजुट कर अपने नेतृत्व में इराक के विरुद्ध जो लड़ाई लड़ी, उसके बाद अमरीका और यूरोपीय देशों का वर्चस्व सामने आ गया। विश्व बैंक ने पश्चिमी औद्योगिक कम्पनियों के हित में भारत पर अपनी शर्तें थोपीं, कई दबाव दिए। भारतीय अर्थतंत्र को पूरी तरह बदल दिया गया और उस पर विदेशी कम्पनियों तथा अमरीका ने कब्जा करने की कोशिशें कीं। सैकड़ों उदाहरण यह बताते हैं कि भारत से छोटी कम्पनियाँ खत्म होने लगीं और कई बड़ी कम्पनियों ने अपने को जीवित रखने के लिए बहुराष्ट्रीय कम्पनियों से समझौते किए, उनके आगे घुटने टेके। केदारनाथ अग्रवाल ने साम्राज्यवाद से भारतीय पूँजीपतियों की मैत्री का उल्लेख गलत नहीं किया था और 'दिल्ली की राजनीति' को साम्राज्यवादियों द्वारा खरीद लेने की बात यों ही नहीं लिखी थी।

विश्व बैंक और अन्तरराष्ट्रीय मुद्रा कोष ने अपने सीधे हस्तक्षेप के जरिए राज्य की कल्याणकारी भूमिका पर ही नहीं, राज्य की भूमिका पर भी प्रश्न-चिह्न खड़े कर दिए हैं। अमरीका तथा यूरोपीय देशों के कई बुद्धिजीवी इस बदले माहौल में राज्य के अस्तित्व को आवश्यक नहीं मानते। पूर्व अमरीकी राजदूत गालब्रेथ ने नई दिल्ली में दिए अपने एक भाषण में आगामी दिनों में विश्व-स्तर पर एक ही राज्य के होने की आशा व्यक्त की, क्योंकि खुलेपन की नीति ने देशों की दीवारें या तो नीची कर दी हैं या तोड़ दी हैं।

इन दोनों संस्थाओं ने विकासशील देशों के आधार पक्ष पर प्रहार किया है। बेरोजगारी के कारण जो महिलाएँ शरीर बेचने के लिए विवश हैं, उन्हें विश्व बैंक 'सेक्स वर्कर' कहता है और इसके अध्यक्ष लेविस प्रेस्टन बड़े परिवार को एक समस्या मानते हैं। जाहिर है कि जब बड़ा परिवार या संयुक्त परिवार एक समस्या है, तो बड़ा देश भी एक समस्या है।

1990 से विश्व बैंक और अन्तरराष्ट्रीय मुद्रा कोष खुली तथा उदार अर्थनीति के प्रमुख प्रवक्ता हैं। एक ओर ये संस्थाएँ खुलेपन और उदारीकरण के सद्गुणों और वैशिष्ट्य का गुणगान करते नहीं थकतीं और दूसरी ओर अपनी नीतियों तथा शर्तों के अधीन ही विकासशील देशों को ऋण प्रदान करती हैं। कोई भी ऋण शर्तहीन नहीं है। ये शर्तें सम्बद्ध देशों के विकास तथा वहाँ की जनता की वास्तविक खुशहाली से न जुड़कर, इन दो संस्थाओं और इनके पीछे खड़े अमरीका तथा यूरोपीय देशों के हित में हैं। विश्व बैंक बिहार के छोटानागपुर में सड़क निर्माण के लिए अगर उत्सुक दिखाई देता है, तो यह उसका आदिवासी-प्रेम नहीं है। इसके पीछे इस क्षेत्र के कच्चे माल को ठिकाने तक शीघ्र पहुँचा देने की रणनीति है। ये दो संस्थाएँ राज अनुदान या इमदाद (सब्सिडी) को खत्म करने का निरन्तर प्रयत्न करती हैं। सभी प्रकार के राज अनुदानों के खात्मे के लिए ये संस्थाएँ कम प्रयत्नशील नहीं रहीं। सरकारी क्षेत्र के उद्योगों के निजीकरण पर इनका विशेष बल है। समय-समय पर इनके विचारकों, सिद्धान्तकारों और अर्थशास्त्रियों द्वारा दिए गए वक्तव्य इनके वास्तविक चरित्र और उद्देश्यों को प्रकाशित करते हैं।

विश्व बैंक के पूर्व विचारक और सिद्धान्तवेत्ता लॉरेन्स समर्स, जो अमरीकी राष्ट्रपति के आर्थिक सलाहकार हैं, ने पिछले वर्ष ब्रेटन वुड्स की संस्थाओं और एशियन विकास बैंक जैसे क्षेत्रीय विकास बैंकों को पूर्व सैनिक संधियों की तरह कार्यारम्भ करने और सरकार के साथ एक निश्चित नीति के साथ कार्य करने के तर्क प्रस्तुत किए।

पचासवीं वर्षगाँठ पर भी इन दो संस्थाओं में किए जानेवाले सुधार की आवश्यकता नहीं महसूस की गई और इन अन्तरराष्ट्रीय वित्तीय संस्थाओं में किसी भी प्रकार के सुधार या परिवर्तन को स्थगित रखा गया। बैंक फंड की नीतियों ने विकासशील देशों में दरिद्रता बढ़ाई और उन्हें कर्ज-जाल में फँसाया।

विश्व बैंक और मुद्रा कोष विकसनशील देशों के लिए सूर्य और चन्द्र न होकर राहु और केतु हैं। इन दो भगिनी संस्थाओं ने अपने जन्म के समय जो उद्देश्य और कार्य घोषित किए थे, वे अब इनके लिए महत्त्वपूर्ण नहीं रहे। विश्व बैंक द्वारा प्रायोजित परियोजनाएँ पर्यावरण को दुष्प्रभावित करती हैं और बाद में विश्व बैंक पर्यावरण परियोजना के लिए ऋण भी प्रदान करता है। भारत के घरेलू मामलों में बैंक-कोष का सीधा हस्तक्षेप भारत के लिए किसी भी दृष्टि से हितकर नहीं माना जा सकता। 1991 से अब तक बैंक-कोष ने जिस तरह भारत की घरेलू नीतियों में हस्तक्षेप किया है, वह एक प्रकार से खतरे की घंटी है। अर्थशास्त्रियों, पर्यावरणविदों, विचारकों और बुद्धिजीवियों ने बैंक फंड के इस रवैये के खिलाफ समय-समय पर आक्रोश व्यक्त किया है, चेतावनी दी है, भारतीय जन को आनेवाले विकट समय से सावधान किया है, पर इसका कोई असर इन दोनों संस्थाओं पर इसलिए नहीं पड़ा

कि इनका साथ हमारी सरकार दे रही है। देश के बाहर यह कहा जाता है कि भारत विश्व बैंक के हाथों बिक चुका है।

विश्व बैंक और मुद्रा कोष की चिन्ताएँ विकासशील देशों के सामान्य जन की चिन्ताएँ नहीं हैं। उनकी चिन्ता, सम्पन्न औद्योगिक देशों के लाभों की, बहुराष्ट्रीय कम्पनियों के विकासशील देशों में उदार प्रवेश की तथा उनके व्यापारिक हितों की रक्षा करने की है। ये दो संस्थाएँ अमरीका तथा अन्य सम्पन्न यूरोपीय देशों के दो आँख, दो बाँह और दो पाँव हैं। इनके सहारे अमरीका तथा औद्योगिक देश अपना हित साधते हैं। मुद्रा कोष के प्रबन्ध संचालक माइकेल कामदेसस ने कहा था कि जी-7 के देश जो सुझाते हैं, मुद्रा कोष और विश्व बैंक उन्हें ही लागू कराते हैं। इन दो संस्थाओं की बदौलत दक्षिण के देशों के खून-पसीने की कमाई पश्चिमी धनी देशों को वैध और अवैध दोनों ही रूपों में भेजी गई। मुद्रा कोष के लिए देशी उद्यमियों का कोई महत्त्व नहीं है। वह विदेशी उद्यमियों, पूँजीपतियों, कम्पनियों को महत्त्व देता है। कर्जदार को वह यह सलाह देता है कि वह 'अपनी वित्तीय' व्यवस्था को विवेकपूर्ण ढंग से चलाए। वह राज्य के कल्याणकारी कार्यों, विकास के कार्यों पर अंकुश लगाता है। शिक्षा, स्वास्थ्य, कृषि—प्राय: इन सभी क्षेत्रों में राज्य द्वारा किए जानेवाले खर्चों को कम करते जाने के पक्ष में वह अपनी शर्तें खड़ी करता है। यह उल्लेखनीय है कि 1991 के बाद राज्य के कल्याणकारी कार्यों में काफी कमी आई है और विकास-कार्य लगभग ठप हैं। विदेशी मुद्रा का देश के हित में कोई उपयोग नहीं हो पा रहा है। यह मुद्रा औद्योगिक विकास भी नहीं कर पा रही है।

द्वितीय विश्वयुद्ध के दौरान 1944 में सम्पन्न ब्रेटन बुड्स सम्मेलन ने विश्व की अस्त-व्यस्त होती जा रही अर्थव्यवस्था को व्यवस्थित करने और उसे एक लीक पर लाने के लिए जिन तीन विश्व संस्थाओं की स्थापना पर विचार किया, उनमें विश्व बैंक तथा अन्तरराष्ट्रीय मुद्रा कोष के साथ अन्तरराष्ट्रीय व्यापार संगठन भी था। द्वितीय विश्वयुद्ध के समय अन्तरराष्ट्रीय व्यापार में विश्व की अर्थव्यवस्था डगमगाती और झोंके खाती रही। स्वर्ण मानक (गोल्ड स्टैंडर्ड) पूरी तरह लागू नहीं हो पा रहा था और अर्थव्यवस्था की दृष्टि से यूरोप की हालत ठीक नहीं थी। द्वितीय विश्वयुद्ध ने यूरोप की अर्थव्यवस्था को छिन्न-भिन्न कर दिया था। संयुक्त राष्ट्र संघ की तीन शाखाओं के रूप में उस समय तीन अन्तरराष्ट्रीय संस्थाओं के निर्माण के जो सुझाव आए थे उनमें विश्व बैंक और मुद्रा कोष के अतिरिक्त अन्तरराष्ट्रीय व्यापार संगठन भी शामिल था। इन तीन प्रस्तावित संस्थाओं में से केवल मुद्रा कोष तथा विश्व बैंक अस्तित्व में आए और इंग्लैंड तथा अमरीका जैसे समृद्ध, उन्नत तथा शक्तिशाली देशों के विरोध ने उस समय अन्तरराष्ट्रीय व्यापार संगठन को स्थापित नहीं होने दिया। 1944 के पचास वर्ष बाद 1 जनवरी, 1995 को अन्तरराष्ट्रीय व्यापार संगठन (इंटरनेशनल ट्रेड ऑर्गेनाइजेशन) का जन्म हुआ।

'अन्तरराष्ट्रीय व्यापार संगठन' के स्थान पर उस समय 'गैट' (जेनरल एग्रीमेंट ऑन टैरिफ एंड ट्रेड-शुल्क एवं व्यापार पर आम सहमति) की स्थापना हुई। 1929 की आर्थिक मन्दी (ग्रेट डिप्रेशन) के कारण गैट का जन्म हुआ। 1947 में 'गैट' की स्थापना के समय इस अन्तरराष्ट्रीय संस्था के कुल तेईस सदस्य थे, जिनमें भारत भी था। 'गैट' का आरम्भिक वर्षों में मुद्रा कोष तथा विश्व बैंक की तरह प्रमुख स्थान नहीं था। अमरीका ने अन्तरराष्ट्रीय व्यापार संगठन को अपने हितों के खातिर स्थापित नहीं होने दिया था। उस समय भी विश्व व्यापार में व्यापार के नियम और कानून मान्य होते और यह सम्भव था कि ये नियम और कानून अमरीकी हितों के सर्वथा अनुकूल न हों, उसके आधिपत्य और प्राधान्य को ये नियम और कानून कहीं दुर्बल और क्षतिग्रस्त न कर दें। अन्तरराष्ट्रीय व्यापार संगठन न सही, पर विश्व व्यापार की समस्याओं पर एक मंच का गठन आवश्यक था। गैट का जन्म इन्हीं स्थितियों में हुआ और 1948 से उसके कार्य का आरम्भ हुआ।

मुद्रा कोष और विश्व बैंक की तुलना में गैट कुछ रूपों में भिन्न था। यह एक मंच था, जिसके हिस्सेदार सदस्य न कहला कर अनुबन्ध करनेवाले दल कहे जाते थे। मुद्रा कोष और विश्व बैंक में वोट के आधार पर निर्णय होता है। गैट में इन दोनों संस्थाओं के विपरीत प्रत्येक अनुबन्ध करनेवाले दल के पास एक वोट था। इससे यह लग सकता है कि गैट मुद्रा कोष और विश्व बैंक की तुलना में 'अधिक जनतांत्रिक' था। पर यह सिद्धान्ततः है, न कि व्यवहारतः, क्योंकि गैट के प्रायः सभी निर्णय मतैक्य या सर्वसम्मति से लिए जाते रहे हैं और वह भी खुले मंच पर नहीं। उसके 'ग्रीन रूम' में सम्पन्न देशों की ही पहुँच और पैठ थी, न कि उसके तमाम सदस्यों की।

गैट के इतिहास को अर्थशास्त्री दो भागों में बाँटते हैं—पुराना गैट और नया गैट। यद्यपि अन्तरराष्ट्रीय व्यापार संगठन को भी कइयों ने 'नया गैट' कहा है, लेकिन 'नया गैट' गैट का आठवाँ दौर या उरुग्वे दौर ही कहलाता है। 'गैट' का इतिहास आठ वार्ताओं का इतिहास है, जिनमें आरम्भिक सात दौर की वार्ताएँ 1948 से 1985 तक की हैं। 1948 से 1985 तक का गैट 'पुराना गैट' कहलाता है। इसकी पहली बैठक 1947 में हवाना में, दूसरी फ्रांस के एन्नेसी में (1949), तीसरी बैठक ब्रिटेन के टोरम्योए (1950-51) में, चौथी, पाँचवीं तथा छठी बैठक जेनेवा में (क्रमशः 1955-56, 1959-62 तथा 1964-67) तथा सातवीं बैठक टोक्यो में (1973-79) में हुई। गैट की स्थापना से लेकर इसके अन्त तक कुल आठ बैठकें हुईं, जिनमें सातों बैठकों का मिलाकर भी वह महत्त्व नहीं है जो महत्त्व इसकी आठवीं बैठक का है। उरुग्वे के पुंताडेल इस्टे में 1986 से 1993 तक गैट का आठवाँ दौर चला, जो उरुग्वे दौर के नाम से प्रसिद्ध है। गैट का यह आठवाँ दौर ही 'नया गैट' कहलाता है।

आरम्भिक सातों वार्ताओं में मुख्य विषय निर्मित सामान के व्यापार में शुल्क, सीमा-शुल्क तथा गैर-शुल्क दर की बाधा में छूट या कटौती था। उरुग्वे दौर में पहली बार लीक से हटकर विविध विषयों पर विचार किया गया। उरुग्वे दौर में सर्वप्रथम व्यापारेतर विषयों पर वार्ताएँ हुईं। आठवें दशक के अन्त और नवें दशक के आरम्भ में ब्रिटेन में मार्गरेट थैचर, अमरीका में रोनाल्ड रीगन और पश्चिमी जर्मनी में हेल्युट कोल जैसे आर्थिक रूढ़िवादियों के सत्ता में आगमन ने स्वतंत्र रूप से गैट के विश्व व्यापार कार्यक्रम को परिवर्तित कर दिया। अमरीका में उपभोक्ता खर्चों में निरन्तर अभिवृद्धि हो रही थी, जिसने विश्व की आर्थिक गतिविधियों और उसके व्यापार को प्रभावित किया। अमरीका घरेलू स्तर पर उत्पन्न आर्थिक समस्याओं से उबर नहीं रहा था और 1986 में उसे विश्व व्यापार के लिए एक नए अमरीकी कार्यक्रम का आरम्भ करना पड़ा। नया गैट या गैट के उरुग्वे दौर की अपनी एक पृष्ठभूमि है, जिसे देखे बिना गैट के आठवें दौर पर विचार नहीं किया जा सकता। यहाँ पर विश्व बैंक द्वारा 1987 में जारी 'वर्ल्ड डेवलपमेंट रिपोर्ट' का उल्लेख आवश्यक है, जिसमें विश्व अर्थव्यवस्था के सादृश्य क्रम को पुन: स्थापित करने के लिए अमरीका को पूँजी निर्यातक देश के रूप में फिर से उभरने या ऊपर उठने को आवश्यक माना गया था।

1986 में उरुग्वे दौर का आरम्भ एक प्रकार से अमरीकी अंकुश के अधीन हुआ। इस वार्ता की कार्यसूची पूर्णत: अमरीका द्वारा तैयार की गई थी। गैट की इस नई सूची में उस प्रत्येक क्षेत्र को शामिल किया गया, जिसमें अमरीका ने भविष्य में होनेवाले अपने लाभों और हितों को देखा। इस नई सूची में वित्तीय सेवा, दूरसंचार तथा परिवहन, प्रौद्योगिकी-प्रवाह तथा कृषि को प्रमुखता दी गई। अमरीका ने आन्तरिक दबावों को ध्यान में रखकर विश्व व्यापार नीति तथा वार्ताओं को अपने अनुकूल बनाने में कोई कसर उठा नहीं रखी। 1988 में रीगन प्रशासन ने 'ट्रेड एंड कम्पीटीटिवनेस एक्ट' के जरिए अपने को सशस्त्र रूप में ला खड़ा किया और गैट वार्ता के नए दौर के लिए पहल की।

उरुग्वे दौर का आरम्भ 20 सितम्बर, 1986 को उरुग्वे के पुंटाडेल स्टे में हुआ। इसका मुख्य लक्ष्य 1990 तक इसे अन्तिम रूप प्रदान करना था, पर इन वार्ताओं में सदस्य देशों के बीच आपसी सहमति का कई मुद्दों पर अभाव रहा। आरम्भ में भारत ने गैट के कार्यक्षेत्रों को फैलाने के अमरीकी प्रयत्नों का मुखर विरोध किया था। 1986 में भारत ने ब्राजील, मिस्र, नाइजीरिया तथा अन्य कई देशों के साथ गैट में शामिल किए जा रहे नए क्षेत्रों का विरोध किया था, पर यह विरोध दो वर्ष के बाद ही समाप्त हो गया, जब 1989 में राजीव गांधी ने सर्वप्रथम गैट में शामिल नए क्षेत्रों से अपनी सहमति व्यक्त की। कृषि, सेवाक्षेत्र और बौद्धिक सम्पदा अधिकार गैट में शामिल 1989 में नए क्षेत्र थे। उसके बाद भारत गैट वार्ता में निरन्तर कमजोर और दीन-हीन होता गया। अमरीका का भारत पर अंकुश कड़ा होता गया।

1988 के अमरीकी व्यापार अधिनियम ने 301 की बदनाम धारा स्थापित की और अगले ही वर्ष 1989 में इस धारा के अधीन जिन आठ देशों को रखा गया, उनमें भारत भी था। प्राय: उसी समय सुपर 301 के तहत जो तीन देश थे, उनमें भारत भी शामिल था। भारत पर जब सेक्शन 301 और सुपर 301 लागू किया गया, गैट में भारत की विरोधी आवाज कम पड़ चुकी थी। अमरीका ने अपने इन दो बदनाम कानूनों के जरिए भारत के मुँह पर ताला लगाया। उरुग्वे वार्ता के अन्तिम दौर में अमरीका ने अपने इन बदनाम कानूनों को कुछ समय के लिए रोक दिया। उसने डंकल व्यवस्था के जरिए अपने कार्य करवाने तथा अपने हितों को सुरक्षित रखने की नीति अपनाई।

दिसम्बर, 1990 तक गैट अपना कार्य पूरा नहीं कर सका। दिसम्बर, 1991 में गैट के तत्कालीन महानिदेशक आर्थर डंकल ने विकासशील देशों के हित में दी जा रही छूटों को हटाकर एक नया प्रारूप (ड्राफ्ट) पेश किया, जिसे 'डंकल ड्राफ्ट' के रूप में जाना जाता है। डंकल ड्राफ्ट को इक्कीसवीं सदी के अन्तरराष्ट्रीय व्यापार का 'मैग्नाकार्टा' कहा गया है। आर्थर डंकल 'गैट' (तटकर और व्यापार सम्बन्धी आम सहमति) के बारह वर्षों (1982–1993) तक महानिदेशक रहे। इस ड्राफ्ट के पीछे अमरीका की 'व्यापार चाल' (ट्रेड गेम) थी।

दिसम्बर, 1991 में 'डंकल ड्राफ्ट' पेश किए जाने के पूर्व भारत में 21 जून, 1991 को पी.वी. नरसिम्हा राव प्रधानमंत्री बन चुके थे और उनके नेतृत्व में चौवन सदस्यीय मंत्रिमंडल का गठन हुआ था। मनमोहन सिंह वित्त मंत्री बने। 22 जुलाई, 1991 को नई औद्योगिक नीति लागू की गई तथा 17 अगस्त को योजना आयोग का पूर्ण रूप से पुनर्गठन किया गया।

उस समय अमरीका के राष्ट्रपति जॉर्ज बुश थे। 20 जनवरी, 1989 को वे अमरीका के इकतालीसवें राष्ट्रपति निर्वाचित हुए थे। जनवरी, 1991 में इराक-अमरीका युद्ध आरम्भ हुआ, जो औपचारिक रूप से छियासी दिन तक चला। 1992 में अमरीका में राष्ट्रपति का चुनाव होना था, इसलिए इस वर्ष गैट की कार्यवाहियाँ धीमी रहीं। 20 जनवरी, 1993 को विलियम जे. क्लिंटन अमरीका के बयालीसवें राष्ट्रपति चुने गए। क्लिंटन ने अमरीका में आर्थिक तथा राजनीतिक रूढ़ता के लिए बारह वर्षों से शासन कर रही रूढ़िवादी रिपब्लिकन पार्टी को जिम्मेदार ठहराया था। उनके राष्ट्रपति चुनाव में मुख्य मुद्दा अमरीकी अर्थव्यवस्था था। 1993 के आरम्भ में क्लिंटन के अमरीकी राष्ट्रपति निर्वाचित हो जाने के बाद डंकल ड्राफ्ट पर सर्वत्र नए सिरे से विमर्श किया जाने लगा।

डंकल ड्राफ्ट गैट के सदस्य देशों के बीच अन्तिम दौर में हुई वार्ताओं का परिणाम है। गैट के 117 सदस्य देशों को इसे (डंकल ड्राफ्ट) या तो सम्पूर्णता में स्वीकार करना था या अस्वीकार करना था। डंकल ड्राफ्ट को स्वीकार करने का

अन्तिम समय 12 जनवरी, 1993 निश्चित था, जिसे कई कारणों से आगे बढ़ाकर 15 अप्रैल, 1994 किया गया।

डंकल ड्राफ्ट में ऐसा क्या था, जिससे पूरा देश लगभग दो शिविरों—पक्ष और विपक्ष में बँट गया? लगातार देश में भाषण, जुलूस और प्रदर्शन होते रहे। यह ड्राफ्ट लगभग 500 पृष्ठों का है, जिसका बहुत व्यापक क्षेत्र है। इस प्रारूप का एकमात्र उद्देश्य भूमंडलीकृत विश्व अर्थव्यवस्था को प्रभावशाली तरीके से लागू करना और मुक्त व्यापार के अनावश्यक अवरोधों को समाप्त करना है।

1986 में पुंटाडेल स्टे में गैट में वार्ता के लिए पन्द्रह नए विषयों को शामिल किया गया था। इन पन्द्रह प्रस्तावों में से तीन प्रस्ताव अन्तरराष्ट्रीय व्यापार के लिए पूर्णतः अपरिचित और अनजान थे। ये तीन नए प्रस्ताव थे—सेवा, पेटेन्ट्स तथा विदेशी निवेश। इन तीन विवादास्पद प्रस्तावों को अमरीका के लाभ के लिए प्रस्तुत किया गया था। ये तीन प्रस्ताव ग़रीब और अविकसित देशों पर अमरीकी प्रहार थे।

विकासशील देशों ने 15 जून, 1964 को जिस 'जी-77' का गठन किया था, डंकल ड्राफ्ट उन विकासशील देशों की संरक्षणात्मक योजना की 'एंटी थीसिस' है। डंकल ड्राफ्ट के सम्बन्ध में भारत की मुख्य चिन्ता कृषि तथा पेटेन्ट क्षेत्रों की थी। गैट समझौते को लेकर भारत में मुख्यतः विरोध इन दो क्षेत्रों में हुए। डंकल के कृषि-सम्बन्धी प्रस्ताव में किसी भी देश को अनाज आयात पर प्रतिबन्ध लगाने की मनाही है। आयात की यह मात्रा भी सरकारों को तय नहीं करनी है और उन्हें अनाज के इस आयात पर न्यूनतम सीमा शुल्क रखना है। कृषि-सम्बन्धी प्रस्तावों से विकसनशील देशों की कृषि-व्यवस्था पर यह प्रहार है। खाद, खाद्य पदार्थ, बिजली, सिंचाई सब पर देर-सबेर प्रभाव पड़ेंगे। गैट के सदस्य देशों के लिए विदेशी कृषि उत्पादों का आयात करना आवश्यक है। वह अपने उपभोग का कम-से-कम तीन प्रतिशत बाहर से लेगा, जो छह वर्षों में बढ़कर पाँच प्रतिशत होगा। 1993 में भारत सरकार ने भारतीय किसानों से गेहूँ की खरीद 290 रुपए प्रति क्विंटल की दर से की थी और अमरीका से उसने 526 रुपए प्रति क्विंटल की दर से यह खरीद की। कारगिल के गोदामों से अमरीकी गेहूँ की आपूर्ति हुई थी, जिसका भुगतान कर्ज द्वारा प्राप्त डालर में से किया गया। अनाज के 'आयात की अनिवार्यता' मुक्त तथा खुले बाजार के सिद्धान्त के खिलाफ है। डंकल के कृषि-सम्बन्धी प्रस्तांव भारतीय कृषकों के पक्ष में नहीं थे। इसने प्रत्येक सदस्य देश के लिए यह अनिवार्य कर दिया कि उन देशों ने 1986 और 88 के बीच जितना आयात किया था, उतना अवश्य करें।

सरकार को घरेलू खपत के तीन प्रतिशत अनाज आयात करने की अनिवार्यता से उन बहुराष्ट्रीय कम्पनियों को लाभ पहुँचेगा, जिनका विश्व में अनाज व्यापार पर अधिकार है। छह बहुराष्ट्रीय कम्पनियाँ विश्व में अनाज व्यापार के लगभग पचासी

प्रतिशत पर अपना अधिकार रखती हैं, जिनमें अमरीका की कारगिल कम्पनी सबसे बड़ी है। डंकल के कृषि–सम्बन्धी प्रावधानों से एक साथ अनेक समस्याएँ खड़ी होंगी। वे किसानों को दी जानेवाली सरकारी सहायता या 'सब्सिडी' को कम करने की बात कहते रहे हैं। इससे सरकार द्वारा अनाज की क्रय–नीति के साथ ही जन–वितरण प्रणाली भी प्रभावित होगी। खाद्यान्न भंडार बनाने की सरकारी क्षमता घटेगी और सरकार बाजार पर निर्भर होगी। राज्य–आधारित अर्थव्यवस्था नष्ट होगी और बाजार–आधारित अर्थव्यवस्था विकसित होगी। किसानों को पश्चिमी देशों की तरह नकद सहायता के रूप में दी गई 'सब्सिडी' से न तो भारत की कृषि–व्यवस्था को लाभ पहुँचेगा और न भारतीय किसानों को। सार्वजनिक वितरण प्रणाली बन्द हो जाएगी और एक भिन्न प्रकार की राशन–व्यवस्था का आरम्भ होगा। बीज पेटेन्ट कराए जाएँगे और बाध्य होकर किसानों को बहुराष्ट्रीय कम्पनियों से बीज खरीदना होगा। लार्ड कॉर्नवालिस की नई शक्ल में दो सौ वर्ष बाद डंकल अपने प्रारूप के साथ मौजूद हुआ था। कार्ल मार्क्स ने कॉर्नवालिस को 'पाजी' कहा था। डंकल को ऐसा किसी ने शायद नहीं कहा।

खेती के 'त्वरित व्यवसायीकरण' (नगदी फसलों पर जोर) से सम्पन्न कृषक और कुलक ही लाभान्वित हो सकेंगे और इससे खाद्य सुरक्षा और आत्मनिर्भरता प्रभावित होगी। डंकल के मूल प्रस्तावों में कृषि के अतिरिक्त बौद्धिक सम्पदा, व्यापार नियोजन और सेवा क्षेत्र हैं।

व्यापार सम्बन्धी बौद्धिक सम्पदा अधिकार (ट्रिप्स, ट्रेड–रिलेटेड इंटेलेक्चुअल प्रापर्टी राइट्स) डंकल प्रारूप का एक खतरनाक प्रावधान है, जिसने अनेक देशों को सबकुछ पेटेन्ट करा लेने के लिए विवश किया है।

पेटेन्ट कानून या बौद्धिक सम्पदा अधिकार पर पेरिस में सबसे पहले 1893 में कई व्यापारिक संगठनों ने हस्ताक्षर किए थे, जो पेरिस सहमति के नाम से प्रसिद्ध है। पेटेन्ट आविष्कारक को मान्यता अथवा पारिश्रमिक देने का एक तरीका माना जाता है, पर वास्तविकता यह है कि अब व्यक्तियों के नाम पर पेटेंट बहुत कम होते हैं और संगठनों के नाम पर अधिक होते हैं। इससे पेटेन्ट के आविष्कारक को विशेष लाभ प्राप्त नहीं होता। वैज्ञानिक विकास ने आविष्कार तथा ज्ञान को सामूहिक सम्पत्ति के बजाय व्यक्तिगत सम्पत्ति के रूप में रखना आरम्भ किया।

भारत में इन्दिरा गांधी के समय 1970 में पेटेन्ट कानून बना। इस कानून के अनुसार किसी भी आविष्कार या तकनीक की 'प्रक्रियाओं' (प्रोसेस) पर पेटेन्ट लागू होगा, न कि 'उत्पाद' (प्रोडक्ट) पर। 1970 के भारतीय पेटेन्ट एक्ट में 'अनिवार्य लाइसेंस' की बात है, पर डंकल ड्राफ्ट के 'ट्रिप्स टैक्स्ट' के इकतीसवें अनुच्छेद में लाइसेंस को छूट देने की बात है। डंकल ड्राफ्ट में बौद्धिक सम्पदा अधिकार की सुरक्षा के लिए जिस एकरूप व्यवस्था को महत्त्व दिया गया है, वह

विकसनशील देशों के बौद्धिक सम्पदा अधिकार और उसमें भी विशेषत: पेटेन्ट कानून की दृष्टि से घातक है। भारतीय पेटेन्ट कानून के अनुसार कृषि, उद्यान कृषि, जैव तकनीकी पद्धति तथा प्रक्रिया के साथ इनके उत्पाद पेटेन्ट सीमा से बाहर हैं, किन्तु ट्रिप्स वर्गीकरण में कई तरह की बौद्धिक सम्पदा के अन्तर्गत लगभग सबकुछ समाहित हो जाता है। ट्रिप्स के प्रावधानों के अनुसार सामान्यत: और अनिवार्यत: पेटेन्ट की अवधि बीस वर्ष की है। यह अवधि सभी तरह के 'प्रक्रिया' (प्रोसेस) और 'उत्पाद' (प्रोडक्ट) की अवधि है। ट्रिप्स 1970 के भारतीय पेटेन्ट कानून का विरोधी और संहारक है। तीसरी दुनिया के देशों के लिए यह कानून 'आदर्श कानून' माना गया है, पर ट्रिप्स इस आदर्श कानून को चूर-चूर कर देता है। वह सभी क्षेत्रों में उत्पाद को पेटेन्ट कराने को विवश करता है और 'उत्पाद' को भी पेटेन्ट करने का अर्थ है विकसित पूँजीवादी देशों का सदा के लिए विकसनशील तथा ग़रीब देशों पर होनेवाला वर्चस्व। इस प्रकार ट्रिप्स तीसरी दुनिया के देशों को पूँजीवादी देशों के मातहत रखने का एक व्यापार माध्यम है।

पेटेन्ट की अवधि को बीस वर्ष की दीर्घावधि में रखना समय का अंकुश लगाना है। ब्रिटिश काल में भी पेटेन्ट की इतनी लम्बी अवधि नहीं थी। 1911 के पेटेन्ट और डिजाइन कानून की अवधि इससे कम थी। परतंत्र भारत में यह अवधि सोलह वर्ष से अधिक कभी नहीं रही। डंकल ड्राफ्ट में पेटेन्ट धारक लाभ में हैं। किसी भी विशेष उत्पाद के लिए उसे विशिष्ट विपणन अधिकार प्राप्त होगा। उस विशेष उत्पाद के निर्माण और विक्रय के इच्छुकों को यह ध्यान देना होगा कि पेटेन्ट धारक का अधिकार कहीं से उल्लंघित या अतिक्रमित नहीं होता है। यह पेटेन्ट कानून औद्योगिक तथा कृषि विकास दोनों ही क्षेत्रों में भारत को तथा विकसनशील देशों को पर निर्भर बनाए रखने का माध्यम भी है। 'अनिवार्य लाइसेंस' हटाने से जन-नीति प्रभावित होगी और पेटेन्ट धारक बन्धन रहित हो जाएँगे। तीसरी दुनिया के देशों में जैव विविधता भरी पड़ी है। पेटेन्ट कानून जैव विविधता वाले देशों के लिए बड़ा खतरा है क्योंकि यहाँ पेटेन्ट कराने का क्षेत्र अन्य देशों की तुलना में कहीं बड़ा है।

बौद्धिक सम्पदा अधिकार के कारण कृषि-क्षेत्र, दवा-क्षेत्र तथा अन्य कई क्षेत्र प्रभावित होंगे। ऊपर से ऐसा लग सकता है कि यह एक व्यापार समझौता है, पर वस्तुस्थिति कहीं भिन्न है। प्रख्यात पर्यावरणविद् तथा 1993 में वैकल्पिक नोबेल पुरस्कार से सम्मानित वन्दना शिवा इसे पर्यावरण से जोड़कर देखती हैं। उनके अनुसार जीवन पेटेन्टीकरण के लिए नहीं है—'लाइफ इज नॉट फॉर पेटेन्टिंग'। (दि टेलीग्राफ, 24.8.93) वन्दना शिवा के अनुसार पेटेन्ट का सम्बन्ध मात्र व्यापार से न होकर वातावरण तथा नीति-विषयक प्रश्नों से भी है। सब कुछ को पेटेन्ट करा लेने की यह व्यापारिक भूख मनुष्य-विरोधी और नैतिकता-विरोधी है। पेटेन्ट मनुष्य तथा सम्पूर्ण मनुष्य समाज की निन्दा करता है तथा इस ग्रह की जैव-विविधता को निजी सम्पत्ति

में पेटेन्ट कराने की घृणित तथा वीभत्स स्थिति को सामने रखता है। वन्दना शिवा के अनुसार ट्रिप्स केवल व्यापार के लिए नहीं है। यह नीतिशास्त्र से भी जुड़ा हुआ है कि हम अन्य प्राणियों, जातियों के साथ कैसा सम्बन्ध रखते हैं और हमारी सभ्यता के नैतिक तथा सांस्कृतिक मूल्य क्या हैं? बौद्धिक सम्पदा अधिकार जैव-विविधता का एक प्रकार से संहार करता है। विश्व बाजार एकरूपता पर बल देता है और विश्व बाजार पर बहुराष्ट्रीय कम्पनियों के एकाधिकार को ध्यान में रखकर ही डंकल प्रारूप पेश किया गया था। किसानों के अधिकारों को, उनकी खोज को चुनौती देना तथा उसे नष्ट करना किसी तरह से रचनात्मक कार्य नहीं कहा जा सकता। जैव-विविधता आधुनिक विज्ञान की देन नहीं है। किसानों के अधिकारों तथा देशी बीजों की रक्षा के लिए 'बीज-सत्याग्रह' भी शुरू हुआ। जनवरी, 1992 में सुमन सहाय ने अपने कई मित्रों के साथ डंकल प्रारूप के विरोध में 'जीन आन्दोलन' आरम्भ किया था और बैंगलुरु विश्वविद्यालय में कानून के प्रोफेसर तथा कर्नाटक राज्य रैयत संघ के अध्यक्ष प्रोफेसर एम.डी. नेगुंदा स्वामी ने 'बीज-सत्याग्रह' की शुरुआत की थी, जिससे पौधों और जीन पर पेटेन्ट न हो तथा ट्रिप्स लागू न हो। वन्दना शिवा के अनुसार कुछ बहुराष्ट्रीय कम्पनियों के हाथों में यह समस्त जीवित अवयवों को सौंप देना तथा उसे इनका स्वामित्व प्रदान कर देना है।

गैट समझौता को 'एशिया के लिए विनाशकारी' तथा 'विकासशील देशों को उपनिवेश बनाने की योजना' इन्हीं कारणों से कहा गया।

प्रौद्योगिकी, यंत्र-समूह, केमिकल्स, बीज आदि क्षेत्रों में हो रहे नए परिवर्तनों की सुरक्षा तथा उन पर एकाधिकार स्थापित करने के लिए 'बौद्धिक सम्पदा अधिकार' को सर्वाधिक महत्त्व दिया गया। डंकल ड्राफ्ट में यह निश्चित किया गया कि कोई भी देश अगर एक विशेष प्रौद्योगिकी, औषध, बीज और मशीन का उपयोग करता है, तो उसे बीस वर्ष तक पेटेन्ट अधिकार के लिए मूल्य देना होगा। पेटेन्ट सम्बन्धी यह कानून उस सोच और दृष्टि को भी प्रस्तुत करता है, जिसमें नवीकरण और नई खोजें विकसित प्रयोगशालाओं और अनुसन्धान केन्द्रों में ही होती हैं। यह औद्योगिक तथा अतिसम्पन्न विकसित राष्ट्रों की अविकसित दृष्टि का उदाहरण है क्योंकि भारतीय किसानों ने बिना किसी प्रयोगशाला के धान की पचास हजार तथा आम की सौ से अधिक किस्में उपजाई हैं। धान की किसी एक प्रजाति से हजार प्रकारों का विकास क्या कोई सामान्य घटना है? तीसरी दुनिया के देशों में यह नवीकरण शताब्दियों में हुआ है। भारतीय किसानों ने सैकड़ों-हजारों वर्षों में अपने ज्ञान और श्रम से जिसे हासिल किया है, उसे डंकल ड्राफ्ट आनन-फानन में समाप्त कर, उस पर बहुराष्ट्रीय कम्पनियों का अधिकार करा देना चाहता है। क्या बीज कम्पनियों का योगदान किसानों के हजार सालों के बौद्धिक योगदान से बढ़कर है? इस सम्बन्ध में पैट मनी का यह कथन रेखांकित किया जाना चाहिए—"यह दलील कि बौद्धिक

सम्पदा तभी पहचान में आती है, जब उसे सफेद कोट पहन विज्ञान प्रयोगशालाओं में ही प्रदर्शित किया जाता है, वैज्ञानिक विकास का एक निहायत ही वर्णभेदी नजरिया पेश करता है।" वैज्ञानिक विकास का यह नजरिया औद्योगिक राष्ट्र पेश करते हैं। डंकल ड्राफ्ट बहुराष्ट्रीय कम्पनियों तथा अमरीका के व्यापारिक एवं अन्य फायदों को ध्यान में रखकर सामने लाया गया था। यह प्रारूप अमरीका को आर्थिक और राजनीतिक रूप से भी और अधिक शक्तिशाली बनाने का प्रयत्न था।

पेटेन्ट कानून को ठीक ही 'आविष्कार का व्यापारिक दोहन' कहा गया है। स्वास्थ्य, कृषि तथा उद्योग भारतीय संविधान की सातवीं अनुसूची के अनुसार राज्य के अनन्य क्षेत्राधिकार के अधीन हैं। हमारी सरकार संविधान के प्रति अब कम उत्तरदायी है। 1992 में पश्चिम बंगाल के मुख्यमंत्री ज्योति बसु, 1993 में राजस्थान के मुख्यमंत्री भैरोसिंह शेखावत और 1994 में तमिलनाडु और उड़ीसा के मुख्यमंत्री जय ललिता और बीजू पटनायक ने केन्द्र सरकार को गैट पर लिए जानेवाले अन्तिम निर्णय के पूर्व बातचीत में राज्य को भी शामिल करने की बात कही थी, पर केन्द्र सरकार ने कोई जवाब नहीं दिया। मई, 1992 में अमरीकी कम्पनी–डब्ल्यू.आर. ग्रेस एंड कम्पनी की सहायक कम्पनी आग्रासेटस ने कपास का पेटेन्ट अमरीका में प्राप्त करने के कई माह पहले ही भारत में यह पेटेन्ट स्वीकृत करा लिया था। विश्व के कपास उत्पादक देशों में भारत का तीसरा स्थान है और 'जेनेटिक परिवर्तन की प्रक्रिया' पर आग्रासेटस ने पेटेन्ट करा लिया।

डंकल प्रस्ताव कइयों के अनुसार 'व्यापार उदारीकरण की नई बाइबिल' है। आर्थर डंकल के कार्यकाल में उरुग्वे दौर की वार्ता समाप्त नहीं हुई। अपने कार्यकाल के अन्तिम दिन 30 जून, 1993 को थॉमस अब्राहम से हुई बातचीत (दि हिन्दू, 6.7.93) में ट्रिप्स समझौते वाले प्रश्न का उत्तर उन्होंने इन शब्दों में दिया था, 'उरुग्वे दौर में बाकी 110 देशों ने प्रस्ताव का समर्थन किया है। उन्हें इसमें कुछ नागवार नहीं लगा। × × × आप चाहें तो मेरे तकनीकी विशेषज्ञों से मिल लें, वे तकनीकी पक्ष को बेहतर ढंग से रख सकेंगे।'

डंकल प्रस्ताव राष्ट्रीय सम्प्रभुता के खिलाफ था। आर्थर डंकल ने उपर्युक्त बातचीत में यह स्पष्ट शब्दों में कहा था, "निश्चय ही, यह सम्प्रभुता को कम करती है।...मैं सोचता हूँ, भारत को भी अपनी सम्प्रभुता का कुछ अंश छोड़ देना चाहिए। सम्प्रभुता के सवाल पर बहस बड़ी बनावट है। अगर अमरीका में मन्दी का दौर चले, निर्यात तीस फीसदी गिर जाए, तो सम्प्रभुता बचाकर ही क्या कर लेंगे?"

डंकल प्रस्ताव को 'गुलामी का दस्तावेज' तथा 'नवउपनिवेशवाद का मारक अस्त्र' माना गया। 1993–94 के दो वर्षों में भारत में इसे लेकर कम धरने और प्रदर्शन नहीं हुए, लेकिन सारे जुलूस और प्रदर्शन धरे रह गए। 8 फरवरी, 1994 को इस देश के प्रधानमंत्री ने राष्ट्रपति के अभिभाषण पर धन्यवाद प्रस्ताव के दौरान यह

कहा था कि डंकल का मामला मरे हुए घोड़े जैसा है। घोड़ा मर चुका है, पर कुछ लोग चाबुक चलाए जा रहे हैं।

डंकल प्रस्ताव के समर्थक और पक्षधर, नई आर्थिक नीति के पक्षधर, निजीकरण, उदारीकरण और खगोलीकरण के समर्थक, अमरीका और पश्चिमी यूरोपीय देशों के प्रशंसक, विश्व बाजार के भक्त और पुजारी तथा विश्व बैंक-कोष में काम कर चुके अर्थशास्त्री अधिकारी-पदाधिकारी हैं। वे उस नई अन्तरराष्ट्रीय अर्थव्यवस्था के समर्थक हैं, जो बाजार-नियंत्रित अर्थव्यवस्था है। उन्हें इससे कोई सरोकार नहीं था कि इस प्रारूप में औद्योगिक वस्तुओं के साथ जीव-जन्तु और वृक्ष तक शामिल थे।

डंकल प्रस्ताव का तीसरा भाग व्यापार सम्बन्धी निवेश मापदंड (ट्रिक्स-ट्रेड रिलेटेड इन्वेस्टमेंट मेजर्स) है। इस प्रस्ताव में देशी निवेशकों के समान विदेशी निवेशकों के साथ होनेवाले व्यवहार की अनिवार्यता है। इस प्रस्ताव के पूर्व विदेशी निवेश पूर्णतः राष्ट्रीय कानून का विषय था। व्यापार में खुली छूट देने के कारण अब विदेशी कम्पनियाँ अधिकतम पूँजी लगा सकती हैं। यहाँ यह ध्यान देने की बात है कि पहले 'स्थिर निवेश' और 'पोर्टफोलियो निवेश' में से पोर्टफोलियो निवेश को महत्त्व दिया गया है। क्योंकि वहाँ जोखिम से बचा जाता है। प्रोफेसर प्रभात पटनायक के अनुसार ''बहुराष्ट्रीय निगमों का मुख्य लक्ष्य हमारा घरेलू बाजार है, न कि निर्यात का बाजार।'' (भारतीय आर्थिक विकास के आयाम) विदेशी कम्पनियों को सभी क्षेत्रों में न्यौता जा रहा है—खेती, खदान, जंगल, मछली, बिजली, सड़क, उत्पादन, उद्योग, व्यापार, समाचार-पत्र, दूरदर्शन, चिकित्सा, शिक्षा, शोध एवं अनुसन्धान, बैंक, बीमा कम्पनियाँ, हवाई कम्पनियाँ—आदि की एक लम्बी सूची है। भारतीय उद्योग-धंधे तेजी से बन्द हो रहे हैं और बड़ी मछली छोटी मछली को निगल रही है। अनेक कम्पनियों की वार्षिक आय भारत के कुल राष्ट्रीय बजट से अधिक है।

डंकल प्रस्ताव में चौथा भाग सेवा-क्षेत्र है और सेवाओं (सर्विसेज) में होनेवाले व्यापार को 'सांस्कृतिक हमला' माना गया है।

डंकल प्रस्ताव पर संसद में और प्रान्तीय विधानसभाओं में बहसें नहीं हुईं। 21 मार्च, 1994 को भारत के वाणिज्य मंत्री ने कुछ राज्यों से इस सम्बन्ध में राय माँगी। 15 अप्रैल में कुछ ही दिन शेष थे। सरकार ने डंकल प्रस्ताव पर कभी खुली बातचीत नहीं की। दिल्ली में लाखों लोगों की रैली होती रही और 15 अप्रैल, 1994 को मोरक्को के ऐतिहासिक शहर मराकश में 109 देशों ने उस प्रस्ताव को मंजूर कर लिया। भारत ने एक नई अर्थव्यवस्था के ऐतिहासिक समझौते पर अपना हस्ताक्षर कर दिया। पन्द्रह निर्धन राष्ट्रों ने इस समझौते पर हस्ताक्षर नहीं किए। समझौते का यह दस्तावेज छब्बीस हजार पृष्ठों से अधिक है, जिसका वजन 180 किलोग्राम के लगभग है। आर्थर डंकल के बाद गैट के प्रमुख पीटर सदरलैंड हुए और उन्होंने 'मारकश घोषणापत्र' को ऐतिहासिक बताया। चार घंटे तक हस्ताक्षर समारोह चला।

नए विश्व व्यापार समझौते में शामिल होने से भारत को क्या हासिल होगा? यह समझौता भारत के लिए वस्त्र-निर्यात, कृषि उत्पाद तथा श्रमिक सेवा के क्षेत्र में अधिक सुअवसर प्रदान कर सकता है, जिसकी सम्भावना कम है।

1 जनवरी, 1995 से 'गैट' का स्थान 'विश्व व्यापार संगठन' (वर्ल्ड ट्रेड आर्गेनाइजेशन) ने ले लिया है। दिसम्बर, 1994 में गैट समझौते की समाप्ति के बाद यह एक नई विश्व व्यापार संस्था है। विश्व व्यापार संगठन 'गैट' से कहीं अधिक शक्तिशाली है। 'गैट' का उद्देश्य 'विश्व व्यापार संगठन' का निर्माण था, जो पूरा हो चुका है। गैट के महानिदेशक पीटर सदरलैंड अब विश्व व्यापार संगठन के महानिदेशक हैं।

विश्व व्यापार संगठन उन्नत औद्योगिक देशों के हितों को सामने रखकर बना है। इस संगठन को विकसनशील तथा पिछड़े देशों से कोई सरोकार नहीं है। अमरीका के सुप्रसिद्ध उपभोक्ता संरक्षक तथा पर्यावरणविद् रॉल्फ नार्दर ने भारतीय प्रधानमंत्री नरसिम्हा राव को अमरीका यात्रा के दौरान भारत को विश्व व्यापार संगठन का सदस्य नहीं बनने की चेतावनी दी थी। उनके अनुसार इससे भारतीय सम्प्रभुता पर प्रभाव पड़ेगा। भारतीय प्रधानमंत्री ने यह सलाह नहीं मानी।

भारत गैट के संस्थापक सदस्यों में था, किन्तु विश्व व्यापार में उसकी भूमिका नगण्य रही। यह निरन्तर घटती रही है। विश्व व्यापार में 1950 में भारत का प्रतिशत 3.5 था, जो 1992 में घटकर 0.4 रह गया है। विश्व व्यापार तालिका में भारत का स्थान घटता गया है और विश्व ऋण तालिका में बढ़ता गया है।

विश्व व्यापार संगठन विश्व के सन्तुलित आर्थिक विकास के लिए गठित नहीं हुआ है। इस संगठन के हाथ में कई कानून हैं जो सदस्य देशों को समय-समय पर नियंत्रित करते रहेंगे। गैट से यह इस अर्थ में भिन्न है कि पहले जहाँ सदस्य देशों की गृह नीतियों में हस्तक्षेप करने तथा उसे परिवर्तित करने का सुझाव या आदेश देने का अधिकार गैट को नहीं था, वहाँ विश्व व्यापार संगठन कानूनी अधिकारों से युक्त है। वह अपने सदस्य देशों को अपने घरेलू नियमों को बदलने को कह सकता है और बात नहीं मानने पर उसे दंडित भी कर सकता है। विश्व व्यापार संगठन में अमरीका तथा विकसित औद्योगिक राष्ट्रों का वर्चस्व सदैव बना रहेगा। अमरीका ने विश्व व्यापार संगठन से अपने को भविष्य में अलग होने का मार्ग अभी से तय कर लिया है। उसके अनुसार "व्यापार संगठन के सभी निर्णयों की अवकाशप्राप्त न्यायाधीशों के द्वारा समीक्षा की व्यवस्था की जाए तथा जब भी अमरीका के हितों के विरुद्ध दिए गए निर्णयों की संख्या तीन तक पहुँच जाए तो अमरीका व्यापार संगठन से बाहर निकल जाए।" यह अमरीका की दूरदर्शिता है, कहीं भी घिरने, फँसने और बँधने से पूर्व अपनी रक्षा के लिए की गई अग्रिम चेष्टा है, लेकिन भारत के साथ ऐसी न कोई बात है, न कोई शर्त। विश्व व्यापार संगठन विश्व बैंक तथा मुद्रा कोष से जुड़ा है।

गैट समझौते में यह स्पष्ट उल्लेख है कि संगठन के सदस्य देशों के व्यापार सम्बन्धी नियमों तथा क्रियाकलापों की जाँच में बैंक तथा कोष की उपस्थिति रहेगी।

विश्व व्यापार संगठन की अपनी नौकरशाही होगी और यह निश्चित रूप से बहुराष्ट्रीय कम्पनियों से जुड़ी होगी। संगठन देश के संविधान में भी परिवर्तन लाने को बाध्य कर सकता है। यह एक अंकुश की तरह रहेगा।

भारतीय वाणिज्य मंत्री संसद में 'विश्व व्यापार से निरन्तर मिलनेवाले फायदों' का उल्लेख करते हैं। 30 दिसम्बर, 1994 को भारत इस संगठन में शामिल हो गया और उसके अगले दिन अर्थात् 31 दिसम्बर, 1994 को भारत के राष्ट्रपति के अध्यादेश द्वारा 1970 के पेटेन्ट कानून को बदलकर उसे अमरीकी कानून के अनुरूप कर दिया गया। मेथ्यू कूरियन ने लिखा है कि "प्रस्तावित विश्व व्यापार संगठन इन ट्रांसनेशनल निगमों के लिए रखवाले कुत्तों का काम करेंगे।' (मेनस्ट्रीम, 5 नवम्बर, 1994) भारत को 'विश्व व्यापार से निरन्तर मिलनेवाले फायदे' क्या हैं? इन सम्भावित लाभों को लेकर तथा विश्व व्यापार संगठन का सदस्य भारत बने या नहीं, इस सम्बन्ध में भारतीय संसद में कोई बहस या चर्चा नहीं हुई। संसद में इस विषय को नहीं रखना तथा अध्यादेश का मार्ग अपनाना क्या सिद्ध करता है!

विश्व व्यापार में भारत तथा विकासशील देशों की स्थिति सामान्य है। भारत की स्थिति वहाँ 'एक बच्चे या ग्रामीण दुकानदार' की है। विकसित देशों के साथ विश्व बाजार में टिकना असम्भव है। विश्व बाजार पर वर्चस्व पेटेन्ट नियमों तथा अन्य कारणों से विकसित औद्योगिक देशों का ही रहेगा। गैट सचिवालय के एक विवेचन के अनुसार, जिसमें उरुग्वे दौर के लाभों पर विचार किया गया था, विश्व आय एक वर्ष में बढ़कर 510 बिलियन डालर हो जाएगी, जिसका अधिक भाग अमरीका तथा यूरोपीय समुदाय को प्राप्त होगा। अमेरिका को 112 बिलियन डालर की वार्षिक आय प्राप्त होगी, यूरोपीय समुदाय को 164 बिलियन डालर, जापान को 27 बिलियन डालर तथा 116 बिलियन डालर विकसनशील तथा संक्रमण अर्थव्यवस्था वाले समूह को प्राप्त होगी। विश्व व्यापार संगठन का सदस्य बनने के बाद विश्व व्यापार में भारत कितना विकास करेगा। वह किन उत्पादों का निर्यात करेगा और उससे प्राप्त होनेवाली आय कितनी होगी? यह आय आयातित वस्तुओं पर किए गए खर्च से कम होगी या अधिक और फिर बड़ा प्रश्न यह भी है कि हम जिन वस्तुओं का आयात करेंगे, वे भारत के किस वर्ग की आवश्यकताएँ हैं?

भारतीय निर्यात का लगभग अस्सी प्रतिशत परम्परागत क्षेत्रों से है। इसमें कृषि, हैंडलूम आदि आते हैं। राष्ट्रीय आय का लगभग सत्तर प्रतिशत इन्हीं क्षेत्रों से आता है। जापान ने भारतीय आम और अमरीका ने भारतीय घाघरों को अपने यहाँ प्रतिबंधित किया। अमरीका ने अपने संचार-माध्यमों से भारतीय घाघरों के खिलाफ कम प्रचार नहीं किया। 1993 में भारत ने अमरीकी बाजारों में 1.3 अरब डालर का

कपड़ा निर्यात किया था, जबकि अमरीका ने केवल 70 लाख डालर का कपड़ा निर्यात किया था। अमरीका ने भारतीय घाघरों आदि के निर्यात को लेकर कई शर्तें लगाईं और अपनी आपत्तियाँ दर्ज कीं। अमरीकी राजदूत फ्रेंक वाइजनर ने भारत को भी विदेशी पूँजी के लिए खोलने के लिए कहा। यूरोपीय संगठन के देशों ने भारत से किए गए फूलों के आयात पर 15 प्रतिशत कर लगाया और अन्य देशों को कर-मुक्त रखा। भारत से बासमती चावल का किया जानेवाला निर्यात दूसरे प्रकार से मोटे चावल की भारतीय उपज को भी प्रभावित करेगा। दूसरे औद्योगिक देश विकासशील देशों के सामान को घटिया बताकर तथा नियम-कानून की अवहेलना का उदाहरण देकर अपने देश में प्रतिबंधित कर सकते हैं।

आयात-निर्यात का सन्तुलन भुगतान सन्तुलन है, जिसकी किसी भी अर्थव्यवस्था में विशेष भूमिका है। प्रभात पटनायक के अनुसार, ''कृषि निर्यातों को उदार बनाए जाने के फलस्वरूप, हमारे देश के विशाल हिस्से में, जनता को दो सबासे बुनियादी ज़रूरत की चीजों, खाने और कपड़े की अब कहीं ज्यादा कीमत अदा करनी पड़ेगी।'' (भारतीय आर्थिक विकास के आयाम) चावल और कपास का निर्यात सर्वाधिक घातक है।

आयात में हम नई तकनीक के नाम पर पश्चिम की पुरानी तकनीक ले रहे हैं। प्रशिक्षित भारतीय वैज्ञानिकों का पलायन हो रहा है। अनुसन्धान और विकास पर सकल राष्ट्रीय उत्पाद का एक प्रतिशत भी खर्च नहीं कर हम तकनीक के आयात के सिलसिले को रोक नहीं सकते। विकसित देशों और विकासशील देशों के बीच आयात-निर्यात में कोई स्वस्थ सन्तुलन नहीं है। खुली तथा उदार अर्थ-नीति के बाद विकासशील देशों में और भारत में भी आयात राशि की संख्या में वृद्धि हुई है।

भारतीय पूँजी 'आत्मनिर्भर' न होकर 'निर्भर' है। डंकल प्रस्ताव के जरिए बहुराष्ट्रीय कम्पनियों के उत्पादों, सेवाओं और पूँजी निवेश के लिए विकासशील देशों का बाजार छल-प्रपंच से खोल दिया गया है। भारत सरकार ने पूँजीवादी बाजार की तानाशाही को सोच-समझकर अपनाया है। बहुराष्ट्रीय कम्पनियों के द्वारा राष्ट्रीय बचत का एक हिस्सा औद्योगिक देशों के पास जा रहा है। भारत में लघु उद्योग और देशी उद्योग नष्ट होते जा रहे हैं।

विश्व व्यापार संगठन और विश्व अर्थव्यवस्था औद्योगिक देशों को लाभ पहुँचाने के लिए हैं, न कि विकसनशील देशों का भविष्य सँवारने के लिए। बहुराष्ट्रीय कम्पनियों को भारत में मुनाफा कमाना है। विश्व व्यापार में बहुराष्ट्रीय कम्पनियों की अहम भूमिका है। अमरीका की अग्रणी कम्पनियाँ 'इंडिया इंट्रेस्ट ग्रुप' से सम्बद्ध हैं।

विश्व में बहुराष्ट्रीय कम्पनियों की संख्या सैंतीस हजार के लगभग है और इनकी सहायक कम्पनियाँ इनसे चार गुनी हैं। सैंतीस हजार बहुराष्ट्रीय कम्पनियों में से सत्तर प्रतिशत कम्पनियाँ विश्व के गिने-चुने देशों की हैं। इनमें से दो सौ बड़ी कम्पनियों

की सर्वाधिक सम्पत्ति है, जिनमें आठ अमरीका की हैं। अमरीका आज महाबली है। विश्व बैंक, अन्तरराष्ट्रीय मुद्रा कोष, विश्व व्यापार संगठन—सब उसके प्रभाव-क्षेत्र में हैं। संयुक्त राष्ट्र संघ पर भी वही काबिज है। उसे आर्थिक सहयोग सबसे अधिक अमरीका ही देता है और संयुक्त राष्ट्र संघ के पाँच स्थायी सदस्यों—(ब्रिटेन, फ्रांस, अमरीका, सोवियत रूस और चीन) में अमरीका का स्थान अघोषित रूप में सर्वोपरि है। उसने विश्व संस्थाओं को एक प्रकार से अपने अधीन कर रखा है। भारत में सबसे बड़ा निवेशकर्ता अमरीका है। विश्व आर्थिक मंच (वर्ल्ड इकॉनॉमिक फोरम) के 796 पृष्ठीय सर्वेक्षण में विश्व बाजार की प्रतियोगिता में जिन अड़तालीस देशों को रखा गया है उनमें अमरीका सर्वप्रथम है और भारत का स्थान उनचालीसवाँ है। (टाइम्स ऑफ इंडिया, नई दिल्ली, 6 सितम्बर, 1995)

अमरीका का व्यापार की दृष्टि से सारा ध्यान दस देशों पर केन्द्रित है। चीन, भारत, दक्षिण कोरिया, इंडोनेशिया, अर्जेन्टीना, ब्राजील, मैक्सिको, तुर्की, पोलैंड और दक्षिण अफ्रीका में से चार एशियाई मुल्क हैं। अमरीका के वाणिज्य विभाग ने इन दस उभरते बाजारों को चुना है। इनमें से एशिया के चार देशों—भारत, चीन, इंडोनेशिया और दक्षिणी कोरिया में विश्व की लगभग आधी आबादी निवास करती है और यह बाजार कम बड़ा नहीं है। अमरीका के पारम्परिक व्यापार साथी यूरोप और जापान रहे हैं, जिनसे अब अमरीका को चुनौतियाँ मिल रही हैं। पिछले कई वर्षों में जापानी मुद्रा 'येन' की स्थिति सुदृढ़ हुई है। फरवरी, 1985 में 260 येन एक डालर के बराबर था। अब दस वर्षों में वह नब्बे के आसपास है। अमरीका अब इन दस देशों में वस्तुएँ, सेवाएँ और उत्पाद निर्यात करने को दृढ़ संकल्प है। वह आगामी पाँच वर्षों में इसकी मात्रा इतनी अधिक बढ़ा देना चाहता है, जितना वह यूरोप और जापान को निर्यात कर रहा है।

अमरीका नए बाजार की तलाश में था, जो उसे मिल चुका है। उसे अपने सामान की बिक्री के लिए नए बाजार चाहिए। उसका ध्यान बाहरी बाजारों पर केन्द्रित है। भारत की स्थिति इससे भिन्न है। विदेशी व्यापार और विनियोग से भारत का विकास नहीं हो सकता। यह उसकी मुख्य ज़रूरत नहीं है। प्रायः सभी विश्व संस्थाएँ अमरीकी हितों की सेवा और रक्षा कर रही हैं। वाल्डेन बेलो ने एस. सत्यनारायण से एक इंटरव्यू (फ्रंटलाइन, 9 सितम्बर, 1994) में, यह बताया है कि 1982 में जब अमरीकी दक्षिणपन्थी राजनीतिज्ञों ने अन्तरराष्ट्रीय मुद्रा कोष को फंड देना बन्द करने का सुझाव रखा, क्योंकि कोष राज्य संचालित तीसरी दुनिया के देशों के लाभों की सेवा कर रहा था, तब अमरीका के ट्रेजरी विभाग ने अनेक साक्ष्यों को प्रस्तुत कर यह बताया कि विश्व बैंक और अन्तरराष्ट्रीय मुद्रा कोष दोनों अमरीकी हितों को लाभ पहुँचा रहे हैं।

इन दोनों अर्थ संस्थाओं ने दक्षिणेशिया की अर्थव्यवस्था पर लगातार विचार किया है, अपना अभिमत प्रकट किया है और उसे अपने हितों के अनुकूल मोड़ने के

प्रयत्न भी किए हैं। अमरीका दक्षिणेशिया के नए औद्योगिक देशों को जापान बनने नहीं देना चाहता। वाल्डेन बेलो का कथन है कि अमरीका जापान को 'पूँजीवाद के आंग्ल अमरीकी प्रतिमान' को अंगीकार करने के लिए विवश करता है, जो बड़ी कॉरपोरेट पूँजी द्वारा संचालित है और जापान-जर्मन पूँजीवाद इस प्रतिमान से कहीं भिन्न और राज्याभिमुख है। सम्भवतः इन्हीं कारणों से अमरीकी युद्धनीतिज्ञों ने दक्षिण कोरिया, ताईवान और थाईलैंड से एक युद्ध जैसी स्थिति उत्पन्न कर दी है।

पूँजीवाद के 'आंग्ल-अमरीकी प्रतिमान' को स्वीकार कर भारतीय पूँजीवाद अपना विकास करेगा या अमरीका की चाकरी और गुलामी करेगा? अमरीका की सारी कोशिश यह है कि भारत सहित तीसरी दुनिया के सभी देश अपने को कॉरपोरेट विश्व के हवाले कर दें। राजकीय स्वामित्व तथा सार्वजनिक क्षेत्र की अनेक इकाइयों के निजीकरण के पीछे कॉरपोरेट विश्व के साथ अपने को जोड़ने या उसका एक हिस्सा बन जाने की इच्छा है। 'राष्ट्र राज्य की मर्यादा' नहीं मानने वाली पूँजी इसीलिए आवारा पूँजी है और बहुराष्ट्रीय पूँजी 'आवारा पूँजी' है। अमरीका में मंत्री महत्त्वपूर्ण नहीं हैं। उनके पीछे अनेक लाबियाँ हैं। अमरीका की कृषि-नीति कारगिल कम्पनी के आदेशों पर तय होती है। डेव आस्टनडॉफ का कथन है कि अमरीकी कांग्रेस के सभी प्रभावशाली सदस्य और अमरीकी कृषि विभाग के अधिकारी 'कारगिल की जेब' में रहते हैं। ब्रायन एहलबर्ग ने इस कार्पोरेशन को 'एक मायावी शैतान' (प्रभात खबर, रांची, 9 सितम्बर, 1993) कहा है। उन्होंने पूर्व अमरीकी कृषि-सचिव बॉब बगलैंड को उद्धृत किया है कि 'कारगिल कम्पनी के कम्प्यूटरों में एकत्र जानकारी सी.आई.ए. में एकत्र जानकारियों से अधिक है।' कारगिल में काम करनेवाले अमरीकी कृषि विभाग में भी काम करते हैं और विभाग के कार्यों को प्रभावित करते हैं। "एक सरकारी इन्वेस्टीगेटर ने इसे 'संरचनात्मक भ्रष्टाचार' की उपाधि दी है।"

कारपोरेट क्षेत्र के जरिए किसी भी प्रकार के सुधार या विकास की परिकल्पना मृगमरीचिका के अतिरिक्त और कुछ नहीं है। कारपोरेट क्षेत्र स्वयं विविध समस्याओं, अक्षमताओं, छल, इजारेदार तथा एकाधिकारवादी व्यवहारों से परिपूर्ण है।

भारत के आर्थिक उदारीकरण से अमरीका को कम लाभ नहीं है। अमरीकी राष्ट्रीय विकास एजेन्सी इस आर्थिक उदारीकरण का 'श्रेय' ले रही है। अमरीका की विदेशी आय में सूद की राशि निरन्तर बढ़ती जा रही है। प्रत्यक्ष निवेश से होनेवाली आय की तुलना में सूद से प्राप्त होनेवाली आय कहीं अधिक है। अमरीका भारत में सबसे बड़ा निवेशकर्ता है। 1991 से जनवरी, 1994 तक हुए वास्तविक निवेश में अमरीकी निवेश सत्रह प्रतिशत है। भारत में होनेवाले विदेशी विनियोग के केन्द्र में भारत का उपभोक्ता वर्ग है, जिसके पास क्रय-शक्ति है। महत्त्वपूर्ण बात यह है कि इस विदेशी विनियोग का बड़ा हिस्सा पोर्टफोलियो विनियोग है। 'पोर्टफोलियो पूँजी

का भारी प्रवाह' किसी भी देश को अस्थिर तथा बर्बाद कर देने को काफी है। मैक्सिको में प्रति व्यक्ति सकल घरेलू उत्पाद 3200 डालर था, लेकिन वहाँ विदेशी पूँजी का बहुत कम हिस्सा उत्पाद के क्षेत्रों में लगा था। भारत को बार-बार यह चेतावनी दी जा रही है कि कहीं वह मैक्सिको की राह पर नहीं चला जाए। रुद्रदत्त ने पोर्टफोलियो विनियोग को 'क्षुब्ध मुद्रा' कहे जाने का उल्लेख करते हुए इस विनियोग के सम्बन्ध में यह लिखा है कि यह मुद्रा 'बाजार से प्रतिकूल संकेत मिलने पर फौरन पलायन कर सकती है। पोर्टफोलियो विनियोग विकास में स्थिर कारक तत्त्व नहीं हैं।' (जनसत्ता, बढ़ते हुए विदेशी विनियोग के खतरे, 9 नवम्बर, 1994)

अमरीका और भारत के बीच जिन क्षेत्रों में करार और सहयोग हो रहे हैं, उनमें दूरसंचार, ऊर्जा, परिवहन, खाद्य प्रसंस्करण तथा वित्त सेवाएँ मुख्य हैं। क्या अमरीका सचमुच भारत का विकास चाहता है या ठीक इसके विपरीत वह भारत को एक बड़ी शक्ति के रूप में न उभरने देने को बेचैन है? पूर्व सोवियत संघ के विघटन के पश्चात् एशिया के दो बड़े मुल्कों—चीन और भारत को क्या वह शक्तिशाली देखना चाहता है? नई आर्थिक नीति के समय ही भारत और अमरीका के बीच 'रक्षा सहयोग समझौता' हुआ। 1991 में अमरीका के लेफ्टिनेंट जनरल किलाइटर ने भारत-अमरीकी रक्षा सहयोग का जो प्रस्ताव सामने रखा था, उसने 13 जनवरी, 1995 को एक आकार ग्रहण कर लिया, जब अमरीकी प्रतिरक्षा सचिव विलियम पेरी ने भारत-अमरीकी रक्षा सहयोग पर अपने हस्ताक्षर किए।

एक ओर अमरीका फ्रांस के परमाणु-परीक्षण के सम्बन्ध में उससे भविष्य में ऐसे परीक्षण नहीं करने का 'अनुरोध' करता है, और दूसरी ओर भारत को अपने सभी नाभिकीय संयंत्रों को 'अन्तरराष्ट्रीय निरीक्षण के दायरे में' लाने को कहता है, 'अग्नि' जैसे दूरमारक प्रक्षेपास्त्रों को रद्द करने की सलाह देता है और कम दूरी के प्रक्षेपास्त्र 'पृथ्वी' को सेना के सुपुर्द नहीं करने को कहता है। भारत में पाकिस्तान द्वारा जारी आतंकवादी कारनामों के बाद भी वह पाकिस्तान को आतंकवादी देश घोषित नहीं करता।

अमरीका बाजार नियंत्रित अर्थव्यवस्था का प्रचारक है। बाजार को पिछले कुछ वर्षों से हमारे देश में एक दर्शन (मार्केट फिलासफी) के रूप में प्रचारित किया जा रहा है, जबकि अमर्त्य सेन ने यह कहा है कि 'बाजार जरूरी है, पर यह कोई दर्शन नहीं हो सकता।'

अमरीका स्वयं संकटग्रस्त है। राजनीतिक और सैनिक रूप से भले वह दुनिया का बादशाह या 'एकध्रुवीय विश्व का सूर्य' हो, लेकिन उसकी आर्थिक सर्वोच्चता डिगती रहती है। जापान और यूरोपीय देशों से उसे कम प्रतिस्पर्धा नहीं करनी पड़ती। 1992 में पाँच ट्रिलियन डालर वाली अमरीकी अर्थव्यवस्था के ऊपर 3 ट्रिलियन डालर का कर्ज था। उसकी जितनी सकल राष्ट्रीय आय है, उसका आधा उस पर कर्ज है। उसका अपना बजट घाटे में चलता है। 1995-96 वर्ष के लिए 196.7 अरब के घाटे

दिखाए गए हैं। एक अनुमान के अनुसार अगले दस वर्ष तक अमरीकी बजट में 190 अरब डालर के घाटे बने रहेंगे। अमरीकी बाजारों में जापानी सामान की जितनी खपत है, उसका आधा हिस्सा भी अमरीका अपना सामान जापान में नहीं बेच पाता। अमरीकी समाज एक हिंस्र समाज है। हिन्दी लेखक द्रोणवीर कोहली की डायरी चार महीने के अमरीकी प्रवास में 'भयावह घटनाओं से भर गई है।' (जनसत्ता, 17 जनवरी, 1994) अमरीकी समाज में असमानता की प्रवृत्ति लगातार बढ़ती रही है और 'अमरीकी समाज के दो वर्गों में विभक्त होने का खतरा पैदा हो गया है।' अमरीकी आय का समान वितरण नहीं होता। धनाढ्य व्यक्ति इस आय का एक बड़ा हिस्सा प्राप्त कर लेते हैं। अमरीका के श्रम सचिव यह स्वीकारते हैं कि "दुनिया के औद्योगीकृत देशों में अमरीका में सबसे अधिक असमान आय का वितरण हुआ है।"

विश्व बैंक, अन्तरराष्ट्रीय मुद्रा कोष, गैट, डंकल, विश्व व्यापार संगठन—सभी अमरीकी हथियार हैं। विश्व संस्थाएँ अमरीका के मातहत हैं। वह प्रत्यक्ष और परोक्ष रूप से सर्वत्र हैं। वह सीमाहीन है और भौगोलिक नक्शे में बँधा नहीं है। समकालीन हिन्दी कवि मदन कश्यप ने 1985 में एक कविता लिखी थी 'अमेरिका'। (लेकिन उदास है, पृथ्वी—1992 में संकलित) इस कविता में कवि 'नक्शे में खिंची सीमाओं में ही' अमरीका को नहीं देखता। 'अफ्रीका लातीनी अमेरिका और एशिया के तानाशाहों का/कौन है खैरख्वाह/कहाँ की हैं ये बहुराष्ट्रीय कम्पनियाँ/जिन्होंने दो-तिहाई दुनिया को बना रखा है/अपना चारागाह/कोई सीमा नहीं उसकी/कोई नक्शा नहीं उसका/अल-सल्वादोर से फिलीपीन्स तक/मैक्सिको से जापान तक/कहाँ नहीं है अमेरिका/नक्शे में आँखें मत धँसाओ/सिर ऊपर उठाकर दुनिया को देखो/जहाँ-जहाँ गूँजती हैं उत्पीड़ितों की चीख/जहाँ जहाँ हँसता है तानाशाह/जहाँ-जहाँ लोग हैं बेहाल/जहाँ-जहाँ हैं भोपाल/वहाँ-वहाँ है अमेरिका।' (वही)

भारत को अमरीका का चाकर और बाजार बनानेवाले राजनीतिज्ञों तथा भ्रष्ट पतित नौकरशाहों की संख्या कम नहीं है, लेकिन उन्हें यह पता नहीं है कि अमरीका स्वयं समस्याओं में फँसा और घिरा हुआ राष्ट्र है। अमरीकी राष्ट्रपति और ह्वाइट हाउस पर चलाई गई गोलियों का एक प्रतीकार्थ भी है। विलियम रीस मौग ने 'टाइम्स' में प्रकाशित अपने लेख 'ट्रेमर ऑफ डूम सिम्बॉलिक एसल्ट ऑफ ह्वाइट हाउस' (13 नवम्बर, 1994 के 'संडे स्टेट्समैन' में पुनर्प्रकाशित) में अमरीकी राष्ट्रपति बिल क्लिंटन पर किए गए हमले को प्रतीकात्मक कहा है क्योंकि उनके अनुसार अनेक अमरीकी अपनी सरकार को अपना शत्रु मानते हैं—केवल भ्रष्टाचार के कारण नहीं, बल्कि उनके समाज को नष्ट करनेवाली शक्ति के रूप में। रीस मौग के अनुसार इसकी प्रबल सम्भावना है कि अगली शताब्दी में चीन और जापान जैसे एशियाई देशों के सामने अमरीका विश्व शक्ति नहीं रहे और शताब्दी के अन्त तक शायद भारत के सामने भी। उनके सामने इतिहास का उदाहरण है। ब्रिटेन ने 1750

और 1850 ईसवी के बीच औद्योगिक पूँजी के निर्माण की व्यवस्था खोजी, जो अगले सौ वर्षों (1850 से 1950) तक यूरोप और उत्तरी अमरीका के हाथों चली गई और अब 1950 से 2050 के बीच इसे एशियाई शक्तियों के पास जाना है।

विलियम रीस मौग ने लिखा है कि मैथ्यू ऑर्नल्ड ने विक्टोरियन इंग्लैंड को जो सम्बोधित किया था, वह आधुनिक अमरीका के मनोविज्ञान में व्यक्त है—"और साम्राज्य के बाद साम्राज्य ने/अपने शीर्ष पर/झूलते रहे/महसूस किया बन्धक बोध का आगमन/उन्होंने सोचा कि कोई सही निर्माण नहीं किया उनके विशाल ढाँचे ने/और धीरे-धीरे वे गिरे और मरे अपने सिंहासन पर।"

(1995 के अंत का लेख)

इतिहास कुछ ऐसा बना

ताक लगाये
कछुओं-सा कर-चरण समेटे / देशी धन्ना सेठ
विदेशी युधिष्ठिरों की शरण माँगते
पूँजी को चाहिए छाँह साम्राज्यवाद की

(नागार्जुन की कविता 'बजट-वार्त्तिक' (मार्च 1950) की आरम्भिक पंक्तियाँ)

मैं सार्वजनिक क्षेत्र के विकास के पक्ष में हूँ...मुझे तनिक भी सन्देह नहीं है कि भारत की वर्तमान स्थिति में निजी क्षेत्र को बहुत महत्त्वपूर्ण भूमिका निभानी है, बशर्ते कि यह हमारी निर्दिष्ट सीमाओं में काम करे और साथ ही यह एकाधिकारवाद को जन्म न दे और उसके साथ जुड़ी दूसरी ऐसी बुराइयाँ पैदा न करे जो कुछ हाथों में सम्पत्ति के संचित होने से जन्म लेती हैं...सार्वजनिक क्षेत्र हमारी अर्थव्यवस्था के प्रमुख तत्त्वों को नियंत्रित करेगा और उसे करना भी चाहिए...और हमें सार्वजनिक उद्यमों की कार्यविधि के लिए ऐसी प्रणाली विकसित करनी चाहिए, जहाँ एक ओर पर्याप्त रोक तथा संरक्षण हों और दूसरी ओर उद्यम को पर्याप्त स्वतंत्रता भी हो ताकि वह शीघ्र और बिना विलम्ब के काम कर सके।

(जवाहरलाल नेहरू, 23 मई, 1956 को लोकसभा में दिए गए भाषण का एक अंश)

1937 में प्रान्तीय विधायिकाओं के चुनाव के पश्चात् अक्टूबर 1938 में कांग्रेस ने राष्ट्रीय योजना समिति की स्थापना की। कांग्रेसी मन्त्रिमंडलों के उद्योग मंत्रियों द्वारा दिल्ली में आयोजित सम्मेलन के प्रस्ताव में ग़रीबी और बेकारी की समस्याओं के हल के लिए औद्योगीकरण आवश्यक माना गया और स्पष्ट शब्दों में यह कहा गया था कि देश की रक्षा और आर्थिक पुनर्निर्माण भी उद्योगीकरण के बिना सम्भव नहीं है। इस प्रस्ताव के आधार पर ही कांग्रेस कार्यकारिणी ने अखिल भारतीय राष्ट्रीय योजना समिति बनाई, जिसके अध्यक्ष जवाहरलाल नेहरू बने। इस राष्ट्रीय योजना समिति ने उनतीस उपसमितियों का गठन किया, जो सात प्रमुख क्षेत्रों—कृषि, उद्योग, यातायात, जनसांख्यिकी, संचार, वित्त और वाणिज्य तथा जन-कल्याण और

शिक्षा से जुड़ी थी। दिसम्बर 1938 से सितम्बर 1940 तक की इकहत्तर बैठकों की नेहरू ने अध्यक्षता की थी। आरम्भ में ही 21 दिसम्बर, 1938 को नेहरू ने भारी उद्योग के प्रति अपने झुकाव को सब के समक्ष रख दिया था और इसके साथ उन्होंने कुटीर उद्योग पर भी बल दिया था।

इस राष्ट्रीय योजना समिति के पन्द्रह सदस्यों में गांधीवादी केवल जवाहरलाल नेहरू थे, जो समिति के अध्यक्ष थे। शेष सभी सदस्य अनेक क्षेत्रों के थे। वे उद्योगपति, वैज्ञानिक और अर्थशास्त्री थे। महात्मा गांधी की दृष्टि भिन्न थी। उनके अनुसार नेहरू उड़ना चाहते हैं, पर वे नहीं। तीस के दशक के मध्य से ही भारतीय अर्थव्यवस्था को लेकर विचार आरम्भ हो गया था और ये विचार कई प्रकार के थे। राष्ट्रीय आन्दोलन से जुड़े व्यक्तियों के अतिरिक्त बाहर के व्यक्ति भी भारतीय अर्थव्यवस्था के सम्बन्ध में अपने विचार रख रहे थे। विश्वेश्वरैया और आर्देशिर दलाल राष्ट्रीय आन्दोलन से बाहर के लोग थे। योजनाबद्ध आर्थिक विकास की एक रूपरेखा 'प्लांड इकॉनॉमी फॉर इंडिया' (1934) (विश्वेश्वरैया की पुस्तक) में प्रस्तुत की गई थी।

भारतीय उद्योगपतियों ने चालीस के दशक के मध्य में भारत के आर्थिक विकास की योजना प्रस्तुत की, जिसे बम्बई प्लान के नाम से जाना जाता है। बम्बई प्लान के मुख्य नीतिनिर्धारक जे.आर.डी. टाटा, जी.डी. बिरला और श्री राम थे। इनके अतिरिक्त सर पुरुषोत्तम दास ठाकुर दास और कस्तूरभाई लालभाई सहित देश के कई उद्योगपतियों और व्यापारियों ने बम्बई प्लान अर्थात् 'ए प्लान ऑफ इकॉनॉमिक डेवलपमेंट ऑफ इंडिया' पर हस्ताक्षर किए थे। भारतीय उद्योगपतियों की यह योजना 1944-45 में दो भागों में प्रकाशित हुई थी। भारत के आर्थिक विकास की इस योजना का परिप्रेक्ष्य पश्चिमी भारत था। 1 अरब रुपए की पूँजी से इस योजना का आरम्भ होना था, जिससे पन्द्रह वर्ष के भीतर प्रति व्यक्ति आय दुगुनी होती और राष्ट्रीय आमदनी तिगुनी। इस योजना में खेती से 130 फीसदी, नौकरी से 200 फीसदी और उद्योग-धन्धों से 500 फीसदी आमदनी बढ़ने/बढ़ाने की बात कही गई थी। योजनाकारों ने बुनियादी उद्योग-धन्धों अर्थात् बिजली, खान, इंजीनियरिंग, केमिकल, जहाज, मोटर, वायुयानादि के कारोबार पर बल दिया था। इन उद्योगपतियों की अपनी रणनीति थी। वे इस योजना से कांग्रेस को प्रभावित करना चाह रहे थे और भविष्य में राज्य का सहयोग प्राप्त करना चाहते थे। वे यह चाहते थे कि राज्य उन्हें अधिरचनात्मक सुविधाएँ प्रदान करें और महँगे उद्योगों में राज्य का निवेश हो। इस योजना में उद्योगपतियों का अपना वर्ग-हित था।

अन्तरिम सरकार में नेहरू ने योजना परामर्श समिति का गठन किया। नवम्बर, 1947 में कांग्रेस ने एक आर्थिक कार्यक्रम समिति गठित की, जिसके सदस्य नेहरू, आजाद, रंगा, जयप्रकाश नारायण, गुलजारीलाल नन्दा, अच्युत पटवर्धन, शंकर राव देव और जे.सी. कुमारप्पा थे। नेहरू इस समिति के अध्यक्ष थे। जनवरी 1948 में इस

समिति द्वारा प्रस्तुत की गई रिपोर्ट में एक स्थायी योजना आयोग के गठन की बात कही गई। 1950 में योजना आयोग का गठन हुआ। नेहरू योजना आयोग के अध्यक्ष बने और गुलजारीलाल नन्दा उपाध्यक्ष। जुलाई 1951 में इसका एक प्रारूप प्रस्तुत किया गया और दिसम्बर 1952 में प्रथम पंचवर्षीय योजना का अन्तिम विवरण प्रस्तुत किया गया।

प्रथम पंचवर्षीय योजना (1951-52 से 55-56) में इस्पात उत्पादन और आधारभूत उद्योगों के निर्माण-विकास की तुलना में कृषि पर विशेष ध्यान दिया गया। 1951 में उद्योग में कार्यरत व्यक्तियों की तुलना में कृषि तथा उससे सम्बद्ध क्षेत्रों में कार्य करनेवालों की संख्या कहीं अधिक थी। यह संख्या क्रमशः 8.7 और 75.7 प्रतिशत थी। औद्योगिक क्षेत्रों में कामगार 14 प्रतिशत से घटकर केवल 9 प्रतिशत रह गए थे। प्रथम पंचवर्षीय योजना में कृषि पर खर्च 34.6 प्रतिशत था। नेहरू आरम्भ से ही सार्वजनिक क्षेत्र को महत्त्वपूर्ण मान रहे थे। 14 दिसम्बर, 1953 को 'एसोसिएटेड चैम्बर ऑफ कॉमर्स', कलकत्ता में दिए अपने भाषण में उन्होंने कहा था—"निजी उद्योगपति चाहता है कि साल दो साल में ही उसकी पूँजी का उसे लाभ मिलने लगे। अतएव, भारत जैसे देश में विकास का बोझ सरकार पर ही पड़ता है... विकास का उत्तरदायित्व सरकार पर पड़ता है। अगर हमें ठोस आधार पर निर्माण करना है और आगे बढ़ना है, तो सरकार को इसमें भागीदार होना ही पड़ेगा। इस प्रकार सार्वजनिक क्षेत्र महत्त्वपूर्ण हो जाता है।"

नेहरू सार्वजनिक क्षेत्र की गुणवत्ता के लिए प्रतिस्पर्धी निजी क्षेत्र का होना लाभदायक मानते थे। वे निजी क्षेत्र की तुलना में सार्वजनिक क्षेत्र को प्रथम स्थान पर रखते थे। उन्हें यह पूरा विश्वास था कि निजी क्षेत्र की तुलना में सार्वजनिक क्षेत्र का विकास सदैव तीव्र गति से होगा और सार्वजनिक क्षेत्र ही देश की अर्थव्यवस्था का वास्तविक निर्णायक होगा। बाकी सभी अर्थव्यवस्थाएँ इसी के अधीन और साथ होंगी। नेहरू की समाजवादी नीतियों में आस्था थी और सार्वजनिक क्षेत्र या उपक्रमों का सम्बन्ध किसी न किसी प्रकार समाजवादी अर्थव्यवस्था से है।

सितम्बर 1954 में योजना आयोग ने बहुत सोच-विचार के पश्चात् नियोजन का सापेक्ष महत्त्व पन्द्रह से बीस वर्ष या इससे भी अधिक का माना। महलनवीस द्वितीय पंचवर्षीय योजना के रचनाकार थे। उन्होंने मार्च 1955 में योजना सम्बन्धी एक मसविदा तैयार कर सरकार के समक्ष प्रस्तुत किया। द्वितीय पंचवर्षीय योजना में राष्ट्रीय आय में पाँच प्रतिशत की वृद्धि के अतिरिक्त दस से बारह लाख लोगों को रोजगार देने का अवसर प्रदान करने की बात कही गई थी। द्वितीय पंचवर्षीय योजना में इस्पात तथा अलौह धातुएँ, भारी यंत्र और उर्वरक आदि के उत्पादन के लिए सार्वजनिक क्षेत्र में आधारभूत भारी उद्योग के तेजी से विकास पर बल दिया गया। द्वितीय पंचवर्षीय योजना में सार्वजनिक क्षेत्र में पाँच वर्षों में किया जानेवाला व्यय

प्रथम पंचवर्षीय योजना की व्यय राशि से दुगुना था। यह व्यय राशि लगभग पैंतालीस सौ करोड़ रुपए थी। द्वितीय पंचवर्षीय योजना में कृषि पर किया जानेवाला खर्च प्रथम पंचवर्षीय योजना की तुलना में आधा हो गया—34.6 प्रतिशत से घटकर 17.5 प्रतिशत मात्र। प्रथम पंचवर्षीय योजना में सिंचाई पर खर्च योजना व्यय का 22 प्रतिशत था, जो दूसरी पंचवर्षीय योजना में घटकर 9 प्रतिशत रह गया।

नेहरू की मिश्रित अर्थव्यवस्था में निजी और सार्वजनिक उपक्रम दोनों महत्त्वपूर्ण थे। श्रम और पूँजी का समान महत्त्व था। यह एक प्रकार का वर्ग-सामंजस्य था। सार्वजनिक उपक्रम का मॉडल बहुत हद तक सोवियत रूस का मॉडल था। सोवियत रूस के विघटन के पश्चात् यह मॉडल प्रभावकारी नहीं रह सका। नेहरू बैंकिंग और बीमा जैसी बुनियादी सेवाओं को निजी स्वामित्व के अधीन रखना चाहते थे, पर कारखानों के सम्बन्ध में उनकी दृष्टि भिन्न थी। 7 जनवरी, 1956 को राष्ट्रीय विकास परिषद की स्थायी समिति में उन्होंने कहा था—"जहाँ तक कारखानों का सवाल है, मैं नया कारखाना स्थापित करना बेहतर समझूँगा और निजी कारखानों से होड़ लगाऊँगा।" द्वितीय विश्वयुद्ध के बाद सोवियत रूस के अतिरिक्त कई पश्चिमी यूरोपीय देशों ने भी जो अर्थनीतियाँ बनाईं, उनमें सार्वजनिक क्षेत्र का अपना महत्त्व था। नियोजित विकास और नियोजित अर्थव्यवस्था में सार्वजनिक क्षेत्रों का महत्त्व रहा है। नेहरू के समय तक अर्थनीति का राजनीतिकरण नहीं हुआ था। यह कार्य इन्दिरा गांधी ने किया। नेहरू के निधन के पश्चात् सार्वजनिक क्षेत्रों में वृद्धि हुई। उसका आकार बढ़ा। यह सच है कि सार्वजनिक क्षेत्र के उत्कर्ष के दौरान अर्थात् पचास के दशक से अस्सी के दशक तक के भारत का आर्थिक विकास दर मात्र तीन प्रतिशत था। अभी आर्थिक विकास दर अधिक है और समस्याएँ भी अधिक हैं।

नेहरू ने 1 दिसम्बर, 1959 को ई.के.फे. रीजन, नई दिल्ली में सार्वजनिक उद्यमों के प्रबन्ध पर संयुक्त राष्ट्र संघ की गोष्ठी के उद्घाटन भाषण में कहा था—"हमने अपनी औद्योगिक नीति के संकल्प में मोटे तौर पर एक दृष्टिकोण का उल्लेख किया था, जिसे हमने मिश्रित अर्थव्यवस्था की संज्ञा दी थी, जिसमें सार्वजनिक उद्यमों तथा निजी उद्यमों दोनों का मिश्रण है। हम औद्योगिक संस्थाओं को तीन श्रेणियों में रखते हैं। पहली श्रेणी में मुख्य रूप से वे उद्यम हैं जो राज्य के लिए आरक्षित (रिजर्व) हैं, दूसरी श्रेणी में वे उद्योग हैं, जो मोटे तौर पर निजी उद्यम हैं या जो सार्वजनिक भी हो सकते हैं या निजी भी हो सकते हैं, तीसरी श्रेणी में वे उद्योग हैं, जो मुख्य रूप से निजी उद्योग हैं...हमारे विचार के अनुसार आर्थिक विकास के महत्त्वपूर्ण पहलुओं का नियंत्रण राज्य अथवा योजना-तंत्र द्वारा किया जाना चाहिए...मोटे तौर पर हम बुनियादी उद्योगों पर नियंत्रण चाहते हैं। अतएव हम सार्वजनिक उद्योगों की स्थापना की बात करते हैं—सार्वजनिक उद्योग भारत में बहुत महत्त्वपूर्ण तथा विकासशील भूमिका अदा करते हैं।"

हमारे देश में पब्लिक सेक्टर के मुख्य तीन चरण हैं—आरम्भ से 1964-65 तक, 1966-67 से 1984-85 तक और 1986 से अब तक। इसे सुविधा के लिए नेहरू-युग, इन्दिरा-युग और भूमंडलीकरण का दौर भी कह सकते हैं। नेहरू के समय तक और उसके कुछ बाद तक भी राज्य ने वर्ग-सन्तुलन पर ध्यान दिया था। वह आधुनिक भारत के निर्माण का समय था। बाद में वर्ग-सन्तुलन समाप्त हुआ और पिछले डेढ़-दो दशक से वर्ग-असन्तुलन का दौर कायम हुआ है। अब राज्य की प्राथमिकताएँ भी पहले की तरह नहीं हैं। पहले राज्य की कल्याणकारी भूमिका थी, जो क्रमशः क्षीण होती गई है। मिश्रित अर्थव्यवस्था के दौर में सार्वजनिक उपक्रम की जो स्थिति थी, वह भूमंडलीकरण के दौर में सर्वथा भिन्न है। भूमंडलीकरण के दौर में राष्ट्र-राज्य की भूमिका सिमट रही है और सार्वजनिक उपक्रम तबाह हो रहे हैं। द्विध्रुवीय विश्व अर्थव्यवस्था अथवा शीत-युद्ध के दौर में भारत की जो अर्थनीति और औद्योगिक नीति थी, वही एकध्रुवीय विश्व-व्यवस्था या अमरीकी साम्राज्यवाद के दौर में नहीं है। आज लाखों की संख्या में औद्योगिक इकाइयाँ बन्द हो रही हैं, सार्वजनिक उपक्रम बन्द हो रहे हैं और उन्हें निजी हाथों में सौंपा जा रहा है। भारतीय राष्ट्र-राज्य आज भारतीय जनता की समस्याओं से दूर और विश्व-पूँजीवादी शक्तियों के साथ है। अर्थशास्त्री अरुण कुमार के अनुसार आज 'सम्प्रभु राष्ट्र' से 'असेम्बली राष्ट्र' में बदलने की कोशिश हो रही है। पिछले डेढ़ दशक में उद्योगों की लाखों यूनिटें बन्द हो रही हैं।

यह नवउदारवादी पूँजी का दौर है—औद्योगिक पूँजी का नहीं, इजारेदार और लम्पट पूँजी का दौर है यह। आज सार्वजनिक उपक्रमों पर कोई भी विचार भूमंडलीकरण तथा उसके साथ इसके सम्बन्ध पर विचार किए बगैर अधूरा है। भूमंडलीकरण के दौर में ही श्रम विरोधी कानून बने हैं, मजदूर के हित सिमटे हैं और छोटे-बड़े उद्योगों में ताले लटक गए हैं। नेहरू के दौहित्र राजीव गांधी ने अस्सी के दशक के मध्य में मिश्रित अर्थव्यवस्था से दामन छुड़ाने के प्रयास किए। भारतीय अर्थव्यवस्था को एक नई पटरी पर लाने की उन्होंने पहल की। अस्सी के दशक के मध्य में ही नीतियाँ बदलने लगी थीं। बाद में निजीकरण, उदारीकरण और खगोलीकरण के साथ दुष्टत्रयी—विश्व बैंक, अन्तरराष्ट्रीय मुद्राकोष और विश्व व्यापार संगठन ने मिल-जुलकर जो कार्य किए, वे सार्वजनिक उपक्रमों के विरुद्ध थे। आज श्रम का महत्त्व गौण है। मचलती, अस्थिर और जुआरी पूँजी के दौर में सार्वजनिक उपक्रम संकटग्रस्त होंगे।

नेहरू और भूमंडलीकरण के दौर के बीच का समय कम महत्त्वपूर्ण नहीं है। इसी दौर में राज्य ने बीमार उद्योगों के अतिरिक्त कई उद्योगों का अधिग्रहण किया, जिससे सार्वजनिक क्षेत्र के आकार में वृद्धि हुई। इन्दिरा गांधी ने दीर्घकालीन अर्थनीति को चुनावी ज़रूरतों के मातहत किया। स्वतंत्र भारत में कुछ अपवादों को छोड़कर प्राइवेट सेक्टर के पास अपना कुछ भी नहीं था। आज़ादी के समय टाटा

और बिड़ला की कुल परिसम्पत्ति जितनी थी, उसने स्वतंत्र भारत में आश्चर्यजनक रूप से छलाँगें लगाईं। आज भारत के जितने प्रमुख उद्योगपति हैं, उनमें अधिक संख्या 1966-67 के बाद के उद्योगपतियों की है, जिन्हें आसमान पर बिठाने में भारतीय राज्य ने कम कार्य नहीं किए। वस्तुतः स्वतंत्र भारत में सार्वजनिक उपक्रमों की शुरुआत एक नीति के तहत की गई थी। प्राइवेट सेक्टर के कमजोर रहने के कारण ही पब्लिक सेक्टर बने। प्राइवेट सेक्टर के पास अपना कुछ भी नहीं था और मुख्यतः पब्लिक सेक्टर की शुरुआत उसी के लिए की गई। स्वतंत्र भारत में भारतीय पूँजीपतियों की चिन्ताएँ पहले से बदल गईं। उन्हें भारत के विकास के स्थान पर अपने विकास की अधिक चिन्ता थी। भारतीय पूँजीपतियों के पास अधिक पूँजी नहीं थी। औद्योगीकरण के लिए जितनी बड़ी पूँजी की आवश्यकता थी, वह भारतीय राज्य के पास नहीं थी। इसके लिए विदेशी निवेश आवश्यक था—पब्लिक सेक्टर से सर्वाधिक लाभ औद्योगिक वर्ग, दलाल वर्ग और ठेकेदार वर्ग को प्राप्त हुआ। सुप्रसिद्ध अर्थशास्त्री दलीप एस स्वामी के अनुसार पब्लिक सेक्टर का कोई सैद्धान्तिक आधार नहीं था। इससे अन्ततः समझौतावादी औद्योगिक वर्ग ही लाभान्वित हुआ। द्वितीय पंचवर्षीय योजना की अवधि में देश में विदेशी पूँजी बड़ी मात्रा में आई। उसी दौरान बड़े-बड़े पब्लिक सेक्टर भी देश में सबसे ज्यादा आविर्भूत हुए। इसके कारण नौकरशाही भी बढ़ी। जिस तरह से एक उद्योग विकसित होने पर एक बड़ा सम्बन्ध बनता है, उसी तरह यहाँ भी वह सब हुआ। पब्लिक सेक्टर को ऑर्डर मिले, उसमें भारी निवेश हुआ, जिसके परिणामस्वरूप ठेकेदार वर्ग अस्तित्व में आया। इसके साथ साहूकार भी जुड़े। इस पूरे प्रकरण में यह देखना महत्त्वपूर्ण हो सकता है कि किस तरह इस (नेटवर्क) के नीचे एक क्षेत्रीय बुर्जुआजी पनपना शुरू हुआ। इसमें एक ओर भूस्वामी थे, उनके गुर्गे थे तो दूसरी ओर ठेकेदार और संभरक (सप्लायर्स) भी थे। यह सब पूरे देश में क्षेत्रवार विकसित हो रहा था। पहले तो उद्योगपतियों को बढ़ावा देने के लिए पब्लिक सेक्टर विकसित किए गए, फिर वे समझौतापरस्ती के रास्ते भी चले और अब वैश्वीकरण के तहत यह एक नए रूप में सक्रिय है। (यह बहुत खतरनाक समय है, प्रभात खबर, दीपावली 2004)

सार्वजनिक क्षेत्रों (पब्लिक सेक्टर) का सीधा सम्बन्ध विदेशी पूँजी से है। विदेशी पूँजी निजी और सार्वजनिक क्षेत्रों में लगती रही है। विदेशी पूँजी का आगमन भारत सरकार की अनुमति के बगैर नहीं हो सकता। 1983 में भारत में सार्वजनिक क्षेत्रों वाले कारोबार पर संयुक्त राष्ट्र से प्रकाशित एक विवरण का उल्लेख रामविला शर्मा ने अपनी पुस्तक 'भारतीय इतिहास और ऐतिहासिक भौतिकवाद' में किया है। इसमें यह कहा गया था कि विदेशी सहयोग अधिकतर निजी क्षेत्र में सीमित रहा है। ('रोल ऑफ पब्लिक इंडस्ट्रियल एंटरप्राइजेज इन इंडिया' से उद्धृत) रामविलास शर्मा लिखते हैं कि दुर्गापुर का इस्पात कारखाना ब्रिटिश फर्मों के सहयोग से तथा राउरकेला का

इस्पात कारखाना पश्चिमी जर्मनी के सहयोग से बना था। पब्लिक सेक्टर के अनेक उद्योगों में तकनीक आपूर्ति करने का काम विदेशी संस्थान करते हैं। विदेशी कम्पनियों ने अनेक सार्वजनिक उपक्रमों में प्रौद्योगिकी आपूर्ति की है। मार्च 1951 के अन्त तक भारत पर मात्र 32 करोड़ रुपए का विदेशी कर्ज था। बाद में विदेशी कर्ज बढ़ा और राष्ट्रीय बजट का सबसे बड़ा भाग आज जो ब्याज देने में जाता है, उससे सर्वाधिक लाभान्वित एक विशेष वर्ग ही हुआ।

विचारणीय प्रश्न यह है कि इक्कीसवीं सदी में भारत के सार्वजनिक क्षेत्रों का भविष्य क्या होगा ? यह भारतीय अर्थव्यवस्था और देश की सम्प्रभुता से जुड़ा प्रश्न है। यह भारत राष्ट्र-राज्य की प्राथमिकताओं से भी जुड़ा प्रश्न है। आवारा और लुच्ची पूँजी के दौर में हम उसके साथ होंगे या अपनी कोई वैकल्पिक अर्थ-नीति निर्मित करेंगे ? यह प्रश्न इक्कीसवीं सदी के भारत का प्रश्न है। भूमंडलीकरण की नीति श्रमिक विरोधी नीति है और यह नीति निजी पूँजी के प्रसार की है। निजीकरण के अन्तर्गत सार्वजनिक क्षेत्रों में निजी पूँजी निवेश होता है, जिसे विनिवेश कहते हैं। राजग की सरकार ने अलग से निवेश मंत्रालय का गठन किया था, जिसके मंत्री अरुण शौरी थे। सार्वजनिक क्षेत्रों के निजीकरण या विनिवेश क्या आज की अर्थव्यवस्था का कोई हल है ? सार्वजनिक क्षेत्रों की अकुशलता तथा अक्षमता की अक्सर बातें की जाती हैं। निजीकरण के पक्षधर कार्यकुशलता का प्रश्न खड़ा करते हैं। इससे इनकार नहीं किया जा सकता कि सार्वजनिक क्षेत्रों ने कम घाटा नहीं दिया है, पर लाभ में चलनेवाले सार्वजनिक क्षेत्र भी कम नहीं हैं। भूमंडलीकरण, निजीकरण और उदारीकरण ने मिलकर सार्वजनिक क्षेत्रों के समक्ष परेशानियाँ खड़ी कर दी हैं। निजीकरण के पक्ष में अक्सर यह तर्क प्रस्तुत किया जाता है कि उससे लाभ प्राप्त होता है और कार्यकुशलता भी बढ़ती है। सार्वजनिक क्षेत्रों में औद्योगिक, व्यावसायिक, सामाजिक, विपणन समूह सभी घाटे में नहीं हैं। लाभ में चलनेवाले और घाटे में चलनेवाले सार्वजनिक क्षेत्रों पर अलग से नीति निर्धारित करनी होगी और घाटे में चलनेवाले सार्वजनिक क्षेत्रों को अलग से समय-सीमा में लाभकर बनाने के बहुमुखी प्रयत्न करने होंगे।

सार्वजनिक क्षेत्र को निजी क्षेत्र की तुलना में कमतर सिद्ध करना गलत होगा। 'स्कोप' ने अध्ययन के आधार पर यह निष्कर्ष निकाला है कि सार्वजनिक क्षेत्रों के परिणाम, निजी क्षेत्रों की तुलना में बेहतर हैं। उनके कारोबार निजी क्षेत्रों के कारोबार से कम नहीं हैं। सार्वजनिक क्षेत्र के नवरत्नों में से केवल 'सेल' को ही निजीकरण से दूर रखा गया था।

आज पहले की तरह प्रतिरोध, संघर्ष और जनान्दोलन नहीं है। सार्वजनिक क्षेत्र का सीधा सम्बन्ध हमारी आर्थिक नीतियों से है। हमारी आर्थिक नीतियाँ, भूमंडलीकरण के पक्ष में हैं। आज सार्वजनिक क्षेत्रों के समक्ष ही नहीं, निजी क्षेत्रों के समक्ष भी

संकट है। बड़ी मछलियाँ छोटी मछलियों को निगल रही हैं। उड़ीसा में नाल्को उद्योग लाभदायक है, पर उसका भी निजीकरण किया जा रहा था, जो जनान्दोलनों के कारण रुका। बैंक, बीमा, तेल कम्पनियों आदि के कर्मचारियों ने अभी तक हड़तालों के द्वारा निजीकरण को रोका हुआ है, पर हड़ताल करने का अधिकार भी छीना जा रहा है और उस पर पाबन्दियाँ लगाई जा रही हैं। सार्वजनिक क्षेत्र को बचाने के लिए हड़ताल जरूरी है, पर आज मजदूर आन्दोलन पहले की तरह सशक्त नहीं है। सार्वजनिक क्षेत्रों को बेचना या उसका निजीकरण समस्या का हल नहीं है। यह एक प्रकार से पिंड छुड़ाना है और इससे सरकार की अक्षमता और अशक्तता ही प्रकट होती है। सच यह भी है कि सार्वजनिक क्षेत्रों को नष्ट करने या उसे खस्ताहाल बनाने में अधिकारियों तथा ट्रेड यूनियनों की भी संयुक्त भूमिका रही है, जिसने कौशल और उत्पादन पर ध्यान न देकर अकर्मण्यता और उपभोग अथवा एक प्रकार की मुफ्तखोरी पर ध्यान दिया। ऐसे तत्त्वों का भ्रष्ट सरकारों से सम्बन्ध रहा है। आज स्थिति बदल चुकी है। उत्पादन से कहीं अधिक उपभोग पर तथा श्रम से कहीं अधिक अकर्मण्यता पर बल है और ऐसे लोग/समूह ही शक्तिशाली बने हुए हैं।

सार्वजनिक क्षेत्र का सम्बन्ध स्वदेशी औद्योगिक विकास से है और नव उपनिवेशवाद के इस दौर में सार्वजनिक क्षेत्र पर कोई बहस या विमर्श राजनीत्यार्थिकी के व्यापक सन्दर्भों में ही किया जाना चाहिए।

(2005)

क्रान्तिकारी वामपन्थी शक्तियों की ज़रूरत

आखिर यह नाजीवाद है क्या? क्या यह हिटलर नामक एक पागल आदमी के सड़े दिमाग की सनक मात्र है या इसके कुछ ऐतिहासिक और सैद्धान्तिक आधार भी हैं?... नाजीवाद पूँजीवाद की ही एक संहारकारी सन्तान है और इसीलिए वह कल तक साम्यवाद के नाम से ही भड़क उठता था। अतः हम एक ओर नाजीवाद के विनाश के नारे लगाएँ और दूसरी ओर पूँजीवाद की रक्षा की कामना करें—यह अजीब बात है।

(1939 में रामवृक्ष बेनीपुरी द्वारा लिखित 'जनता' साप्ताहिक पत्र का एक सम्पादकीय, बेनीपुरी ग्रन्थावली, 6/380)

भारत में यदि फासिस्ट तानाशाही कायम होती है तो इसकी जिम्मेदारी सबसे पहले वामपन्थी पार्टियों पर होगी, और इन वामपन्थी पार्टियों में सबसे ज्यादा कम्युनिस्ट पार्टी पर।...भारत में फासिस्ट तानाशाही कायम होने का अर्थ होगा, अमरीकी साम्राज्यवादियों के युद्ध में भारतीय जनता की आहुति। संसार और देश की जनता के हितों की माँग है कि भारत के कम्युनिस्ट नेता अपनी गलतियाँ ठीक करें और एक सही साम्राज्य-विरोधी नीति पर चलें।

—(1967 के आम चुनावों के तुरन्त बाद त्रैमासिक पत्रिका 'आलोचना' द्वारा आयोजित 'संवाद' के अन्तर्गत 'फासिस्ट तानाशाही का खतरा : वामपक्ष का दायित्व' शीर्षक से प्रकाशित लेख का प्रारम्भिक और अन्तिम अंश। 'स्वाधीनता-संग्राम : बदलते परिप्रेक्ष्य' (1992) के बारहवें अध्याय में 'फासिस्ट तानाशाही का खतरा' शीर्षक से पुनःप्रकाशित)

साहित्य, कला और संस्कृति के रामक्ष फासीवाद का खतरा अचानक पैदा नहीं हुआ है। पिछले एक दशक में भारतीय जनता पार्टी का अप्रत्याशित रूप से विकास और विस्तार हुआ है, जिससे संघ के आनुषंगिक संगठन बौरा गए हैं और राजनीतिक सत्ता से शक्ति प्राप्त कर मतवाले होकर निहायत बेशर्मी के साथ आतंक और हिंसा में लिप्त हैं। चौथी लोकसभा के चुनाव (1967) के तुरन्त बाद फासीवाद के इस खतरे की पहचान रामविलास शर्मा ने कर ली थी। चौथी लोकसभा में भारतीय जनसंघ संसद में तीसरा सबसे बड़ा दल था। कांग्रेस के 283 सांसद थे, स्वतंत्र पार्टी के 44 और

भारतीय जनसंघ के 35। कांग्रेस के सांसदों की संख्या घट गई थी। पहले की तीन लोकसभाओं में कांग्रेस के सांसदों की संख्या क्रमशः 364, 371 और 361 थी। चौथी लोकसभा में तीसरी लोकसभा की तुलना में कांग्रेस के 78 सांसद कम हो गए थे। उसका वोट प्रतिशत भी घट चुका था। चौथी लोकसभा में कांग्रेस को 40.8 प्रतिशत मत प्राप्त हुए थे। इसके पहले की लोकसभाओं में उसका वोट प्रतिशत क्रमशः 45, 47.8 तथा 44.7 था। चौथी लोकसभा में कांग्रेस का चार प्रतिशत मत कम हो गया था। दो दक्षिणपन्थी पार्टियाँ—स्वतंत्र पार्टी और भारतीय जनसंघ क्रमशः दूसरे और तीसरे स्थान पर थीं। इसके पहले की तीन लोकसभाओं में भारतीय जनसंघ के सांसदों की कुल संख्या क्रमशः 3, 4 और 14 थी। तीन लोकसभाओं में उसके कुल जितने सांसद थे, उससे चौदह सांसद अधिक थे चौथी लोकसभा में। उसे प्राप्त वोटों का प्रतिशत भी बढ़ गया था। वोटों का यह प्रतिशत चार लोकसभाओं में क्रमशः 3, 6, 6.4 और 9.4 था। यह खतरे की घंटी थी। 1967 के चुनाव के बाद नौ प्रान्तों में संविद सरकारों के गठन तथा इसी वर्ष नक्सलबाड़ी आन्दोलन के जन्म की अक्सर चर्चा की जाती है, पर भारतीय जनसंघ के इस फैलाव और विस्तार का कम उल्लेख किया जाता है।

कानपुर में 21 अक्तूबर, 1951 को भारतीय जनसंघ की स्थापना हुई थी और उसके तुरन्त बाद उसने कश्मीर आन्दोलन के समय यह घोषणा की कि एक देश में 'दो प्रधान, दो निशान और दो विधान' नहीं चलने चाहिए। अपने जन्म के तुरन्त बाद भारतीय जनसंघ को यह कहने का साहस कहाँ से प्राप्त हुआ?

1925 की विजयादशमी के दिन राष्ट्रीय स्वयंसेवक संघ का जन्म हुआ। मात्र पाँच लोगों ने इस संगठन का निर्माण किया था—डॉ. केशवराम बलिराम हेडगेवार, डॉ. बी.एस. मुंजे, डॉ. एल.वी. परांजपे, डॉ. थोलकर और बाबा राव सावरकर। इन पाँच व्यक्तियों में से चार व्यक्तियों का सम्बन्ध हिन्दू महासभा से था। अंग्रेजों के प्रयत्नों से मुस्लिम लीग बनी थी और फिर उसकी प्रतिक्रिया में हिन्दू महासभा का जन्म हुआ था। 17 अप्रैल, 1926 की बैठक में इस संगठन को नाम दिया गया—राष्ट्रीय स्वयंसेवक संघ। इसके पहले 'हिन्दू महासभा' और 'रामराज्य परिषद' जैसी संस्थाएँ हिन्दू हित और हिन्दू राष्ट्र की बातें करती थीं। स्वतंत्रता आन्दोलन के उस दौर में राष्ट्रीय स्वयंसेवक संघ का कोई महत्त्व नहीं था। 9-10 नवम्बर, 1929 को डॉ. हेडगेवार को सरसंघ चालक बनाया गया। यह संघ का सर्वोच्च पद है। हेडगेवार इस पद पर लगभग चौदह वर्ष रहे। 20 जून, 1943 को उन्होंने माधवराव सदाशिव गोलवलकर को सरसंघ चालक बनाया, जिनके कार्यकाल में संघ का विशेष विस्तार हुआ।

राष्ट्रीय स्वयंसेवक संघ के जन्म के दो वर्ष पहले सावरकर ने हिन्दू महासभा की राजनीति को निर्देशित करना आरम्भ कर दिया था। रिहाई के बाद सावरकर के विचार बदल गए। सावरकर ने 'हिन्दुत्व : हू इज हिन्दू' (1923) पुस्तक में 'हिन्दुत्व' की

संकल्पना पर विचार किया। यह पुस्तक हिन्दुत्व की संकल्पना का आधारभूत मौलिक ग्रन्थ है। इस पुस्तक के प्रकाशन के दो वर्ष बाद राष्ट्रीय स्वयंसेवक संघ का जन्म हुआ। इसके पहले आर्यसमाज के नेता पंडित लेखराम ने इस्लाम की भर्त्सना की थी और मुसलमानों को आर्य बनने या भारत से बाहर जाने की बात कही थी। उन्होंने पंजाब हिन्दू सभा का गठन किया था। बाद में हिन्दुओं के हितों को ध्यान में रखकर हिन्दू महासभा और राष्ट्रीय स्वयंसेवक संघ का जन्म हुआ। इन दोनों संगठनों में अनेक समानताएँ थीं। दोनों धर्मनिरपेक्ष भारत के विरोधी थे; ब्रिटिश शासन के समर्थक थे और ब्रिटिश शासन के खिलाफ चलाए गए आन्दोलनों में इन्होंने कोई शिरकत नहीं की थी। कांग्रेस की नीतियों से इन्होंने घृणा की, भूमि सुधार का विरोध किया, द्विराष्ट्र सिद्धान्त का समर्थन किया और दूसरे सम्प्रदाय को घृणा की दृष्टि से देखा। हिन्दू महासभा और राष्ट्रीय स्वयंसेवक संघ के अनुसार भारत भूमि केवल हिन्दुओं की है और जो समुदाय बाहर के धर्म के अनुयायी हैं उन्हें हिन्दुओं के मातहत रहना चाहिए। दो-ढाई दशकों में राष्ट्रीय स्वयंसेवक संघ के दो प्रमुख संगठन बने—राष्ट्र सेविका समिति (1936) तथा अखिल भारतीय विद्यार्थी परिषद् (1948)।

राष्ट्रीय स्वयंसेवक संघ के लिए स्वतंत्रता से कहीं बड़ा प्रश्न 'हिन्दुत्व' का था। उसने 'भारतीय राष्ट्रवाद' की जगह 'हिन्दू राष्ट्रवाद' पर बल दिया। दूसरे सरसंघ चालक माधवराव सदाशिव गोलवलकर ने 'बंच ऑफ थॉट्स' तथा 'वी आर अवर नेशनहुड डिफाइंड' जैसी पुस्तकों की रचना कर संघ के सिद्धान्त, विचार और आदर्श प्रस्तुत किए। पहली पुस्तक संघ की गीता है और दूसरी पुस्तक में हिन्दू राष्ट्रवाद का सिद्धान्त प्रतिपादित है। संघ ने 'समान विचार, समान आचार तथा समान उच्चार' को मूलमंत्र माना। संघ का सभी राज्यों में विस्तार उसके जन्म के डेढ़ दशक बाद हो चुका था।

महात्मा गांधी की हत्या के बाद 4 फरवरी, 1948 को संघ पर प्रतिबन्ध लगा था, जो 12 जुलाई, 1949 को हटा। दोबारा संघ पर प्रतिबन्ध 25 जून, 1975 को लगा।

भारतीय जनता पार्टी राष्ट्रीय स्वयंसेवक संघ की राजनीतिक शाखा है। चौथी लोकसभा में तीसरा स्थान प्राप्त करने के बाद भारतीय जनसंघ अपने दूसरे चरण में प्रवेश करता है। ओलीवर हीथ ने अपने एक लेख (एनोटॉमी ऑफ बीजेपी'ज राइज टू पावर : सोशल, रीजनल एंड पॉलिटिकल एक्सपैन्शन इन 1990'ज, ई पी डब्ल्यू, अगस्त 21-28, 1999) में गणतंत्र दिवस की परेड में संघ के स्वयंसेवकों को भाग लेने को आमंत्रित किए जाने का उल्लेख किया है। 1977 में जनता पार्टी की स्थापना के बाद भारतीय जनसंघ ने अपनी स्वतंत्र पहचान मिटा दी थी। दुहरी सदस्यता के प्रश्न को लेकर जनता पार्टी विभक्त हुई थी। जनता पार्टी के टूटने के पश्चात् भारतीय जनता पार्टी का जन्म 1980 में हुआ।

राष्ट्रीय स्वयंसेवक संघ 1974 में जीवन्त और अधिक सक्रिय हुआ। जयप्रकाश नारायण ने जिन युवाओं को लेकर अपना आन्दोलन प्रारम्भ किया था, उनमें अखिल

भारतीय विद्यार्थी परिषद् के युवा भी शामिल थे। संघ को पुनर्जीवित करने तथा उसे आगे बढ़ाने में समाजवादियों की कम भूमिका नहीं रही है। लोहिया और जयप्रकाश नारायण ने अपने-अपने ढंग से भारतीय जनसंघ को नया जीवन-दान दिया। जयप्रकाश नारायण ने अपने एक भाषण में इस पर आपत्ति प्रकट की थी कि भारतीय जनसंघ फासिस्ट है। उनका कहना था कि अगर जनसंघ फासिस्ट है तो उन्हें भी फासिस्ट कहा जाना चाहिए। लोहिया ने विपक्षी पार्टियों के संयुक्त मोर्चे में जनसंघ को शामिल कराया था। आज अगर कई समाजवादी अटल बिहारी वाजपेयी की सरकार में शामिल हैं, तो इस पर आश्चर्य नहीं होना चाहिए। जनता पार्टी की सरकार में पहली बार केन्द्र में अटल बिहारी वाजपेयी और लालकृष्ण आडवाणी मंत्री बने थे। कांग्रेस ने 1963 में गणतंत्र दिवस की परेड में संघ के स्वयंसेवकों को भाग लेने को आमंत्रित किया था और 1965 के भारत-पाक-युद्ध के समय तत्कालीन प्रधानमंत्री लालबहादुर शास्त्री ने सरसंघ चालक माधवराव सदाशिव गोलवलकर को एक सर्वदलीय बैठक में आमंत्रित किया था। कम्युनिस्ट पार्टी के नेताओं ने जनसंघ, मुस्लिम लीग और अकाली दल के साथ संयुक्त मोर्चा बनाया था। कम्युनिस्ट पार्टी ने भी साम्प्रदायिक दलों का सदैव डटकर विरोध नहीं किया।

रामविलास शर्मा ने उपर्युक्त लेख में 'वामपन्थी दलों के संकीर्णतावाद के रेगिस्तान में भटकने' और 'सुधारवाद के दलदल में फँसकर अपनी ऐतिहासिक भूमिका को नष्ट करने' की बात कही थी। 1967 तक भारतीय जनसंघ और राष्ट्रीय स्वयंसेवक संघ का कोई आनुषंगिक संगठन शक्तिशाली नहीं था। चौथी लोकसभा में तीसरा स्थान पाने के बाद संघ के आनुषंगिक संगठन बढ़ गए। फिर राष्ट्रीय स्वयंसेवक संघ के आनुषंगिक संगठनों का जन्म और विकास कभी नहीं रुका। 1936 में 'राष्ट्र सेविका समिति' की स्थापना से लेकर 1996 की 'संस्कृत भारती' तक जितने भी संगठन बने, वे काफी सोच-विचार कर बनाए गए थे। समाज के प्रत्येक क्षेत्र में फैलने का यह कार्य एक सुनिश्चित लक्ष्य के तहत किया गया। छात्र, वकील, महिला, शिक्षा, साहित्य, इतिहास, किसान, मजदूर, युवा, उपभोक्ता सबके संगठन बने। कोशिश सर्वत्र पाँव फैलाने की और समाज के सभी तबकों में छा जाने की रही। शिक्षा के क्षेत्र में एक साथ कई संस्थाएँ खुलीं—सरस्वती विद्या मन्दिर, सरस्वती शिक्षा मन्दिर, गीता विद्यालय, ज्ञान भारती, विद्या भारती, विद्या मन्दिर आदि। इसी प्रकार महिलाओं के कई संगठन बने—महिला कल्याण समिति, महिला मोर्चा, सामाजिक दर्पण, जन दर्पण, दुर्गावाहिनी, वीरांगना वाहिनी आदि। बाबरी मस्जिद ढहाने में हजारों कारसेविकाएँ सक्रिय रहीं।

संघ परिवार के सभी संगठनों का लक्ष्य एक है। इन सबका उद्देश्य भारत में हिन्दू राष्ट्र और हिन्दू संस्कृति को स्थापित करना है। सबका एजेंडा हिन्दू एजेंडा है। संघ के सभी पारिवारिक संगठन कहने को स्वायत्त हैं, पर सबकी डोर संघ के हाथ

में रहती है। एक ओर विश्व हिन्दू परिषद, बजरंग दल संघ की आक्रामक सन्तानें हैं और दूसरी ओर उसके कई 'उदारवादी' संगठन भी हैं। एक साथ उदारवादी और अनुदारवादी। इससे संघ को लाभ है। भ्रम की सृष्टि होती है।

राष्ट्रीय स्वयंसेवक संघ ने सदैव हिन्दू राष्ट्र की बात कही है। पाँचवें सरसंघ-चालक कुपहल्ली सीतारमैया सुदर्शन ने एक साक्षात्कार में यह कहा है कि वैचारिक स्तर पर हमारे सारे संगठन एक हैं, लेकिन व्यवहार के स्तर पर सभी सम्बद्ध संगठनों की सोच अलग-अलग है।

संघ का विचार और दर्शन हिन्दू राष्ट्र की स्थापना है। इस दृष्टि से उनके सारे संगठन एक हैं क्योंकि उनका लक्ष्य एक ही है। संघ का यह स्थिर विचार है और इसके प्रचार-प्रसार के तरीके बदलते रहे हैं। भारतीय जनता पार्टी के सत्ता में आने के बाद उसके संगठनों ने हमलों का एक नया सिलसिला चलाया है।

भाजपा का सत्ता में आना हाल की घटना है। ओलीवर हीथ ने अपने लेख में भाजपा को प्रथम, द्वितीय और तृतीय क्षेत्रों में बाँटा है। उन्होंने भाजपा के सामाजिक आधार, सामाजिक विस्तार, क्षेत्रीय विस्तार तथा राजनीतिक विस्तार पर आँकड़ों और तालिकाओं के साथ विचार किया है और अपने निष्कर्ष दिए हैं। उन्होंने मुख्य तथा प्रथम क्षेत्र के अन्तर्गत दिल्ली, हिमाचल प्रदेश, मध्यप्रदेश, राजस्थान और उत्तर प्रदेश को रखा है, द्वितीय क्षेत्र अथवा सहायक राज्यों के भीतर बिहार, गुजरात, हरियाणा, महाराष्ट्र और पंजाब की चर्चा की है तथा तीसरे क्षेत्र के अन्तर्गत आन्ध्र, असम, गोवा, कर्नाटक, केरल, उड़ीसा, तमिलनाडु तथा पश्चिम बंगाल को शामिल किया है। प्रथम क्षेत्र का काल आरम्भ के तीन संसदीय चुनावों (1952, 1957 तथा 1962), द्वितीय क्षेत्र का काल 1967, तथा 1971 के संसदीय चुनाव तथा तृतीय क्षेत्र का काल 1989, 1991, 1996, 1998 और 1999 के संसदीय चुनाव का है। तीसरे चरण में ही भाजपा अखिल भारतीय पार्टी बनी।

1925 से 1989 तक संघ परिवार ने मुख्य रूप से हिन्दू संगठन बनने के सारे प्रयत्न किए, जो पूरी तरह सफल और साकार नहीं हुए। पहली बार नौवीं लोकसभा के चुनाव (1989) में भाजपा एक प्रमुख राजनीतिक दल के रूप में उपस्थित हुई और 1990 के बाद यह भारत की प्रमुख राजनीतिक शक्ति बनी। भाजपा का एकमात्र लक्ष्य भारत में हिन्दू राज्य की स्थापना है। 1990 भारतीय राजनीति का एक निर्णायक मोड़ है। नौवीं तथा दसवीं लोकसभा में तीन कारकों—मन्दिर, मंडल तथा मार्केट ने, जिसे 'तीन एम' कहा गया है, मुख्य भूमिका अदा की।

आठवीं लोकसभा (1984) में भाजपा के मात्र दो सांसद विजयी हुए थे। इतनी कम संख्या पहली लोकसभा में भी उसकी नहीं थी। नौवीं लोकसभा (1989) में भाजपा के सांसदों की संख्या 2 से सीधे बढ़कर 86 हो गई। ऐसा परिवर्तन या चमत्कार कैसे हुआ?

भाजपा अपने जन्म के समय (1980) गांधीवाद और समाजवाद से प्रभावित होने की बात करती थी। उसने अपने जन्म के समय जिन पाँच मूल्यों—राष्ट्रवाद, एकता, लोकतंत्र, सकारात्मक धर्मनिरपेक्षता तथा मूल्याधारित राजनीति को महत्त्व देने की बात कही थी, वह संघ के विचारों और आदर्शों से पूरी तरह मेल नहीं खाता था। 1984 में बुरी तरह हारने के बाद भाजपा पुनः संघ की गोद में जा गिरी। उसने अपने को गांधीवादी समाजवाद से अलग किया और संघ पर आश्रित हुई। जनता पार्टी के पहले अध्यक्ष (1980) अटल बिहारी वाजपेयी थे। 1986 में लालकृष्ण आडवाणी अध्यक्ष हुए और उन्होंने छोड़ चुके मुद्दों को फिर सामने ला दिया। आठवीं लोकसभा के बाद भाजपा अपने पुराने रूप में लौट आई। आडवाणी की कट्टरपन्थी राजनीति फली-फूली। गोविन्दाचार्य ने वर्षों बाद वाजपेयी को 'मुखौटा' और आडवाणी को भाजपा का प्रमुख व्यक्ति कहा।

भाजपा की सीटें संसद में बढ़ती रहीं। दसवीं लोकसभा में 120, ग्यारहवीं लोकसभा में 161 और बारहवीं-तेरहवीं लोकसभा में उसके 182 सांसद हुए। ग्यारहवीं लोकसभा (1996) में उसकी सरकार तेरह दिन रही, बारहवीं लोकसभा (1998) में डेढ़ वर्ष के लगभग और तेरहवीं लोकसभा में राष्ट्रीय जनतांत्रिक गठबन्धन की सरकार है। बारहवीं लोकसभा में संसद में चालीस दलों के सांसद थे और तेरहवीं लोकसभा में भी चालीस दलों के सांसद हैं—छह राष्ट्रीय दल और शेष क्षेत्रीय दल। ग्यारहवीं लोकसभा का चुनाव भाजपा ने स्वदेशी, राममन्दिर, भ्रष्टाचार, हिन्दुत्व, आन्तरिक सुरक्षा तथा समान नागरिक संहिता के मुद्दों पर लड़ा था। तेरह दिन के भीतर ही वह अपने चुनावी वायदों से मुकरकर उस एनरॉन के पक्ष में खड़ी हो गई जिसका उसने स्वदेशी के तहत विरोध किया था।

भाजपा के सत्ता में आसीन होने के बाद राष्ट्रीय स्वयंसेवक संघ के विविध संगठनों ने आतंक, हिंसा और आक्रमण का जो दृश्य उपस्थित किया है, उसे अनदेखा नहीं किया जा सकता। तेरहवीं लोकसभा में राष्ट्रीय जनतांत्रिक गठबन्धन (राजग) में 24 दल शामिल हैं—संसद में सभी दलों की कुल संख्या के आधे से अधिक। यह ध्यान देने की बात है कि भाजपा को उच्च वर्ण के हिन्दुओं का समर्थन क्रमशः घटा है। यह समर्थन 1991 में 52, 1996 में 48 तथा 1998 में 42 प्रतिशत था। पिछड़े वर्ग के हिन्दुओं का समर्थन बढ़ा है और अनुसूचित जाति, अनुसूचित जनजाति तथा मुस्लिम वोटों का भी प्रतिशत बढ़ा है। उच्च वर्ग के लोगों के मतों में दस प्रतिशत की कमी आई है। गोवा में 1984 तक भाजपा की कोई पहचान नहीं थी। तेरहवीं लोकसभा में गोवा के दोनों सांसद भाजपा के हैं। भाजपा को राष्ट्रीय दल बनाने में, उसका सामाजिक आधार बढ़ाने में, फासीवादी शक्ति के उत्थान में कांग्रेस और वामपन्थी दलों की भूमिका रही है। उन्होंने अपनी अकर्मण्यता से जो जगह खाली की, भाजपा ने उसे भर दिया।

भारत में फासीवाद के उभार में प्राय: सभी राजनीतिक दल जिम्मेदार हैं। भाजपा का फासीवाद पिछले तीन–चार वर्ष से स्पष्ट दिख रहा है, लेकिन उसका सामना और मुकाबला करने की क्षमता किसी राजनीतिक दल में नहीं है।

राष्ट्रीय स्वयंसेवक संघ ईसाई धर्म और इस्लाम धर्म की तरह हिन्दू धर्म को भी संगठित करने पर तुला हुआ है। कला, साहित्य, संस्कृति, इतिहास और शिक्षा, इसमें बाधक हैं। इसलिए उनके संगठन इन सब पर प्रहार कर आतंक और हिंसा का राज्य स्थापित कर रहे हैं। उन्हें सत्ता का संरक्षण है। संघ तथा उसके संगठन भारतीय मानस को मनोवैज्ञानिक और सांस्कृतिक तौर पर बदलने के लिए निरन्तर प्रयत्नशील हैं। संघ का आधार मुख्य रूप से भारतीय मध्यवर्ग है—उपभोक्ता वर्ग, जिसका सीधा सम्बन्ध बाजार से है और वह साम्राज्यवाद के खिलाफ पहले की तरह खड़ा नहीं है।

संघ भारतीय इतिहास के साथ दो दशक से छेड़छाड़ कर रहा है। जनता पार्टी की सरकार में 1979 में ही राष्ट्रीय शैक्षिक अनुसन्धान और प्रशिक्षण परिषद् द्वारा प्रकाशित इतिहास की पुस्तकों को हटाने की बात हुई थी, जो उस समय पूरी नहीं हो सकी। संघ के इतिहासकार इतिहास की साम्प्रदायिक व्याख्या कर घृणा का प्रचार–प्रसार कर रहे हैं। उनका इतिहास–लेखन छद्म और भ्रम से, तथ्यात्मक गलतियों से भरा पड़ा है। भारतीय प्रतीकों, मिथकों, मुहावरों, शब्दावलियों का बड़ी चालाकी से अपनी स्वार्थ–सिद्धि के लिए संघ ने उपयोग किया है। भारतीय इतिहास अनुसन्धान परिषद् तथा भारतीय सामाजिक अनुसन्धान परिषद् से ख्याति प्राप्त इतिहासकारों और समाजशास्त्रियों को हटाने से ही संघ का प्रयोजन सिद्ध होता है। इतिहास की मनोनुकूल और साम्प्रदायिक व्याख्या के लिए यह आवश्यक है कि वैज्ञानिक दृष्टि और चेतना से सम्पन्न इतिहासकारों को हटाकर साम्प्रदायिक तथा हिन्दूवादी दृष्टि के इतिहासकारों को वैसी जगहों पर नियुक्त किया जाए। अरुण शौरी मार्क्सवादी इतिहासकारों पर चलताऊ तथा सतही ढंग से लिखकर 'ऐतिहासिक' कार्य करते हैं और सत्तासीन लोग ऐसे सभी पीठों, केन्द्रों, परिषदों से विख्यात इतिहासकारों को हटाकर अपना मार्ग प्रशस्त करते हैं। भारतीय इतिहास अनुसन्धान परिषद् की 'टुवड्र्स फ्रीडम' शृंखला के अन्तर्गत के.एम. पणिक्कर और सुमित सरकार की पुस्तकों को छपने से रोकना तानाशाही है। के.एम. पणिक्कर ने कहा है कि सरकार हिन्दू महासभा का ब्रिटिश राज के साथ सम्बन्ध दिखानेवाले दस्तावेजों को प्रकाशित नहीं होने देना चाहती। यह सत्य को झाँपना और उसे प्रकट करने से रोकना है। भाजपा साम्प्रदायिक दृष्टि से पाठ्यक्रम तैयार करने में विश्वास रखती है। इसी प्रकार प्रसार भारती से पहले एस.एस. गिल और बाद में रोमिला थापर और राजेन्द्र यादव को हटाना अपनी राह में आनेवाले व्यवधानों को दूर करना है। शिक्षा के क्षेत्र में सम्प्रदायवाद और कट्टरतावाद को बढ़ावा देकर भाजपा शिक्षा का भी सम्प्रदायीकरण करना चाहती है।

पिछले एक दशक में हिन्दूधर्म व्यवस्था के खिलाफ दलित तथा पिछड़ी चेतना के उदय के कारण भाजपा ने मध्यवर्ग में अपना आधार सुदृढ़ किया। जनता के संघर्षों को कमजोर करने के लिए धार्मिक कट्टरतावाद नए सिरे से आकर ग्रहण कर चुका है।

तोड़-फोड़ और आक्रमण के लिए बजरंग दल और विश्व हिन्दू परिषद् को कुछ सोचने की ज़रूरत नहीं है। संघियों के निशाने पर मुसलमान और ईसाई हैं। उड़ीसा में ग्राहम स्टुअर्ट स्टेंस तथा उनकी सन्तानों—फिलिप्स और टिमोथी को सोते में जलानेवाले, हत्यारे दारासिंह के नाम पर आज 'धर्मरक्षक श्री दारा सिंह समिति', 'दारा सेना', 'दारा सिंह परिजन सुरक्षा समिति' आदि समितियाँ बन चुकी हैं। संघ तथा उसके संगठनों का कार्य मनोवैज्ञानिक तौर पर संचालित होता है। वह एक साथ धैर्य की परीक्षा लेने के साथ आतंक की भी सृष्टि करता है।

गुजरात में डिस्को डांडिया, पर 'कानपुर में 'वैलेंटाइन डे' का विरोध, 'फायर' फिल्म को प्रदर्शित होने देने से रोकना, 'वाटर' की शूटिंग को रोकवाना, अभिनेता दिलीप कुमार के घर पर नग्न प्रदर्शन, 'और अन्त में प्रार्थना' के मंचन पर जबलपुर में किए गए हमले और तोड़-फोड़, मकबूल फिदा हुसैन तथा जतीनदास के चित्रों को नुकसान पहुँचाने, गुजरात, उड़ीसा, उत्तर प्रदेश, हरियाणा में ईसाई मिशनरियों पर हमले, चर्च पर हमले, पोप की यात्रा का विरोध, मुम्बई में क्रिकेट मैच न होने देने, ईसाई साध्वियों (ननों) से किए गए बलात्कार आदि से किस प्रकार के हिन्दुत्व का पता चलता है? यह भय और आतंक की सृष्टि है जिससे सबको, विशेषत: विरोधियों, लोकतांत्रिक शक्तियों और कम्युनिस्टों को ठिकाने लगाया जाए। ये फासीवाद की पूर्व आहटें हैं। भाजपा के साथ अनेक राजनीतिक दल हैं, इससे फासीवाद के आगमन पर प्रश्न-चिह्न नहीं लग सकता। फासीवाद हिन्दुस्तान में पुराने रूप में नहीं आएगा। वह जब भी आएगा, रूप बदलकर आएगा। संघ परिवार और भाजपा इसके लिए प्रमुख रूप से जिम्मेदार हैं, लेकिन उन राजनीतिक दलों को कैसे छोड़ा जा सकता है, जो अपने आचरण में कम फासिस्ट नहीं हैं।

भारत में फासीवाद का आगमन मात्र धर्म से जुड़ा हुआ नहीं है। यह बाजार से भी जुड़ा है और साम्राज्यवादी शक्तियों से इसका सीधा सम्बन्ध है।

चन्द्रभान प्रसाद ने 'पायनियर' के पाँच अंकों (7-11 सितम्बर, 1999) में सामाजिक फासीवाद (सोशल फासिज्म) पर विचार किया है। भाजपा के समर्थन में लिखे गए इस लेख में उनकी यह स्थापना है कि उच्च वर्ग के लोग फासिस्ट शासन नहीं चाहते। उनमें ऐसी क्षमता भी नहीं है। उन्होंने आँकड़ों में यह बताया है कि भारत में उच्च वर्ण के लोगों की संख्या मात्र पन्द्रह प्रतिशत है। शहरी उच्चवर्ग के लोग हथियारबन्द लोगों को बड़े पैमाने पर फासिस्ट शासन के समर्थन के लिए तैयार नहीं कर सकते। भारत की अन्य पिछड़ी जातियाँ भारत की समूची जनसंख्या का 52 प्रतिशत हैं। इस विवेचन में दिक्कत यह है कि जाति के आधार पर फासीवादी

शक्तियों के उदय की बात कही गई है। उनके अनुसार, 1980 में जब मंडल रिपोर्ट पेश की गई थी, उच्च वर्ण हिन्दू 17.58 प्रतिशत, उच्च वर्ण में हिन्दू 7.76 प्रतिशत, उच्च शूद्र 17.76 प्रतिशत, निम्न शूद्र 32.34 प्रतिशत तथा दलित (अनुसूचित जाति/जनजाति) 24.56 प्रतिशत थे। उनका मत है कि ग्रामीण भारत की सम्पदाओं और संस्थाओं को नियंत्रित करनेवाली उच्च शूद्र जातियाँ हैं। 'सामाजिक फासीवाद' का यह विवेचन भ्रामक, एकांगी और सतही है। इसमें राष्ट्रीय स्वयंसेवक संघ के क्रियाकलापों की कोई चर्चा नहीं है।

फासीवाद को बाजार से, पूँजी से जोड़कर नहीं देखना फासीवाद की गलत और फिजूल चर्चा है। मकबूल फिदा हुसैन, बाल ठाकरे के साथ विहंसते हैं और दीपा मेहता अरुण जेटली से संवाद चलाती हैं। दोनों बाजार के खेल से, प्रचार और विज्ञापन के समस्त कला-कौशलों से मात्र सुपरिचित ही नहीं हैं, वे अपने पक्ष में उसका इस्तेमाल भी करते हैं। हुसैन और दीपा मेहता बाजार के अंग हैं और फासीवाद का आज़ बाजार, पूँजीवाद तथा साम्राज्यवाद से घनिष्ठ सम्बन्ध है। इस ओर से आँखें मूँद लेने से वस्तुस्थिति नहीं बदल जाती। कलाकार, कवि, लेखक, संस्कृतिकर्मी फासीवाद का मुकाबला अवसरवादी और सुविधाजीवी होकर नहीं कर सकते। एक ओर भाजपा के फासीवादी चरित्र पर प्रहार और दूसरी ओर उसके सांसदों और मंत्रियों से प्राप्त सम्मान और पुरस्कार कवियों और लेखकों को कहाँ खड़ा करता है? कलाकारों और संस्कृतिकर्मियों का छद्म फासीवाद को और बढ़ाता है। क्या सचमुच आज हमारे देश का कोई राजनीतिक दल फासीवाद से लड़ाई लड़ने को उद्यत है? क्या सचमुच वह विश्व पूँजीवाद और साम्राज्यवाद के विरुद्ध खड़ा है या महज यह एक नकली लड़ाई है—नाटक? क्या अन्य दलों में फासीवादी शक्तियाँ नहीं हैं? भारतीय जनतंत्र को अपने अवसरवादी रुझानों के कारण क्या हमारे समय के प्रायः सभी राजनीतिक दलों ने दुर्बल नहीं किया है? क्या मुलायम सिंह यादव, लालू यादव और मायावती सचमुच धर्मनिरपेक्ष हैं? क्या इन्होंने समय-समय पर अपनी सुविधा के अनुसार सम्प्रदायवादी शक्तियों से समझौते नहीं किए हैं?

कवि, लेखक, कलाकार और संस्कृतिकर्मी किसी एक बड़ी घटना पर अपनी कुम्भकर्णी नींद तोड़ते हैं और फिर शान्त हो जाते हैं। फासीवाद उनकी निरन्तर चिन्ता का विषय नहीं है। अमरीकी साम्राज्यवाद के मुकाबले बिना खड़े हुए फासीवाद को चुनौती नहीं दी जा सकती है।

भाजपा ने अपने चेन्नई अधिवेशन में अपने बदले हुए मानस की चर्चा की थी। भाजपा अपना मानस बदले या नहीं, वह भारतवासियों का मानस बदलने में जी-जान से लगी हुई है। हमारा मानस बदलने में और उसे अपने अनुकूल बनाने में साम्राज्यवादी शक्तियाँ पूरे जी-जान से लगी हुई हैं, भारतीय मध्यवर्ग का मानस बहुत अर्थों में बदल भी चुका है और संघ परिवार यह कार्य कर साम्राज्यवाद के कार्य को आसान बना रहा है।

संघ परिवार को 'हिन्दू धर्म' तथा 'हिन्दू संस्कृति' से मतलब है। उसका उद्‌देश्य स्पष्ट है। वह हिन्दू राष्ट्र के निर्माण में इसे आवश्यक समझता है। संघ परिवार हिन्दू धर्म नहीं, ब्राह्मण धर्म का हिमायती है और ब्राह्मणवाद के खिलाफ बोलनेवाले मुलायम सिंह यादव आज ब्राह्मणवाद के पक्ष में हैं।

संघ परिवार झूठ, अफवाह को महत्त्व देकर सत्य की हत्या करता है। हिन्दू धर्म की रक्षा करने तथा उसका प्रचार-प्रसार करने का ठेका विहिप, बजरंग दल जैसे संगठनों ने ले रखा है। संघ परिवार के ये लाड़ले आतंक और भय की सृष्टि करते हैं और बाल ठाकरे से लेकर लालू-मुलायम तक के यहाँ आतंक और भय दीखता है।

राष्ट्रीय स्वयंसेवक संघ का 'सांस्कृतिक राष्ट्रवाद', छल और झूठ-फरेब है। यह हिन्दू राष्ट्रवाद है। भाजपा का सिद्धान्त 'हिन्दुत्व ही राष्ट्रीयता है' फिलहाल स्थगित है। अयोध्या में राममन्दिर का निर्माण, संविधान की धारा 370 की समाप्ति, समान नागरिक संहिता लागू करना इनका प्रमुख राजनीतिक कार्यक्रम है, जिसका देश की मूलभूत और प्राथमिक समस्याओं से कोई सम्बन्ध नहीं है। फिलहाल ये तीनों मुद्‌दे स्थगित हैं।

आज के विश्व में कट्‌टरपंथियों का उभार पूँजीवाद तथा साम्राज्यवाद के हित में है। यह धार्मिक कट्‌टरतावाद जनता के संघर्षों को कम करता है और साम्प्रदायिकता उसकी एकता को खंडित करती है। किसानों-मजदूरों की, ग़रीबों और दुःखी जनों की एकता साम्राज्यवाद के लिए हमेशा खतरा रही है। इस खतरे से बचने के लिए साम्राज्यवाद साम्प्रदायिकता को बढ़ाता है, फासीवाद को बढ़ाता है। भारत में फासीवाद का आगमन भाजपा के हिन्दू राष्ट्र से ही नहीं जुड़ा हुआ है। इसके भीतर पूँजी का जो चतुर खेल है, वह भी उत्तरदायी है। संघ परिवार बहुलतावादी संस्कृति का विरोधी है। वह पौराणिक संस्कृति का पक्षधर है। संस्कृति के क्षेत्र में उसने इतिहास, पुराण, मिथक, प्रतीक सब में घालमेल किया है। नए मिथ निर्मित किए हैं और प्रतीकों का अपने पक्ष में उपयोग किया है। इस सबसे बेखबर होकर चैन की नींद सोना फासीवाद को आगे बढ़ाना है। भाजपा को मिश्रित और सामासिक संस्कृति से चिढ़ है। वह केवल हिन्दू संस्कृति का राग अलापती है। सत्ता में भाजपा के आ जाने के बाद सूचना-तंत्र पर उसका अधिकार है और वह गलत चीजों का बड़े कौशल से प्रचार-प्रसार करती है। एक घटना विशेष पर उद्वेलित होने और वक्तव्य दे देने से समस्याओं का हल नहीं हो जाता।

संघ परिवार को वामपंथियों से ही चिढ़ नहीं है, वह उदार जनतांत्रिक मूल्यों के भी विरुद्ध है। उसकी आस्था भारतीय संविधान में नहीं है। क्या संविधान समीक्षा का प्रभाव कवियों, लेखकों, कलाकारों और बुद्धिजीवियों पर नहीं पड़नेवाला है? कवि-लेखक 'वाटर' और 'फायर' पर जितना उद्वेलित होते हैं, उतना संविधान समीक्षा पर क्यों नहीं? संविधान में सामान्य आदमी के जिन मौलिक अधिकारों की चर्चा है, क्या

वे अधिकार उसे प्राप्त हैं? धारा 38, 39, 41 के अनुसार समतावादी सामाजिक-आर्थिक व्यवस्था बनाने के बारे में जो कहा गया है, उसे किसने रोका? फासीवाद एक साथ कई दिशाओं और रूपों में अपना कार्य सम्पन्न करता है। वह अब सूक्ष्म है और जटिल भी। उसे हिटलर, मुसोलिनी और फ्रैंको के ही बदले रूप में नहीं समझा जा सकता।

किशन पटनायक ने संविधान-संशोधन के बारे में जो लिखा है, (सामयिक वार्ता, मार्च 2000) उसे ध्यानपूर्वक देखने की ज़रूरत है—"भारत के संविधान को बदलने का एक इरादा संघ परिवार या राजग का है, तो भारत के संविधान को बदलने का दूसरा इरादा अन्तरराष्ट्रीय पूँजीवाद का है। दोनों का इस वक्त संयोग है।...संविधान बदलने के मामले में साम्राज्यवाद और मनुवाद की दृष्टि में कहीं-कहीं तो भिन्नता आएगी ही, लेकिन दोनों नहीं चाहेंगे कि भारत एक 'समाजवादी गणराज्य' हो, दोनों नहीं चाहेंगे कि कानून के द्वारा आय की विषमताओं को घटाया जाए, दोनों नहीं चाहेंगे कि सम्पत्ति और संसाधनों के केन्द्रीकरण पर सरकारी रोक लगाई जाए।" स्पष्ट है कि संघ परिवार और अन्तरराष्ट्रीय पूँजीवाद दोनों में अभिन्न सम्बन्ध हैं।

भारतीय संविधान को बदलकर उसकी जगह पर हिन्दू संविधान बनाने की बात समय-समय पर कही जाती रही है। भारतीय संविधान को हिन्दू विरोधी कहकर विश्व हिन्दू परिषद् ने उसकी आलोचना की थी और 'हिन्दू संविधान' बनाने की बात कही थी।

वस्तुतः संघ परिवार जिस 'हिन्दुत्व' को धर्म मानता है, वह एक जीवन-शैली है। महात्मा गांधी ने हिन्दू धर्म को धर्म माना था, लेकिन राधाकृष्णन और काणे ने हिन्दू धर्म को एक जीवन-शैली माना है। संघ परिवार के धार्मिक और सांस्कृतिक फासीवाद का मुकाबला विविध स्तरों पर किए जाने की आवश्यकता है।

संघ परिवार और भाजपा के जिस धर्म का जवाब हम धर्मनिरपेक्षता से देते हैं, उसे अब बहुत संगत नहीं माना जाता है। के. सच्चिदानन्दन ने चन्द्रशेखर स्मृति व्याख्यान के अन्तर्गत दिए गए अपने व्याख्यान में, जो 'कसौटी' तीन में प्रकाशित है, पश्चिम में धर्मनिरपेक्षता की जॉन होरययोक और चार्ल्स ब्रोलो की धारणाओं को भारतीय परिस्थितियों के अनुकूल नहीं माना है।

भाजपा का 'नवहिन्दुत्व', 'धर्मशास्त्रों के प्रभुत्व की पुनः स्थापना' का गुप्त एजेंडा है, जिसे रोमिला थापर ने 'संघीय हिन्दुत्व' ('सिंडिकेटेड हिन्दुइज्म') कहा है। वीर सावरकर ने भी हिन्दुत्व को हिन्दू धर्म नहीं माना है। हिन्दुत्व की जड़ें धर्म में न होकर सेमेटिक राजनीतिक और सामाजिक संगठन में हैं। रजनी कोठारी के अनुसार "साम्प्रदायिक समाज से उसकी राष्ट्रीयता तय करने का विचार ही 19वीं सदी के पश्चिम यूरोप की देन है। भारतीय मानस के लिए तो यह विचार और

अवधारणा ही विदेशी है।" फ्रेंच अर्थशास्त्री गी सोरमैन भी हिन्दुत्व को भारतीय इतिहास का विरोधी मानते हैं। उनके अनुसार यह हाल का बुद्धिभ्रंश है। उनके अनुसार हिन्दुत्व की धारणा पश्चिमी है और यह कहीं से भारतीय नहीं है। बैजू नरवणे को एक बातचीत (हिन्दू, 18 अप्रैल, 2000) में उन्होंने यह कहा है कि जिन्होंने हिन्दुत्व की खोज की, वे पश्चिमीकृत थे और 'जीनियस ऑफ इंडिया' के विरोधी थे। इसके प्रभावी होने का मुख्य कारण यह है कि यह उस बड़े भारतीय मध्य वर्ग को आकर्षित करता है, जो शहरीकरण के कारण आधारहीन हो चुका है। सोरमैन के अनुसार हिन्दुत्व कोई खतरा नहीं है। उनके अनुसार मध्यवर्ग के उन्मूलित होने, उखड़ने और अकेलेपन में इसे व्याख्यायित किया जाना चाहिए। वे भारत में हिंसा को शहरी मानते हैं, जिसका आधुनिक जीवन-शैली से सम्बन्ध है, न कि परम्परा से। उनका बल इस बात पर है कि हिन्दुत्व भारतीय नहीं है। यह एक आयातित राजनीतिक उत्पाद है।

क्या सचमुच हम फासीवाद का मुकाबला चुनावी समीकरणों से, कार्यनीतियों से, बूर्जुवा संसदीय जनवाद से वर्ग-संघर्ष के बिना कर सकते हैं? यह कैसे सम्भव है? यह कैसे सम्भव होगा? राष्ट्रीय स्वयंसेवक संघ का चरित्र फासिस्ट है और उसके संगठन भी इससे मुक्त नहीं हैं। संघ का एकमात्र लक्ष्य हिन्दू राष्ट्र की स्थापना है। यह तब तक सम्भव नहीं है, जब तक अल्पसंख्यक धार्मिक समूहों के प्रति हममें नफरत पैदा न हो। इसी कारण मुसलमानों, बौद्धों और ईसाई मिशनरियों पर आक्रमण किया जाता है, कश्मीर में कबीरपंथियों को भी नहीं छोड़ा जाता। संघ मिथक को इतिहास बनाने और इतिहास को मिथक बनाने में प्रवीण है। उसके अनुसार राष्ट्रवाद ('नैशनलिज़्म) आधुनिक न होकर एक 'प्राचीन और धार्मिक आधारवाली परिघटना है' यह महज एक 'सांस्कृतिक परिघटना' है और धर्म इस 'सांस्कृतिक अधिरचना का मुख्य अवयव' है।

संघ अपने स्वभाव और चरित्र में ही फासिस्ट है। भाजपा की सरकार बनने के बाद इसका यह फासिस्ट चरित्र बड़ी तेजी से फैला है।

यूरोप में जिन कारणों से फासीवाद जन्मा था उनमें एक प्रमुख कारण विश्व पूँजीवाद का आर्थिक संकट था, जो आज भी मौजूद है। वित्तीय पूँजी के खेल ने आज श्रमिकों को पहले की तुलना में कहीं अधिक विपन्न और बेरोजगार बना दिया है। काम के अवसर नष्ट हो रहे हैं। विश्वनाथ मिश्र ने 'दायित्वबोध' (जुलाई-सितम्बर, 1998) के सम्पादकीय 'भारत में फासीवादी उभार और उसकी चुनौतियाँ' में कलेशी और प्रभात पटनायक की इस स्थापना से अपनी सहमति जताई है— "फासीवादी ताकतें सत्ता में रहें न रहें, राजनीतिक और सामाजिक ताने-बाने में उनकी उपस्थिति कष्टदायक हृदय-कैंसर के रूप में बनी रहेगी, क्योंकि जहाँ फासीवाद के सत्ता में बने रहने की आवश्यकता साम्राज्यवाद या बड़ी पूँजी की नजर से

फिलवक्त नहीं है, वहीं ये लोग फासीवाद को सिर पर तलवार की तरह लटकाए रखना भी आवश्यक मानते हैं।'' आज का फासीवाद ''विश्व पूँजीवादी तंत्र और भारतीय पूँजीवाद के वर्तमान ठहराव और संकट की जमीन पर यह प्रवृत्ति स्वत:स्फूर्त ढंग से पैदा हुई है और अपनी गति से पली-बढ़ी है?'

वित्तीय पूँजी के इस दौर में पूँजी का अनुत्पादक चरित्र फासीवाद को बढ़ावा दे रहा है। उत्पादन की जगह पर कर्ज तथा सट्टेबाजी की प्रमुखता है। प्रत्यक्ष विदेशी निवेश ने वास्तविक उत्पादन में कोई वृद्धि नहीं की है, जिससे उसका लाभ निचले स्तर के लोगों तक नहीं पहुँचा है।

फासीवाद का आज सट्टेबाज पूँजी से सम्बन्ध है। भारतीय पूँजीवाद के ठहराव ने साम्प्रदायिक फासीवाद को प्रभावित ही नहीं, विस्तारित भी किया है। इसमें कांग्रेस की भूमिका सर्वोपरि रही है। शाहबानो केस के बाद घटना-चक्र बड़ी तेजी से घूमा।

फासीवाद का मुकाबला केवल कवि-लेखक नहीं कर सकते। आज पहला काम तीनों लेखक-संगठनों को एक करने का है। भारतीय कम्युनिस्ट पार्टी आज अनेक टुकड़ों में बँटी हुई है। आपस में उनका तीन-तेरह का रिश्ता है। अवसरवादी राजनीति के कारण वामपन्थी दल इसका मुकाबला नहीं कर सकते। संघ घोषित रूप से फासिस्ट है, लेकिन पिछले एक दशक में कई दलों और उनके प्रमुखों में भी फासीवाद का जहर घुला है। इसका कोई एक निश्चित रूप और प्रकार नहीं है। प्रभात पटनायक के इस कथन पर ध्यान देना चाहिए, ''सत्ता में रहने-न-रहने—दोनों ही स्थितियों में फासीवाद का नासूर भारतीय राजनीति और समाज में बना रहेगा। केवल वर्ग-संघर्ष की राजनीति को आगे बढ़ाकर और जनता के सभी वर्गों का मोर्चा बनाकर क्रान्तिकारी संघर्ष को आगे बढ़ाने की प्रक्रिया में ही फासीवाद को परास्त और नेस्तनाबूद करने की लड़ाई लड़ी जा सकती है।' यह मुश्किल है, पर असम्भव नहीं। आवश्यक है क्रान्तिकारी वामपन्थी शक्तियों की एकता।

(2000)

इक्कीसवीं सदी में भगतसिंह

इक्कीसवीं सदी का भारत गुलामी के एक नए दौर में प्रवेश कर रहा है। बीसवीं सदी के अन्तिम दशक के आरम्भ में नई 'आर्थिक नीति' के बाद गुलामी का यह नया दौर आरम्भ हुआ। निजीकरण, उदारीकरण और खगोलीकरण की दुष्ट-त्रयी का विश्व बैंक, अन्तरराष्ट्रीय मुद्रा कोष और विश्व व्यापार संगठन की दुष्ट-त्रयी के साथ साक्षात सम्बन्ध है। इसके अतिरिक्त जी-आठ के देशों और बहुराष्ट्रीय कम्पनियों का महाजाल है और गैर-सरकारी संगठन हैं। सोवियत रूस के विघटन और विश्व-स्तर पर समाजवादी सरकारों और व्यवस्थाओं के पतन ने एक ध्रुवीय विश्व रच डाला है। अमेरिकी साम्राज्यवाद नितांत घिनौने और बेशर्म रूपों में विश्व में फैल रहा है और भारत की सरकार अलग से विनिवेश मंत्रालय खोलकर मुनाफा देनेवाले सार्वजनिक उपक्रमों/संस्थानों को कौड़ियों के दाम बेचने में किसी प्रकार की शर्म महसूस नहीं कर रही है।

इक्कीसवीं सदी के भारत का हमारे पास कोई स्वप्न नहीं है। एक अरब पाँच-दस करोड़ की आबादीवाला हमारा देश अपने ही देश के लुटेरों, अपराधियों और राष्ट्रद्रोहियों के बीच फँसा कराह रहा है। ग़रीबी, अशिक्षा, बेरोजगारी, अन्याय, लूट—सभी कायम है। आधी आबादी को पीने के लिए साफ जल नहीं है। स्वतंत्र भारत में सामान्य जनता के जीवन की आवश्यक आवश्यकताओं की पूर्ति तक नहीं हुई है। विधानसभाओं और संसद में अपराधियों की संख्या बढ़ रही है। कल-कारखाने बन्द हो रहे हैं और कर्ज में डूबा किसान आत्महत्या कर रहा है। उच्च न्यायालय का न्यायाधीश भी ऐय्याशी कर रहा है। राजनीतिक दलों का मुख्य कार्य चुनाव जीतना है। हत्या, अपहरण, बलात्कार, सबकी संख्या बढ़ रही है। कई भारतीय बुद्धिजीवी नोम चोम्स्की से बहुत कुछ सीखने को तैयार नहीं हैं। साम्प्रदायिक उन्माद बढ़ाया जा रहा है। भारत कई हिस्सों में बँट चुका है। विचारहीनता और संवादहीनता के साथ असहिष्णुता बढ़ रही है।

आज भारत में राजनीतिक दलों की कमी नहीं है। स्वतंत्र भारत के आरम्भिक वर्षों में सैद्धान्तिक और वैचारिक आधार पर राजनीतिक दल टूटे थे, पर बाद में दलों के टूटने के पीछे निजी महत्त्वाकांक्षाएँ प्रबल रहीं। वामपन्थी दल अनेक धड़ों में

विभक्त हुआ और जिस नक्सलबाड़ी आन्दोलन ने मुक्ति और क्रान्ति का मार्ग दिखाया था, वह भी अनेक धड़ों में बँट गया। अस्सी के दशक के पूर्व क्षेत्रीय दलों की संख्या अधिक नहीं थी। बाद में यह संख्या इतनी बढ़ी कि कुछ क्षेत्रीय दलों को छोड़कर शेष का कोई अर्थ नहीं रहा। जन-प्रतिनिधियों और नौकरशाहों ने मिलकर भोग और उपभोग को महत्त्व दिया। जो अपवाद रहे, उनकी इस व्यवस्था में विशेष नहीं चली। इक्कीसवीं सदी में शिक्षा, स्वास्थ्य, रोजगार के प्रश्न गौण पड़ते गए और 'राज्य' की कल्याणकारी भूमिका क्रमशः समाप्त होती गई। साधारण व्यक्तियों को 'ईश्वर' के हवाले छोड़ दिया गया। 1980 में भाजपा राष्ट्रीय परिदृश्य पर कहीं नहीं थी और उस समय उसका जन्म ही हुआ था। पन्द्रह-बीस वर्ष में वह भारत की सर्वप्रमुख राजनीतिक पार्टी बन गई। जिस कांग्रेस ने राष्ट्रीय स्वाधीनता-आन्दोलन में एक बड़ी भूमिका का निर्वाह किया था, वह नेहरू के जीवन में ही कमजोर होने लगी थी। स्वतंत्र भारत में सत्ता-परिवर्तन ही प्रमुख प्रश्न बना। व्यवस्था-परिवर्तन की चिन्ता स्वतंत्र भारत के आरम्भिक वर्षों में जो कभी-कभार दिखाई पड़ती थी, वह बाद में समाप्त हो गई। गैर-कांग्रेसवाद की राजनीति में व्यवस्था परिवर्तन को लेकर कोई चिन्ता नहीं थी। जाति, धर्म, सम्प्रदाय राजनीति में प्रमुख स्थान प्राप्त करते गए और स्वाधीनता-आन्दोलन को क्रमशः विस्मृत किया जाता रहा। पंचवर्षीय योजनाओं और पंचायत-चुनाव से भी समाज को विशेष लाभ प्राप्त नहीं हुआ।

इक्कीसवीं सदी का भारत राष्ट्रीय स्वाधीनता आन्दोलन को भूलकर आगे नहीं बढ़ सकता। आज भाजपा को राष्ट्रीय स्वाधीनता आन्दोलन के महान नायकों से कोई मतलब नहीं है। आज का भारत अमेरिकी साम्राज्यवाद से जुड़कर या उसके साथ खड़े होकर अपना विकास नहीं कर सकता। इतिहास को विकृत और विरूपित करने के कुत्सित खेल जारी हैं। भारत के 'समाजवादी' फासिस्टों के साथ हैं। केन्द्र में चौबीस राजनीतिक दल एक साथ जुड़े हुए हैं। इसके पीछे कोई विचार और दर्शन नहीं है। सत्ता प्राप्त करने के लिए मूल्य, नैतिकता—सबको समाप्त किया जा रहा है। गठबन्धन की राजनीति बहुत अंशों में ठगबन्धन की राजनीति बन चुकी है। संघ परिवार और उसके आनुषंगिक संगठनों ने मिथकों और गल्पों को वैचारिक केन्द्र में रखने के लिए कोई कसर नहीं छोड़ रखी है। इक्कीसवीं सदी के आरम्भ में ही गुजरात में नरसंहार हो चुका है और जनजीवन की समस्याओं से दूर 'राम मन्दिर' और 'हिन्दुत्व' का प्रश्न प्रमुख प्रश्न बना हुआ है। भाजपा बहुमत में नहीं है, तब यह हाल है, बहुमत में आने पर वह क्या करेगी, इसकी कल्पना की जा सकती है।

क्या हमें इक्कीसवीं सदी के भारत पर विचार करते समय बीसवीं सदी के भारत पर विचार नहीं करना चाहिए? क्या इक्कीसवीं सदी का भारत 'हिन्दू राष्ट्र' बनेगा या वास्तविक अर्थों में यह धर्म-निरपेक्ष राष्ट्र बना रहेगा? महात्मा गांधी, भगतसिंह, अम्बेडकर, जवाहरलाल नेहरू और राममनोहर लोहिया में से किसके

विचार इक्कीसवीं सदी के भारत के लिए महत्त्वपूर्ण हैं? यहाँ राष्ट्रीय स्वाधीनता आन्दोलन के नायकों-महानायकों के विचारों को आज के भारत के सन्दर्भ में विस्तारपूर्वक और तुलनात्मक रूप से नहीं देखा जा रहा है। केवल भगतसिंह के विचारों को ही प्रस्तुत किया जा रहा है।

भगतसिंह के लिए 'स्वतंत्रता' का अर्थ भारत से अंग्रेजों की विदाई मात्र नहीं था। राष्ट्रीय स्वाधीनता आन्दोलन में एक साथ कई धाराएँ सक्रिय थीं। सुधारवादी धारा के साथ क्रान्तिकारी धारा भी थी। भगतसिंह, प्रेमचन्द, गणेश शंकर विद्यार्थी और अशफाक उल्ला खाँ की दृष्टि स्वतंत्रता के सम्बन्ध में लगभग एक समान थी। ये चारों व्यक्ति आर्थिक स्वतंत्रता के हिमायती थे और इनका यह स्पष्ट मत था कि अंग्रेजों के स्थान पर भारतवासियों का बैठ जाना समस्या का समाधान नहीं है। भारत को स्वतंत्र हुए 56 वर्ष बीत चुके हैं। अंग्रेजों ने भारत बहुत पहले छोड़ दिया, पर आज आम भारतीय दुःखी, त्रस्त, चिन्तित और भयभीत क्यों है? क्यों उसे गाँव के मुखिया से लेकर भारत के प्रधानमंत्री पर भी विश्वास नहीं है? भगतसिंह ने कहा था, 'हमारा मतलब जनता की आर्थिक स्वतंत्रता से है और इसी के लिए हम राजनीतिक ताकत हासिल करना चाहते हैं।' (भगतसिंह और उनके साथियों के दस्तावेज, 1986, पृ. 398) आज भारत के नेता राजनीतिक ताकत क्यों हासिल करना चाहते हैं? जनता की आर्थिक स्वतंत्रता की आज किसे चिन्ता है? चुनाव से अब तक हमने जो भी प्राप्त किया है, उससे यथास्थितिवाद और सुदृढ़ हुआ है या सामाजिक बदलाव और परिवर्तन की दिशा में हम अग्रसर हुए हैं? भारत की बहुसंख्यक जनता को आज किसी भी राजनीतिक दल की जीत से मतलब नहीं है। पहली बार 1977 के चुनाव के बाद केन्द्र में कांग्रेस-विरोधी सरकार बनी थी, पर वह आपसी लड़ाई में टूटकर बिखर गई। 1980 के चुनाव में कांग्रेस विजयी हुई और आपातकाल लगाने वाली इन्दिरा गांधी सत्ता में आई।

सत्तर के दशक के अन्तिम वर्षों में जनता पार्टी की आपसी कलह ने विरोधी दलों का चरित्र सामने रख दिया। आज सचमुच वास्तविक अर्थों में कोई विरोधी दल नहीं है। पूँजीवादी जनतंत्र में सबके चेहरे सामने हैं। जो कुछ बचे हुए हैं वे प्रभावी भूमिका में नहीं हैं। स्वतंत्र भारत में सत्ता-परिवर्तन पर बल दिया गया और व्यवस्था-परिवर्तन की कम चिन्ता की गई। भगतसिंह ने कहा था, 'भारत सरकार का प्रमुख लार्ड रीडिंग की जगह यदि सर पुरुषोत्तम दास ठाकुर दास हों तो उन्हें (जनता को) इससे क्या फर्क पड़ता है? एक किसान को इससे क्या फर्क पड़ेगा, यदि लार्ड इरविन की जगह पर सर तेज बहादुर सप्रू आ जाएँ।' (वही, पृ. 396) आज इक्कीसवीं सदी में भी सत्ता-परिवर्तन से भारतीय जनता को कोई फर्क नहीं पड़नेवाला है। बदली हुई स्थिति में यह अवश्य कहा जा सकता है कि भाजपा की हार से भारतीय जनता को कुछ फर्क पड़ेगा, पर जिसे वास्तविक जीवन-दशा कहते

हैं, वह उसकी सुधरने वाली नहीं है। क्या संयोग है कि स्वतंत्रता-सम्बन्धी यह दृष्टि जिनमें थी, वे 1936 तक ही जीवित रहे। अशफाक उल्ला खाँ और भगतसिंह को फाँसी दी गई, गणेश शंकर विद्यार्थी साम्प्रदायिक दंगे में मारे गए और प्रेमचन्द अस्वस्थ होकर दिवंगत हुए। 1937 के चुनाव और कांग्रेसी मंत्रिमंडल को देखने के लिए इनमें से कोई जीवित नहीं रहा।

भगतसिंह ने अपने समय में पश्चिमी चिन्तकों को अधिक महत्त्व दिया था। उस समय तक सामाजिक विकास और स्वतंत्रता के सम्बन्ध में भारतीय चिन्तकों का बहुत महत्त्वपूर्ण स्थान नहीं था। भारत में स्वतंत्रता सेनानी कम नहीं थे। उनका महत्त्व था और उनके अपने विचार भी थे, पर वे विचार बड़े गम्भीर नहीं थे। लाला लाजपतराय के विचार भगतसिंह की एक सीमा के बाद कितनी मदद कर सकते थे? तिलक के साथ भी यही बात थी। इसके विपरीत यूरोप में बौद्धिक जागरण हो चुका था, फ्रांस की राज्य क्रान्ति हो चुकी थी, मार्क्सवाद ने एक नया मार्ग दिखा दिया था और 1917 की रूसी क्रान्ति भी हो चुकी थी। भगतसिंह संकीर्ण राष्ट्रीयतावादी नहीं थे। आज 'पश्चिमी विचार' और 'यूरोपीय विचार' कहकर जो वैचारिक प्रसार को रोकते हैं, उनका प्रगतिशील विचारों से कोई सरोकार नहीं होता। किसी भी विचार या दर्शन को हम अपने जीवन और समाज में यथावत् लागू नहीं करते। देश-काल के अनुसार विचार और अधिक परिष्कृत तथा नवीन होता चलता है। भगतसिंह ने भारतीय समस्याओं को बड़े सन्दर्भ में देखा। उनमें वैचारिक परिपक्वता अचानक नहीं आई। आज भारत के राजनीतिक दलों का विचारों से कितना सम्बन्ध है? भारतीय राजनीति में धर्म और जाति की प्रधानता का प्रमुख कारण विचारहीनता है। 'विचार के अन्त' की डुगडुगी पीटने वालों के लिए भगतसिंह के विचारों का कोई अर्थ नहीं है। इक्कीसवीं सदी के भारत में हम जब भी राजनीतिक विचार की ओर उन्मुख होंगे, भगतसिंह के पास जाएँगे। इक्कीसवीं सदी में भगतसिंह हमारे प्रेरणा-स्रोत हैं। आज आवश्यकता भगतसिंह के विचारों को सामने लाने की है और विचारों से पलायन करनेवालों को यह बताने की है कि बिना विचार के न तो व्यक्ति का विकास होता है और न समाज का। सभी विचार भी हमारे लिए महत्त्वपूर्ण नहीं होते। जो हमें अन्धी सुरंग में धकेले, बन्धुत्व और भाईचारे का नाश करे, वैरो विचार रचनात्मक न होकर संहारक होते हैं।

भगतसिंह के विचार परिवर्तनकामी और क्रान्तिकारी थे। भगतसिंह ने क्रान्ति का स्वप्न देखा था। उनकी स्पष्ट मान्यता थी कि क्रान्ति-मार्ग ही भारत के विकास का वास्तविक मार्ग है। आज जो लोग निन्दा में 'यूरोप-यूरोप' की रट लगाते हैं, वे यह भूल जाते हैं कि यूरोप में औद्योगिक क्रान्ति भी हुई थी। वहाँ विवेक का युग आया। चर्च का प्रभुत्व समाप्त हुआ। भारत में औद्योगिक विकास तक नहीं हुआ। भगतसिंह भारत के महानतम क्रान्तिकारी थे। क्रान्तिकारी आन्दोलन भारत में लम्बे

समय से चल रहा था, पर भगतसिंह ने ही उसे पहली बार रूप और रंग प्रदान किया, एक वैचारिक आधार दिया। व्यवस्था-परिवर्तन के लिए भारत में क्रान्ति की सदैव ज़रूरत बनी रहेगी।

बिना व्यवस्था-परिवर्तन के, बिना क्रान्ति के भारत की करोड़ों जनता का दुख-दर्द दूर नहीं हो सकता। समझौतों के लम्बे इतिहास पर दृष्टि डालने से यह भी पता चलता है कि इन समझौतों ने विरोध के स्वर नष्ट कर दिए हैं। आज भारतीय समाज में विरोधी स्वर अधिक नहीं सुने जाते। राजनीतिक दलों के लिए आरम्भ में समझौते बुरे नहीं होते, पर बाद में समझौते आदत बनकर घटिया बन जाते हैं। भगतसिंह ने जब समझौते को 'घटिया या घृणित' वस्तु, नहीं माना था, तब वे उसे राजनीतिक संघर्षों का एक जरूरी दाँव-पेंच मानकर चल रहे थे। वे समझौतों के महत्त्व से परिचित होते हुए भी समझौतों को हमेशा के लिए महत्त्व देना गलत मानते थे क्योंकि तब इन समझौतों से क्रान्ति का मार्ग अवरुद्ध होता। भगतसिंह के समक्ष लेनिन का उदाहरण था। लेनिन 1906 में ड्यूमा में हिस्सा लेने के विरुद्ध थे, पर 1907 में उन्होंने ड्यूमा के मंच का इस्तेमाल किया। स्वतंत्र भारत के आरम्भिक वर्षों में राजनीतिक दलों के आपसी समझौतों के पीछे एक तर्क भी था, पर बाद में इन समझौतों ने राजनीतिक दलों की अपनी पहचान ही नष्ट कर दी। जयप्रकाश नारायण तथा उनके समर्थकों और साथियों ने 1977 में जिस जनता पार्टी का गठन किया, उसमें भारतीय जनसंघ के साथ सभी थे। आज भाजपा के साथ समाजवादियों की मैत्री नई नहीं है। भगतसिंह के लिए समझौता से अधिक महत्त्वपूर्ण था 'आन्दोलन का उद्देश्य'। उन्होंने समझौतों को जरूरी हथियार मानने के बाद यह भी लिखा, 'समझौतों से इसीलिए डर महसूस होता है, क्योंकि प्रतिक्रियावादी शक्तियाँ समझौते के बाद क्रान्तिकारी शक्तियों को समाप्त करवाने की कोशिश करती हैं।' (वही, पृ. 391) परतंत्र भारत में यह कोशिश कांग्रेस ने की और स्वतंत्र भारत में कांग्रेस से सीख लेते हुए यह कार्य अन्य राजनीतिक दलों ने—विशेषतः भारतीय जनसंघ और बाद में भाजपा ने किया। जहाँ तक वामपन्थी दलों का प्रश्न है, उन्होंने समय-समय पर जो समझौते किए, उन समझौतों ने उन्हें उनके वास्तविक मार्ग से डिगाया। स्वतंत्र भारत में राजनीतिक दलों के आपसी समझौतों ने अवसरवादी रुख अपनाया। क्रान्तिकारी शक्तियों के द्वारा किया गया समझौता एक समय के बाद उन्हें आन्दोलन के उद्देश्य से विलग भी कर देता है। ऐसे उदाहरण हमारे देश में कम नहीं हैं।

इक्कीसवीं सदी का भारत भगतसिंह से प्रेरणा लेकर ही क्रान्ति कर सकता है। आज 'क्रान्ति' की दूर-दूर तक कहीं कोई चर्चा नहीं है। स्थिति इतनी विकट है कि असहमति के स्वर भी कम सुने जा रहे हैं। क्रान्ति के आरम्भिक चरण भी आज दिखाई नहीं देते। असहमति, विरोध और संघर्ष धीरे-धीरे कम हो गए हैं। पर सदैव यही स्थिति नहीं रहेगी। एकध्रुवीय विश्व में, पूँजीवाद के दहाड़ते तथा वित्तीय पूँजी

के नग्न नृत्य के इस दौर में 'क्रान्ति' की बात बहुतों के लिए 'दूर की कौड़ी' ही नहीं, हास्यास्पद तक लग सकती है, पर जैसी स्थिति है, उसमें क्रान्ति के अलावा दूसरा कोई मार्ग भी नहीं है। यह दूसरी बात है कि शिक्षित भारतीय मध्य वर्ग का एक बड़ा हिस्सा आत्मलीन है। भगतसिंह ने 'मध्य वर्ग के लोगों की आराम भरी ज़िन्दगी' की बात कही थी और यह लिखा था कि "इस समय हमारे देश में जो अलग-अलग साम्प्रदायिक और भाईचारे की लहरें शोर मचा रही थीं यह भी इन्हीं मध्यम वर्ग के लोगों के दिमाग की उपज है।" (वही, पृ. 232) भगतसिंह को मध्य वर्ग से बहुत अधिक आशाएँ नहीं थीं।

भगतसिंह के लिए कार्यकर्ता और विचारक समान रूप से महत्त्वपूर्ण थे। वे क्रान्ति को 'परिश्रमी विचारकों और परिश्रमी कार्यकर्ताओं की पैदावार' मानते थे। परिश्रमी विचारक के लिए निरन्तर अध्ययन और मनन जरूरी था—"एक क्रान्तिकारी को अध्ययन-मनन अपनी पवित्र जिम्मेदारी बना लेना चाहिए।" (वही, पृ. 405) इतिहास निर्माण के लिए इतिहास-ज्ञान आवश्यक है और यह बिना अध्ययन और चिन्तन के सम्भव नहीं है। भगतसिंह ने विवेक और तर्क को महत्त्व दिया। वे मानसिक जड़ता के विरुद्ध थे। स्वतंत्र भारत में 'मानसिक जड़ता' में वृद्धि हुई है। हमारे देश के अनेक विश्वविद्यालयों में यह मानसिक जड़ता व्याप्त है। मानसिक जड़ता का प्रतिक्रियावाद से सम्बन्ध है। राजनीतिक दल हमारे समय में मानसिक जड़ता को बढ़ावा दे रहे हैं। भगतसिंह तार्किक शक्ति से परिचित थे। इक्कीसवीं सदी के भारत को मध्य युग और कबीलाई-युग में ले जानेवाली शक्तियों को क्रान्तिकारी शक्तियाँ ही परास्त कर सकती हैं। भारत में हम जब भी क्रान्तिकारी शक्तियों और विचारों की ओर मुड़ेंगे, हमारे समक्ष भगतसिंह खड़े होंगे।

भगतसिंह ने 'आलोचना तथा स्वतंत्र विचार' को क्रान्तिकारी का अनिवार्य गुण माना है। उनके यहाँ अविश्वास का महत्त्व था। स्वाधीनता आन्दोलन में ऐसी तार्किकता अन्यत्र नहीं दीखती। भगतसिंह ने बाबा सोहन सिंह भकना से जो कहा था, वह हम सबके लिए आज अधिक महत्त्वपूर्ण है—'हमारी पुरानी विरासत के दो पक्ष होते हैं, एक सांस्कृतिक और दूसरा मिथिहासिक। मैं सांस्कृतिक गुणों—जैसे निष्काम देश-सेवा, बलिदान, विश्वासों पर अटल रहना—को पूरी सच्चाई से अपनाकर आगे बढ़ने की कोशिश में हूँ, लेकिन मिथिहासिक विचारों को, जो कि पुराने समय की समझ के अनुरूप हैं, वैसे-का-वैसा मानने के लिए बिलकुल तैयार नहीं हूँ, क्योंकि विज्ञान ने ज्ञान में खूब वृद्धि की है और वैज्ञानिक विचार अपनाकर ही भविष्य की समस्याएँ हल हो सकती हैं।' (वही, पृ. 367) जो भविष्य की समस्याएँ अपने राजनीतिक लाभ के लिए और बढ़ाना चाहते हैं, वे वैज्ञानिक विचारों से परहेज रखते हैं। उनके लिए वैज्ञानिक विचार से अधिक उपयोगी धार्मिक और साम्प्रदायिक विचार होते हैं। धार्मिक और साम्प्रदायिक विचार जहाँ समाज के लिए घातक हैं, वहाँ वैज्ञानिक विचार

समाज के लिए उपयोगी हैं। वैज्ञानिक विचार से व्यक्ति और समाज का विकास होता है, धार्मिक और साम्प्रदायिक विचार से उन्माद फैलाकर सत्ता प्राप्त की जाती है। क्रान्ति से जो सत्ता प्राप्त होती है, वह समझौतों से प्राप्त नहीं होती।

भगतसिंह ने जहाँ आज से सत्तर-पचहत्तर वर्ष पूर्व परम्परा के मिथिहासिक प्रश्न को यथावत् नहीं स्वीकारा था, वहाँ आज परम्परा के मिथिहासिक प्रश्न की ही धूम मची हुई है, आज निरा विश्वास और अन्धविश्वास फैल रहा है। इसे फैलाने में भाजपा जैसे राजनीतिक दल का स्वार्थ है। भगतसिंह के विचार साम्राज्यवाद और सम्प्रदायवाद के विरुद्ध हैं। अमेरिकी साम्राज्यवाद से भाजपा का गहरा रिश्ता है। साम्राज्यवाद और सम्प्रदायवाद के आपसी रिश्ते आज के नहीं हैं। भगतसिंह निरा विश्वास और अन्ध-विश्वास को खतरनाक मानते हैं क्योंकि 'यही मस्तिष्क को मूढ़ तथा मनुष्य को प्रतिक्रियावादी बना देता है।' (वही, पृ. 375) स्वतंत्रता-आन्दोलन के बड़े नेताओं और सिद्धान्तकारों में तर्क और विवेक के प्रति भगतसिंह की तरह सम्मान-भाव नहीं है। गांधी में इस प्रकार का तर्क और विवेक नहीं था। इसी तर्क और विवेक से भगतसिंह ने 'मैं नास्तिक क्यों हूँ' जैसा निबन्ध लिखा। राष्ट्रीय स्वाधीनता-आन्दोलन में धार्मिक चेतना और विश्वास से जुड़े व्यक्तियों की संख्या कम नहीं थी। भगतसिंह अकेले थे, जिनके विचार वैज्ञानिक थे, तर्काधारित थे। इसी कारण उन्होंने 'प्राचीन विश्वासों के ठोसपन पर प्रश्न' उठाए। 'मैं नास्तिक क्यों हूँ' (5-6 अक्टूबर, 1930) निबन्ध में उन्होंने लिखा—'मुझे पूरा विश्वास है कि एक चेतन, परम-आत्मा का, जो कि प्रकृति की गति का दिग्दर्शन एवं संचालन करती है, कोई अस्तित्व नहीं है। हम प्रकृति में विश्वास करते हैं और समस्त प्रगति का ध्येय मनुष्य द्वारा, अपनी सेवा के लिए, प्रकृति पर विजय पाना है। इसको दिशा देने के पीछे कोई चेतन शक्ति नहीं है। यही हमारा दर्शन है। (वही, पृ. 375) कहाँ भगतसिंह के ये विचार और दूसरी ओर 'हिन्दुत्व' की राजनीति और साधुओं-संन्यासियों की संसद'! इक्कीसवीं सदी में हमारा मार्गदर्शक कौन है—भगतसिंह या विश्व हिन्दू परिषद?

भगतसिंह के धर्म और ईश्वर-सम्बन्धी विचार एक दिन में निर्मित नहीं हुए थे। उन्होंने इससे सम्बन्धित गहन अध्ययन किया था। 'किरती' में अराजकतावाद पर उन्होंने जो लेखमाला 1928 में आरम्भ की थी, उसमें उन्होंने भगवान और धर्म को 'दो भूत' कहा था। उनके समक्ष भारत और भारत से बाहर के उदाहरण थे। भारत में महात्मा बुद्ध ने ईश्वर के अस्तित्व को नकारा था। भगत सिंह के सामने अराजकतावादी बाकुनिन की पुस्तक 'गॉड एंड स्टेट' थी, जिसमें ईश्वर को लताड़ा गया था।

'मैं नास्तिक क्यों हूँ' सामान्य निबन्ध नहीं है। इसके लिए भगतसिंह ने कारण बताए हैं। भगतसिंह के बाबा अर्जुन सिंह एक रूढ़िवादी आर्यसमाजी होने के कारण आस्तिक थे। पिता सरदार किशन सिंह उन्हें सदैव पूजा-प्रार्थना के लिए प्रोत्साहित

करते थे। डी.ए.वी. कॉलेज लाहौर में अध्ययन करते समय छात्रावास में रहते हुए एक वर्ष तक नियमित रूप से सुबह-शाम घंटों तक भगतसिंह ने गायत्री-मंत्र का जाप किया था और क्रान्तिकारी पार्टी से जुड़ने के कई वर्ष बाद तक वे नास्तिक नहीं बन सके थे। बाकुनिन, मार्क्स, लेनिन, त्रात्स्की आदि को पढ़ने के बाद 1926 के अन्त तक उन्हें इस बात का विश्वास हो गया कि एक सर्वशक्तिमान परम-आत्मा की बात—जिसने ब्रह्मांड का सृजन किया, दिग्दर्शन और संचालन किया—एक कोरी बकवास है। (वही, पृ. 371)

भगतसिंह ने ईश्वर में आस्था रखनेवालों और आस्तिकों से यह सीधा प्रश्न किया था कि ईश्वर ने इस पृथ्वी या विश्व की रचना क्यों की है? "कष्टों और आफतों से भरी यह दुनिया—असंख्य दुखों के शाश्वत और अनन्त गठबन्धनों से ग्रसित! एक भी प्राणी पूरी तरह सुखी नहीं! मैं पूछता हूँ कि उसने यह दुनिया बनाई ही क्यों थी? ऐसी दुनिया जो सचमुच का नर्क है, अनन्त और गहन वेदना का घर है।" (वही, पृ. 375-76)

अपने सटीक उदाहरणों से उन्होंने यह सिद्ध किया है कि ईश्वर का अस्तित्व नहीं है। उनके तर्क हमें सोचने को बाध्य करते हैं। आज धर्म के नाम पर जो नरसंहार चल रहा है, उसके क्या हम तर्क नहीं जानना चाहेंगे? क्या हम यह नहीं जानना चाहेंगे कि गुजरात में नरेन्द्र मोदी ने नरसंहार क्यों कराया? भगतसिंह ने लिखा था, 'मैं आपको यह बता दूँ कि अंग्रेजों की हुकूमत यहाँ इसलिए नहीं है कि ईश्वर चाहता है, बल्कि इसलिए है कि उनके पास ताकत है और हममें उनका विरोध करने की हिम्मत नहीं। वे हमें अपने प्रभुत्व में ईश्वर की सहायता से नहीं रखे हुए हैं, बल्कि बन्दूकों, राइफलों, बम और गोलियों, पुलिस और सेना के सहारे रखे हुए हैं।' (वही, पृ. 378-79)

धर्म और ईश्वर के सम्बन्ध में उनका यह मत था कि आदिम काल में समाज के लिए यह उपयोगी था क्योंकि दुख में डूबा हुआ व्यक्ति ईश्वर की कल्पना कर राहत महसूस करता है। उन्होंने कुछ परिवर्तनकारियों की तरह ईश्वर की उत्पत्ति का श्रेय—शोषकों की प्रतिभा को नहीं दिया। "ईश्वर की उत्पत्ति के बारे में मेरा अपना विचार यह है कि मनुष्य ने अपनी सीमाओं, दुर्बलताओं व कमियों को समझने के बाद परीक्षा की घड़ियों का बहादुरी से सामना करने, स्वयं को उत्साहित करने, सभी खतरों को मर्दानगी के साथ झेलने तथा सम्पन्नता एवं ऐश्वर्य में उसके विस्फोट को बाँधने के लिए ईश्वर के काल्पनिक अस्तित्व की रचना की।" (वही, पृ. 379-80)

आज का भारत आदिम काल में नहीं है। विज्ञान और प्रौद्योगिकी का जिस गति से पिछले पचास वर्ष में विकास हुआ है, वह कम आश्चर्यजनक नहीं है। एक ओर 2020 तक भारत के सर्वांगीण विकास की चर्चा राष्ट्रपति डॉ. कलाम करते हैं, प्रधानमंत्री अटल बिहारी वाजपेयी इक्कीसवीं सदी को भारत की सदी बनाने को

आकांक्षा रखते हैं और दूसरी ओर भाजपा तथा विश्व हिन्दू परिषद् आदि धर्मान्धता पर जोर देकर इक्कीसवीं सदी के भारत को आदिम काल में ले जाना चाहती हैं। इक्कीसवीं सदी में ऐसी शक्तियों की मुख्य टक्कर भगतसिंह के विचारों से ही होगी। आज भारत का माहौल धर्मान्धता और साम्प्रदायिकता के कारण बिगाड़ा जा रहा है, जिसकी तार्किक काट भगतसिंह के पास है।

धर्मान्धता और धार्मिक कट्टरता के कारण भगतसिंह ने अपने समय के भारत की दशा अत्यन्त 'दयनीय' मानी थी। आज उससे कई गुना अधिक भारत की दयनीय दशा है। भगतसिंह ने लिखा था, "भारतवर्ष की दशा इस समय बड़ी दयनीय है। एक धर्म के अनुयायी दूसरे धर्म के अनुयायियों के जानी दुश्मन हैं। अब तो एक धर्म के होना ही दूसरे धर्म के कट्टर शत्रु होना है। ऐसी स्थिति में हिन्दुस्तान का भविष्य बहुत अन्धकारमय नजर आता है। इन 'धर्मों' ने हिन्दुस्तान का बेड़ा गर्क कर दिया है और अभी पता नहीं कि यह धार्मिक दंगे भारतवर्ष का पीछा कब छोड़ेंगे।" (वही, पृ. 190) उन्होंने दंगों के पीछे साम्प्रदायिक नेताओं का हाथ देखा था—"इन दंगों के पीछे साम्प्रदायिक नेताओं और अखबारों का हाथ है। इस समय हिन्दुस्तान के नेताओं ने ऐसी लीद की है कि चुप ही भली।" (वही) आज नेताओं ने इतनी अधिक लीद कर रखी है कि चारों ओर का वातावरण दुर्गंधमय और विषाक्त हो गया है। भगतसिंह के लिए सर्वाधिक महत्त्वपूर्ण प्रश्न आर्थिक था। वे यह मानते थे कि आर्थिक दशा सुधार कर दंगे समाप्त किए जा सकते हैं। "भारत के आम लोगों की आर्थिक दशा इतनी खराब है कि एक व्यक्ति एक-दूसरे को चवन्नी देकर किसी और को अपमानित करवा सकता है। भूख और दुख से आतुर होकर मनुष्य सभी सिद्धान्त ताक पर रख देता है।" (वही, पृ. 191-92)

भगतसिंह धर्म को राजनीति से अलग रखना चाहते थे। आज राजनीति धर्म से जुड़ी ही नहीं, उसके साथ एक हो गई है। ऐसी राजनीति देश और समाज का भला नहीं करेगी, वह उसे और विभाजित करेगी। 1913 में गदर पार्टी का गठन हुआ था। उसने राजनीति को धर्म से मुक्त कर धर्म-निरपेक्षता को स्वीकारा। धर्म उसके लिए निजी मामला था। आज धर्म को निजी मामला न मानकर सामाजिक और राष्ट्रीय मामला बना दिया गया है। भगतसिंह के समक्ष गदर पार्टी का उदाहरण था। 30 दिसम्बर, 1913 के 'गदर' अखबार के अंक में हिन्दू-मुसलमान दोनों का यह कहकर आह्वान किया गया था कि "वे आर्थिक मसलों पर ज्यादा ध्यान दें क्योंकि उनका दोनों के जीवन पर एक जैसा प्रभाव पड़ता है। समस्या हिन्दू बनाम मुसलमान की नहीं बल्कि भारतीय बनाम अंग्रेज शोषकों की है। हिन्दू-मुस्लिम एकता को इतना मजबूत बनाया जाना चाहिए कि कोई उसे तोड़ न सके।"

हिन्दू-मुस्लिम एकता से केवल अंग्रेज शोषकों को ही खतरा नहीं था, भारतीय शोषकों को भी सदैव इस एकता से भय रहा है। हिन्दू-मुस्लिम एकता को भंग कर,

भारतीय जनता को आपस में विभाजित करके उस पर राज किए जाने का सिलसिला स्वतंत्र भारत में कभी नहीं रुका। हिन्दू-मुस्लिम एकता से ब्रिटिश शासक जिस तरह घबराते थे, उसी तरह भारतीय शासक भी घबराते हैं। आर्थिक समानता की बात क्रान्तिकारी सदैव करते रहे। लाला हरदयाल स्वामी और सेवक के बीच की एकता को फिजूल मानते थे। उनका यह स्पष्ट मत था कि अमीर ग़रीब पर सदैव राज करेगा। क्रान्तिकारियों ने आर्थिक समानता पर बल दिया। क्रान्तिकारी दल धर्म से धर्म-निरपेक्षता की ओर मुड़ा और स्वतंत्र भारत धर्म-निरपेक्षता से धर्मान्धिता की ओर बढ़ रहा है। आज यह प्रश्न नहीं पूछा जाता कि प्रत्येक भारतीय (गर्भस्थ शिशु सहित) पर चार हजार से अधिक रुपयों का जो कर्ज है, वह क्यों है? आज प्रश्नकर्ता कम हैं।

जाति और धर्म को बीसवीं सदी के अन्तिम दस-बारह वर्षों में भारतीय राजनीति में विशेष महत्त्व दिया गया। विश्वनाथ प्रताप सिंह और आडवाणी इसके प्रमुख नायक बने। यह सोवियत रूस के विघटन और अमेरिका के वर्चस्व का समय है। साम्राज्यवाद का लाभ इसमें है कि जनता सदैव आपस में लड़ती रहे। ब्रिटिश साम्राज्यवाद ने यह कार्य किया और यह कार्य अब अमेरिकी साम्राज्यवाद कर रहा है। ब्रिटिश साम्राज्यवाद के विरुद्ध राष्ट्रीय स्वाधीनता-संग्राम जारी रहा। फिलहाल अमेरिकी साम्राज्यवाद के विरुद्ध देश में कोई हलचल नहीं है। इक्कीसवीं सदी का भारत अमेरिकी साम्राज्यवाद का विरोध करेगा या उसका समर्थन करेगा?

आज 'वर्ग' के स्थान पर 'जाति' की बात करनेवालों की संख्या अधिक है। भारतीय वामपंथियों ने भी भारतीय समाजशास्त्रियों की तरह 'जाति' को 'वर्ग' से विशेष महत्त्व देना आरम्भ किया है। 'वर्ग' के स्थान पर 'जाति' को महत्त्व देने के पीछे चुनावी राजनीति है। क्रान्तिकारियों का काम चुनाव जीतना नहीं है। भगतसिंह ने वर्गीय चेतना को महत्त्व देते हुए 1928 में यह लिखा—"लोगों को परस्पर लड़ने से रोकने के लिए वर्ग-चेतना की ज़रूरत है। ग़रीब मेहनतकशों व किसानों को स्पष्ट समझा देना चाहिए कि तुम्हारे असली दुश्मन पूँजीपति हैं, इसलिए तुम्हें इन हथकंडों से बचकर रहना चाहिए और इनके हत्थे चढ़कर कुछ न करना चाहिए।" (वही, पृ. 192)

आज के पूँजीपति कल के पूँजीपतियों से भिन्न हैं। आज चारों ओर आवारा पूँजी का महाजाल फैला हुआ है। उसके नग्न नृत्य में शामिल लोगों की संख्या बढ़ रही है। इजारेदार और जुआरी पूँजी के इस दौर में जनता को और अनेक स्तरों पर विभाजित करने की कोशिशें होंगी। साम्राज्यवाद जनता को आपस में लड़ाकर ही अपना राज फैला सकता है। आज साम्राज्यवाद का साथ देनेवाले अधिक हैं, उससे लड़ने वालों की संख्या कम है। कांग्रेस ने साम्राज्यवाद के खिलाफ पूरी लड़ाई नहीं लड़ी। यह लड़ाई तब भी क्रान्तिकारियों ने लड़ी थी और भविष्य में भी क्रान्तिकारियों द्वारा ही यह लड़ाई लड़ी जाएगी।

राष्ट्रीय स्वाधीनता आन्दोलन के इतिहास में भगतसिंह ने सर्वाधिक साम्राज्यवाद के नाश की कामना की थी। इसके लिए वे लड़े और शहीद हुए। 'साम्राज्यवाद मुर्दाबाद' और 'साम्राज्यवाद का नाश हो' भगतसिंह और क्रान्तिकारियों के प्रमुख नारे थे। साम्राज्यवाद से लड़ने वालों को, परिवर्तनकामी क्रान्तिकारियों को 'आतंकवादी' कहकर जनता के बीच उनकी दूसरी छवि प्रस्तुत की जाती रही। सितम्बर 1871 में बहाबियों ने कलकत्ता में चीफ जस्टिस नार्मन की हत्या की थी, फरवरी 1872 में अंडमान में वायसराय मेयो की हत्या की गई थी, 22 जून, 1897 की रात में पूना में रैंड और एयर्स्ट नामक दो अंग्रेज अधिकारियों को गोली मारी गई थी और 11 जुलाई, 1909 को लन्दन में मदनलाल धींगरा ने भारत-सचिव के परिसहायक सर कर्जन वाइली को गोली मारी थी। ब्रिटिश सरकार उस समय स्वयं आतंकवादी थी। गोरों का चारों ओर आतंक था। भगतसिंह ने किसी को गोली नहीं मारी। बम-विस्फोट के सम्बन्ध में उनके दिए गए बयानों से यह ज्ञात होता है कि उनका उद्देश्य हत्या करना नहीं था। क्रान्तिकारियों ने समय-समय पर आतंकवादी कार्रवाइयाँ कीं। क्रान्ति की लहर जो महाराष्ट्र से बंगाल और बंगाल से पंजाब पहुँची, उसमें बदलाव भी था। 'अनुशीलन समिति' की स्थापना बंगाल में 24 मार्च, 1903 को हुई थी और इस समिति के जदुगोपाल मुखर्जी का आतंकवाद में विश्वास नहीं था। वे क्रान्ति करना चाहते थे और इसके लिए उन्होंने 'चतुर्धारा' की बात कही थी। इस चतुर्धारा में छात्र, मजदूर, किसान और सेना को शामिल कर उन्होंने क्रान्ति की योजना बनाई थी।

आज के भारत में भी क्रान्तिकारी संगठनों और दलों को 'आतंकवादी' कहने का चलन समाप्त नहीं हुआ है। भगतसिंह ने 1928 में 'आतंक' के असली अर्थ को समझाने का प्रयत्न किया। 'अब तक किसी ने भी गम्भीर विचार कर इस शब्द (आतंक) के अर्थ समझने के यत्न नहीं किए। इसीलिए आज तक इस शब्द का गलत इस्तेमाल होता रहा है।' (वही, पृ. 193) आज जिस प्रकार शब्दों का मनमाने ढंग से प्रयोग किया जा रहा है, भगतसिंह उसके पक्ष में नहीं थे। 'पंजाब की भाषा तथा लिपि-विषयक समस्या' लेख के आरम्भ में ही उन्होंने समाज के प्राणों की चेतना समाज के साहित्य में प्रतिच्छवित मानी थी। शब्द का सही और सटीक प्रयोग आवश्यक है। 'आतंक' शब्द को लेकर समाज में फैली हुई खतरनाक गलतफहमी को भगतसिंह ने दूर करने की कोशिश की। भगतसिंह के विचार यहाँ प्रमुख थे और जाहिर है, ये विचार क्रान्तिकारी विचार थे। उनके विचार तार्किक थे। भगतसिंह का विवेचन और विश्लेषण वैज्ञानिक है, वस्तुपरक है। उनके अनुसार 'आतंक और जुल्म से आशय ताकत का अयोग्य ढंग से प्रयोग है।' आतंक के सम्बन्ध में गलतफहमी फैलाने का एक सुदीर्घ इतिहास है। अंग्रेजों के अन्याय और अत्याचार के विरुद्ध हथियार उठाने वालों को आतंकवादी कहा गया। आतंक के इस भ्रामक अर्थ के कारण वास्तविक आतंकवादी का चेहरा छुप गया। नॉम चॉम्स्की ने अमेरिका

को 'थोक आतंकवादी' और दूसरों को 'खुदरा आतंकवादी' कहा है। चोर जब चोर-चोर का हल्ला करने लगे, तब सबका ध्यान वास्तविक चोर की ओर से हट जाता है। भगतसिंह ने प्रश्न किया कि क्या कृष्ण और कंस समान रूप से पापी हैं? क्या भीम और दु:शासन एक ही तरह के गुनहगार हैं? उन्होंने यह स्पष्ट किया कि "अपने परिवार की रक्षा के लिए योग्य और नेक इरादों से किया गया ताकत का इस्तेमाल आतंक के अन्तर्गत नहीं आता।" जो व्यवस्था-परिवर्तन के लिए कार्यरत क्रान्तिकारियों को आतंक-आतंक की रट लगाकर परिवर्तनकामी शक्तियों को रोकते हैं, उनके द्वारा 'आतंक' शब्द की आज तक गलत व्याख्या जारी है। लोगों को दुख देनेवाला जालिम भी आतंककारी और लोगों को जालिम के पंजे से छुटकारा दिलानेवाला भी आतंकवादी। (वही, पृ. 197)

भगतसिंह ने आतंकवाद पर कम विचार नहीं किया है। उन्होंने 1931 में आतंकवाद को 'क्रान्तिकारी चिन्तन की पकड़ के अभाव की अभिव्यक्ति' कहा या एक 'पछतावा'। 1929 से 1931 के बीच भगतसिंह के विचार और अधिक परिपक्व हुए। अब उनके विचार मार्क्सवादी विचार थे। वे विश्व-इतिहास के अध्ययन से इस नतीजे पर पहुँचे थे कि 'सभी देशों में आतंकवाद का इतिहास असफलता का इतिहास है।" उन्होंने आरम्भ में आतंकवाद के कुछ लाभों की बात भी कही है क्योंकि इसने राजनीति को आमूल बदल दिया।' वे आतंकवाद के समर्थक नहीं थे। "मैं अपनी पूरी ताकत से यह कहना चाहता हूँ कि क्रान्तिकारी जीवन के शुरू से चन्द दिनों के सिवाय न तो मैं आतंकवादी हूँ और न ही था, और मुझे पूरा यकीन है कि इस तरह के तरीकों से हम कुछ भी हासिल नहीं कर सकते।" (वही, पृ. 398)

आतंकवादी कार्रवाइयों से पूर्ण स्वतंत्रता प्राप्त नहीं हो सकती और न साम्राज्यवादी शक्ति परास्त हो सकती है। "आतंकवाद अधिक-से-अधिक साम्राज्यवादी ताकत को समझौते के लिए ही मजबूर कर सकता है। ऐसे समझौते हमारी उद्देश्यपूर्ण आज़ादी से हमेशा ही कहीं दूर रहेंगे। इस प्रकार आतंकवाद एक समझौता, सुधारों की एक किश्त निचोड़ कर निकाल सकता है और इसे ही हासिल करने के लिए गांधीवाद जोर लगा रहा है। वह चाहता है कि दिल्ली का शासन गोरे हाथों से भूरे हाथों में आ जाए। यह लोगों के जीवन से दूर है और इनके गद्दी पर बैठते ही जालिम बन जाने की बहुत सम्भावनाएँ हैं।" (वही, पृ. 401)

भगतसिंह व्यक्तिगत कार्रवाइयों के समर्थक नहीं थे। आतंकवादी तरीकों को उन्होंने 'पटाखेबाजी' कहा और क्रान्तिकारियों को 'निरर्थक आतंकवादी कार्रवाइयों और व्यक्तिगत आत्म-बलिदान के दूषित चक्र' से दूर रहने पर बल दिया। वे आतंकवाद को एक सीमा तक ही ठीक समझते थे। गुप्त सैनिक विभाग को श्रापग्रस्त चीज न मानकर उसे अग्रिम पंक्ति कहा। 'क्रान्तिकारी पार्टी की गोलीमार पंक्ति' आधार से पूरी तरह जुड़ी होनी चाहिए। आधार जुझारू व गतिशील जनपार्टी को बनना

है। (वही, पृ. 402) भगतसिंह सदैव सम्प्रदायवाद और साम्राज्यवाद के खिलाफ रहे। आज पुनः साम्राज्यवाद और सम्प्रदायवाद के खिलाफ खड़े होने की ज़रूरत है। यह एक साथ भीतरी और बाहरी दुश्मनों के खिलाफ खड़ा होना है। आज भीतरी दुश्मन अधिक शक्तिशाली है। भगतसिंह का उद्‌देश्य भारत में साम्राज्यवादियों और उनके मददगारों को हटाकर श्रमिक शासन कायम करना था। भगतसिंह के समय सोवियत रूस एक उदाहरण था। आज वह उदाहरण नहीं है पर जब तक पूँजीवाद और साम्राज्यवाद कायम है, तब तक उसके विरुद्ध लड़ाई लड़ी जाती रहेगी। अभी इराक पर अमेरिकी आक्रमण के बाद सम्पूर्ण विश्व में जन-विक्षोभ और प्रदर्शन हुए हैं।

भगतसिंह ने भारतीय क्रान्ति की सैद्धान्तिकी रची। उन्होंने निरन्तर अध्ययन और चिन्तन के द्वारा क्रान्तिकारी विचार और सिद्धान्त प्रस्तुत किए। क्रान्तिकारी साहित्य और मार्क्सवाद के गम्भीर अध्ययन से उनके विचार परिपक्व हुए। आज हमारे पास क्रान्ति का स्वप्न नहीं है। 'सबसे खतरनाक है सपनों का मर जाना'। चुनावी गणित और समीकरणों में उलझ-फँसकर भारतीय वामपन्थ ने क्रान्ति के अधूरे कार्यों को बहुत पीछे छोड़ दिया है। आज असहमति और प्रतिरोध के स्वर कम सुनाई पड़ते हैं। वे हैं, पर उससे विशेष प्रभाव पड़ नहीं रहा है।

भगतसिंह अपने क्रान्तिकारी विचारों के कारण ही 'युग द्रष्टा' और 'युग स्रष्टा' बने। वे केवल वीर नहीं थे, क्रान्तिकारी विचारक थे। उनके ये विचार उनके समय से उत्पन्न थे। बीसवीं सदी के बीस का दशक एक प्रकार का वैचारिक दशक था। महात्मा गांधी ने असहयोग आन्दोलन के समय एक वर्ष में आज़ादी प्राप्त करने का वायदा किया था। पर चौरीचौरा की घटना के बाद उन्होंने असहयोग आन्दोलन वापस ले लिया। क्रान्तिकारियों ने, गांधी का आग्रह स्वीकार कर अपनी कार्रवाई स्थगित कर दी थी, पर आन्दोलन को वापस लेकर गांधी ने राजनीति से अपने को अलग किया। इसी के बाद क्रान्तिकारियों ने नए ढंग से सोचना-विचारना आरम्भ किया था। उस समय असहयोग आन्दोलन की विफलता ने जिस प्रकार क्रान्तिकारियों को नए ढंग से सोचने को बाध्य किया, क्या आज भाजपा और हिन्दुत्ववादी शक्तियों के उभार के बाद भारत के वामपन्थी दल नए ढंग से सोच-विचार कर रहे हैं? वे अब भी खानों में बँटे हुए हैं और वामपन्थी एकता अभी बहुत दूर है। उस समय गांधीवादी विचारधारा क्रान्तिकारी युवकों को गलत दिखाई पड़ रही थी और वे विकल्प की तलाश के लिए बेचैन थे। क्या आज हम विकल्प की तलाश के लिए उतने ही बेचैन हैं?

असहयोग आन्दोलन की वापसी के बाद भारतीय राजनीति में जो स्थान रिक्त हुआ था, उसकी पूर्ति अखिल भारतीय क्रान्तिकारी पार्टी के संगठन से हुई। 1924 में शचीन्द्र नाथ सान्याल तथा अन्य कई क्रान्तिकारियों ने मिलकर हिन्दुस्तान रिपब्लिकन एसोसिएशन की स्थापना की। इसके तुरन्त बाद हिन्दुस्तान रिपब्लिकन आर्मी की

स्थापना हुई थी। शचीन्द्र नाथ सान्याल, योगेश चन्द्र चटर्जी और रामप्रसाद बिस्मिल के नेतृत्व में इस आर्मी का गठन हुआ था। भगतसिंह इसके सदस्य थे। 'नौजवान भारत सभा' क्रान्तिकारी आन्दोलन की गुप्त शाखा से भिन्न सार्वजनिक शाखा थी। 1925 में राष्ट्रीय स्वयं सेवक संघ का जन्म हुआ और 1925 में ही बिपिन चन्द्र के अनुसार हिन्दुस्तान रिपब्लिकन एसोसिएशन ने आन्दोलन में विचारों के महत्त्व को अनुभव किया। असहयोग आन्दोलन को वापस लेने और लाहौर कांग्रेस के पूर्व तक कांग्रेस अग्रणी भूमिका में नहीं थी। इस दशक पर अलग से विस्तारपूर्वक विचार करने की आवश्यकता है। हिन्दुस्तान रिपब्लिक एसोसिएशन ने जिला संगठन के लिए एक आवश्यक योग्यता रखी थी, जिसमें 'अपनी मातृभूमि के सन्दर्भ में वर्तमान सामाजिक, राजनीतिक और आर्थिक समस्याओं को समझने की क्षमता' का उल्लेख था। हिन्दुस्तान रिपब्लिकन एसोसिएशन (आर्मी) की 1925 की घोषणा में मनुष्य द्वारा मनुष्य के शोषण का समर्थन करनेवाली सभी व्यवस्थाओं के उन्मूलन की बात कही गई थी।

भगतसिंह के अध्ययन का सिलसिला छात्र-जीवन से ही जारी रहा। 14 नवम्बर, 1921 को लाहौर से दादाजी को भेजे गए पत्र में उन्होंने एक पुरानी किताब मोल लेने के बारे में लिखा, जो कि बहुत सस्ती मिल गई थी। नैशनल कॉलेज, लाहौर में पढ़ते समय (1923) ही भगतसिंह ने जन जागरण हेतु ड्रामा क्लबों में भाग लेना आरम्भ कर दिया था। पिता को पत्र में यह लिखकर कि 'मेरी ज़िन्दगी मकसदे आला (उच्च उद्देश्य) यानी आज़ादी-ए-हिन्द के असूल (सिद्धान्त) के लिए वक्फ (दान) हो चुकी है,' वे कानपुर गणेश शंकर विद्यार्थी के यहाँ प्रताप में काम करने पहुँचे थे। जे.एन. सान्याल ने अपनी पुस्तक 'सरदार भगतसिंह' में यह बताया है कि 1924-27 में उन्होंने स्वयं क्रान्तिकारियों से सम्बन्धित पुस्तकों का गहन अध्ययन किया था और सुखदेव और अन्य लोगों की सहायता से अनेक अध्ययन मंडल संगठित किए थे। भगतसिंह ने रूसी क्रान्ति का गहन अध्ययन किया था। लाला लाजपतराय द्वारा लाहौर में स्थापित द्वारकादास पुस्तकालय में सोवियत संघ और कम्युनिज्म से सम्बन्धित पुस्तकें मौजूद थीं। भगतसिंह ने सोवियत संघ राज्य को अपने आदर्श के निकट माना था। आज यह कहा जा सकता है कि सोवियत संघ जब बिखर चुका है और लगभग पूरे विश्व में पूँजीवाद की विजय-पताका फहरा रही है, तब मार्क्सवाद की बातें करने और क्रान्ति का स्वप्न देखने का कोई अर्थ है! अवश्य है, क्योंकि पूँजीवाद हमेशा के लिए विजयी नहीं हुआ है और न समाजवाद हमेशा के लिए समाप्त नहीं हुआ है। भारत में आज अधिक राजनीतिज्ञ नहीं के बराबर अध्ययन करते हैं। उन्हें अध्ययन-चिन्तन से कुछ लेना-देना नहीं है। पूँजीवाद और बर्बरता का एकमात्र विकल्प समाजवाद है। कांग्रेसी हो या समाजवादी, संघी हो या उनसे जुड़े दल, आज अध्ययन और चिन्तन का कम महत्त्व इसलिए है कि निर्माण की जगह

भोग-उपभोग प्रमुख है। भारत को ऐसे राजनीतिक दलों और उनके नेताओं से मुक्त करने की ज़रूरत है। भगतसिंह के विचार केवल उस समय के लिए नहीं, आज के लिए और तब तक के लिए महत्त्वपूर्ण हैं जब तक क्रान्ति नहीं होती। केवल चुनाव से न तो लोकतंत्र मजबूत होता है और न सामाजिक विकास होता है। आज की भारतीय स्थिति को समझने के लिए केवल स्वतंत्र भारत का अध्ययन ही नहीं, बीसवीं शताब्दी के आरम्भिक चालीस-पचास वर्ष का भी अध्ययन जरूरी है।

भगतसिंह ने 'रोमांटिक क्रान्तिकारी' से 'वैज्ञानिक क्रान्तिकारी' तक की यात्रा एक झटके में पूरी नहीं की। आज के भारतीय नेता किस प्रकार के भारत का निर्माण करना चाहते हैं? जिनका विचारों से कोई सम्बन्ध नहीं है, वे देश पर राज कर रहे हैं।

भगतसिंह केवल 23 वर्ष, 5 महीने और 26 दिन जीवित रहे। आज जो नेता कब्र में पाँव डालकर गठजोड़ के सहारे देश को नेतृत्व प्रदान करते हैं, उनमें कैसी वैचारिक दृष्टि है? हिन्दुस्तान रिपब्लिक एसोसिएशन का जब पुनर्गठन हुआ था, समाजवाद को लक्ष्य बनाया गया था। 9 और 10 सितम्बर, 1928 की बैठक में भगतसिंह ने यह प्रस्ताव रखा था कि दल का नाम बदलकर 'हिन्दुस्तान सोशलिस्ट रिपब्लिक एसोसिएशन' रख दिया जाए। इस प्रकार उन्होंने 'समाजवाद' को अन्तिम लक्ष्य घोषित किया। आज भारत में कई राजनीतिक दलों के साथ 'समाजवादी' शब्द जुड़ा हुआ है, पर उनके नेताओं को समाजवाद से कोई लेना-देना नहीं है, चाहे वह चन्द्रशेखर की पार्टी हो या मुलायम सिंह की। भगतसिंह द्वारा जेल में लिखी गई और अब तक अनुपलब्ध जिन चार पुस्तकों—'आत्मकथा', 'भारत में क्रान्तिकारी आन्दोलन', 'समाजवाद का आदर्श' और 'मृत्यु के द्वार पर' का उल्लेख किया जाता है, उनमें से एक पुस्तक 'समाजवाद' पर भी थी। इन चारों पुस्तकों में से किसी भी पुस्तक की पांडुलिपि उपलब्ध नहीं है।

1928 तक भारत में 'समाजवाद' की कम चर्चा नहीं थी। 'हिन्दुस्तान प्रजातंत्र संघ' अब 'हिन्दुस्तान समाजवादी प्रजातंत्र संघ' बन चुका था, पर समाजवाद की व्याख्या के सम्बन्ध में इसके विचार सुस्पष्ट नहीं थे। शिवकुमार मिश्र ने अपनी पुस्तक 'भारत की क्रान्तिकारी पार्टियाँ—समीक्षात्मक अध्ययन' (स्वतंत्रता संग्राम अध्ययन केन्द्र, गोविन्द नगर, कानपुर, दिसम्बर, 2002) में लिखा है—"इस समय तक दुनिया में 'समाजवाद' के नाम की तो धूम थी, लेकिन उसकी लगभग 200 किस्में भी पैदा हो चुकी थीं।" (पृ. 175) भगतसिंह पर आरम्भ में अराजकतावादी बाकुनिन का प्रभाव था। शिव वर्मा ने अपने सुप्रसिद्ध निबन्ध 'क्रान्तिकारी आन्दोलन का वैचारिक विकास—चापेकर बन्धुओं से भगतसिंह तक' में भगतसिंह को समाजवाद की ओर उन्मुख करने का श्रेय सोहन सिंह जोश और लाला छबीलदास को दिया है। लाला छबीलदास नैशनल कॉलेज लाहौर के प्रिंसिपल थे और कामरेड सोहन सिंह जोश मशहूर पंजाबी मासिक पत्रिका 'किरती' के सम्पादक थे। 1928 के

आरम्भ में ही क्रान्तिकारी दल की लाहौर शाखा ने अराजकतावाद को छोड़कर समाजवाद को स्वीकार कर लिया था। 19 दिसम्बर, 1927 को एक ही दिन रामप्रसाद बिस्मिल, अशफ़ाक उल्ला खाँ और ठाकुर रोशन सिंह को फाँसी दी गई थी। फिर तीन वर्ष बाद तीन क्रान्तिकारियों को एक ही दिन 23 मार्च, 1931 को फाँसी दी गई। 1927 से 1931 के बीच क्रान्तिकारियों में वैचारिक बदलाव आया था। क्रान्तिकारी आन्दोलन का एक नए चरण में प्रवेश हो चुका था। क्रान्तिकारियों के देशव्यापी संगठन के निर्माण में भगतसिंह की बड़ी भूमिका थी। उन्होंने बंगाल, पंजाब, उत्तर प्रदेश और बिहार की क्रान्तिकारी संस्थाओं को मिलाकर क्रान्तिकारियों का एक देशव्यापी संगठन खड़ा किया। क्या आज क्रान्तिकारी संगठनों के एक होने का समय नहीं है? भगतसिंह के लिए स्वतंत्रता की लड़ाई समाजवादी समाज के निर्माण के लिए थी।

भगतसिंह के लिए देश की स्वाधीनता का सम्बन्ध समाजवाद की स्थापना से था। उस समय कांग्रेस में जवाहरलाल नेहरू समाजवाद के प्रमुख प्रचारक थे, पर उनका समाजवाद एक भिन्न प्रकार का समाजवाद था। इस समाजवाद का मार्क्स और लेनिन के प्रतिपादित समाजवाद से कोई सम्बन्ध नहीं था। कांग्रेस को समाजवाद से कोई मतलब नहीं था। 1926–27 में यूरोप की यात्रा से नेहरू को नए विचार प्राप्त हुए थे। नेहरू की पहल पर ही 1927 में कांग्रेस के मद्रास अधिवेशन में कांग्रेस ने साम्राज्यवाद के विरुद्ध और राष्ट्रीय स्वाधीनता के लिए लीग (लीग अगेंस्ट इंपीरियलिज़्म ऐंड फार नेशनल इंडिपेंडेंस) से जुड़ने का निर्णय लिया। 1927 में ही ब्रुसेल्स में पराधीन देशों का सम्मेलन हुआ था। ब्रुसेल्स कांग्रेस में भारत से कांग्रेस का प्रतिनिधित्व जवाहरलाल नेहरू ने किया था। ब्रुसेल्स कांग्रेस में ही साम्राज्यवाद के विरुद्ध अन्तरराष्ट्रीय लीग स्थापित हुई थी। 1927 के कांग्रेस के मद्रास अधिवेशन में बंगाल की मजदूर–किसान पार्टी ने अपना परचा बाँटा था, जिसमें कांग्रेस से यह माँग की गई थी कि वह अपना लक्ष्य पूर्ण स्वाधीनता को माने। इस कांग्रेस में नेहरू द्वारा रखा गया पूर्ण स्वाधीनता का प्रस्ताव पास हुआ। महात्मा गांधी इसके पक्ष में नहीं थे। इसके कुछ ही समय बाद फरवरी–मार्च 1928 में कांग्रेस ने दिल्ली में जो सर्वदल सम्मेलन बुलाया था, उसमें पूर्ण स्वाधीनता की कहीं कोई माँग नहीं रखी गई थी। सर्वदल सम्मेलन की इन दो महीनों में कुल पचीस बैठकें सम्पन्न हुई थीं। सर्वदल सम्मेलन ने मोतीलाल नेहरू की अध्यक्षता में एक कमिटी गठित की। इस कमिटी की रिपोर्ट में 'पूर्ण स्वाधीनता' की जगह 'डोमीनियन स्टेट्स' की बात कही गई थी। मद्रास अधिवेशन में 'पूर्ण स्वाधीनता' का जो प्रस्ताव पास हुआ था, उसे कुछ ही समय बाद नेहरू–रिपोर्ट में एक प्रकार से स्थगित कर दिया गया। पूर्ण स्वाधीनता की माँग मजदूर–किसान पार्टी की थी और कांग्रेस को इससे अधिक मतलब नहीं था। कांग्रेस के अन्दर नेहरू और बोस पूर्ण स्वाधीनता के पक्षधर थे।

कांग्रेस दो हिस्सों में बँटी हुई थी। एक हिस्सा डोमीनियन स्टेट्स की माँग कर रहा था और दूसरा हिस्सा पूर्ण स्वाधीनता के समर्थन में था।

भगतसिंह के समक्ष कांग्रेस का चरित्र साफ था। 1928 के कांग्रेस के कलकत्ता अधिवेशन में नेहरू रिपोर्ट को स्वीकार करने के लिए ब्रिटिश शासकों को एक वर्ष का समय दिया गया था। एक वर्ष के इस दिए गए समय के भीतर ही ब्रिटिश शासकों ने चार कदम उठाए—जनसुरक्षा कानून (पब्लिक सेफ्टी एक्ट), ह्विटली कमीशन, ट्रेड डिस्प्यूट्स एक्ट और मेरठ षड्यंत्र केस। सितम्बर 1928 में 'किरती' के जो चार सम्पादकीय लिखे गए थे, वे पब्लिक सेफ्टी बिल, ट्रेड डिस्प्यूट बिल, मोतीलाल नेहरू रिपोर्ट और बारदोली किसान आन्दोलन पर थे।

24 सितम्बर, 1928 को केन्द्रीय विधानसभा में पब्लिक सेफ्टी बिल (जनसुरक्षा विधेयक) पेश करने से पहले ही इस पर 'किरती' का सम्पादकीय प्रकाशित हो चुका था। ''बिल का आशय यह है कि यदि समाजवादी विचारों का प्रचार करनेवाला कोई ऐसा आदमी भारत में आ जाएगा, जो यहाँ का नागरिक न होगा तो उसे नोटिस देकर एकदम देश से निकाल दिया जाएगा।'' (भगतसिंह और उसके साथियों के दस्तावेज, पृ. 217-18) समाजवादी विचारों के प्रचार को रोकने और मजदूरों को हड़ताल से रोकने के लिए दोनों बिल केन्द्रीय विधानसभा में पेश किए गए थे। जनवरी 1929 में कतिपय संशोधनों के बाद पब्लिक सेफ्टी बिल पुनः पेश किया गया क्योंकि यह केन्द्रीय विधानसभा में पहले गिर गया था। दोबारा इस बिल को प्रस्तुत करते हुए यह कहा गया था कि इस बिल का उद्देश्य साम्यवादी आन्दोलन को फैलने से रोकना है। 1929 के आरम्भ में ही ट्रेड डिस्प्यूट्स बिल केन्द्रीय विधानसभा में पेश किया गया। भगतसिंह इन दोनों बिलों के खिलाफ थे। ये दोनों बिल समाजवाद, हड़ताल और मजदूरों के राजनीतिक कार्यों पर अंकुश लगाने के लिए थे। 8 अप्रैल, 1929 को केन्द्रीय असेम्बली में भगतसिंह और बटुकेश्वर दत्त द्वारा किया गया बम-विस्फोट पहले की कार्यवाहियों से भिन्न था। 17 दिसम्बर, 1928 और 8 अप्रैल, 1929 की कार्यवाहियों में कुछ महीनों का अन्तर नहीं, विचारों का भी अन्तर था। 17 दिसम्बर, 1928 को सांडर्स की हत्या की गई थी और 8 अप्रैल, 1929 को केन्द्रीय असेम्बली में बस विस्फोट किया गया था, जिसमें कोई हताहत नहीं हुआ। इन दोनों अवसरों पर परचे बाँटे और फेंके गए थे। इन दोनों परचों के अन्त में 'इन्कलाब जिन्दाबाद' का नारा था। सांडर्स की हत्या के द्वारा लाला लाजपतराय की मृत्यु का बदला लिया गया था, पर बम विस्फोट में प्रतिशोध की कोई भावना नहीं थी। दोनों ही परचों में क्रान्ति की बात कही गई थी। पर बम-विस्फोट वाले परचे में 'क्रान्ति' की बातें अधिक थीं। सांडर्स की हत्या के बाद हिन्दुस्तान समाजवादी प्रजातांत्रिक सेना के कमांडर इन चीफ बलराज के हस्ताक्षर से लाहौर में बाँटे गए परचे में 'राष्ट्रीय सम्मान की रक्षा करने' की तत्परता का जिक्र था

और अन्त में खेद प्रकट भी किया गया था, 'मनुष्य का रक्त बहाने के लिए हमें खेद है, परन्तु क्रान्ति की वेदी पर कभी-कभी रक्त बहाना अनिवार्य हो जाता है। हमारा उद्देश्य एक ऐसी क्रान्ति से है, जो मनुष्य द्वारा मनुष्य के शोषण का अन्त कर देगी।' (वही, पृ. 266-67)

भगतसिंह और बटुकेश्वर दत्त ने 8 अप्रैल, 1929 को असेम्बली में बम फेंकने के बाद अंग्रेजी परचे भी फेंके थे। यह परचा भी कमांडर इन चीफ बलराज के द्वारा जारी हुआ था। इस परचे में यह कहा गया था "इस कार्य का प्रयोजन है कि कानून का यह अपमानजनक प्रहसन समाप्त कर दिया जाए। विदेशी शोषक नौकरशाही जो चाहे करे परन्तु उसकी वैधानिकता का नकाब फाड़ देना आवश्यक है।" (वही, पृ. 271-72) इस परचे में जनप्रतिनिधियों से यह आग्रह किया गया था कि "वे इस पार्लियामेंट के पाखंड को छोड़कर अपने-अपने निर्वाचन क्षेत्रों को लौट जाएँ और जनता को विदेशी दमन और शोषण के विरुद्ध क्रान्ति के लिए तैयार करें। हम मनुष्य के जीवन को पवित्र समझते हैं। हम ऐसे उज्ज्वल भविष्य में विश्वास रखते हैं जिसमें प्रत्येक व्यक्ति को पूर्ण शान्ति और स्वतंत्रता का अवसर मिल सके। हम इनसान का खून बहाने की अपनी विवशता पर दुखी हैं। परन्तु क्रान्ति द्वारा सबको समान स्वतंत्रता देने और मनुष्य द्वारा मनुष्य के शोषण को समाप्त कर देने के लिए क्रान्ति में कुछ-न-कुछ रक्तपात अनिवार्य है।" (वही, पृ. 272)

भगतसिंह ने इस परचे द्वारा 'मानव जीवन की पवित्रता' और 'शान्ति की स्वतंत्रता' की आकांक्षा को क्रान्तिकारियों के चिन्तन से जोड़ दिया था। भगतसिंह के क्रान्ति-सम्बन्धी विचार तब भी महत्त्वपूर्ण थे, आज भी महत्त्वपूर्ण हैं। क्रान्तिकारियों के लिए मानवता सर्वाधिक पवित्र थी। पूँजीवादियों के लिए दानवता प्रमुख थी। दानवता को समाप्त करने से ही मानवता कायम रह सकती है। भगतसिंह का महत्त्व उनके वैचारिक चिन्तन और दर्शन के कारण हैं। यह क्रान्तिकारी वैचारिक दर्शन है। केवल त्याग और बलिदान के कारण, शहादत के कारण भारतीय जनता ने उन्हें सर-आँखों पर नहीं बिठाया था। उनके विचारों ने साम्राज्यवाद-विरोधी संघर्ष की एक नई और भारी लहर को जन्म दिया। बीसवीं सदी के बीस के दशक के अन्तिम दो वर्षों (1929-30) में भगतसिंह गांधी की तुलना में एक बड़े राजनीतिक व्यक्तित्व थे। सुमित सरकार ने गुप्तचर ब्यूरो के गुप्त विवरण 'टेररिज्म इन इंडिया' (1927-1936) की यह पंक्ति अपनी पुस्तक 'आधुनिक भारत' में उद्धृत की है—"कुछ समय के लिए उन्होंने (भगतसिंह ने) उस समय के अग्रणी राजनीतिक व्यक्तित्व के रूप में, मि. गांधी को भी मात दे दी थी।" (पृ. 398)

केन्द्रीय असेम्बली में बम विस्फोट के पूर्व 18 जनवरी, 1929 को वायसराय इरविन ने बम्बई और बंगाल के गवर्नर को लिखे अपने पत्र से यह आश्वासन दिया था कि शीघ्र ही कम्युनिस्टों के खिलाफ कार्रवाई की जाएगी। इसके बाद 20 मार्च,

1929 को मजदूर और कम्युनिस्ट आन्दोलन को कुचलने के लिए सम्पूर्ण भारत में कम्युनिस्ट पार्टी, मजदूर किसान पार्टी और ट्रेड यूनियन कांग्रेस के बड़े नेताओं को गिरफ्तार कर लिया गया। मजदूर आन्दोलन के पकड़े गए नेताओं पर मेरठ में 'मेरठ कम्युनिस्ट षड्यंत्र केस' चला। इस मुकदमे में जिन तैंतीस नेताओं को अभियुक्त बनाया गया था, उनमें तीन-फिलिप स्प्राट, बेंन ब्रेडले और हचिंसन, अंग्रेज थे। इन अभियुक्तों में श्रीपाद अमृत डांगे, शौकत उस्मानी, मुजफ्फर अहमद, पूरनचन्द्र जोशी, डॉ. गंगाधर अधिकारी, एम.ए. मजीद, सोहन सिंह जोश और अयोध्या प्रसाद भी थे। अदालत के समक्ष इन नेताओं पर भारतीय दंड-विधान की दफा 121 (अ) को साबित करने के लिए कोई प्रमाण नहीं था। 1933 में ब्रिटिश ट्रेड यूनियन कांग्रेस और लेबर पार्टी की संयुक्त राष्ट्रीय समिति की पुस्तिका में इस मुकदमे के बारे में यह लिखा गया, "शुरू से आखिर तक मुकदमे की पूरी कार्रवाई बे-सिर-पैर की थी और कानून के साथ अच्छा-खासा खिलवाड़ किया गया था।" (रजनीपाम दत्त की पुस्तक 'आज का भारत' में उद्धृत अनुवाद, रामविलास शर्मा, ग्रन्थशिल्पी, 2000, पृ. 378)

भगतसिंह द्वारा असेम्बली में किए गए बम विस्फोट का कारण ब्रिटिश शासन का दमनकारी रवैया था। भगतसिंह 8 अप्रैल, 1929 को बन्दी बनाए गए और 23 मार्च, 1931 की शाम को उन्हें फाँसी दी गई। यह समय भगतसिंह के विचारों के लिए बड़ा महत्त्वपूर्ण समय है। कांग्रेस के ढुलमुल चरित्र और स्वभाव को भगतसिंह समझ चुके थे। कांग्रेस के समझौतावादी रुख को सबसे पहले उन्होंने पहचाना था। कांग्रेस कभी पूर्ण स्वराज्य की बात करती थी, तो कभी डोमीनियन स्टेट्स की। उसका ब्रिटिश शासन से समझौता था। यही समझौता 1946-47 में भी दिखाई पड़ा। आज भारत के समक्ष जितने भी संकट हैं, उसकी जड़ें राष्ट्रीय स्वाधीनता आन्दोलन में हैं। भगतसिंह ने जो मार्ग बताया था, उस पर चलने से भारत में क्रान्ति हुई होती तो समाजवादी व्यवस्था कायम होती।

असेम्बली बमकांड के बाद लार्ड इरविन ने असेम्बली के दोनों सदनों के संयुक्त अधिवेशन में इस विद्रोह को किसी व्यक्ति विशेष के विरुद्ध न मानकर 'सम्पूर्ण शासन व्यवस्था के विरुद्ध' कहा था। भगतसिंह ब्रिटिश-शासन-व्यवस्था की समाप्ति चाहते थे। कांग्रेस इस शासन-व्यवस्था की समाप्ति नहीं चाहती थी। भगतसिंह का स्पष्ट विचार था कि इस शासन-व्यवस्था को समाप्त किए बगैर हम पूर्ण स्वतंत्रता हासिल नहीं कर सकते। क्रान्तिकारियों की पूर्ण स्वतंत्रता और कांग्रेस की पूर्ण स्वतंत्रता में अन्तर था। 1929 के अन्त में जवाहरलाल नेहरू की अध्यक्षता में कांग्रेस का लाहौर अधिवेशन हुआ। इस अधिवेशन का मुख्य प्रस्ताव पूर्ण स्वाधीनता का प्रस्ताव था। इतिहास की पुस्तकों में कांग्रेस के पूर्ण स्वराज्य की इस माँग का अधिक जिक्र किया जाता है। कांग्रेस के इस पूर्ण स्वराज्य के साथ दशकों बाद जयप्रकाश नारायण की 'सम्पूर्ण क्रान्ति' का अध्ययन कम दिलचस्प नहीं होगा।

लाहौर कांग्रेस में पूर्ण स्वतंत्रता का प्रस्ताव पास कर 31 दिसम्बर, 1929 की अर्द्धरात्रि को भारत की स्वतंत्रता का झंडा फहराया गया था। उस समय भगतसिंह जेल में थे। लाहौर में कांग्रेस ने पूर्ण स्वाधीनता का जो प्रस्ताव पेश किया था, उसके आरम्भ में वायसराय की प्रशंसा की गई थी। इसके महीनों पूर्व 6 जून, 1929 को दिल्ली के सेशन जज मि. लियोनाई मिडिल्टन की अदालत में भगतसिंह ने अपने दिए ऐतिहासिक बयान से इरविन के कथन (सम्पूर्ण शासन-व्यवस्था के विरुद्ध विद्रोह) को उद्धृत किया था और यह कहा था कि "लोगों ने हमारे इस काम (बम-विस्फोट) के उद्देश्य को सही तौर पर समझ लिया है।" (भगतसिंह और उनके साथियों के दस्तावेज, पृ. 274) लाहौर कांग्रेस के दूसरे प्रस्ताव में वायसराय की गाड़ी को बम से उड़ाने की निन्दा की गई थी। कांग्रेस का मार्ग समझौता का मार्ग था और भगतसिंह का मार्ग क्रान्ति का मार्ग था।

लाहौर कांग्रेस के पूर्व क्रान्तिकारियों ने ब्रिटिश साम्राज्यवाद के स्तम्भ वायसराय की गाड़ी को उड़ाने की कोशिश की थी। यह कोशिश असफल हुई। महात्मा गांधी ने इस घटना पर 'यंग इंडिया' में 'बम की पूजा' शीर्षक से एक लेख लिखा। इस लेख में उन्होंने वायसराय को 'देश का शुभचिन्तक' कहा। नवयुवक उनकी दृष्टि में स्वतंत्रता के रास्ते में रोड़ा अटकाने वाले थे। भगवतीचरण वोहरा ने इसके उत्तर में जो 'बम का दर्शन' लेख लिखा, उसे भगतसिंह ने जेल में अन्तिम रूप प्रदान किया। 26 जनवरी, 1930 को यह लेख देश भर में बाँटा गया। इस लेख को हिन्दुस्तान प्रजातंत्र समाजवादी सभा का घोषणापत्र कहा गया। इस लेख में गांधी के सिद्धान्तों और उनकी राजनीति का डटकर जवाब दिया गया था।

भारतीय क्रान्तिकारियों के विरुद्ध ब्रिटिश शासन ही नहीं था, कांग्रेस का एक हिस्सा भी था। क्रान्तिकारियों के सम्बन्ध में सदैव भ्रमात्मक प्रचार किए जाते रहे हैं। मौजूदा शासन-व्यवस्था के समर्थक और पूँजीवाद के सहयोगी के हिंसा और अहिंसा के प्रश्न को भगतसिंह ने उचित नहीं माना, "क्योंकि इन शब्दों से दोनों ही दलों (क्रान्तिकारी और कांग्रेस) के सिद्धान्तों का स्पष्ट बोध नहीं हो पाता।" (वही, पृ. 291) भगतसिंह ने 'बम का दर्शन' में स्पष्ट शब्दों में यह कहा था कि 'देश को क्रान्ति से ही स्वतंत्रता मिलेगी।' (वही, पृ. 292) 15 अगस्त, 1947 को हमें जो स्वतंत्रता प्राप्त हुई, वह सत्ता का हस्तान्तरण था। स्वतंत्र भारत के 55-56 वर्षों में भी सामान्य भारतीय जनता के जीवन में बहुत सुधार नहीं हुआ है। नागार्जुन ने अपनी एक कविता में ठीक लिखा है कि स्वतंत्रता का फल कम लोगों ने चखा। भगतसिंह ने बार-बार क्रान्ति को परिभाषित किया और उसके रूपों पर प्रकाश डाला। "वे (क्रान्तिकारी) जिस क्रान्ति के लिए प्रयत्नशील हैं और जिस क्रान्ति का रूप उनके सामने स्पष्ट है उसका अर्थ केवल यह नहीं है कि विदेशी शासकों तथा उनके पिट्ठुओं से क्रान्तिकारियों का केवल सशस्त्र संघर्ष हो, बल्कि इस सशस्त्र

संघर्ष के साथ-साथ नवीन-सामाजिक व्यवस्था के द्वार देश के लिए मुक्त हो जाएँ। क्रान्ति पूँजीवाद, वर्गवाद तथा कुछ लोगों को ही विशेषाधिकार दिलाने वाली प्रणाली का अन्त कर देगी। यह राष्ट्र को अपने पैरों पर खड़ा करेगी, उससे नवीन राष्ट्र और नए समाज का जन्म होगा। क्रान्ति से सबसे बड़ी बात तो यह होगी कि वह मजदूर तथा किसानों का राज्य कायम कर उन सब अवांछित तत्त्वों को समाप्त कर देगी, जो देश की राजनीतिक शक्ति को हथियाए बैठे हैं।'' (वही, पृ. 292) भगतसिंह ने 'बम का दर्शन' में क्रान्ति का महत्त्व बताया। कांग्रेस मजदूर तथा किसानों का राज्य नहीं चाहती थी। वह पूँजीवाद और वर्गवाद को जिन्दा रख रही थी। राष्ट्रीय स्वाधीनता आन्दोलन में पूँजीवादी शक्ति कम प्रमुख नहीं रही।

आज भारत वास्तविक अर्थों में स्वतंत्र राष्ट्र नहीं है। अमेरिकी साम्राज्यवाद का भाजपा समर्थन कर रही है। इक्कीसवीं सदी का भारत पुन: साम्राज्यवाद और उसके भारतीय पिट्ठुओं से एक नई लड़ाई लड़ेगा। भगतसिंह ने 'बम का दर्शन' में ही यह लिखा था 'अन्त में क्रान्ति से ही देश को सामाजिक, राजनीतिक तथा आर्थिक स्वतंत्रता मिलेगी।' (वही, पृ. 293) भगतसिंह ने नौकरशाही अर्थव्यवस्था और भारत की अर्थव्यवस्था की भी चर्चा की है। गांधी के अहिंसा और सत्याग्रह के प्रयोगों का परिणाम उन्होंने नौकरशाही अर्थव्यवस्था पर देखा और आन्दोलनों का परिणाम वे 'भारतीय अर्थव्यवस्था' पर देखते थे।

गांधी के प्रेम और हृदय-परिवर्तन के सिद्धान्त को 'बम का दर्शन' में इस प्रकार काटा गया—''क्या वे बता सकते हैं कि भारत में कितने शत्रुओं का हृदय-परिवर्तन कर वे उन्हें भारत का मित्र बनाने में समर्थ हुए हैं? वे कितने ओडायरों, डायरों और रीडिंग और इरविन को भारत का मित्र बना सके हैं? यदि किसी को भी नहीं तो भारत उनकी इस विचारधारा से कैसे सहमत हो सकता है कि वे इंग्लैंड को अहिंसा द्वारा समझा-बुझाकर इस बात को स्वीकार करने के लिए तैयार कर लेंगे कि वह भारत को स्वतंत्रता दे दें।'' (वही, पृ. 295)

भगतसिंह के समय भारत में मुख्यत: दो विचारधाराएँ थीं। एक महात्मा गांधी की विचारधारा और दूसरी भगतसिंह की विचारधारा। भगतसिंह की विचारधारा मार्क्सवादी और क्रान्तिकारी थी। गांधी की विचारधारा, सत्य, अहिंसा से जुड़ी हुई थी। गांधी की विचारधारा को कांग्रेसियों ने छोड़ा और भगतसिंह की विचारधारा को कुछेक अपवादों को छोड़कर वामपन्थी दलों और संगठनों ने नहीं अपनाया। पूँजीवाद के इस दहाड़ते समय में अकसर विचारधारा को खारिज किया जा रहा है, 'इतिहास का अन्त' का तर्क प्रस्तुत किया जा रहा है और यह बताया जा रहा है कि पूरे विश्व में अब मार्क्सवाद का सफाया हो चुका है। तात्कालिक दशा को चिरंतन दशा मानना मूर्खता के अतिरिक्त और कुछ नहीं है। क्रान्ति की आवश्यकता तब तक प्रत्येक समाज में बनी रहेगी जब तक उस समाज में विषमता व्याप्त होगी। विषमता की

समाप्ति और समतामूलक समाज की स्थापना आनन-फानन में नहीं होती। भारत में यह विषमता निरन्तर बढ़ रही है। आज शासन करने का उद्देश्य क्या है? किसी भी राजनीतिक दल के लिए आज चुनावी घोषणा-पत्र का अर्थ नहीं है। किसी भी प्रकार सत्ता पाना और हथियाना आज अधिसंख्य राजनीतिक दलों का एकमात्र लक्ष्य है। इस सत्ता-प्राप्ति से जन-कल्याण नहीं होता। राजनीति में गुंडों, लफंगों और हत्यारों की संख्या अचानक नहीं बढ़ी है। आज किसी भी राजनीतिक दल के पास कल के भारत का कोई स्वप्न नहीं है। भगतसिंह के पास स्वप्न था। प्रश्न यह है कि उस सपने को साकार करनेवाली शक्तियाँ कहाँ हैं?

क्रान्तिकारियों के सम्बन्ध में लम्बे समय से दुष्प्रचार किया जाता रहा है। स्वतंत्र भारत में तर्क और विवेक अधिक घटा है। भाजपा का सत्तासीन होना इसका प्रमाण है। आस्था और विश्वास का सम्बन्ध पराधीनता से है। मनुष्य में जब अनास्था होती है, तभी हम ईश्वर में आस्था रखते हैं। इक्कीसवीं सदी में भारत में धर्म-पताका फहर रही है। यह हमारी अतार्किकता का चिह्न है। क्रान्तिकारी तर्क में, केवल तर्क में विश्वास रखता है। भगतसिंह का विचार था कि "क्रान्ति की तलवार विचारों की धार से ही तेज होती है।" विचार तर्क से भरे होते हैं। तर्क की अनदेखी करनेवाले विचार जीवित नहीं रहते। गांधी के विचारों में तर्क की कमी थी। भगतसिंह के विचारों में तर्क ही तर्क थे। बिना अध्ययन के विचार पुष्ट नहीं होते। भगतसिंह के लिए प्रश्नों के उत्तर अध्ययन के बिना सम्भव नहीं थे। उन्होंने अध्ययन का महत्त्व बताया और यह सीख दी कि हमें आँख मूँदकर कभी नहीं पढ़ना चाहिए। हमें यह भी नहीं समझना चाहिए कि हम जो पढ़ रहे हैं, वह सब सही है। हमें सदैव आलोचना करनी चाहिए और इसके जरिए अपने विचार बनाने चाहिए। विचारों के निर्माण में अध्ययन और चिन्तन की बड़ी भूमिका है।

'माडर्न रिव्यू' के सम्पादक रामानन्द चट्टोपाध्याय ने जब 'इन्कलाब जिन्दाबाद' नारे की आलोचना की, भगतसिंह ने उन्हें बताया, 'इस नारे की रचना हमने नहीं की है। यही नारा रूस के क्रान्तिकारी आन्दोलन में प्रयोग किया गया है। प्रसिद्ध समाजवादी लेखक अप्टन सिंक्लेयर ने अपने उपन्यासों—'बोस्टन' और 'आईल' में यही नारा कुछ अराजकतावादी क्रान्तिकारी पात्रों के मुख से कहलवाया है। इसका यह अर्थ कदापि नहीं है कि सशस्त्र संघर्ष सदैव जारी रहे और कोई भी व्यवस्था अल्प समय के लिए भी स्थायी न रह सके, दूसरे शब्दों में—देश और समाज में अराजकता फैली रहे।' (वही, पृ. 284)

'इन्कलाब जिन्दाबाद' क्रान्तिकारियों के लिए एक 'पवित्र वाक्य' था। वह सर्वप्रमुख नारा था। भगतसिंह ने 'क्रान्ति' (इन्कलाब) पर बार-बार विचार किया। उन्होंने 'विद्रोह' और 'क्रान्ति' के बीच अन्तर किया और 'क्रान्ति' को 'विद्रोह का अन्तिम परिणाम' कहा। 'इन्कलाब जिन्दाबाद' में 'क्रान्ति' शब्द का अर्थ उनके

अनुसार 'प्रगति के लिए परिवर्तन की भावना एवं आकांक्षा' है। क्रान्ति की भावना का होना वे मनुष्य-मात्र के लिए इसलिए स्थायी तौर पर आवश्यक मानते थे कि मनुष्य अपने को रूढ़िवादी शक्तियों और परम्परागत दशाओं से मुक्त करे। मानव समाज की प्रगति में रूढ़िवादी शक्तियाँ बाधक हैं। 'इन्कलाब जिन्दाबाद' का नारा इसीलिए उन्हें सर्वप्रिय था।

'असेम्बली बमकांड पर सेशन कोर्ट में दिए गए बयान' (6 जून, 1929) में भगतसिंह ने 'भारत की तथाकथित पार्लियामेंट' के 'औचित्य' पर प्रश्नचिह्न खड़ा किया। "बहुत कुछ सोचने के बाद भी एक ऐसी संस्था के अस्तित्व का औचित्य हमारी समझ में नहीं आ सका जो, बावजूद उस समय शानो-शौकत के, जिसका आधार भारत के करोड़ों मेहनतकशों की गाढ़ी कमाई है, केवल मात्र एक दिल को बहलाने वाली, थोथी, दिखावटी और शरारतों से भरी हुई संस्था है।" (वही, पृ. 274) स्वतंत्र भारत की भारतीय संसद क्या 'भारत की तथाकथित पार्लियामेंट' से पूरी तरह भिन्न है? भारतीय संसद ने क्या सदैव भारतीय जनता की चिन्ता की है? स्वतंत्र भारत में हिन्दी के अनेक कवियों ने संसद से सम्बन्धित जो कविताएँ लिखी हैं, या जिन कविताओं में संसद-प्रसंग हैं, क्या वे गलत हैं? भगतसिंह ने 'न्याय' और 'कानून' का वास्तविक रूप सामने रखा। प्रेमचन्द की रचनाओं में बार-बार 'न्याय' का प्रश्न उठाया गया है। भगतसिंह ने साम्राज्यवादी शोषकों से नफरत की और उसे चुनौती दी। उनके सामने इतिहास के सुनहरे पृष्ठ थे। फ्रांस की 'राज्य क्रान्ति' और 'रूसी क्रान्ति' के उदाहरण थे।

भगतसिंह से निचली अदालत में यह प्रश्न किया गया था कि 'क्रान्ति' से उन लोगों का क्या मतलब है? भगतसिंह ने इसका उत्तर इस प्रकार दिया था—"क्रान्ति के लिए खूनी लड़ाइयाँ अनिवार्य नहीं हैं और न ही उनमें व्यक्तिगत प्रतिहिंसा के लिए कोई स्थान है। वह बम और पिस्तौल का सम्प्रदाय नहीं है। क्रान्ति से हमारा अभिप्राय है—अन्याय पर आधारित मौजूदा समाज-व्यवस्था में आमूल परिवर्तन।" (वही, पृ. 278) भारत के सभी राजनीतिक चिन्तकों और विचारकों में भगतसिंह इसलिए विशिष्ट और अप्रतिम हैं कि उन्होंने भारत की वर्तमान समाज-व्यवस्था को पूरी तरह बदलने का क्रान्ति-मार्ग दिखाया। आज अगर भारत की समाज-व्यवस्था सड़ाँध फेंक रही है, तो इसकी बड़ी वजह यह है कि हमने इस समाज-व्यवस्था को बदलने के लिए क्रान्ति का मार्ग नहीं अपनाया। भगतसिंह ने अपने इसी बयान में किसान और मजदूर की दयनीय स्थिति का चित्र प्रस्तुत किया। भारत जैसे देश में किसान और मजदूर की स्थिति तब भी ठीक नहीं थी और आज भी उसकी जीवन-दशा बेहतर नहीं है। आज किसान और मजदूर की चिन्ता भारत के प्रमुख राजनीतिक दलों को नहीं है। गांधी भी किसान और मजदूर की कम चिन्ता करते थे। किसी भी समाज के विकास में श्रमजीवियों की, श्रमिकों की विशेष भूमिका होती है। भारतीय

श्रमिकों को दयनीय स्थिति में रखकर किस प्रकार के भारत का निर्माण किया जाएगा? भगतसिंह की यह चिन्ता थी कि "समाज का प्रमुख अंग होते हुए भी आज मजदूरों को उनके प्राथमिक अधिकार से वंचित रखा जा रहा है और उनकी गाढ़ी कमाई का सारा धन शोषक पूँजीपति हड़प जाते हैं। दूसरों के अन्नदाता किसान आज अपने परिवार सहित दाने-दाने के लिए मुहताज हैं। दुनिया भर के बाजारों को कपड़ा मुहैया करनेवाला बुनकर अपने तथा अपने बच्चों के तन ढँकने भर को भी कपड़ा नहीं पा रहा है। सुन्दर महलों का निर्माण करनेवाले राजगीर, लोहार तथा बढ़ई स्वयं गन्दे बाड़ों में रहकर ही अपनी जीवन लीला समाप्त कर जाते हैं। इसके विपरीत समाज के जोंक शोषक पूँजीपति जरा-जरा सी बातों के लिए लाखों का वारा-न्यारा कर देते हैं।'(वही, पृ. 278)

क्या इस स्थिति को क्रान्ति के अलावा किसी अन्य तरीके से दूर किया जा सकता है? व्यवस्था में बिना आमूल परिवर्तन के यह सम्भव नहीं है और व्यवस्था में आमूल परिवर्तन क्रान्ति ही कर सकती है। कांग्रेस तथा अन्य राजनीतिक दलों को व्यवस्था के आमूल परिवर्तन से कभी कोई मतलब नहीं रहा। यह जिम्मेदारी वामपन्थी दलों की थी। स्वतंत्र भारत में वामपन्थी दल व्यवस्था को बदलने के बजाय उसके हिस्सेदार हो गए। भगतसिंह ने उसी बयान में यह कहा था—"देश को एक आमूल परिवर्तन की आवश्यकता है। और जो लोग इस बात को महसूस करते हैं उनका कर्तव्य है कि साम्यवादी सिद्धान्तों पर समाज का पुनर्निर्माण करें।" (वही) भगतसिंह ने विश्व-शान्ति का राग अलापने वाले ढोंगियों की यह कहकर खबर ली कि मनुष्य के द्वारा मनुष्य का तथा राष्ट्र के द्वारा राष्ट्र का शोषण जारी रहने पर विश्व-शांति कभी कायम नहीं रह सकती। भगतसिंह विश्व-शान्ति चाहते थे, जो बिना पूँजीवादी समाज-व्यवस्था को नष्ट किए बगैर यह सम्भव नहीं है। क्रान्ति के द्वारा भगतसिंह समाजवादी समाज-व्यवस्था की स्थापना चाहते थे। पूँजीवाद का आज भी एकमात्र, विकल्प समाजवाद ही है। भगतसिंह ने इस समाज व्यवस्था में 'सर्वहारा वर्ग के आधिपत्य' की बात कही थी जिसके फलस्वरूप स्थापित होनेवाला विश्व-संघ पीड़ित मानवता को पूँजीवाद के बन्धनों से और साम्राज्यवादी युद्ध की तबाही से छुटकारा दिलाने में समर्थ हो सकेगा।' (वही)

भगतसिंह ने स्वतंत्रता को प्रत्येक मनुष्य का जन्मसिद्ध अधिकार माना था और 'क्रान्ति' को मानव जाति का जन्मजात अधिकार कहा था। उनका निश्चित मत था कि क्रान्ति का अपहरण नहीं किया जा सकता। उन्होंने बयान के अन्त में कहा था, "क्रान्ति की इस पूजा-वेदी पर हम अपना यौवन नैवेद्य के रूप में लाए हैं, क्योंकि ऐसे महान-आदर्श के लिए बड़े-से-बड़ा त्याग भी कम है।" (वही, पृ. 279)

भगतसिंह ने युवकों को प्रत्येक जाति और समाज का 'भाग्यविधाता' माना। 1925 के लेख 'युवक' में 'युवावस्था को मानव-जीवन का वसन्त काल' मानते

हुए उन्होंने युवावस्था में मनुष्य के केवल दो मार्ग देखे—'वह चढ़ सकता है उन्नति के सर्वोच्च शिखर पर, वह गिर सकता है अध:पात के अन्धेरे खन्दक में।' (वही, पृ. 88) उन्होंने एक साथ युवक में 'त्यागी' और 'विलासी' बनने की सम्भावनाएँ देखीं। और संसार में 'युवक का ही साम्राज्य देखा'। "वह इच्छा करे तो समाज और जाति को उद्‌बुद्ध कर दे, देश की लाली रख ले, राष्ट्र मुखोज्ज्वल कर दे, बड़े-बड़े साम्राज्य उलट डाले। पतितों के उत्थान और संसार के उद्धारक सूत्र उसी के हाथ में हैं। वह इस विशाल विश्व रंगस्थल का सिद्धहस्त खिलाड़ी है।" (वही, पृ. 89)

"युवकों और विद्यार्थियों को राजनीति से दूर रखने का षड्‌यंत्र हमेशा रहा है। विद्यार्थियों को राजनीति से दूर रखने में देश का लाभ नहीं है। जिन नौजवानों को कल देश की बागडोर अपने हाथ में लेनी है, उन्हें आज ही अक्ल के अन्धे बनाने की कोशिश की जा रही है। हम मानते हैं कि विद्यार्थियों का मुख्य काम पढ़ाई करना है, उन्हें अपना पूरा ध्यान उस ओर लगा देना चाहिए लेकिन क्या देश की परिस्थितियों का ज्ञान और उनके सुधार के उपाय सोचने की योग्यता पैदा करना उस शिक्षा में शामिल नहीं? यदि नहीं तो हम उस शिक्षा को भी निकम्मी समझते हैं, जो सिर्फ क्लर्की करने के लिए ही हासिल की जाए।" (वही, पृ. 202)

ब्रिटिश भारत में मात्र बीस विश्वविद्यालय थे। आज भारत में सभी प्रकार के विश्वविद्यालयों की कुल संख्या तीन सौ बाईस (322) है। (यूनिवर्सिटी इन्स्टीच्यूशंस इन इंडिया, प्रकाशक—एसोसिएशन आफ इंडियन यूनिवर्सिटीज, नई दिल्ली) स्कूलों और कॉलेजों की संख्या आज पहले से कहीं अधिक है। भारतीय युवकों की बेरोजगारी के ये कारखाने हैं। पहले यहाँ से क्लर्क निकलते थे। अब उच्च शिक्षा प्राप्त बेरोजगारों की संख्या कम नहीं है। शिक्षा का बेरोजगारी से सम्बन्ध बढ़ा है। जो रोजगारोन्मुखी शिक्षा चल रही है, उससे भी सबको रोजगार मिल नहीं पा रहा है। ऐसी दशा में युवकों में सामाजिक-राजनीतिक चेतना का ह्रास होगा या वह भटकाव का शिकार होगा। इस ह्रास और भटकाव का लाभ शासक वर्ग को प्राप्त होता है। युवकों की ऊर्जा एक अदद नौकरी पाने में नष्ट हो जाती है। जहाँ युवकों में राजनीतिक चेतना विकसित होती है, वहाँ शासक वर्ग शिक्षा को बदतर बनाने से नहीं चूकता। इसका सर्वोत्तम उदाहरण बिहार है। जयप्रकाश नारायण की सम्पूर्ण क्रान्ति में बिहार के युवक-युवतियाँ अगली पंक्ति में थे। पहली बार केन्द्र में 1977 में कांग्रेस विरोधी सरकार बनी। जयप्रकाश नारायण का आन्दोलन किसान और मजदूर का आन्दोलन नहीं था। वह छात्र और युवा आन्दोलन था। जिस युवा वर्ग में केन्द्र के शासन को बदल देने की शक्ति हो, वह प्रदेश में कभी भी भ्रष्ट सरकार को सत्ता से अलग कर सकता है। 1977 के बाद ही बिहार के विश्वविद्यालय नष्ट हुए, कॉलेज बरबाद हुए और योग्य छात्र दिल्ली तथा अन्य प्रदेशों की ओर मुड़े। बिहार

की उच्च शिक्षा पर पुस्तकें लिखने और भाषण देनेवाले इस तथ्य की ओर ध्यान नहीं देते कि चालाक शासन किस प्रकार युवाओं के भविष्य का सत्यानाश करता है और उसे दूसरे मार्गों की ओर मोड़ देता है।

भगतसिंह ने 'व्यावहारिक राजनीतिज्ञ' की आलोचना की है। "क्या विद्यार्थियों को जन्मते ही खुशामद का पाठ पढ़ाया जाना चाहिए? हम तो समझते हैं कि जब तक हिन्दुस्तान में विदेशी डाकू शासन कर रहे हैं, तब तक वफादारी करनेवाले वफादार नहीं, बल्कि गद्दार हैं, इनसान नहीं, पशु हैं, पेट के गुलाम हैं। तो हम किस तरह कहें कि विद्यार्थी वफादारी का पाठ पढ़ें।" (वही, पृ. 203) भगतसिंह के समय इस देश में विदेशी डाकुओं का शासन था। क्या अब इस देश में स्वदेशी डाकुओं का शासन नहीं है? क्या स्वदेशी डाकुओं के शासन तक वफादारी करनेवालों को हम 'गद्दार' नहीं कहेंगे? क्या अंग्रेजों के चले जाने के बाद के पचपन वर्षों में हमारे देश और समाज की स्थितियाँ बदल गई हैं? लूट, हत्या, अपहरण और बलात्कार करनेवाले अंग्रेज तो नहीं हैं? नेताओं, अफसरों, पुलिस और हत्यारों के बीच ऐसी साँठ-गाँठ ब्रिटिश भारत में तो नहीं थी। 1929-31 के भारत और 2002-03 के भारत में क्या कोई अन्तर नहीं है?

भगतसिंह ने युवकों को केवल विद्याध्ययन करने के लिए नहीं कहा। अध्ययन से निजी लाभ होता है और अध्ययन का सामाजिक विकास से भी सम्बन्ध है। अध्ययन का एक सामाजिक पक्ष भी है। भगतसिंह ने युवकों को पढ़ने के अतिरिक्त पालिटिक्स का भी ज्ञान हासिल करने को कहा और लिखा, "जब ज़रूरत हो तो मैदान में कूद पड़ें और अपना जीवन इसी काम में लगा दें। अपने प्राणों का इसी में उत्सर्ग कर दें। वरन् बचने का कोई उपाय नजर नहीं आता।" (वही, पृ. 203)

1928 में प्रकाशित 'विद्यार्थी और राजनीति' शीर्षक लेख के बाद भगतसिंह और बटुकेश्वर दत्त ने 1929 में जेल से 'विद्यार्थियों के नाम' एक पत्र भेजा, जिसे लाहौर के पंजाब छात्र संघ के दूसरे अधिवेशन (19 अक्तूबर, 1929) में पढ़ा गया। छात्र संघ के इस अधिवेशन के सभापति सुभाषचन्द्र बोस थे। इस पत्र में पहली बार उन्होंने नौजवानों को क्रान्ति का सन्देश देश के प्रत्येक कोने में पहुँचाने को कहा। कांग्रेस का लाहौर अधिवेशन कुछ ही समय बाद होनेवाला था। भगतसिंह ने लिखा, 'नौजवानों को क्रान्ति का यह सन्देश देश के कोने-कोने में पहुँचाना है, फैक्ट्री-कारखानों के क्षेत्रों में गन्दी बस्तियों और गाँवों की जर्जर झोपड़ियों में रहनेवाले करोड़ों लोगों में इस क्रान्ति की अलख जगानी है, जिससे आज़ादी आएगी और तब एक मनुष्य द्वारा दूसरे मनुष्य का शोषण असम्भव हो जाएगा।' (वही, पृ. 286)

भगतसिंह ने जेल से क्रान्तिकारी कार्यक्रम की एक सम्पूर्ण योजना बनाकर बाहर अपने साथियों को भेजी थी। इसके पहले हिस्से 'नवयुवक राजनीतिक कार्यकर्ताओं के नाम' में उन्होंने नवयुवकों के आन्दोलन को 'सबसे पहली मंजिल'

माना। यहीं से उन्होंने आन्दोलन की शुरुआत की बात कही थी। युवक-आन्दोलन के सम्बन्ध में उनका विचार यह था—"युवक-आन्दोलन को अध्ययन-केन्द्र (स्टडी सर्कल) खोलने चाहिए। लीफलेट, पैम्फलेट, पुस्तकें, मैगजीन छापने चाहिए। क्लासों में लेक्चर होने चाहिए। उन नौजवानों को पार्टी में ले लेना चाहिए, जिनके विचार विकसित हो चुके हैं और वे अपना जीवन इस काम में लगाने के लिए तैयार हैं। पार्टी-कार्यकर्ता नवयुवक आन्दोलन के काम को दिशा देंगे।" (वही, पृ. 397) आरम्भ में युवकों के सम्बन्ध में भगतसिंह के जो आवेगमय विचार थे, वे बाद में और ठोस हुए।

उन्होंने देश के भीतर व्याप्त अनेक समस्याओं पर विचार किया, जिनमें 'अछूत समस्या' प्रमुख है। जून, 1928 के 'किरती' में भगतसिंह का लेख—'अछूत समस्या', 'विद्रोही' नाम से प्रकाशित हुआ था। भगतसिंह के लिए 'अछूत समस्या' इस देश की एक प्रमुख समस्या थी। बीसवीं सदी में कुएँ के अपवित्र होने और मन्दिरों में अछूतों के प्रवेश से देवताओं के रुष्ट होने की बात उनके लिए शर्मनाक थी। इक्कीसवीं सदी में दलित राजनीति के बाद भी स्थितियाँ एकदम बदल नहीं गई हैं। आज धर्मान्तरण को लेकर हल्ला करनेवालों को भगतसिंह की ये पंक्तियाँ पढ़नी चाहिए—"जब तुम उन्हें इस तरह पशुओं से भी गया-बीता समझोगे तो वह जरूर ही दूसरे धर्म में शामिल हो जाएँगे, जिनमें उन्हें अधिक अधिकार मिलेंगे, जहाँ उनसे इनसानों-जैसा व्यवहार किया जाएगा। फिर यह कहना कि देखो जी, ईसाई और मुसलमान हिन्दू कौम को नुकसान पहुँचा रहे हैं, व्यर्थ होगा।" (वही, पृ. 238) संघ परिवार आज कहीं अधिक उग्र और साम्प्रदायिक रूप में ईसाइयों और मुसलमानों को हिन्दू विरोधी बताकर उन पर आक्रमण कर रहा है। इक्कीसवीं सदी का भारत क्या तोगड़िया, सिंहल और मोदी का भारत बनेगा या भगतसिंह का? भगतसिंह ने पूछा, "कुत्ता हमारी गोद में बैठ सकता है, हमारी रसोई में निःसंग फिरता है, लेकिन एक इनसान का हमसे स्पर्श हो जाए तो बस धर्म भ्रष्ट हो जाता है।" (वही, पृ. 239) भगतसिंह ने अछूतों को संगठित होने को कहा और यह माँग की कि "उनके अपने जनप्रतिनिधि हों।" उन्होंने अछूतों को अधिक अधिकार देने की बात कही। "हम तो साफ कहते हैं कि उठो, अछूत कहलानेवाले असली जनसेवकों तथा भाइयों उठो! अपना इतिहास देखो। गुरु गोविन्द सिंह की फौज की असली शक्ति तुम्हीं थे! शिवाजी तुम्हारे भरोसे पर ही सबकुछ कर सके, जिस कारण उनका नाम आज भी जिन्दा है। तुम्हारी कुर्बानियाँ स्वर्णाक्षरों में लिखी हुई हैं। तुम जो नित्य प्रति सेवा करके जनता के सुखों में बढ़ोतरी करके और ज़िन्दगी सम्भव बनाकर यह बड़ा भारी अहसान कर रहे हो, उसे हम लोग नहीं समझते। संगठनबद्ध हो अपने पैरों पर खड़े होकर पूरे समाज को चुनौती दे दो। तब देखना, कोई भी तुम्हें अधिकार देने से इनकार करने की जुर्रत न कर सकेगा। तुम दूसरों की खुराक मत बनो। नौकरशाही

के झाँसे में मत फँसना। यही पूँजीवादी नौकरशाही तुम्हारी गुलामी और ग़रीबी का असली कारण है। तुम असली सर्वहारा हो...संगठनबद्ध हो जाओ। सामाजिक आन्दोलन से क्रान्ति पैदा कर दो तथा राजनीतिक और आर्थिक क्रान्ति के लिए कमर कस लो। तुम ही तो देश का मुख्य आधार हो, वास्तविक शक्ति हो। सोए हुए शेरो! उठो, और बगावत खड़ी कर दो।' (वही, पृ. 241)

क्या सचमुच आज की दलित राजनीति में दलितों और अछूतों के प्रति ऐसी गहरी पीड़ा है? भगतसिंह ने अछूतों को देश का मुख्य आधार और 'वास्तविक शक्ति' कहा था। आज के अधिसंख्य दलित नेताओं की तुलना में भगतसिंह के विचार ज्यादा उपयोगी हैं क्योंकि वे दलितों को बगावत करने, इन्कलाब लाने के लिए कहते हैं। भगतसिंह सारी समस्याओं का हल क्रान्ति में देखते हैं। भारत में समस्याओं की कमी नहीं है। एक समस्या का समाधान होते ही दूसरी समस्या आ खड़ी होगी। समस्याओं के होने का मुख्य कारण एक विशेष प्रकार की सामाजार्थिक व्यवस्था है। बिना इस सामाजार्थिक व्यवस्था को बदले समस्याओं का हल नहीं होगा और मौजूदा सामाजार्थिक व्यवस्था बिना क्रान्ति के नहीं बदल सकती। भगतसिंह ने बार-बार क्रान्ति की आवश्यकता सामने रखी। बिना इसके भारतीय समाज में किसी प्रकार का बदलाव सम्भव नहीं है। किसान और मजदूर को वे 'वास्तविक क्रान्तिकारी सेनाएँ' मानते थे, जो गाँवों और कारखानों में रहती हैं। उन्होंने यह समझ लिया था कि "हमारे बूर्ज्वा नेताओं में उन्हें साथ लेने की हिम्मत नहीं है, न ही वे ऐसी हिम्मत कर सकते हैं।" (वही, पृ. 392) उनके समक्ष 1920 में अहमदाबाद के मजदूरों तथा 1922 का बारदोली-सत्याग्रह के उदाहरण थे। कांग्रेस को जितना भगतसिंह ने समझा था, उतना स्वतंत्र भारत में मार्क्सवादियों ने भी नहीं समझा। वामपन्थी दल कांग्रेस के साथ जुड़ते रहे—जवाहरलाल नेहरू के समय ही नहीं, उनकी सुपुत्री इन्दिरा गांधी के समय भी।

भगतसिंह ने अपने समय की परिस्थितियों का गहरा व्यावहारिक विश्लेषण किया था। क्रान्ति के प्रति पूरी संजीदगी रखनेवाले नौजवान कार्यकर्ताओं को उन्होंने चेतावनी दी—'वे चौकस रहें, हिम्मत न हारें और उलझनों में न फँसें।' (वही, पृ. 393)

मौजूदा सामाजिक ढाँचे में बदलाव से समाजवाद की स्थापना नहीं हो सकती। वे मौजूदा सामाजिक ढाँचे में पूर्ण परिवर्तन चाहते थे। तभी समाजवाद की स्थापना हो सकती थी। उनका आदर्श नए ढंग की सामाजिक संरचना अर्थात् मार्क्सवादी ढंग से था। 'राज्य' या सरकारी मशीनरी को वे शासक वर्ग के हाथों में अपने हितों की रक्षा करने और उन्हें आगे बढ़ाने का यंत्र मानते थे। भगतसिंह राजनीतिक क्रान्ति के बाद समाजवादी क्रान्ति के हिमायती थे। "हम समाजवादी क्रान्ति चाहते हैं, जिसके लिए बुनियादी ज़रूरत राजनीतिक क्रान्ति की है। यही है जो हम चाहते हैं। राजनीतिक क्रान्ति का अर्थ राजसत्ता (यानी मोटेतौर पर ताकत) का अंग्रेजी हाथों से भारतीय

हाथों में आना है और वह भी उन भारतीयों के हाथों में, जिनका अन्तिम लक्ष्य हमारे लक्ष्य से मिलता हो।'' (वही, पृ. 395)

भारत में बाद में राजनीतिक क्रान्ति के स्थान पर राजनीतिक समझौता हुआ। राजसत्ता अंग्रेजी हाथों से भारतीय हाथों में आई, पर उन भारतीयों के हाथों में नहीं आई, जिनके अन्तिम लक्ष्य और भगतसिंह के लक्ष्य में समानता थी। भगतसिंह का लक्ष्य था—''राजसत्ता का सामान्य जनता की कोशिश से क्रान्तिकारी पार्टी के हाथों में आना।'' उनका 'क्रान्ति' से यही अर्थ था। जो लोग 'क्रान्ति' के इस अर्थ से भिन्न मत रखते थे, भगतसिंह ने उन्हें 'इन्कलाब जिन्दाबाद' के नारे लगाने बन्द करने को कहा था। ''कम-से-कम हमारे लिए 'क्रान्ति' शब्द में बहुत ऊँचे विचार निहित हैं। और इसका प्रयोग बिना संजीदगी के नहीं करना चाहिए, नहीं तो इसका दुरुपयोग होगा।'' (वही)

हमने अपने समय में 'क्रान्ति' शब्द का कम दुरुपयोग नहीं किया है। 'राष्ट्रीय क्रान्ति' के समर्थकों से, जिनका लक्ष्य भारतीय गणतंत्र की स्थापना था, भगतसिंह ने पूछा था कि उसके लिए किन शक्तियों पर वे निर्भर हैं? इस सम्बन्ध में उनका यह सुस्पष्ट और सुनिश्चित मत था कि 'क्रान्ति राष्ट्रीय हो या समाजवादी, जिन शक्तियों पर हम निर्भर हो सकते हैं, वे हैं किसान और मजदूर।' (वही)

क्रान्ति करना सबके वश में नहीं है। क्रान्ति करने की इच्छा होना और उसे करने के लिए सदैव क्रियाशील बने रहने में बहुत दूरी है। इसका भावुकता से सम्बन्ध नहीं है। ''भावुकता एक ओर रखो। वास्तविकता का सामना करने के लिए तैयार होओ। क्रान्ति करना बहुत कठिन काम है। यह किसी एक आदमी की ताकत के वश की बात नहीं है और न ही यह किसी निश्चित तारीख को आ सकती है। यह तो विशेष सामाजिक आर्थिक परिस्थितियों से पैदा होती है और एक संगठित पार्टी को ऐसे अवसर को सँभालना होता है और जनता को इसके लिए तैयार करना होता है।'' (वही, पृ. 396-97)

कांग्रेस और भारत के अन्य राजनीतिक दलों को क्रान्ति से कभी कोई मतलब नहीं रहा। क्रान्ति का रास्ता छोटा कभी नहीं होता। भगतसिंह ने जीवन के अन्तिम दो-तीन वर्ष में क्रान्ति पर गहरा मंथन किया, उसकी अवधारणा प्रस्तुत की, उसके कार्यक्रम तय किए। वे गोरी बुराई की जगह काली बुराई को लाकर कष्ट नहीं उठाना चाहते थे। ''बुराइयाँ एक स्वार्थी समूह की तरह, एक-दूसरे का स्थान लेने के लिए तैयार हैं।'' (वही, पृ. 402) स्वतंत्र भारत में काली बुराइयों का राज है, ये फैली हैं और एक-दूसरे से मिलकर और शक्तिशाली हुई हैं। राजनीतिक दल आज आपस में एक क्यों होते हैं? जिसे जनतांत्रिक गठबन्धन कहा जाता है, क्या वह सचमुच राष्ट्रीय है, 'जनतांत्रिक' है? 'संयुक्त मोर्चा' क्यों बनता है और बनकर फिर क्यों टूटता है? वामपन्थी दल वामपन्थी एकता की पुकार कब से कर रहे हैं, पर हो क्या

रहा है? नक्सलबाड़ी दल और संगठन आपस में लड़-खप रहे हैं और क्रान्ति की उन्होंने अपनी एक परिभाषा गढ़ ली है।

भगतसिंह सच्चे अर्थों में महान क्रान्तिकारी थे। उन्होंने लेनिन के अत्यन्त प्रिय शब्द 'पेशेवर क्रान्तिकारी' का प्रयोग किया है। पेशेवर क्रान्तिकारी का अर्थ है— ''पूरा समय देनेवाले कार्यकर्ता, क्रान्ति के सिवाय जीवन में जिनकी और कोई ख्वाहिश ही न हो। जितने अधिक ऐसे कार्यकर्ता पार्टी में संगठित होंगे, उतने ही सफलता के अवसर अधिक होंगे।' (वही, पृ. 397) क्रान्तिकारी पार्टी के कार्यकर्ता सभी नहीं हो सकते, उन कार्यकर्ताओं के विचार स्पष्ट होने चाहिए, उनमें प्रत्यक्ष समझदारी होनी चाहिए, पहलकदमी की योग्यता और तुरन्त निर्णय कर सकने की शक्ति होनी चाहिए।''

बीसवीं शताब्दी में भगतसिंह ने 'क्रान्ति' का केवल एक अर्थ लिया था— ''जनता के लिए जनता की राजनीतिक शक्ति हासिल करना। वास्तव में यही है 'क्रान्ति' बाकी सभी विद्रोह तो सिर्फ मालिकों के परिवर्तन द्वारा पूँजीवादी सड़ाँध को ही आगे बढ़ाते हैं।'' (वही, पृ. 402) स्वतंत्र भारत में 'क्रान्ति' का मनमाना और गलत प्रयोग कम नहीं हुआ। भगतसिंह सम्पूर्ण क्रान्ति चाहते थे। क्या भगतसिंह की 'क्रान्ति', लोहिया की 'सप्त क्रान्ति' और जयप्रकाश नारायण की 'सम्पूर्ण क्रान्ति' में अन्तर नहीं है? स्वतंत्र भारत में केवल समाजवादियों ने ही नहीं, वामपंथियों ने भी 'क्रान्ति' शब्द को अवमूल्यित किया है। जयप्रकाश नारायण 'दलविहीन प्रजातंत्र' की बात करते थे। 'सम्पूर्ण क्रान्ति अब नारा है, भावी इतिहास हमारा है' का नारा लगानेवाले 'क्रान्ति' के वास्तविक अर्थ से अपरिचित थे। 'सम्पूर्ण क्रान्ति' के दौर के जयप्रकाश नारायण के शिष्य आज बिहार के मुख्यमंत्री हैं। स्वतंत्र भारत में क्रान्ति के पुजारी से कहीं अधिक क्रान्ति के बलात्कारी हुए। 'क्रान्ति' बहुतों के लिए एक शब्द मात्र था। वे छद्म क्रान्तिकारी थे, 'पेशेवर क्रान्तिकारी' होने की बात बहुत दूर रही! 'नवयुवक राजनीतिक कार्यकर्ताओं के नाम पत्र' में भगतसिंह ने लिखा था, ''क्रान्तिकारियों को यह बात हमेशा अपने मन में रखनी चाहिए कि वे सम्पूर्ण क्रान्ति के लिए लड़ रहे हैं। ताकत की बागडोर पूरी तरह अपने हाथों में लेनी है।'' (वही, पृ. 391) जयप्रकाश नारायण की 'सम्पूर्ण क्रान्ति' में सब तरह के चेहरे थे। बहुरंगियों की इस जमात ने 'सम्पूर्ण क्रान्ति' के अर्थ को नष्ट किया। आज जो महानुभाव भगतसिंह की कम चर्चा और जयप्रकाश नारायण का अधिक गुणगान करते हैं क्या उनसे भगतसिंह और जयप्रकाश नारायण की क्रान्ति सम्बन्धी अवधारणाओं के सम्बन्ध में प्रश्न नहीं किए जाने चाहिए?

भगतसिंह ने क्रान्ति के लिए क्रान्तिकारी पार्टी की आवश्यकता बताई। इसमें उन्होंने उन क्रान्तिकारी बुद्धिजीवियों को सर्वाधिक महत्त्व दिया, जिन्होंने अपने को बूर्ज्वा व पेटी-बूर्ज्वा वर्ग की परम्पराओं से अलग कर लिया है। उनके अनुसार इन्हीं

क्रान्तिकारी बुद्धिजीवियों से क्रान्तिकारी पार्टी का निर्माण होगा "और फिर इसके इर्द-गिर्द अधिक-से-अधिक सक्रिय मजदूर-किसान और छोटे दस्तकार राजनीतिक कार्यकर्ता जुड़ते रहेंगे।" (वही, पृ. 405)

आन्दोलन के लिए 'आन्दोलन का दिमाग' होना चाहिए। "क्रान्तिकारी बुद्धिजीवी ही क्रान्तिकारी आन्दोलन का मस्तिष्क हैं। इसीलिए उन्हें दृढ़ चरित्र की ज़रूरत होगी, यानी पहलकदमी और क्रान्तिकारी नेतृत्व की क्षमता। उनकी समझ राजनीतिक, आर्थिक और ऐतिहासिक समस्याओं, सामाजिक रुझानों, प्रगतिशील विज्ञान, युद्ध के नए वैज्ञानिक तरीकों और उसकी कला आदि के अनुशासित भाव से किए गए गहरे अध्ययन पर आधारित होनी चाहिए।" (वही, पृ. 405)

भगतसिंह के समय भारत में क्रान्तिकारी पार्टी का गठन नहीं हुआ। आज भी भारतीय स्तर पर इस प्रकार की कोई क्रान्तिकारी पार्टी नहीं है। आज का भारत भगतसिंह के समय का भारत नहीं है। स्थितियाँ बहुत बदली हुई हैं, पर मूल समस्या अपनी जगह बनी हुई है। भारत की सामान्य जनता आज भी मुश्किलों में जी रही है। विषमता लगातार बढ़ती जा रही है। किसान और मजदूर से प्रमुख राजनीतिक दलों ने मुँह फेर लिया है। राजनेता, अपराधी, अफसर, पुलिस का सुदृढ़ गँठजोड़ बन चुका है। समय-समय पर चुनाव होते रहते हैं और किसी-न-किसी दल की सरकार बनती रहती है। अब किसी भी सरकार के पास भारतीय जनता के लिए कल्याण का कोई कार्यक्रम नहीं है। व्यापक स्तर पर देश में लूट जारी है। फिलहाल भाजपा अन्य घटक दलों के साथ सत्तासीन है। राजनीति, अर्थनीति, कला, साहित्य, संस्कृति, शिक्षा, स्वास्थ्य, इतिहास-सभी क्षेत्रों में मनमाने ढंग से कार्य हो रहे हैं। राष्ट्रीय स्वाधीनता आन्दोलन को हमारी स्मृतियों से हटाने की कोशिशें जारी हैं। भारत को 'हिन्दू राष्ट्र' बनाने का षड्यंत्र रुक नहीं रहा है। लोकतंत्र ही अब निशाने पर है। शिक्षित समुदाय आत्मलीन है और बुद्धिजीवियों को अपनी ही चिन्ता है। 'पेशेवर बुद्धिजीवी' नगण्य हैं।

इक्कीसवीं सदी के भारत, भविष्य के भारत और भारत के भविष्य की चिन्ता आज किसी भी राजनीतिक दल की प्रमुख चिन्ता नहीं है। भगतसिंह का समय औद्योगिक पूँजी का समय था। आज वित्तीय पूँजी का दौर है। इस आवारा और लुच्ची पूँजी ने घर और परिवार तक में सेंधमारी कर रखी है। गुटनिरपेक्ष देशों का अगुआ भारत आज अमेरिका की हाँ में हाँ मिला रहा है। अमेरिकी साम्राज्यवाद से साँठ-गाँठ के कारण सम्प्रदायवाद का रूप और बदलेगा। दुश्मन भीतर कहीं अधिक मात्रा में हैं। दलालों की बनी हुई है। बिचौलिए और मुफ्तखोर शक्तिशाली हो रहे हैं। देश कुछ हाथों में बन्धक बन चुका है। विदेशी पूँजी के साथ अनेक प्रकार की विकृतियाँ आ चुकी हैं। इक्कीसवीं सदी के भारत का यह समय किसी भी दृष्टि से सुन्दर नहीं है।

भगतसिंह के पास स्वप्न था। वह स्वप्न अब भी अधूरा है। भगतसिंह के विचारों से परिचित लोगों की संख्या अब कम नहीं है। मुख्य प्रश्न यह है कि भारत को 'क्रान्ति' की ज़रूरत है या नहीं? यह ठठाकर हँसने का समय नहीं है कि अभी दूर-दूर तक विश्व पूँजीवाद का कोई विकल्प नहीं है। विकल्प तैयार किए जाते हैं। भगतसिंह ने 'क्रान्ति' की जो आवश्यकता अपने समय में बताई थी, वह आज भी है। बिना 'क्रान्ति' के भारत का उद्धार नहीं है। कांग्रेस, भाजपा और अन्य राजनीतिक दलों के विरुद्ध एक क्रान्तिकारी पार्टी के निर्माण की आज ज़रूरत है। किसानों और मजदूरों का, श्रमिकों का, कारीगरों और दस्तकारों का, बेरोजगारों का और निम्न तथा निम्न मध्यवर्गीय जनों का जीवन 'क्रान्ति' से ही बेहतर होगा। 'क्रान्ति' एकमात्र मार्ग है, जिससे अन्याय और शोषण पर टिकी यह व्यवस्था मिटेगी।

इक्कीसवीं सदी में भगतसिंह का यही महत्त्व है। वे हमेशा हमारे प्रेरणास्रोत और प्रकाश-स्तम्भ बने रहेंगे, इसे सब जानते हैं। भगतसिंह पर एक साथ पाँच फिल्में बनाना भगतसिंह को बाजार में उतारना है। लुच्ची पूँजी के इस युग में ऐसे खेल होते रहेंगे। 2007 में भगतसिंह की जन्मशती है। 2007, 1857 की एक सौ पचासवीं वर्षगाँठ भी है। क्या उस समय तक (चार वर्ष बाद) भारत में किसी क्रान्तिकारी पार्टी का गठन होगा? क्या वामपन्थी दल एकजुट होंगे? क्या नक्सलबाड़ी दल और संगठन भगतसिंह की 'क्रान्ति' के मार्ग पर चलेंगे? इसका उत्तर हमें देना होगा और उत्तर कर्म से दिए जाते हैं न कि शब्दों से। बदली हुई परिस्थितियों में हमें अपने विचार बनाने होंगे। भगतसिंह ने कहा था, "पढ़ो, आलोचना करो, सोचो व इसकी (इतिहास की) सहायता से अपने विचार बनाने का प्रयत्न करो।"

(2003)

'राष्ट्रवाद' और अभिव्यक्ति की आज़ादी

एरिक जे. हॉब्सबॉम (9.6.1917-1.10.2012) ने 'दि एज ऑफ कैपिटल' (1848-1875) के पाँचवें अध्याय 'बिल्डिंग नैशंस' के आरम्भ में फ्रेंच इतिहासकार अर्नेस्ट रेनन (28.2.1823-2.10.1892) के 11 मार्च, 1882 को सॉरबोर्न में दिए गए व्याख्यान 'ह्वाट इज ए नैशन' की एक पंक्ति उद्धृत की है। उन्नीसवीं सदी के अंत में अर्नेस्ट रेनन यह पूछ रहे थे कि 'राष्ट्र क्या है?' "क्यों हालैंड एक राष्ट्र है जबकि हनोवर और ग्रैंड डची ऑफ पारमा राष्ट्र नहीं हैं?" अपने व्याख्यान में (संभवतः पहली बार) रेनन ने विस्तार से 'राष्ट्र' और उसकी अवधारणा पर विचार किया था। उन्होंने राष्ट्र को 'प्रतिदिन जनमत संग्रह' कहा और 1789 की फ्रांसीसी क्रांति का उसे परिणाम माना। जनता सामान्य रूप से जो भूलती और स्मरण करती है; उस पर उन्होंने राष्ट्र को आधारित कहा :

मेरिअम-वेबस्टर शब्द कोश के अनुसार 'नैशन' का सर्वप्रथम प्रयोग 14वीं सदी में हुआ और 'नैशनलिज़्म' का 1844 में। अंग्रेजी का 'नैशन' (Nation) लैटिन के 'नैशिओ' (Natio) से उत्पन्न हुआ है, जिसका अर्थ 'लोग' (पीपल), 'आदिम जाति', 'जनजाति' (ट्राइब) 'सम्बन्धी', 'रिश्तेदार', 'सगोत्र' (किन), 'गण' (जीनॅस), 'वर्ग' (क्लास) और 'समूह', 'दल' (फ्लॉक) हैं। अंग्रेजी में 'नैशन' का आगमन पुराने फ्रेंच शब्द 'नैसिअन' (Nacion) से हुआ, जिसका साहित्यिक अर्थ 'जन्म' है। 'स्टेट' और 'कंट्री' के पर्याय रूप में भी 'नैशन' का प्रयोग होता है। रामविलास शर्मा ने हिन्दी में 'नैशन' को 'जाति' कहा है। वे 'राष्ट्र' का अर्थ एक सीमा तक लैटिन शब्द 'पात्रिआ' में ध्वनित होते देखते हैं। जिस प्रकार भारत में पूँजीवाद के जन्म के पहले भी 'राष्ट्र' शब्द प्रयुक्त होता था, उसी प्रकार पूंजीवाद के जन्म के पहले 'पात्रिआ' शब्द प्रचलन में था। लैटिन के 'पात्रिआ' शब्द से ही अंग्रेजी में 'पैट्रिअट,' 'पैट्रिऑटिक', 'पैट्रिऑटिज्म आदि शब्द बने। पूँजीवादी और समाजवादी दोनों व्यवस्थाओं वाले समाज में इस शब्द का चलन है। जहाँ तक 'राष्ट्र' शब्द के व्यवहार और प्रचलन का प्रश्न है, रामविलास शर्मा इसे तीनों प्रकार (गणसमाज, जनपद, महजनपद) के मानव समाजों के लिए देखते हैं। वैदिक काल में ही नहीं, महाभारत काल और उसके बाद भी 'राष्ट्र' शब्द का प्रयोग हुआ है,

जिसमें दो अर्थ गर्भित हैं "वह भूमि जिस पर कोई मानव समाज रहता है और स्वयं वह मानव समुदाय।"

1789 की फ्रांसीसी क्रांति और 1848 की ब्रिटेन की औद्योगिक क्रांति के पश्चात, विश्व पूर्ववत् न रहकर रूपांतरित हुआ। इस 'दोहरी क्रांति' के बाद एक नया समाज जन्मा। 1789 में और फ्रांसीसी क्रांति के पहले दुनिया बिल्कुल भिन्न थी। यूरोप में लाख-दो लाख की आबादी वाले नगरों की संख्या कम थी। दुनिया का बड़ा हिस्सा ग्रामीण था। 'राष्ट्र' (नैशन) एक आधुनिक तथ्य, घटना (फेनोमेनन) है, जो फ्रांसीसी क्रांति के बाद अस्तित्व में आया। इसके पहले जो राज्य थे, वे इससे भिन्न थे। स्टीवेन ग्रोसबी ने 'बिब्लिकल आइडियाज ऑफ नैशनलिटी : एनसीएंट एंड मॉडर्न' (2002) और हैंस कोह्न ने 'द आइडिया ऑफ 'नैशनलिज़्म : ए स्टडी इन इट्स ओरिजिंस एंड बैकग्राउंड' (1961) में उस पर विचार किया है। 'राष्ट्र राज्य' (नैशन स्टेट) का प्रयोग छोटे शहरों से बड़े राज्यों के अन्तर के लिए किया जाता है और 'बहुराष्ट्रीय राज्य' का प्रयोग एक नृजातीय, जनजातीय समूह से अन्तर के लिए होता है। 'राष्ट्र' (नैशन) सामाजिक धारणा है, एक सांस्कृतिक-राजनीतिक समुदाय है। जनजातीय समूह की तुलना में अवैयक्तिक, अमूर्त और राजनीतिक। राष्ट्र-राज्य की अवधारणा या भावना राज्य की आधुनिक व्यवस्था से जुड़ी है। हॉब्सबॉम के अनुसार राज्य ने फ्रेंच राष्ट्र का निर्माण किया, न कि फ्रांसीसी राष्ट्रवाद का, जो उन्नीसवीं सदी के अन्त में जन्मा। फ्रांसीसी क्रान्ति के समय केवल आधी जनता कुछ-कुछ फ्रेंच बोलती थी। साफ और धाराप्रवाह बोलने वालों की संख्या मात्र दस-बारह प्रतिशत थी। 'राष्ट्र' का सम्बन्ध पूँजीवाद से, आधुनिकता से है। 'राज्य' के गठन के बाद यूरोप में 'राष्ट्र' के अस्तित्व में आने के बाद ही 'राष्ट्र-राज्य' (नैशन स्टेट) प्रचलन में आया। यूरोप में भाषाई एकता राष्ट्र-निर्माण का आधार बना। राष्ट्र में क्षेत्र, जाति, भाषा, धर्म, संस्कृति, सभ्यता सबका महत्त्व है।

'राष्ट्र' (नैशन) और 'राष्ट्रवाद' (नैशनलिज़्म) यूरोपीय धारणाएँ हैं। भारत में प्राचीन काल में 'राष्ट्र' शब्द के प्रयोग के कई उदाहरण मिलते हैं, पर 'नैशन' के हिन्दी अनुवाद के रूप में वह बाद में आया। आधुनिक काल से पूर्व न तो 'राष्ट्र' था और न 'राष्ट्रवाद'। फ्रांस की क्रान्ति से आज तक 'राष्ट्र' और 'राष्ट्रवाद' एक समान नहीं रहा है। हॉब्सबॉम ने अपनी पुस्तक 'नैशंस एंड नैशनलिज़्म सिंस 1780 : प्रोग्राम, मिथ, रियलिटी' (1990) में इन दोनों के बदलते रूपों/पक्षों पर विचार किया है। उन्नीसवीं सदी के मध्य तक 'राष्ट्र' (नैशन) और 'राष्ट्रवाद' ('नैशनलिज़्म) की चर्चा कम थी। जोहान्न नेस्ट्राय ने 1862 में पूछा था "राष्ट्रीय (नैशनल) क्या है? जब कोई भी आपकी बोली हुई भाषा का एक शब्द भी नहीं समझता।" 'राष्ट्र' और 'राष्ट्र-वाद' के झंडे 1880 से 1914 के बीच अधिक लहराये गये। 'दि एज ऑफ एम्पायर'

का समय हॉब्सबॉम 1880 से 1914 के बीच मानते हैं। उनकी इस पुस्तक के छठे अध्याय का शीर्षक है 'वेविंग फ्लैग्स : नैशंस एंड नैशनलिज़्म'। इसी समय राष्ट्रवाद ने आगे की छलाँग लगाई और इसका वैचारिक तथा राजनीतिक 'कंटेंट' रूपान्तरित हुआ। उन्नीसवीं सदी के अंत में दक्षिणपंथी विचारधारा के रूप में फ्रांस और इटली में यह पहली बार प्रस्तुत हुआ—विदेशियों, उदारवादियों और समाजवादियों के विरुद्ध—राष्ट्रीय ध्वज लहराने, घुमाने के इच्छुक रूप में, अपने राज्य के आक्रामक विस्तार के पक्ष में। इटालियन राजनीतिज्ञ और विधिवेत्ता अल्फ्रेडो रोक्को (9.6.1875–28.8.1935) ने अपनी पुस्तक 'ह्वाट इज नैशनलिज़्म एंड ह्वाट डू द नैशनलिस्ट्स वांट' (1914) में लिखा कि राष्ट्रवाद लोकतंत्र पर आक्रमण करता है, पुरोहितवाद और याजकवाद के विरोध को समाप्त करता है, समाजवाद से लड़ता है, शांतिवाद, मानवतावाद और अन्तरराष्ट्रीयता को नष्ट करता है। यह उदारवाद के कार्यक्रम की समाप्ति की घोषणा करता है।

इतिहास राष्ट्र की अस्मिता का निर्माण करता है, पर राष्ट्रवाद का इतिहास से अधिक रिश्ता नहीं होता। पूँजीवाद और उपनिवेशवाद के साथ मध्यवर्ग के जन्म और विकास से राष्ट्रवाद का सम्बन्ध है। देश, समाज और राष्ट्र के बनने की एक निरन्तर प्रक्रिया है, जिसके रूप-स्वरूप में समय-समय पर अन्तर आता है अर्थात् राष्ट्रवाद एक सुनिश्चित स्थिर अवधारणा न होकर 'विकासमान अवधारणा' है, जिसका स्वरूप पूँजीवाद के विभिन्न चरणों में एक समान नहीं रहा है। प्रत्येक देश में (भारत सहित), इसका एक ही रूप नहीं रहा है। पूँजीवाद, उपनिवेशवाद, साम्राज्यवाद और फासीवाद से यह संबद्ध रहा है। व्यापारिक पूँजीवाद, औद्योगिक पूँजीवाद और वित्तीय पूँजीवाद के दौर में इसका रूप बदलता गया। राष्ट्रवाद के प्रमुख रूप से ये तीन मुख्य चरण हैं। राष्ट्रवाद पर बहस मुख्य रूप से औद्योगिक पूँजीवाद के अन्तिम और वित्तीय पूंजीवाद के आरंभिक दौर में आरम्भ हुई। यूरोपीय आविष्कार के बाद भी 'राष्ट्रवाद' का केवल यूरोपीय स्वरूप नहीं है। यूरोपीय देशों और ग़ैर यूरोपीय देशों में इसके अलग-अलग रूप हैं। यह एक अत्यन्त, भाव-प्रवण 'फेनोमेनन' है, जिसके सम्बन्ध में निश्चय पूर्वक कुछ नहीं कहा जा सकता। फ्रांस की क्रान्ति ने 'राष्ट्रवाद' की धारणा को जन्म दिया क्योंकि इसने इस विचार का प्रवर्तन किया कि राज्य में जनता की मुख्य भूमिका है। फ्रांसीसी क्रान्ति के पहले जनता शासक से जुड़ी रहती थी। उसे यह यकीन नहीं था कि शासक के अलावा उसका किसी से कोई सम्बन्ध-भाव स्थापित हो सकता है। शासक विशेष के साथ उसका वर्तमान और भविष्य जुड़ा होता था। चौदहवाँ लुइस फ्रांसीसी क्रान्ति के पहले शासक था, जो राज्य और स्वयं को समान मानता था और यह विचार बहुत लोगों द्वारा मान्य था। फ्रांसीसी क्रान्ति ने पहली बार इस विचार को प्रस्तुत किया, इस पर बल दिया कि जनता राज्य का नागरिक है।

ब्रिटिश, औपनिवेशिक इतिहासकार जेम्स मिल ने सर्वप्रथम धार्मिक पहचान के साथ शासक और साम्राज्य को 'दि हिस्ट्री ऑफ ब्रिटिश रूल इन इंडिया' (1818) में जोड़ा। उसने भारत के इतिहास को तीन कालखण्डों—हिन्दू, मुस्लिम और ब्रिटिश में विभाजित किया। इस विभाजन का आधार धार्मिक था। भारतीय इतिहास को प्रभावित करने वाले प्रमुख कारकों में से यह एक है। इस इतिहास-लेखन और इतिहास-दृष्टि का प्रभाव आज भी मौजूद है। भारतीय इतिहास और उसकी विविधता को 'धर्म' तक सीमित करने के इस षड्यन्त्रकारी प्रयत्न ने कम क्षति नहीं पहुँचाई। बाद में यह नए सिरे से विकसित होता रहा है।

प्राक् औपनिवेशिक भारत औपनिवेशिक भारत से भिन्न था। उस समय जाति, धर्म, भाषा के साथ कई अस्मिताएँ एक साथ विद्यमान थीं। धर्म-विशेष का भी कोई मॉनोलिथिक (अखंडित) रूप नहीं था। उसके अन्तर्गत कई सम्प्रदाय थे। इन सम्प्रदायों के बीच संवाद जारी थे। साम्प्रदायिक और धार्मिक कट्टरता का कहीं कोई चिह्न नहीं था। अंग्रेजों ने मुख्यत: उन्नीसवीं सदी के आरम्भ से इस विविधता और सहिष्णुता को क्रमश: हिलाना प्रारंभ किया। रोमिला थापर काल विभाजन की इस अवधारणा के पीछे 'द्विराष्ट्रवाद' के सिद्धान्त को काम करते देखती हैं, जिसमें हिन्दू और मुसलमान को स्थायी रूप से एक दूसरे के विरोधी और शत्रु के रूप में उपस्थित किया गया। भारत में मौर्य, पांड्य, चालुक्य, मुगल, बहमनी के साम्राज्य और राज्य थे, प्रमुख शासक थे, पर वहाँ न कोई 'राष्ट्र' था, न 'राष्ट्रवाद'। पी. व्ही. काणे ने 'धर्मशास्त्र का इतिहास' (1930) में प्राचीन ग्रंथों में 'राष्ट्र' शब्द के उल्लेख की चर्चा की है, पर वह आज के अर्थ से भिन्न है। राष्ट्र-राज्य या समुदाय विशेष के रूप में उसका इतिहास आधुनिक है। राष्ट्रवाद से भिन्न है 'राष्ट्रप्रेम' और 'राष्ट्रभक्ति'। रामचन्द्र शुक्ल ने उन लोगों के 'राष्ट्रप्रेम' पर सवाल खड़े किए हैं, जो अपने देश की नदियों, पहाड़ों, जंगलों, चिड़ियों आदि के बारे में कुछ भी नहीं जानते। 'राष्ट्रवाद' जहाँ 'समुदाय विशेष की आत्मगत अस्मिता' से जुड़ा है, 'वहाँ राष्ट्रप्रेम' और 'राष्ट्रभक्ति' समुदाय विशेष में सीमित नहीं है। इस दृष्टि से 'राष्ट्रवाद' की तुलना में 'राष्ट्रप्रेम' और 'राष्ट्रभक्ति' व्यापक है। इस संकीर्णता और व्यापकता में समय-समय पर टक्करें होती रही हैं। 'राष्ट्रवाद' की भावना में भाषिक और धार्मिक समुदाय महत्त्वपूर्ण है। उसकी निर्मिति में इन दोनों के अतिरिक्त भौगोलिक सीमाओं का भी सम्बन्ध है। सत्ता-संरचना से राष्ट्रवाद का सम्बन्ध स्वाभाविक है। रवीन्द्रनाथ टैगोर ने भारत के 'सही अर्थों में राष्ट्रवादी' कभी भी न रहने की बात कही है। वे 'राष्ट्रवाद' के आलोचक थे, पर उनका राष्ट्रप्रेम सर्वविदित है। टैगोर भारत को 'राष्ट्र' न मानकर एक 'आइडिया' मानते थे।

'राष्ट्रवाद' की विभिन्न श्रेणियाँ हैं। उसके कई रूप हैं—यूरोपीय राष्ट्रवाद और एशियाई राष्ट्रवाद, अमरीकी राष्ट्रवाद और अन्धराष्ट्रवाद, समावेशी राष्ट्रवाद और

एकान्तिक राष्ट्रवाद, अपवर्जी (एक्सक्लूसिव) राष्ट्रवाद, औपनिवेशिक राष्ट्रवाद और उपनिवेश विरोधी राष्ट्रवाद, भारतीय राष्ट्रवाद और हिन्दू राष्ट्रवाद, धर्मनिरपेक्ष राष्ट्रवाद और धार्मिक राष्ट्रवाद, भाषाई राष्ट्रवाद और सांस्कृतिक राष्ट्रवाद, उदार राष्ट्रवाद, संकीर्ण, अनुदार राष्ट्रवाद, व्यापक राष्ट्रवाद और एकांगी राष्ट्रवाद, हिंसक राष्ट्रवाद, अखंडित राष्ट्रवाद और खंडित राष्ट्रवाद, भगवा राष्ट्रवाद और तिरंगा राष्ट्रवाद आदि।

यूरोप में राष्ट्रवाद के जन्म के बाद भी राष्ट्रवाद पर यूरोप का वर्चस्व और राष्ट्रवाद का यूरोपीय स्वरूप ही नहीं बना रहा है। इसने यूरोपीय वर्चस्व का प्रतिकार भी किया। यूरोप में राष्ट्रवाद का प्रमुख स्वरूप राजनीतिक है, जो अफ्रीकी देशों और भारत से भिन्न है। टैगोर ने अपने लेख 'नैशनलिज़्म इन इंडिया' (1917) में भारत की वास्तविक समस्या राजनीतिक न मानकर सामाजिक माना है। इस सामाजिक समस्या को उन्होंने कई देशों में भी देखा। राजनीति ने पश्चिम में पश्चिमी आदर्शों को प्रमुख माना। यूरोप में आरम्भ से ही जातीय एकता रही है। वहाँ के निवासियों के लिए प्राकृतिक संसाधन अपर्याप्त थे। इसलिए वहाँ की सभ्यता ने स्वाभाविक रूप से राजनीतिक और वाणिज्यिक आक्रमण का चरित्र ग्रहण किया। उनके यहाँ, किसी प्रकार की आन्तरिक जटिलता और उलझन नहीं थी। उन्हें अपने शक्तिशाली, लोभी-लुटेरे पड़ोसियों से सम्बन्ध रखना, सौदा करना था। आरंभिक दिनों में वे संगठित हुए और उन्होंने लूटमार, डकैती की। उनकी वह 'स्पिरिट' आज भी कायम है और वे संगठित होकर पूरे विश्व का शोषण कर रहे हैं। टैगोर का सौ वर्ष पहले का कथन आज कहीं अधिक सच है। 5 नवम्बर, 2015 से 7 नवम्बर, 2015 तक हुए 'इंडियन इन्स्टीट्यूट ऑफ एडवांस्ड स्टडी' (राष्ट्रपति निवास, शिमला) के त्रिदिवसीय सेमिनार 'टैगोर एंड नैशनलिज़्म' पर विचार टैगोर के राष्ट्रवाद सम्बन्धी विचारों की प्रासंगिकता से जुड़ा था। टैगोर का भारतीय राष्ट्रवाद पर विचार सर्वोतम रूप में उनकी 'द्वैधवृत्ति' (एम्बीवेलेंस) पद में अभिव्यक्त हुआ है। राज्य केन्द्रित सभ्यता के यूरोपीय मॉडल से भिन्न उन्होंने 'समन्वयात्मक सभ्यता' की धारणा को राष्ट्रवादी सभ्यता एकता के आधार रूप में रखा, जहाँ समाज को केन्द्रीयता दी गई है।

प्रथम विश्वयुद्ध के दौर में व्यक्त टैगोर के राष्ट्रवाद सम्बन्धी विचार हमारे लिए आज कहीं अधिक महत्त्वपूर्ण हैं। 1917 के बाद वे आधुनिक भारतीय राष्ट्र और राष्ट्र-राज्य के आलोचक के रूप में उभरे। रोम्याँ रोला और आइन्स्टाइन ने भी ऐसा ही महसूस किया था। आइन्स्टाइन की राय में राष्ट्रवाद, सैन्यवाद और आक्रमण के लिए 'आदर्शवादी बुद्धिसंगत व्याख्या' के अलावा और कुछ नहीं है। टैगोर ने अपने आलेख में पश्चिम में राष्ट्रवाद की स्वार्थपरता को संगठित करने की आलोचना की। उन्होंने भारत में राष्ट्रवाद की इस परायी धारणा की प्रतिकृति की भी आलोचना की। टैगोर के राष्ट्रवाद की दार्शनिक-'क्रिटीक' भारतीय परम्परा-विशेषतः ब्राह्म-विरासत

और वेद-उपनिषद् के व्यापक फैलाव से जुड़ी है, इनके विचारों पर आधारित है। रवीन्द्र के समक्ष देश से कहीं अधिक महत्त्व मानव जाति का था। उन्होंने केवल एक इतिहास-मानव-इतिहास माना और सभी राष्ट्रीय इतिहासों को मानव-इतिहास के अध्याय के रूप में देखा। वे दूसरों के इतिहास को लेने के विरुद्ध थे। उनका यह स्पष्ट मत था कि जब हम अपने जीवन से सर्वथा भिन्न और अलग दूसरों की चीजों को ग्रहण करते हैं, तब हम अपने जीवन को स्वयं रौंद डालते हैं। बीसवीं सदी के दूसरे दशक में सुनाई पड़ने वाली इन आवाज़ों को हमने महत्त्व नहीं दिया। टैगोर किसी एक राष्ट्र विशेष के विरुद्ध नहीं थे, वे राष्ट्रों के सामान्य विचारों और धारणाओं के खिलाफ थे। उनके अनुसार राष्ट्रवाद एक बड़ा संकट और खतरा है। टैगोर उस शिक्षा से लड़ने को कह रहे थे, जिसमें देश का महत्त्व मानवीय आदर्शों से बढ़कर था। शान्ति निकेतन की स्थापना वे कर चुके थे। उन्होंने मध्यकालीन संत कवियों नानक, कबीर, चैतन्य आदि द्वारा जातियों के बीच के भेद-भाव को दूर कर एकता स्थापित करने के उनके प्रयत्नों और मानव-संस्कृति के उन्नयन में उनकी भूमिका की चर्चा की है। भारत की भिन्नता अन्य देशों की तुलना में उनकी दृष्टि में इसलिए विशिष्ट है कि यहाँ सभी जातियों-प्रजातियों, भाषाओं, धर्मों और संस्कृतियों के लोग एक साथ वास करते हैं। भाषा, धर्म, क्षेत्र, वर्ण और जाति के आधार पर निर्मित राष्ट्रवाद भारत के लिए उपयुक्त नहीं है। रवीन्द्र मनुष्य को किसी एक भू-भाग से न जोड़कर सम्पूर्ण विश्व से जोड़ते थे। वे राममोहन राय से इस अर्थ में भिन्न और विशिष्ट हैं कि उन्होंने भारतीय प्रश्नों को विश्व से विच्छिन्न कर नहीं देखा।

भारत में राष्ट्रवाद का जन्म उपनिवेश विरोधी आन्दोलन से हुआ है। राष्ट्रवाद के जन्म के बाद यहाँ आधुनिक राष्ट्र का जन्म हुआ। अर्नेस्ट गेलनर ने लिखा है कि राष्ट्र राष्ट्रवाद का निर्माण नहीं करता। इसके ठीक विपरीत राष्ट्रवाद से राष्ट्र जन्म लेता है। भारत में पहले से 'सेकुलर' और धार्मिक धाराएँ-लड़ियाँ मौजूद थीं। उपनिवेशवाद विरोधी राष्ट्रवाद का सम्बन्ध पहले की सेकुलर परम्परा से है। वहीं से उसने अपना मत, सिद्धान्त प्राप्त किया। के. एन. पणिक्कर ने अपने लेख 'नैशलिज़्म : देन एंड नाऊ' (फ्रंटलाइन, 2-15 अप्रैल, 2016) में एक ओर अशोक और अकबर को तथा दूसरी ओर राममोहन राय और विवेकानन्द को रखा है। उपनिवेशवाद विरोध के कारण भारतीय जनता एकजुट हुई और राष्ट्रीय स्वाधीनता आन्दोलन क्रमश: विकसित होता गया। उपनिवेशवाद विरोधी राष्ट्रवाद का, इसकी सैद्धान्तिकी और राजनीतिक व्यवहार का एक निर्धारित वैशिष्ट्य धर्मनिरपेक्षवाद था, जिसने भारतीय समाज के बहुसांस्कृतिक, बहुधार्मिक चरित्र को मान्यता दी और जाति, धर्म, पंथ के अन्तर के विरुद्ध खड़ा हुआ। इसका राजनीतिक पंथ उदारवाद था। ब्रिटिशों से लड़ते हुए भी भारतीय राष्ट्रवादी उदारवादी ब्रिटिशों के प्रशंसक थे, जिनसे असहमति और संवाद स्थापित करने की गुंजाइश थी। पार्थ चटर्जी ने

'दि नैशन एंड इट्स फ्रैग्मेंट्स' (1993) में औपनिवेशिक समाज के भीतर उपनिवेशवाद विरोधी राष्ट्रवाद द्वारा 'सम्प्रभुता के क्षेत्र' को तैयार करने की बात कही है। उन्होंने दो क्षेत्रों 'बाह्य' और 'आन्तरिक' का उल्लेख किया है। बाह्य क्षेत्र जहाँ भौतिक था वहाँ आन्तरिक क्षेत्र-सांस्कृतिक-आध्यात्मिक। उपनिवेशवाद विरोधी राष्ट्रवाद एशियाई और अफ्रीकी देशों में था। इन देशों का उपनिवेशवाद विरोधी राष्ट्रवाद आन्तरिक था। सांस्कृतिक-आध्यात्मिक आन्तरिक क्षेत्र से यूरोपीय उपनिवेशवाद को लम्बे समय तक चुनौती नहीं दी जा सकती थी। इसे बाह्य क्षेत्र में प्रवेश करना ही था। आध्यात्मिक-सांस्कृतिक क्षेत्र से बाह्य भौतिक क्षेत्र को दी जाने वाली चुनौती क्रमशः कमजोर होती गई। यूरोपीय और साम्राज्यवादी इतिहासकारों ने भारत की जो 'विकृत छवि' निर्मित की थी, उसे 19वीं सदी के आरम्भ में जो पूर्व निर्मित भारतीय छवि से चुनौती दी गई थी, बाद में कायम नहीं रह सकी। उन्नीसवीं सदी के उत्तरार्द्ध में उसमें विकृतियाँ आने लगीं। भारतीय सांस्कृतिक जो भी चिह्न और बिम्ब थे, वे सब अतीत में थे, जिसे सम्पूर्णतः ग्रहण नहीं किया जा सकता था। इन सांस्कृतिक चिह्नों में से धार्मिक चिह्नों को ग्रहण कर हिन्दू पुनरुत्थानवाद सामने आया जिसकी प्रतिक्रिया में मुस्लिम अभियान भी चला।

1885 में कांग्रेस के जन्म के बाद उपनिवेशवाद विरोध का जो नया सिलसिला चला, उसने ब्रिटिशों को विभाजन (आन्तरिक) करने के लिए प्रेरित किया। हिन्दू और मुसलमानों के बीच के अलगाव की जड़ें उन्नीसवीं सदी के समुदाय आधारित धार्मिक सुधार आन्दोलनों में भी है। उन्नीसवीं सदी के सुधार-आन्दोलन का भी एक रूप नहीं था। सामाजिक सुधार के बाद धार्मिक सुधार का आन्दोलन चला और धार्मिक सुधारवादी आन्दोलन ने सामाजिक सुधारवादी आन्दोलन को कमजोर किया। 1857 तक स्थिति कहीं अधिक बेहतर थी। हिन्दू और मुसलमानों ने ही नहीं, दलितों ने भी अंग्रेजों के खिलाफ लड़ाई लड़ी थी। इसके पहले आदिवासी अंग्रेजों से लड़ते आ रहे थे। अंग्रेजों से यह लड़ाई मिल-जुलकर सांस्कृतिक-आध्यात्मिक, आन्तरिक एकता के बूते लम्बे समय तक नहीं लड़ी जा सकती थी। एक राजनीतिक दल की स्थापना (1885) के बाद बाह्य लड़ाई प्रमुख होने लगी और आन्तरिक लड़ाई गौण होने लगी। राममोहन राय ने ब्रह्म समाज की स्थापना 1828 में की थी, जिसका दूसरा नाम 'आदि धर्म' है। 'हिन्दुइज़्म' से अलग होकर इसका गठन हुआ था। राममोहन राय इसके पहले प्रधानाचार्य थे। द्वारका नाथ टैगोर और देवेन्द्रनाथ टैगोर दूसरे, तीसरे प्रधानाचार्य थे। 1860 में हेमेन्द्र नाथ टैगोर के 'ब्राह्मो अनुष्ठान' के प्रकाशन के बाद ब्राह्मोइज़्म ने हिन्दुइज़्म से अपने को अलग किया और पंडित नवीन चन्द्र राय द्वारा लाहौर में 1961 में पहले 'ब्राह्म समाज' की स्थापना हुई। इसके बाद 1863 में केशवचन्द्र सेन की सहायता से आत्माराम पांडुरंग ने 'प्रार्थना समाज' की स्थापना की। कांग्रेस के जन्म के पहले ब्राह्म समाज और प्रार्थना समाज की स्थापना धार्मिक

सुधार के लिए थी। इनकी बड़ी भूमिका है। ये दोनों अपने दृष्टिकोण में 'सर्वमुक्तिवादी' थे। इनमें कहीं से भी 'पुनरुत्थानवाद' का कोई चिह्न नहीं था। बाद के धार्मिक आन्दोलन इनसे भिन्न हैं। दयानन्द सरस्वती ने 7 अप्रैल, 1875 को आर्य समाज की स्थापना की। अब 'ब्राह्म' और 'प्रार्थना' के स्थान पर 'आर्य' प्रमुख हुआ। पुनरुत्थानवाद आरम्भ हुआ। हिन्दुओं के बीच धार्मिक एकता उत्पन्न करने में आर्य समाज की प्रमुख भूमिका रही है। इसी प्रकार वहाबी और अलीगढ़ आन्दोलन ने मुस्लिम धार्मिक चेतना के निर्माण में सहयोग किया। कांग्रेस के जन्म के अगले वर्ष 1886 में सर सैयद अहमद खान ने 'ऑल इंडिया मुहम्मडन एजुकेशनल कॉन्फ्रेंस' की स्थापना की। अलीगढ़ मुस्लिम विश्वविद्यालय अलीगढ़ आन्दोलन की देन है। उन्नीसवीं सदी के अन्त में राष्ट्र का एक धार्मिक पक्ष, दृष्टिकोण उभरा। बीसवीं सदी के आरम्भ में मुस्लिम लीग (1906) का जन्म हुआ और बाद में हिन्दू महासभा (1914) का। राष्ट्रीय आन्दोलन ने धार्मिक अस्मिता से दूरी बनाए रखने के कम प्रयत्न नहीं किये। पर वह पूरी तरह अपने को अलग नहीं रख सका।

ए. आर. देसाई ने अपनी पुस्तक 'भारतीय राष्ट्रवाद की सामाजिक पृष्ठभूमि' (1948) में भारतीय राष्ट्रवाद के जिन पाँच चरणों की चर्चा की है, उनमें से पहला चरण उन्नीसवीं सदी के आरम्भ से कांग्रेस के स्थापना-वर्ष (1885) तक है। अंग्रेजों ने भारत में जिन शिक्षण-संस्थाओं की स्थापना की थी उसमें शिक्षित हुए भारतीय बुद्धिजीवियों पर पाश्चात्य संस्कृति के लोकतांत्रिक और राष्ट्रवादी विचारों का प्रभाव पड़ा। राष्ट्रवाद के इस प्रथम चरण के सामाजिक आधार को देसाई 'संकीर्ण' मानते हैं, पर इस दौर के बुद्धिजीवियों में ही 'राष्ट्रीय चेतना और महत्त्वाकांक्षा का सबसे पहले विकास' हुआ। राजा राम मोहन राय और उनके प्रबुद्ध साथियों को देसाई ने 'भारतीय राष्ट्रवाद के हरावल दस्ते' के रूप में देखा है।

भारतीय राष्ट्र और राष्ट्रवाद कोई 'एकायामी चित्र' नहीं है। राष्ट्रवाद को इतिहास ने निर्मित किया, पर उसके 'प्रागैतिहास' की ओर भी ध्यान दिया गया है। शेखर बंद्योपाध्याय ने अपनी पुस्तक 'पलासी से विभाजन तक: आधुनिक भारत का इतिहास' (2007) के चौथे अध्याय 'भारतीय राष्ट्रवाद का उदय' में सी.ए. बेली (ओरिज़न ऑफ नैशनलिटी इन साउथ एशिया : पैट्रिऑटिज्म एंड इथिकल गवर्नमेंट इन द मेकिंग ऑफ मॉडर्न इंडिया, 1998) द्वारा 'राष्ट्रवाद के प्रागैतिहास' की खोज का उल्लेख किया है। भारतीय राष्ट्रवाद ने क्षेत्रीयता की एक पहले से मौजूद भावना पर स्वयं को आधारित किया, पारम्परिक देशभक्ति जिसे लोक-नैतिकता और सदाचारी शासन के देसी विचारों ने बुद्धिवादी रूप दिया, उसके आधार पर खुद को खड़ा किया। भारतीय राष्ट्रवाद पर विचार करने वाले इतिहासकारों और विद्वानों की मुख्यत: दो कोटियाँ हैं। प्रमुख कोटि के अन्तर्गत वे सब हैं, जिन्होंने उपनिवेशी शासन के विरोध को केन्द्र में रखा। इसमें देशभक्ति की भावना के साथ अपनी

परम्परा के प्रति गर्व-भावना पर आधारित विचारधारा महत्त्वपूर्ण रही है। इतिहासकारों के इस प्रमुख सम्प्रदाय ने भारतीय समाज के अन्तर्विरोधों, उसके टकरावों पर अधिक ध्यान नहीं दिया। 'राष्ट्र के हितों को साझे हितों वाली एक समरस इकाई' मानकर चलने वाले इतिहासकारों को रजत रे जैसे विद्वानों ने 'नव परम्परावादी सम्प्रदाय' कहा है। आंग्ल-अमेरिकी विद्वानों ने 'राष्ट्र' और 'राष्ट्रवाद' पर अस्सी के दशक से नए सिरे से जो विचार किए हैं, उन पर कम ध्यान दिया जाता है और इन नयी व्याख्याओं की पृष्ठभूमि पर भी विचार कम हुआ है। शेखर बंद्योपाध्याय ने रजत रे का उल्लेख कर इन विद्वानों की 'नई व्याख्या' को 'वैलेंटाइन शिरोल जैसे लेखकों के उस पुराने साम्राज्यिक दावे' से जोड़ा है जहाँ "भारतीय समाज का राजनीतिकरण वर्ग या राष्ट्र जैसी आधुनिक धारणाओं की बजाय भाषायी क्षेत्रों, जातियों या धार्मिक समुदायों जैसी परम्परागत सामाजिक संरचनाओं की तर्ज पर हुआ।" मार्क्सवादी इतिहास-लेखन पर अस्सी के दशक से जो नए सिरे से प्रहार हुआ है, उसे भी देखने की ज़रूरत है। नव परम्परावादी सम्प्रदाय जिसे 'कैम्ब्रिज सम्प्रदाय' भी कहा जाता है, ने राष्ट्रवादी विचारधारा को खारिज किया। शेखर बंद्योपाध्याय ने ठीक ही इसे 'इतिहास के प्रति सनकी दृष्टिकोण' कहा है और इसे 'संकीर्ण नेमियरवादी मॉडल का अनुसरण' माना है, जो राष्ट्रवादी आन्दोलन का दर्जा गिराता है और तपन राय चौधुरी के शब्दों में उसे 'पाशविक राजनीति के स्तर' तक पहुँचा देता है।

भारतीय राष्ट्रवाद के अन्दरुनी तनाव से इन्कार नहीं किया जा सकता। भारतीय राष्ट्रवादी आन्दोलन में बिपिनचन्द्र और उनके साथियों ने (भारत का स्वतंत्रता संघर्ष, 1990) प्रमुख और गौण दोनों अन्तर्विरोधों पर विचार किया है। प्रमुख अन्तर्विरोध भारतीय जनता और ब्रिटिश राज के हितों के विरुद्ध था और गौण अन्तर्विरोध भारतीय समाज के विविध वर्गों, जातियों और धार्मिक समुदायों के विरुद्ध था। भारतीय राष्ट्रवाद के सम्बन्ध में अब तक इतिहासकारों की कई दृष्टियाँ रही हैं। भारत विविधताओं का देश रहा है और अधिकांश इतिहासकार इस विविधता से ही 'एक राष्ट्र का निर्माण' देखते हैं। मार्क्सवादी इतिहासकारों ने राष्ट्रीय आन्दोलन के 'वर्गीय चरित्र का विश्लेषण' किया। रणजीत गुहा ने 'सबाल्टर्न स्टडीज' के पहले खंड (1982) में 'भारतीय राष्ट्रवाद के इतिहास-लेखन पर लम्बे समय से कुलीनतावाद के वर्चस्व' की बात कही है। वे इस इतिहास-लेखन को 'तंग-नजर' कहते हैं और इसे उपयुक्त नहीं मानते। उन्होंने राष्ट्रीय आन्दोलन को 'कुलीनों का खोखला राष्ट्रवाद', कहा है। रणजीत गुहा और सबाल्टर्न इतिहास के उनके साथियों ने 'वर्ग' को महत्त्व न देकर 'संप्रदाय' को महत्त्व दिया। यह राष्ट्रवाद का 'अधोस्तरीय' दृष्टिकोण है, जो भारत के इतिहास लेखन में अस्सी के दशक के आरम्भ में जन्मा। अस्सी के दशक के आरम्भ में जो विचार, सिद्धांत, दर्शन सामने आए, विविध

अनुशासनों या ज्ञान-क्षेत्रों में, उन पर उस काल-संदर्भ को ध्यान में रखते हुए विस्तार से विचार की आज ज़रूरत है। शेखर बंद्योपाध्याय राष्ट्रवाद के इस 'अधोस्तरीय' दृष्टिकोण को बाद में विकसित होते देखते हैं। उन्होंने ज्ञान प्रकाश के 'अनदर रीज़न' (1999) का उल्लेख किया है। ज्ञान प्रकाश के अनुसार ''राष्ट्र-राज्य एक राष्ट्रीय समुदाय की परिकल्पना करने और उसे सामान्य बनाने की वर्चस्ववादी परियोजनाओं में ही व्याप्त था और भारतीय राष्ट्रवाद का अन्तर्विरोध इसी में निहित था।'' भारतीय राष्ट्रवाद को लेकर पिछले तीन-चार दशक में जो बहसें हुई हैं, उनका अपना महत्त्व है। सी. ए. बेइली को छोड़ दें, जो उपनिवेश काल से पूर्व भारत में राष्ट्रवाद को जड़ पकड़ते और पारम्परिक देशभक्ति में देखते हैं, तो उन्नीसवीं सदी के आरम्भ में हुए, सामाजिक और धार्मिक सुधार आन्दोलनों से उसका आरम्भ देखने वालों की संख्या आज भी कहीं अधिक है और महत्त्वपूर्ण भी।

1857 के पहले सुधारवादी आन्दोलन आरम्भ हो रहे थे। 1857 के आन्दोलन में राजाओं और सामान्य जनता दोनों ने भाग लिया। हिन्दू, मुसलमान, ब्राह्मण, गैर ब्राह्मण, दलित, अछूत सब इस आन्दोलन में शामिल थे। यह व्यापक अर्थ में राष्ट्रीय प्रतिरोध था, जिससे इसे 'प्रथम राष्ट्रीय स्वाधीनता-आन्दोलन' कहा गया। अँग्रेज भारत को मात्र एक भौगोलिक क्षेत्र और विभिन्न धर्मों और जातियों के लोगों के समूह रूप में देख रहे थे। 'राष्ट्र' की उनकी अपनी समझ थी, जो भारत पर फिट नहीं बैठती थी। भारतीयों ने उनकी राष्ट्र-सम्बन्धी धारणा का खंडन किया। उन्नीसवीं सदी के पूर्वार्द्ध में सामाजिक सुधार महत्त्वपूर्ण था और उत्तरार्द्ध में कांग्रेस की स्थापना (1885) के बाद राजनीतिक और राष्ट्रीय कार्यक्रम प्रमुख हुआ। धार्मिक सुधार आन्दोलन का चरित्र पूर्णत: धार्मिक नहीं था। इस आन्दोलन के जरिए भारतीय समाज और धर्म के पुनर्निर्माण के प्रयत्न किए गए। सामाजिक सुधार आन्दोलन में हिन्दू-मुसलमान के बीच किसी प्रकार के अलगाववाद के चिह्न नहीं थे। धार्मिक सुधार आन्दोलनों में दोनों के बीच अलगाववाद की जड़ें आरम्भ हुई। उन्नीसवीं सदी के अंतिम और बीसवीं सदी के शुरुआती वर्षों में भारतीय राष्ट्रवाद हिन्दू धार्मिक पुनरुत्थानवाद के विचारों से आ जुड़ा। भारतीय राष्ट्रवाद को भारतीय समाज के अन्दर से चुनौतियाँ मिलने लगीं। भारतीय राष्ट्रीय कांग्रेस की नरमपंथी, उदारवादी राजनीति के साथ-साथ गरम पंथ की राजनीति भी विकसित होने लगी थी। धर्म पहले जहाँ निजी जीवन तक सीमित था, वह बाद में निजी जीवन से बाहर निकलकर सामाजिक जीवन में प्रवेश कर गया और वहाँ उसने अपनी जड़ें जमा लीं। सुधारवादी आन्दोलनों में अनेक नरम पंथी राजनीतिज्ञ थे। वे हिन्दू आचार-विचार और सामाजिक संगठनों में भीतर से बदलाव लाने के लिए प्रयत्नशील रहे। कांग्रेस के जन्म के दो वर्ष बाद 1887 में उसके एक सहायक संगठन के रूप में राष्ट्रीय सामाजिक सम्मेलन की स्थापना की गई थी। इस सम्मेलन में धर्म नहीं था। पर इनमें

उठाये गए मुद्दों में 'जबर्दस्त राजनीतिक निहितार्थ' देखे गए हैं। सुधारवादी संगठनों में ब्रह्म समाज कहीं अधिक आधुनिक और बुद्धि-प्रेरित-चालित था, पर बाद में वह आन्तरिक कलह और फूट का शिकार हुआ।

विवेकानन्द ने रामकृष्ण मिशन की स्थापना (1897) बड़े उद्देश्य से की थी। रामकृष्ण परमहंस और विवेकानन्द को पुनरुत्थानवादी नहीं कहा जा सकता। बाद में उन्हें हिन्दू धर्म से जोड़ दिया गया। भारतीय राष्ट्रवाद के जन्म के समय ही जेम्स मिल ने अपने उपनिवेशवादी इतिहास-लेखन द्वारा भारतीय इतिहास में 'आर्य नस्ल का सिद्धांत' आरोपित किया था। 'ब्रह्म समाज' और 'प्रार्थना समाज' में कहीं कोई आर्य स्वर या हिन्दू स्वर नहीं था। 'आर्य समाज' की स्थापना (1875) उन्नीसवीं सदी के उत्तरार्द्ध में हुई थी और 'हिन्दू महासभा' की स्थापना बीसवीं सदी के पूर्वार्द्ध (1914) में हुई। इन दोनों के बीच के समय में राष्ट्रीय आन्दोलन में धार्मिक पक्ष क्रमशः उपस्थित होने लगा था। रोमिला थापर ने 'हिन्दुइज्म' और 'हिन्दुत्व' में अंतर किया है। हिन्दुइज्म एक धर्म है, जबकि 'हिन्दुत्व' एक राजनीतिक विचारधारा है। यह विचारधारा हिन्दुइज्म से कुछ चीजें ग्रहण करती हैं पर यह 'हिन्दुइज्म' से एकदम अलग है।

वासुदेव शरण अग्रवाल ने देश के नामकरण की दूसरी धारा को ऋग्वेदीय 'सिंधु' शब्द से जोड़ा है। भारत में मुसलमानों और इस्लाम के आगमन के बहुत पहले से 'सिन्धु' के उस पार के देशों से भारत का अटूट सम्बन्ध था। सिन्धु महानद उत्तर पश्चिम में 'भारत के भूगोल की सबसे बड़ी विशेषता' था, जिस कारण बाहर के लोगों ने इस देश का नामकरण किया। वासुदेव शरण अग्रवाल ने 'भारत की मौलिक एकता' पुस्तक (संवत् 2011) में लिखा है "भारत नाम की परम्परा स्वदेशी है, जबकि सिन्धु पर आश्रित नाम विदेशियों के रखे हुए हैं।" वे इस्लाम के जन्म के बारह सौ वर्ष पहले ईरानी सम्राट दारा (प्राचीन रूप दारयवह, सं. धारयद्वसु) के लेखों में भारतीय प्रदेशों के लिए 'हिन्द' शब्द का प्रयोग देखते हैं। डॉ. अग्रवाल के अनुसार, "दारा के अन्य लेखों में 'हिन्दुष' अर्थात् हिन्दू (सं. सिन्धुः) और 'हिन्दुवअ' अर्थात् हिन्दू देश के निवासी (सं. सिन्धुवअ) ये शब्द भी प्रयुक्त हुए हैं... जिसे अब 'सिन्धु' कहते हैं, उस प्रान्त का पुराना नाम 'सौवीर' था...हिन्दू से ही देशवाची 'हिन्द' शब्द बना और फिर जातीयता के आधार पर अफगानिस्तान, बलूचिस्तान की भाँति हिन्दुस्तान नाम भी मध्यकाल में चल पड़ा"

राष्ट्रवाद की कांग्रेसी धारणा को भीतर और बाहर दोनों से चुनौतियाँ मिलीं। भारतीय मुसलमानों ने इस धारणा को बाद में चुनौती दी। सर सैय्यद अहमद खाँ कांग्रेस को बहुसंख्यक हिन्दुओं का संगठन मानते थे। 1892 और 1909 के बीच कांग्रेस में मुसलमानों का प्रतिशत मात्र 6.59 था। भारतीय राष्ट्रवाद के इस दूसरे चरण (1885-1905) में कांग्रेस और राष्ट्रीय आन्दोलनों का नेतृत्व उदार बुद्धिजीवियों

ने किया। व्यापारी वर्ग और शिक्षित वर्ग आ जुड़े। कांग्रेस के भीतर इसी समय एक नया दल उभरा, जिसकी आस्था उदारवादियों में कम होने लगी थी। गरम दल के साथ जुड़ने वाले लोगों की संख्या बढ़ने लगी। इस दल के नेताओं में तिलक, अरविन्द घोष, बी. सी. पाल और लाजपत राय प्रमुख थे। उदारवादियों की आस्था ब्रिटिश शासन में थी। उनमें और राष्ट्रवादियों, जिन्हें 'अतिवादी' भी कहा गया है, के सोच में अंतर था। उदारवादी जहाँ पाश्चात्य संस्कृति का गुणगान कर रहे थे, वहाँ राष्ट्रवादी भारत के अतीत का गौरव-गान करने लगे थे। दूसरे धर्मों के प्रति कटुता का भाव अभी नहीं जन्मा था। हिन्दू और मुस्लिम समुदाय अभी विभाजित नहीं हुआ था। आन्तरिक विभाजन की यह प्रक्रिया बीसवीं सदी के आरम्भ से शुरू हुई। कांग्रेस के जन्म के बाद साम्राज्यवाद विरोध की जो प्रक्रिया आरम्भ हुई थी, उसने बाद में ब्रिटिशों को विभाजन के लिए प्रेरित किया। 1899 में लाजपत राय ने 'हिन्दुस्तान रिव्यू' में प्रकाशित अपने एक लेख में यह घोषणा की थी कि हिन्दू स्वयं अपने में एक राष्ट्र है क्योंकि वे अपनी सभ्यता का प्रतिनिधित्व करते हैं। ए. जी. नूरानी, अपने लेख ''नैशनलिज़्म वर्सस हिन्दुत्व' (फ्रंट लाइन 29 अप्रैल, 2016) में उस समय व्यक्त किए गए इस विचार को एकदम नया नहीं कहते हैं। वे आर्य समाज की एक धारणा 'हिन्दू राष्ट्रवाद' से उसके 'हिन्दुत्व के शुद्धिकरण' के बाद से लाजपत राय को प्रभावित देखते हैं। लाजपत राय एक अनाम 'हिन्दू राष्ट्रवादी' के रूप में और पंडित माधवराम 'हिन्दुस्तान रिव्यू' और 'कायस्थ समाचार' की एक बहस में शरीक थे—हिन्दू राष्ट्रवाद की बहस को शुरू करने के आधार के बारे में। 1917 में लाजपत राय ने यह घोषण की थी कि वे 'हिन्दू राष्ट्रवादी' हैं। 1923 में उन्होंने मुसलमानों के चार राज्यों—पठान प्रोविंस, वेस्टर्न पंजाब, सिंध और पूर्वी बंगाल, का तर्क पेश किया और यह बताया कि यह संयुक्त भारत (युनाइटेड इंडिया) नहीं है। भारत का यह दो हिस्सों में स्पष्ट विभाजन था—मुस्लिम और गैर मुस्लिम भारत में। ए. जी. नूरानी ने राष्ट्रीय आन्दोलन के प्रमुख नेताओं में लाला लाजपत राय को भारत में दो विशेष राष्ट्रों के सिद्धांत की बात करने वाला पहला प्रमुख नेता कहा है। कांग्रेस के भीतर अब दो धाराएँ थीं। पहली धारा और दूसरी धारा एक दूसरे से भिन्न थीं।

भारतीय राष्ट्रवाद के तीसरे चरण (1905-1918) में ही एक ओर स्वदेशी आन्दोलन आरम्भ हुआ और दूसरी ओर मुस्लिम लीग की स्थापना (1906) हुई। इस तीसरे चरण में गरमपंथी प्रमुख रहे। कांग्रेस का नेतृत्व उनके हाथ में रहा। राष्ट्रवादी आन्दोलन का गैर धार्मिक स्वरूप इस दौर में कमजोर हुआ। आन्दोलन को पुनर्जीवित हिन्दू दर्शन पर आधारित करने के प्रयत्नों को देसाई ने एक बहुत बड़ी कमजोरी कहा है। राष्ट्रीयता के उदय के कुछ समय बाद ही धार्मिकता और बाद में साम्प्रदायिकता का उदय एक बड़ी घटना थी। उन्नीसवीं सदी के अंत से ही मुसलमानों को राष्ट्रीय आन्दोलन से अलग रखने की कोशिश शुरू हो गई थी। बिपिन चन्द्र ने

एक नयी श्रेणी 'साम्प्रदायिक राष्ट्रवादी' की बनाई है, जो कांग्रेस के भीतर ही थी। ''कांग्रेस के नेताओं ने ऐसे तत्वों को कांग्रेस में न केवल प्रवेश करने दिया वरन उन्हें स्थानीय और राष्ट्रीय स्तरों पर नेतृत्व के पदों पर आसीन होने दिया जो खुले रूप से साम्प्रदायिक थे अथवा जिनका वैचारिक और राजनीतिक झुकाव साम्प्रदायिकता की तरफ था।'' बिपिनचन्द्र के अनुसार, कांग्रेस का विरोध करने वाले और फिर बाद में कांग्रेस में शामिल होने वाले 'साम्प्रदायिक राष्ट्रवादी' थे। भारतीय राष्ट्रवाद के भीतर 'हिन्दू राष्ट्रवादी' और 'साम्प्रदायिक राष्ट्रवादी' जैसी श्रेणियाँ बीसवीं सदी में बनने लगी थीं; जिसने भारतीय राष्ट्रवाद को कमजोर किया। बिपिनचन्द्र ने अपनी पुस्तक 'भारत में उपनिवेशवाद और राष्ट्रवाद' में इसके कई उदाहरण दिए हैं। उन्होंने लिखा है ''पंडित मदनमोहन मालवीय बेरोकटोक कांग्रेस और हिन्दू महासभा में आते-जाते रहे। 1931 तक वह हिन्दू सम्प्रदायवादी रहे। 1932 में वे कांग्रेस के अध्यक्ष निर्वाचित हुए। गांधी द्वारा चौरी-चौरा काण्ड के बाद असहयोग आन्दोलन को रोक लेने के बाद, ''1922 के बाद अनेक राष्ट्रवादियों ने खुले आम साम्प्रदायिक मुद्दों का समर्थन किया''।

सभी राष्ट्रवादी धर्म निरपेक्ष नहीं थे। राष्ट्रीय आन्दोलन की उस समय सबसे बड़ी कमजोरी यह थी कि धर्मनिरपेक्ष दृष्टिकोण के होने के बाद भी विघटनकारी-विभाजनकारी साम्प्रदायिक शक्तियों के विरुद्ध संघर्ष करने में वह असफल रहा। राष्ट्रीय आन्दोलन में जब-जब ब्रिटिश साम्राज्यवाद विरोध कमजोर हुआ, विघटनकारी शक्तियाँ बढ़ीं-फैलीं। भारतीय राष्ट्रवाद के चौथे चरण (1918-1934) में एक ओर आन्दोलन जहाँ व्यापक जनाधार ग्रहण कर रहा था, वहीं दूसरी ओर प्रतिक्रियावादी और साम्प्रदायिक शक्तियाँ भी बढ़ीं। गांधी द्वारा धर्म और राजनीति में समन्वय के कारण भी कुछ धुंध बढ़ी। साम्प्रदायिक शक्तियों ने अपने नए संगठन बनाए। भारतीय राष्ट्रवाद का यह चौथा चरण भारतीय राष्ट्रवाद के इतिहास में कई अर्थों में विशिष्ट है। एक ओर राष्ट्रीय आन्दोलन भारतीय जनता के बीच फैल रहा था, जनसाधारण में राष्ट्रीय चेतना का निर्माण हो रहा था, दूसरी ओर कांग्रेसी नेताओं की दुहरी भूमिका थी। वे कभी राष्ट्रवादी दीख रहे थे, तो कभी सम्प्रदायवादी। वे शुद्धि और संगठन आन्दोलनों का नेतृत्व करने के साथ ही तबलीग और तंजीम आन्दोलनों में भी भाग ले रहे थे। गांधी ने जिस स्वराज की बात पहले कही थी ('हिन्द स्वराज') वह अपरिभाषित था। अब कांग्रेस ने स्वतंत्रता को अपना लक्ष्य घोषित किया। इसी दौर में भगत सिंह और उनके क्रांतिकारी साथी क्रांतिकारी विचारों के साथ सामने आए। मुसलमानों के अलगाव के साथ ही गैर ब्राह्मण और दलित प्रतिरोध भी उभरा। ई. वी. रामास्वामी नायकर 'पेरियार' के नेतृत्व में 'आत्म सम्मान' आन्दोलन के रूप में गैर ब्राह्मण आन्दोलन के भीतर एक अधिक रैडिकल प्रवृत्ति पैदा हुई। कांग्रेस को गैर ब्राह्मणों को 'वास्तविक नागरिकता' प्रदान करने में असमर्थ मानकर

1925 में पेरियार ने कांग्रेस छोड़ी। अम्बेडकर का महार आन्दोलन आरम्भ हुआ। एक ही वर्ष (1925) में राष्ट्रीय स्वयं सेवक संघ और कम्युनिस्ट पार्टी का जन्म हुआ। गांधीवादी विचार धारा में कांग्रेस के एक तबके की आस्था घटी और कांग्रेस सोशलिस्ट पार्टी की स्थापना (1934) हुई, जिसे देसाई ने 'विषमवर्णी' पार्टी कहा है। इस चरण में 'भारतीय राष्ट्र के विभिन्न स्वर' उभरे। भारतीय राष्ट्रवाद का प्रमुख रूप कायम था, पर उसके भीतर कई नए रूप आकार ग्रहण करने लगे थे।

कांग्रेस की इस समय से दो भिन्न भूमिकाएँ दिखाई पड़ने लगीं। उनके नेता कभी राष्ट्रवादी होते थे और कभी सम्प्रदायवादी। इसी समय से राष्ट्रवादियों को पाखंडी समझा जाने लगा। कांग्रेसी नेताओं की इस दुहरी सार्वजनिक भूमिका से जनता में भ्रम फैला। एक बहुलतावादी समाज होने के कारण भारतीय राष्ट्रवाद के अनेक स्वरों का होना जरूरी था। भारतीय राष्ट्रवाद की 'एक रैखिक प्रगति' अधिक समय तक कायम नहीं रही। नेहरू के 'भिन्न-भिन्न तत्त्वों के संश्लेषण और एक साझी राष्ट्रीयता में उनके विलय के प्राचीन भारतीय आदर्श' को शेखर बंद्योपाध्याय ने 'विलय की रूमानी मान्यता' कहा है, जिसका 'उद्देश्य टकराव और अन्तर्विरोध की कड़वी सच्चाइयों से बचना था'। राष्ट्रवाद की इस परियोजना में सभी समूह लम्बे समय तक साथ नहीं रह सकते थे। शेखर बंद्योपाध्याय के अनुसार "भारतीय राष्ट्रवाद तीखे विवादों से ग्रस्त एक क्षेत्र है जहाँ किसी द्वंद्ववादी मार्ग तक पहुँचना या ऐसा कोई यदृच्छवादी दृष्टिकोण विकसित करना कठिन है, जो सबको स्वीकार्य हो"

असहयोग आन्दोलन को स्थगित करने के बाद ही भारतीय राष्ट्रवाद में अनेक स्वर प्रमुख हुए। इसके पहले तक अलगाववादी प्रमुख नहीं थे। बीसवीं सदी से हिन्दू और मुसलमान के बीच जो आन्तरिक विभाजन की प्रक्रिया आरम्भ हुई थी, उसने बीस के दशक में गति पकड़ी। खिलाफत आन्दोलन (1919-1922) में जिन लोगों ने 'स्वतंत्र भारत में धार्मिक समुदायों के संघ' की बात कही थी, उसमें भारत की भिन्न परिकल्पना थी। खिलाफत आन्दोलन भारतीय मुसलमानों का आन्दोलन था, जो भारतीय राष्ट्रवाद से सहबद्ध थे। 1919 से 1922 तक दो जनान्दोलनों-असहयोग और खिलाफत ने ब्रिटिश शासन का विरोध किया। खिलाफत आन्दोलन का भारतीय राजनीति से प्रत्यक्ष सम्बन्ध नहीं था पर इसने ब्रिटिशों के विरुद्ध हिन्दू-मुस्लिम एकता को सुदृढ़ किया। क्रिस्तोफ जेफ्रेला ने 'दि हिन्दू नेशनलिस्ट मूवमेंट एंड इंडियन पालिटिक्स, 1925-1990' (1996) में खिलाफत आन्दोलन में मुसलमानों की शिरकत से हिन्दुओं में हीनता और असुरक्षा की भावना के जन्म लेने की बात कही है। वे पंजाब और संयुक्त प्रान्त में आरम्भ होने वाले 'जुझारू शुद्धि अभियान' और 1924 में हिन्दू महासभा द्वारा हिन्दू संगठन की मुहिम शुरू किए जाने का हवाला देते हैं। खिलाफत आन्दोलन के परिणाम स्वरूप उससे प्रभावित होकर उसकी

प्रतिक्रिया में सावरकर की 'हिन्दुत्व' की अवधारणा को कइयों ने देखा है। 'हिन्दुत्व' की यह अवधारणा खिलाफत आन्दोलन के साथ असहयोग आन्दोलन की प्रतिक्रिया में भी प्रस्तुत की गई थी। 2 मई 1921 को सावरकर को रत्नगिरि जेल भेजा गया, जहाँ उन्होंने 'एसेंसियल्स ऑफ हिन्दुत्व' पुस्तक लिखी। विनायक दामोदर सावरकर (1883–1966) की इस शीर्षक से पुस्तक 1923 में प्रकाशित हुई थी। दूसरे शीर्षक 'हिन्दुत्व: हू इज हिन्दू' से यह 1928 में प्रकाशित हुई।

विनायक दामोदर सावरकर पर महत्त्वपूर्ण कार्य ('फादर ऑफ हिन्दू 'नैशनलिज़्म' और 'विनायक दामोदर सावरकर: ए बायोग्राफी ऑफ हिज विजंस एंड आइडियाज' पुस्तकें) करने वाले जयवन्त जोगलेकर ने उन्हें 'हिन्दू राष्ट्रवाद का जनक' कहा है। सावरकर का 'हिन्दू राष्ट्रवाद' 'भारतीय राष्ट्रवाद' के विरुद्ध है। सावरकर के लिए 'हिन्दू' होना प्रमुख था, गौण था भारतीय होना। बारह वर्ष की उम्र (1895) में उन्होंने सहपाठियों के साथ हिन्दू–मुस्लिम दंगे में मस्जिद पर प्रहार किया था। युवावस्था में वे बाल गंगाधर तिलक, बिपिन चन्द्र पाल और लाला लाजपतराय से प्रभावित थे। स्वदेशी आन्दोलन से वे जुड़े थे और बंग–भंग का उन्होंने विरोध किया था। जेल से मुक्ति के लिए उन्होंने कई दया–आवेदन दिए थे। 30 अगस्त, 1911 और 14 नवम्बर, 1913 के बाद भी उन्होंने 1914 और 1918 में आवेदन दिए थे। सावरकर हिन्दुस्तान को मुसलमान, ईसाई और पारसी की भूमि न मानकर हिन्दुओं की पितृभूमि और पुण्यभूमि, कहते थे। 'हिन्दुत्व' उनके लिए मात्र एक शब्द विशेष नहीं था। उसे उन्होंने 'अपने आप में सम्पूर्ण इतिहास' कहा है। 'हिन्दुत्व' के माध्यम से उन्होंने भारतीय वंशजों की अवधारणा विकसित की और मुसलमान, ईसाई और पादरी को बाहरी माना।

'हिन्दुत्व' का प्रकाशन पहले हुआ और राष्ट्रीय स्वयं सेवक संघ का जन्म बाद में। मराठी चितपावन ब्राह्मण परिवार में जन्में सावरकर हिन्दू महासभा के अध्यक्ष रहे थे। हिन्दू महासभा की स्थापना, 1906 में मुस्लिम लीग की स्थापना और 1909 के मोर्ले–मिंटो सुधारों के बाद हुई थी। इसके पहले अक्टूबर 1909 में लाजपत राय ने 'पंजाब हिन्दू सभा' की स्थापना की, जिसके अक्टूबर 1909 में लाहौर में हुए पहले सम्मेलन के अध्यक्ष मदन मोहन मालवीय थे। नरेन्द्र मोदी ने उन्हें प्रधानमंत्री बनने के बाद 'भारत रत्न' प्रदान किया। पंजाब के बाद कुछ ही वर्षों में बिहार, बंगाल, सेंट्रल प्रोविंसेज एंड बरार और बम्बई प्रेजिडेंसी में ऐसी हिन्दू सभाएँ स्थापित हुईं। अखिल भारतीय स्तर पर इसकी स्थापना के प्रयत्न 1910 में आरम्भ हो चुके थे। पंजाब हिन्दू सभा ने 1913 में अम्बाला में अखिल भारतीय स्तर पर हिन्दू सभा के निर्माण का प्रस्ताव पारित किया। इसने 1915 में हरिद्वार के कुम्भ मेले में देश के हिन्दू नेताओं का कांफ्रेंस आयोजित करने का प्रस्ताव लिया। हरिद्वार (13 फरवरी, 1915), लखनऊ (17 फरवरी, 1915) और दिल्ली (27 फरवरी, 1915) में

अखिल भारतीय हिन्दू सभा के प्रारंभिक सत्र आयोजित हुए। अप्रैल 1915 में सर्वदेशक (अखिल भारतीय) हिन्दू सभा का गठन हुआ, हरिद्वार के कुम्भ मेले में। इस कांफ्रेंस में गांधी और स्वामी श्रद्धानंद दोनों उपस्थित थे और सभा के गठन के समर्थक भी। सभा ने हिन्दू एकता पर बल दिया और समाज-सुधार की आवश्यकता बताई। कांफ्रेंस के अध्यक्ष मणीन्द्र चन्द्र नंदी ने ब्रिटिश सरकार के प्रति सभा के वफादार बने रहने की घोषणा की। श्रद्धानंद ने इसकी आलोचना की थी। सभा ने अपने छठे अधिवेशन (अप्रैल 1921) में अपना नाम बदलकर 'अखिल भारतीय हिन्दू महासभा' रखा। अपने संविधान में ब्रिटिश सरकार के प्रति वफादार रहने का खण्ड हटाया और एक संयुक्त और सेल्फ-गवर्निंग भारतीय राष्ट्र के प्रति अपनी प्रतिबद्धता प्रकट की। हिन्दू महासभा के आरंभिक नेताओं में मदनमोहन मालवीय और लाला लाजपत राय प्रमुख थे। बीस के दशक के अन्त में बालकृष्ण शिवराम मुंजे और विनायक दामोदर सावरकर के प्रभाव में हिन्दू महासभा रही।

1885 से 1919 तक का समय भारतीय राष्ट्रवाद के निर्माण का है, जिसमें एक साथ दोनों प्रवृत्तियाँ-राजनीतिक राष्ट्रवाद और सामाजिक अनुदारवाद मौजूद थीं। राष्ट्रवाद के साथ-साथ सम्प्रदायवाद का उदय भारतीय राष्ट्रवाद के इतिहास में एक बड़ी घटना है, जिसने आगे चलकर हिन्दू राष्ट्रवाद को न केवल जन्म दिया, उसे कहीं अधिक विकसित भी होने दिया। स्वाधीनता-आन्दोलन में भारतीय राष्ट्रवाद का जो एक समन्वयकारी, प्रगतिशील रूप निर्मित हुआ, वह बाद में पूरी तरह कायम नहीं रह सका। बीसवीं सदी में बीस के दशक में अनेक हिन्दू-मुस्लिम दंगे हुए, जिसने भारत के अधिक भू-भागों को प्रभावित किया। दुखी होकर गांधी ने 1927 में कहा कि अब हिन्दू-मुस्लिम सम्बन्धों की समस्या का समाधान मनुष्य के वश के बाहर और सिर्फ भगवान के हाथों में है। इसके बाद कांग्रेस की 'राष्ट्रवाद की अवधारणा' में ज्ञानेन्द्र पांडे 'एक उल्लेखनीय परिवर्तन' देखते हैं। अब धर्म को निजी जीवन की चीज बताकर धार्मिक राष्ट्रवाद की वैधता समाप्त करने की एक सुस्पष्ट प्रवृत्ति सामने आई। राष्ट्रवाद और सम्प्रदायवाद के बीच एक 'द्वैत विरोध' माना जाने लगा। नेहरू सार्वजनिक भाषणों में 'भारतीय राष्ट्रवाद की धर्म-निरपेक्ष धारणा' पर जोर देने लगे और समुदाय की बात कहने वालों को सम्प्रदायवादी और राष्ट्रवाद विरोधी कहा जाने लगा। कांग्रेस के जन्म के कुछ ही समय बाद उसके भीतर राष्ट्रवाद की प्रतिकूल धाराएँ बह निकलीं और दोनों के बीच बाद में संघर्ष जारी रहा। प्रमुख धारा में समुदाय के स्थान पर राष्ट्र को महत्त्व दिया गया, जिसने समन्वित संस्कृति पर बल दिया। राष्ट्रीय स्वाधीनता आन्दोलन में भारतीय राष्ट्रवाद की यह धारा सदैव प्रमुख रही है। समय-समय पर समर्पण और समझौते होते रहे थे, पर यह धारा कभी क्षीण नहीं हुई। भारतीय राष्ट्रवाद अंतर्विरोधों का शिकार रहने के बाद भी कमजोर नहीं हुआ। आज उसका मुकाबला हिन्दू राष्ट्रवाद से है।

कांग्रेस के भीतर बिपिनचन्द्र ने मदनमोहन मालवीय, एन. सी. केलकर, अणे और बाद में लाला लाजपत राय जैसे राष्ट्रवादी नेताओं को ही 'साम्प्रदायिक' न मानकर कांग्रेसी कार्यकर्ताओं पर भी साम्प्रदायिक रंग चढ़ने की बात कही है। लक्ष्य आज़ादी का था, इसलिए उस समय यह रंग न तो अधिक गाढ़ा रहा और न अधिक समय तक कायम रहा। कांग्रेसी नेता शिवाजी, महाराणा प्रताप और गुरु गोविन्द सिंह की प्रशस्ति राष्ट्रीय वीरों के रूप में करने लग गए थे, जिन्होंने 'विदेशी राज' के विरुद्ध स्वतंत्रता की लड़ाई लड़ी थी।

केशव बलिराम हेडगेवार आरम्भ में क्रांतिकारी संगठनों से जुड़े थे, जिसे त्याग कर उन्होंने हिन्दूवादी संगठन की नींव रखी। माधव सदाशिव गोलवलकर राष्ट्रीय स्वयं सेवक संघ के दूसरे संघ चालक थे। 15 मई, 1963 को बम्बई में अपने एक भाषण में गोलवलकर ने यह कहा था कि उन्होंने 'राष्ट्रवाद का सिद्धांत, सावरकर की 'महान पुस्तक हिन्दुत्व' से प्राप्त किया। उन्होंने अपने बड़े भाई बाबाराव जी. डी सावरकर की पुस्तक 'राष्ट्र मीमांसा' का अपने ऊपर ऋण स्वीकारा। गोलवरकर ने 'हिन्दुस्तान' को 'हिन्दुओं का देश' माना और इसे हिन्दू धर्म, हिन्दू संस्कृति और हिन्दू भाषा से जोड़ा। बनारस हिन्दू विश्वविद्यालय में अपने अध्ययन के दौरान गोलवलकर मदनमोहन मालवीय के प्रभाव में आए थे। वाराणसी में राष्ट्रीय स्वयं सेवक संघ की शाखा हेडगेवार के नजदीकी भैया जी दानी ने, जो बनारस हिन्दू विश्वविद्यालय के छात्र थे, स्थापित की थी। 'बंच ऑफ थॉट्स' के एक अध्याय 'इंटरनल थ्रेट' में गोलवलकर ने मुसलमान, ईसाई और कम्युनिस्ट को शत्रु-रूप में चिह्नित किया। गोलवलकर ने लिखा कि अपनी माँ की कोख में आने से पहले हम हिन्दू हैं। हिन्दू के रूप में ही हमारा जन्म (पैदाइशी हिन्दू) होता है। मुसलमानों को उन्होंने शत्रु और आक्रमणकारी कहा। विदेशी ईसाई मिशनरी को भी इसी कोटि में रखा। उनकी राष्ट्र सम्बन्धी धारणा विभाजनकारी है। बारह सौ वर्ष की दासता की बात गोलवलकर ने कही थी। यही बात प्रधानमंत्री नरेन्द्र मोदी ने प्रधानमंत्री पद के रूप में लोकसभा में अपने पहले भाषण में कही। राष्ट्रीय स्वयं सेवक संघ हिन्दू राष्ट्रवाद का पोषक है, उन्नायक भी।

हिन्दू राष्ट्रवाद कभी ब्रिटिश साम्राज्यवाद का विरोधी नहीं रहा है। राष्ट्रीय-स्वाधीनता आन्दोलन में उसकी कोई भूमिका नहीं रही है। हिन्दू राष्ट्रवाद भारतीय राष्ट्रगान का अपने जन्म से ही विरोधी रहा है। भारतीय राष्ट्रवाद समावेशी राष्ट्रवाद है, धर्म निरपेक्ष राष्ट्रवाद है, जबकि हिन्दू राष्ट्रवाद खंडित, एकांगी और भारत विरोधी राष्ट्रवाद है। हिन्दू राष्ट्रवाद आक्रामक, असहिष्णु, धार्मिक राष्ट्रवाद है। 'बंच ऑफ थॉट्स' के आरम्भ में एक अध्याय 'क्षेत्रीय/प्रादेशिक राष्ट्रवाद' था, जिसे बाद में हटाया गया। गोलवलकर 20 जून, 1943 को सर संघ चालक बने थे। इनके कार्यकाल में ही संघ का अधिक विस्तार हुआ। राष्ट्रीय स्वयं सेवक संघ ने 'भारतीय राष्ट्रवाद'

के स्थान पर सदैव 'हिन्दू राष्ट्रवाद' पर बल दिया है। गोलवलकर इसके सबसे बड़े सिद्धांतकार हैं। 'बंच ऑफ थॉट्स' को 'संघ की गीता' माना जाता रहा है। जिन्ना के पहले सावरकर ने द्विराष्ट्र सिद्धांत की बात कही थी। 'सांस्कृतिक राष्ट्रवाद' को सर्वप्रथम उन्होंने प्रस्तुत किया। गोलवलकर से लेकर आडवाणी तथा भाजपा के चुनावी घोषणापत्र में यह 'सांस्कृतिक राष्ट्रवाद' मौजूद रहा है। राष्ट्र सम्बन्धी धारणा राष्ट्रीय स्वयंसेवक संघ की सर्वथा अलग और भिन्न है। बीसवीं सदी के तीसरे और चौथे दशक में हिन्दू महासभा और संघ द्वारा समर्थित 'हिन्दू राष्ट्रवाद' ने भारतीय राष्ट्रवाद की उभरती शक्तियों के प्रति चुनौतियाँ प्रस्तुत की थीं, पर वह भारतीय राष्ट्रवाद के समक्ष प्रमुख नहीं हो सकी थीं। द्विराष्ट्र सिद्धांत की एक प्रियोक्ति हैं 'हिन्दुत्व'। चेतन भट्ट ने अपनी पुस्तक 'हिन्दू नैशनलिज़्मः ओरिजिंस, आइडियोलॉजी एंड मॉडर्न मिथ्स' (2001) में विस्तार से 'हिन्दू राष्ट्रवाद' पर विचार किया है। डॉ. डी. आर. पुरोहित ने 'हिन्दू रिवाइवलिज्म एंड इंडियन 'नैशनलिज़्म' (1990) में दो राष्ट्रवाद हिन्दू और भारतीय का उल्लेख किया है। भारतीय राष्ट्रवाद और हिन्दू राष्ट्रवाद दोनों मूलतः एक दूसरे के विरोधी हैं। दोनों के अपने आदर्श, सिद्धांत और विचार हैं। 1969 में भारतीय जनसंघ ने 'भारतीयता' की बात कही थी। स्पष्ट है कि 'भारतीयता' से उनका क्या आशय था। ए. जी. नूरानी ने अपने लेख में 30 दिसम्बर, 1969 को भारतीय जनसंघ के पटना में पारित उस प्रस्ताव का उल्लेख किया है जिसमें 'राष्ट्रवाद' को मजबूत करने और पुनरुज्जीवित करने की बात कही गई थी।

भारतीय जनसंघ हो या भाजपा, गोलवलकर हों या मोहन भागवत, आडवाणी हों या नरेन्द्र मोदी कोई भी 'हिन्दुत्व' और 'हिन्दू राष्ट्रवाद' की विचारधारा से न कभी हटा, न कभी डिगा। भाजपा के 1998 के चुनावी घोषणा-पत्र का एक शीर्षक था 'अवर नैशनल आइडेंटिटी : कल्चरल नैशनलिज़्म'। स्पष्ट शब्दों में यह कहा गया था, कि हमारी राष्ट्रीयता का विजन मात्र भौगोलिक या भारत की राजनीतिक पहचान से सम्बन्धित नहीं है। यहाँ उसने अपने को 'कालातीत सांस्कृतिक परम्परा' से जोड़ा। इस सांस्कृतिक परम्परा को 'सांस्कृतिक राष्ट्रवाद' से जोड़ा गया जो 'हिन्दुत्व' का मर्म/हृदय है। इसी विचार के रहते भाजपा अयोध्या में राम मंदिर निर्माण के लिए रामजन्म भूमि आन्दोलन से जुड़ी। भाजपा के 2004 के घोषणा पत्र में 'सांस्कृतिक राष्ट्रवाद' की बात कही गई है। इसमें यह कहा गया कि भाजपा भारत की सभ्यता और इतिहास से प्रेरणा प्राप्त करती है। भारतीय सभ्यता अर्थात् हिन्दू सभ्यता, भारतीय इतिहास अर्थात् हिन्दू इतिहास। भाजपा ने 'सांस्कृतिक राष्ट्रवाद' में अपनी गहरी आस्था की बात कही, जिसके लिए 'भारतीयता' और 'हिन्दुत्व' समानार्थी हैं। इसे ही उसने अपनी राष्ट्रीय पहचान का आधार बताया।

हिन्दू राष्ट्रवाद जहाँ एकान्तिक/व्यावर्तक (इक्सक़्लूसिव), धर्म-मिश्रित, संकीर्णाधारित और पक्षपाती है, वही भारतीय राष्ट्रवाद कहीं अधिक व्यापक, शांतिवादी,

लोकतांत्रिक और उदार है। हिन्दू राष्ट्रवाद जहाँ हिन्दुओं के अलावा अन्य समुदायों पर उत्तेजित और आक्रामक है, वहाँ भारतीय राष्ट्रवाद में एकता पर, विभिन्न समुदायों की एकता पर बल है। हिन्दू राष्ट्रवाद में केन्द्रीय नेतृत्व पर अगाध विश्वास के साथ आक्रामकता है, जबकि भारतीय राष्ट्रवाद उदार और लोकतांत्रिक परम्पराओं के प्रति समर्पित हैं। हिन्दू राष्ट्रवाद हिन्दू धर्म, हिन्दू संस्कृति और हिन्दू समुदाय से जुड़ा है। एल. के. आडवाणी ने 5 अगस्त, 1989 को स्पष्ट शब्दों में कहा था कि भाजपा को 'हिन्दू पार्टी' कहना गलत नहीं है। भाजपा के राष्ट्रीय अध्यक्ष थे उस समय लालकृष्ण आडवाणी। भारत को हिन्दू राष्ट्र कहना और हिन्दू राष्ट्रवाद का समर्थन करना भारतीय संविधान का अपमान है। डॉ. अंबेडकर ने यह साफ कहा था कि हिन्दू राज को किसी भी कीमत पर रोकना चाहिए। अम्बेडकर ने सावरकर और जिन्ना दोनों को 'दो राष्ट्र' के सिद्धांत पर एक मत माना है। अपने लेख 'थॉट्स ऑन पाकिस्तान' में अम्बेडकर ने लिखा, "यह चाहे जितना विचित्र लगे मिस्टर सावरकर और मिस्टर जिन्ना 'दो राष्ट्र' के सवाल पर एक दूसरे का विरोध करने की जगह एक दूसरे से पूर्ण सहमति में हैं, मिस्टर सावरकर चाहते हैं कि हिन्दू राष्ट्र वर्चस्वशाली राष्ट्र हो।"

सावरकर दो राष्ट्र के सिद्धांत के पैरोकार थे। उन्होंने 1939 के हिन्दू महासभा के सम्मेलन के अपने अध्यक्षीय वक्तव्य में हिन्दुओं को 'स्वयं में राष्ट्र' कहा था "हम हिन्दू स्वयं ही स्थायी राष्ट्र के रूप में पहचाने जाते हैं।" अम्बेडकर ने हिन्दू राज बनने को, 'हिन्दू राष्ट्रवाद' की अवधारणा को देश के लिए सबसे बड़ी विपत्ति कहा है। 'पाकिस्तान या भारत विभाजन' (1945) पुस्तक में उन्होंने इसे 'स्वतंत्रता, समता और भाईचारे के लिए खतरा, कहा था और हिन्दू राज को किसी भी कीमत पर रोकने की बात कही थी। राष्ट्रीय स्वयंसेवक संघ ने अम्बेडकर के हिन्दू कोड बिल के मसौदे का विरोध किया था। अम्बेडकर केवल 'हिन्दू राष्ट्रवाद' के ही नहीं, भारतीय राष्ट्रवाद, के भी विरोधी थे। उनके लिए 'राष्ट्रवाद' से कहीं बड़ा एक 'वाद' 'मानववाद' था, .जो समानता एवं स्वतंत्रता के मूल्यों को महत्त्व देता था। 25 नवम्बर, 1949 को उन्होंने संविधान सभा में दिए अपने भाषण में साफ शब्दों में कहा था कि हम एक राष्ट्र नहीं हैं। "हजारों जातियों में बँटे लोग एक राष्ट्र कैसे हो सकते हैं?" वे जातियों को 'राष्ट्र विरोधी' कहते थे क्योंकि "वे सामाजिक जीवन में अलगाव पैदा करती हैं, वे इसलिए भी राष्ट्र-विरोधी हैं, क्योंकि वे एक जाति से दूसरी जाति में ईर्ष्या और विद्वेष पैदा करती हैं. ..अगर हमें असल में एक राष्ट्र बनना है तो इन सारी मुश्किलों से पार पाना होगा।" अम्बेडकर, हिन्दू समाज जैसी कोई चीज नहीं मानते थे। वे इसे सिर्फ जातियों का समूह कहते थे। अम्बेडकर के लिए जाति उन्मूलन के बिना 'स्वराज' अर्थहीन है।

'हिन्दू राष्ट्रवाद' और 'भारतीय राष्ट्रवाद' से सर्वथा अलग है 'दलित-बहुजन राष्ट्रवाद', जो ज्योति बा फुले, पेरियार, ई. वी. रामास्वामी नायकर के विचारों से

जुड़ा है। अम्बेडकर ने 'बहिष्कृत भारत' के 29 जुलाई, 1927 के अंक में लिखा था कि अगर तिलक अस्पृश्य जाति में पैदा हुए होते, तो उन्होंने 'स्वराज हमारा जन्मसिद्ध अधिकार है' नारा न देकर 'अस्पृश्यता का सत्यानाश' को अपना 'जन्मसिद्ध अधिकार' कहा होता। हिन्दू राष्ट्रवाद और भारतीय राष्ट्रवाद की तरह 'दलित-बहुजन राष्ट्रवाद' की चर्चा अपेक्षया कम होती है। अम्बेडकर ने 'कांग्रेस और गांधी ने अछूतों के लिए क्या किया ?' में लिखा ''निम्न वर्गों को रास्ते से भटकाने और उन्हें मूर्ख बनाने का सबसे बढ़िया तरीका है राष्ट्रवाद की भावना और राष्ट्रीय एकता का खेल।'' आज अम्बेडकर की 125वीं वर्षगाँठ पर मोदी (और भाजपा) अपने जिस अम्बेडकर-प्रेम अथवा भक्ति को सामने ला रहे हैं, वह मात्र एक छल है। क्रिस्तोफ जेफ्रेला ने अपने लेख 'अम्बेडकर अगेंस्ट 'नैशनलिज़्म' (इंडियन एक्सप्रेस, 14 अप्रैल, 2016) और के. एम. विनय ने अपनी पुस्तक 'क्रिटीक ऑफ कास्ट एंड नैशनलिज़्म : डॉ. बी. आर. अम्बेडकर्स आइडियोलॉजी' (2010) में विस्तार से राष्ट्रवाद सम्बन्धी अम्बेडकर के विचार प्रस्तुत किए हैं।

राष्ट्रीय स्वयंसेवक संघ और भारतीय जनसंघ की विचारधारा को, उनके 'हिन्दू राष्ट्रवाद' को स्वतंत्र भारत में आरम्भ में बहुत कम आँका गया। संघ परिवार के सभी घटकों का एक ही लक्ष्य रहा है। सबका उद्देश्य भारत में हिन्दू राष्ट्र और हिन्दू संस्कृति को स्थापित करना है। सबका एजेंडा हिन्दू एजेंडा है। 'हिन्दू राष्ट्रवाद' उनके एजेंडा में आरम्भ से ही था, पर भारतीय राष्ट्रवाद के कारण वह गौण रहा। आपातकाल के समय तक वह प्रभावशाली नहीं था। राष्ट्रीय स्वयं सेवक संघ ने सदैव अपने को सांस्कृतिक संगठन के रूप में प्रस्तुत किया।

वास्तविकता यह है कि कट्टर हिन्दुत्व ने हिटलर और मुसोलिनी से प्रेरणा ग्रहण की। संघ की विचारधारा को समझने में कांग्रेसियों और समाजवादियों दोनों ने ऐतिहासिक भूलें की।

राष्ट्रीय स्वयंसेवक संघ की विचारधारा और उसकी गतिविधियों पर विस्तारपूर्वक विचार बीसवीं सदी के अन्तिम दशक से आरम्भ हुआ। संघ की कट्टरवादिता पर अस्सी के दशक तक कम ध्यान दिया गया था। 'हिन्दू राष्ट्रवाद' की चर्चा उस समय गौण थी, जबकि संघ का विचार और दर्शन हिन्दू राष्ट्र की स्थापना है। यह उसका स्थायी विचार है, जिसमें कभी परिवर्तन नहीं हो सकता। हिन्दू राष्ट्रवाद यूरोपीय फासीवाद से जुड़ा है। हिटलर और मुसोलिनी से प्रेरणा ग्रहण करने के तथ्य अब कहीं अधिक मौजूद हैं। मार्जिया केसोलैरी ने अपने लेख 'हिन्दुत्वज फॉरेन टाई अप इन द नाइंटीन-थर्टीज-आर्काइवल इविडेंस' (ई. पी. डब्ल्यू, 22 जनवरी, 2000) में संदर्भ सहित फासीवाद से हिन्दुत्ववादी शक्तियों के सम्बन्ध-सम्पर्क पर विचार किया है। हेडगेवार के राजनीतिक गुरु बी. एस. मुंजे (बालकृष्ण शिवराम मुंजे, 1872-1948) तिलक के निधन के बाद 1920 में कांग्रेस से अलग हुए थे। वे गांधी

की अहिंसा और धर्मनिरपेक्षता से असहमत थे। भोंसले मिलिट्री स्कूल के संस्थापक मुंजे को भारत में सैनिक शिक्षा के आरम्भकर्त्ता के रूप में जाना जाता है। हिन्दू राष्ट्रवादियों का बीस के दशक में ही फासीवाद और मुसोलिनी के प्रति झुकाव हो चुका था। मुसोलिनी और राष्ट्रीय स्वयं सेवक संघ दोनों की अवधारणाएँ बहुत अंशों में समान हैं। दोनों की लोकतांत्रिक संस्थाओं में रुचि नहीं थी। मुंजे ने फरवरी-मार्च 1931 में इटली के महत्त्वपूर्ण सैन्य स्कूलों और शिक्षण-संस्थाओं की कार्य-पद्धति देखी-समझी थी। मुसोलिनी से उसने भेंट की थी। माना जाता है कि मुसोलिनी ने संघ को इटली के फासीवाद से जोड़ा। मुंजे की डायरी के अध्ययन कर्त्ताओं ने यह बताया है कि वे इटली जाकर फासिस्ट संगठन की विचारधारा से प्रभावित हुए थे। मुसोलिनी ने इटली की एकता का नारा देकर सैन्यीकरण करने की दिशा में अपना अभियान चलाया था। उसने युवाओं के लिए बलिल्ला जैसे संगठन की स्थापना 1926 में की थी। यह 'इटैलियन फासिस्ट यूथ ऑर्गनाइजेशन' था, जो 1926 से 1937 तक प्रमुख रहा। मुंजे को मुसोलिनी और उसके बलिल्ला जैसे युवा-संगठन से प्रेरणा प्राप्त हुई। मुंजे ने राष्ट्रीय स्वयं सेवक संघ को इसी प्रकार का संगठन माना और महाराष्ट्र सहित अन्य राज्यों में इसे सुदृढ़ और विस्तृत करने की घोषणा की। इटली में वे सैनिक कॉलेज, द सेंट्रल स्कूल ऑफ फिजिकल एजूकेशन के साथ 'बलिल्ला' जैसे संगठन और उसके क्रिया-कलाप देख चुके थे। उन्होंने बलिल्ला और इटली के सैन्य स्कूलों की तरह ही युवाओं को तैयार करने की बात कही। इटली और जर्मनी की तरह हिन्दू संगठनों का सैन्यीकरण करने में गुरु और शिष्य (मुंजे और हेडगेवार) दोनों सक्रिय हुए थे। 1933 में प्रकाशित एक गुप्तचर रिपोर्ट 'नोट ऑन दि राष्ट्रीय स्वयं सेवक संघ' में यह कहा गया था कि संघ भारत को फासिस्ट इटली और नाजी जर्मनी की तरह बनाना चाहता है, (राम शिरोमणि शुक्ल का लेख 'कहाँ से आया है यह कट्टर पंथ', समकालीन तीसरी दुनिया, अप्रैल 2016)

आपातकाल तक न संघ प्रभावशाली था, न भारतीय जनसंघ। हिन्दू राष्ट्र और राष्ट्रवाद भी नेपथ्य में था। भारतीय जनसंघ ने जनता पार्टी में अपने को विलीन किया था। 1980 में भारतीय जनता पार्टी का जन्म हुआ। राष्ट्रीय स्वयं सेवक संघ पर ब्रिटिश शासन में एक बार और स्वतंत्र भारत में तीन बार प्रतिबन्ध लगा। गांधी की हत्या, आपातकाल और बाबरी मस्जिद ध्वंस के बाद। हिन्दू राष्ट्रवाद की संकल्पना और अवधारणा ही अलगाववादी है। हेडगेवार पर 1921 में ब्रिटिश शासन ने राजद्रोह का आरोप लगाया था और वे एक वर्ष जेल में रहे थे। संघ ब्रिटिश शासन के विरुद्ध कभी नहीं रहा। जो साम्राज्यवाद के विरुद्ध नहीं है, वह साम्राज्यवाद के साथ है। संघ केवल 26 जनवरी, 1930 के स्वतंत्रता दिवस के उत्सव में शामिल रहा था। बाद में कभी नहीं। हेडगेवार ने अप्रैल 1930 में गांधी के सत्याग्रह आन्दोलन में भाग लिया था, पर सब जगह यह निर्देश भेजा था कि उस आन्दोलन में कोई शामिल

न हो। 1934 में कांग्रेस ने अपने एक पारित प्रस्ताव में अपने सदस्यों को संघ, हिन्दू महासभा और मुस्लिम लीग से न जुड़ने को कहा। गोलवलकर कभी अँग्रेजों से लड़ाई के पक्ष में नहीं थे। ब्रिटिश विरोधी राष्ट्रवाद को उन्होंने 'एक प्रतिक्रियावादी विचार' कहा था। आरम्भ से अब तक संघ कभी भारतीय राष्ट्रवाद के पक्ष में नहीं रहा है। 'भारत छोड़ो आन्दोलन' में संघ शामिल नहीं था। 11 जुलाई, 1949 को संघ से प्रतिबन्ध हटा। गांधी की हत्या के बाद संघ पर लगा प्रतिबंध इसलिए हटाया गया क्योंकि गोलवलकर ने यह वचन दिया था कि भारतीय संविधान के प्रति उनकी निष्ठा रहेगी और राष्ट्रीय ध्वज के प्रति उनमें सम्मान-भाव बना रहेगा। इसके पहले 17 जुलाई, 1947 के संघ के अँग्रेजी मुखपत्र 'आर्गनाइजर' के सम्पादकीय 'नैशनल, फ्लैग' में यह कहा गया था कि भारत का राष्ट्रीय ध्वज 'भगवा ध्वज' होना चाहिए। 22 जुलाई, 1947 को संविधान सभा ने तिरंगे को राष्ट्रीय ध्वज माना। 'आर्गनाइजर' ने इसकी आलोचना की। 14 अगस्त, 1947 के 'आर्गनाइजर' के एक लेख 'मिस्ट्री बिहाइंड द भगवा ध्वज' में यह कहा गया कि, हिन्दू तिरंगे का आदर नहीं करेंगे क्योंकि तीन की संख्या अशुभ है, जिसका एक बुरा मनोवैज्ञानिक प्रभाव पड़ेगा, जो देश के लिए हानिकारक होगा। गोलवलकर ने अपने लेख 'डिफ्टिंग ए ड्राफ्टिंग' ('बंच ऑफ थॉट्स' में संकलित) में तिरंगे के चयन की आलोचना की। 14 अगस्त, 1947 और 26 जनवरी, 1950 को संघ ने नागपुर मुख्यालय में तिरंगा फहराने के बाद इसे फहराना बंद कर दिया। 16 जनवरी, 2001 को 'राष्ट्र प्रेमी युवा दल' के तीन सक्रियतावादियों ने देशभक्ति के नारों के साथ जबरन नागपुर के मुख्यालय पर तिरंगा फहराया था। इन युवाओं को गिरफ्तार किया गया। 11 वर्ष जेल में रहने के बाद वे 2013 में जेल से छूटे।

संघ ने आरम्भ में भारतीय संविधान को मान्यता नहीं दी क्योंकि उसमें 'मनुस्मृति' का मनु-नियम नहीं था। 30 नवम्बर, 1949 के 'आर्गनाइजर' के सम्पादकीय में भारतीय संविधान की आलोचना की गई। सेवानिवृत्त उच्च न्यायालय के एक न्यायाधीश शंकर सुब्बा अय्यर का एक लेख 6 फरवरी, 1950 के 'आर्गनाइजर' में प्रकाशित हुआ 'मनु रुल्स आवर हर्ट्स'। अम्बेडकर के निधन के बाद भी संविधान की आलोचना संघ सेवियों-नेताओं द्वारा की जाती रही। गोलवलकर ने 'बंच ऑफ थॉट्स' में लिखा कि इस संविधान में हमारा अपना कुछ भी नहीं है। संघ को फासिज्म का 'भारतीय संस्करण' कहा जाता है। संघ की प्रार्थना 'नमस्ते सदा वत्सले मातृभूमे' संस्कृत में है। प्रार्थना की केवल अंतिम पंक्ति 'भारत माता की जय' हिन्दी में है। इस प्रार्थना में 'हिन्दू भूमि' ('त्वया हिन्दुभूमे सुखं वर्धितोहम्') और 'हिन्दू राष्ट्र' (प्रभो शक्तिमन हिन्दु राष्ट्राङगभूता') के उल्लेख के 'साथ अपने धर्म के संरक्षण' (विधायास्य धर्मस्य संरक्षणम्') की बात कही गई है। संघ जिसे 'राष्ट्र धर्म' कहता है, वह हिन्दू धर्म है—'राष्ट्र धर्म रक्षार्थ निरन्तर, बढ़े संगठित कार्य-शक्ति'।

भारतीय राष्ट्रवाद की तरह हिन्दू राष्ट्रवाद के भी कई चरण हैं। आपातकाल के बाद जहाँ भारतीय राष्ट्रवाद कमजोर होता गया है वहाँ हिन्दू राष्ट्रवाद विकसित होता गया। सुविधा के लिए हिन्दू राष्ट्रवाद के कुछ चरण बन सकते हैं—आरम्भ से 1925 (रा.स्वं.सं के जन्म) का पहला चरण। दूसरा 1925 से 1950 (भारतीय गणतंत्र) या 1952 (प्रथम लोक सभा चुनाव) तक, तीसरा 1952 से 1967 (चौथा लोकसभा चुनाव) तक, चौथा 1967 से 1980 तक, पाँचवाँ, 1980 से 1989-91 तक, छठवाँ 1991 से 2014 तक और सातवाँ 2014 से। स्पष्ट है कि इन चरणों में उसकी राजनीतिक शाखा (पार्टी) भारतीय जन संघ और भाजपा प्रमुख हैं। संघ को अपने विचार-सिद्धांत के कार्यान्वयन में राजनीतिक पार्टी से शक्ति प्राप्त होती है और राजनीतिक पार्टी के प्रसार, विकास उन्नयन और चुनाव में संघ सहयोगी रहा है। फिलहाल संघ अपने जन्म से लेकर अब तक अपने 'सर्वोन्नत' रूप में है। सभी विचारधाराएँ जहाँ दुर्बल अवस्था में हैं, वहाँ दक्षिणपंथी विचारधारा अपनी सबल अवस्था में विद्यमान है।

ए. आर. देसाई ने आने वाले दिनों में भारतीय राष्ट्रवादी आन्दोलन पर पूँजीपति वर्ग के दबदबा रहने की बात कही थी और उसी वर्ग के हित-साधक की संभावना प्रकट की थी। नव उदारवादी अर्थव्यवस्था और भूमंडलीकरण के दौर में बहुत कुछ बदल चुका है। इसी दौर में राष्ट्र और राष्ट्रवाद की प्रचलित और मान्य अवधारणा बदलने लगी। हॉब्सबॉम ने अपनी पुस्तक 'ग्लोबलाइजेशन, डेमोक्रेसी एंड टेररिज़्म' (2007) के पाँचवें अध्याय 'नैशंस एंड नैशनलिज़्म इन द न्यू सेंचुरी' में विस्तार से इस पर विचार किया है। वैश्विक अर्थव्यवस्था की विचारधारा ने बहुत अंशों में राष्ट्रीय सरकारों के प्रभुत्व के साथ अन्तरराष्ट्रीय संस्थाओं को भी अपने अधीन कर लिया है। पहले राष्ट्रवाद को उपनिवेशवाद, साम्राज्यवाद और फासीवाद से जोड़कर देखा जाता था। अब उसे बाजारवाद के साथ भी जोड़ा जाता है। अब महत्त्वपूर्ण राष्ट्र-राज्य का प्रमाण पत्र न होकर पासपोर्ट है। फुटबॉल के उदाहरण से हॉब्सबॉम ने यह बताया है कि अब सुपर क्लब और खिलाड़ी के दृष्टिकोण से फुटबॉल के क्लब राष्ट्र की तुलना में अधिक प्रमुख हैं। अब फुटबॉल क्लब और टीम के अस्तित्व ने अपनी एक अलग राष्ट्रीय पहचान उपस्थित की है।

पूर्व राष्ट्रीय पहचानों से भिन्न भूमंडलीकरण राष्ट्र और राष्ट्रवाद की समस्या को प्रभावित करने वाला एक नया तत्त्व है, जिसका प्रभाव मनुष्य की गतिविधि और गतिशीलता पर असाधारण रूप से पड़ रहा है। सोवियत रूस के विघटन और बर्लिन की दीवार के गिरने के बाद स्थितियाँ बहुत बदल चुकी हैं। मात्र तीन देशों संयुक्त राज्य अमेरिका, कनाडा और आस्ट्रेलिया में पन्द्रह वर्ष (1974-1988) के भीतर लगभग 2 करोड़ 20 लाख आप्रवासी विश्व के प्रत्येक हिस्से से जा पहुँचे। केवल तीन वर्ष (1998-2001) के बीच इन तीन देशों में 36 लाख आप्रवासी आ पहुँचे।

संयुक्त राष्ट्र के सदस्य देशों की संख्या बीस प्रतिशत बढ़ी। 1980 के बाद राष्ट्र और राष्ट्रवाद पर, इसके इतिहास और विकास पर, वर्तमान पर अनेक पुस्तकें प्रकाशित हुईं, जिनमें प्रमुख हैं अर्नेष्ट गेलनर की पुस्तक 'नैशंस एंड 'नैशनलिज़्म' (1983) बेनेडिक्ट एंडरसन की पुस्तक 'इमैजिन्ड कम्युनिटीज' 'रिफलेक्शंस ऑन दि ओरिजिंस एंड स्प्रेड ऑफ नैशनलिज़्म'(1993) ए. डी. स्मिथ की पुस्तक 'थ्योरीज ऑफ 'नैशनलिज़्म' (1983), एरिक हॉब्सबॉम की पुस्तक 'नैशंस एंड 'नैशनलिज़्म सिंस 1780' (1990) पार्थ चटर्जी की पुस्तक 'दि नैशन एंड इट्स फ्रैग्मेंटस: कॉलोनियल हिस्टरीज़' (1993) आदि। इसी तरह 'हिन्दुत्व' और इस विचारधारा को केन्द्र में रखकर 1990 से कई पुस्तकें प्रकाशित हुईं। फिलहाल भारत में 'राष्ट्रवाद' पर नए सिरे से बहस फरवरी 2016 से जे. एन. यू. पर हुए हमलों से आरम्भ हुई हैं। स्वतंत्र भारत में राष्ट्रवाद, भारतीय राष्ट्रवाद और हिन्दू राष्ट्रवाद पर ऐसा गंभीर विमर्श लगातार कभी नहीं हुआ था। यहाँ यह देखना आवश्यक है कि चुनावी राजनीति में दक्षिणपंथी पार्टी का विकास किस प्रकार हुआ है प्रथम लोकसभा चुनाव से सोलहवें लोकसभा चुनाव तक।

भाजपा के सत्ता में आने के बाद ही 'हिन्दू राष्ट्र' का संघीय एजेंडा खुलकर सामने आ गया है। विरोधियों और अपनी विचारधारा से असहमत व्यक्तियों को चुप कराने के लिए अभिव्यक्ति की स्वतंत्रता पर निरन्तर प्रहार किया जा रहा है। 16 मई 2014 को सोलहवें लोकसभा चुनाव परिणाम के बाद स्थितियाँ कहीं अधिक बदली हुई हैं पहले से भिन्न, विकट और भयंकर, जिसका आरम्भ वर्षों पहले हो चुका था। भारतीय जनसंघ 1951-52 से 1975 तक भारतीय राजनीति में प्रभावशाली नहीं था। संघ स्वतंत्र भारत में अपने आनुषंगिक संगठनों के जरिए अपना आधार-क्षेत्र बढ़ाता गया है। ताजा उदाहरण असम और केरल विधान सभा चुनाव (2016) है। संघ द्वारा दशकों से किए गए जमीनी कार्य का बाद में भाजपा को राजनीतिक लाभ प्राप्त होता रहा है। अगस्त 2015 तक देश में संघ की कुल 51,335 शाखाएँ थीं। शाखाओं की संख्या लगातार बढ़ रही है। लगभग साठ लाख लोग संघ से सीधे जुड़े हैं। उसके सभी आनुषंगिक संगठनों की सदस्य-संख्या 5-6 करोड़ से अधिक है। असम में 1946 से संघ सक्रिय रहा है, जहाँ 830 से अधिक उसकी शाखाएँ हैं। लगभग 65-70 वर्ष बाद उसके परिश्रम का फल भाजपा को प्राप्त हुआ है, पूर्वोत्तर राज्य में बहुमत के साथ उसका प्रवेश हुआ है। क्रिस्तोफ जैफ्रेला ने अपने लेख 'दि एनिग्मा ऑफ अराइवल' (इंडियन एक्सप्रेस, 11 जून, 2016) में भारतीय राजनीति में भाजपा की असम में हुई इस जीत को 'माइल स्टोन' कहा है। इसी प्रकार केरल में उसने प्रवेश कर लिया है और उसका वोट प्रतिशत 15 हो चुका है। इस लेख में पहले यह कहा जा चुका है कि आपातकाल के पूर्व न तो भारतीय जनसंघ भारतीय राजनीति में विशेष प्रमुख था और न राष्ट्रीय स्वयंसेवक संघ का इतना अधिक

विस्तार हुआ था। गोलवलकर 33 वर्ष तक (1940-1973) सरसंघ चालक रहे थे। संघ के सिद्धांतकार के साथ उसके विकास और प्रसार में उनकी सर्वाधिक भूमिका रही है। संघ के कार्य-व्यापार के सम्बन्ध में सामान्य नागरिक को कुछ ज्ञात नहीं होता। गोलवलकर के बाद मधुकर दत्तात्रेय देवरस बीस वर्ष तक सरसंघ चालक (1973-1993) रहे हैं। गोलवलकर और देवरस की संघ के विकास में बहुत बड़ी भूमिका है। प्रतिबंध लगने के बाद भी संघ कभी कमजोर नहीं हुआ। वह और अधिक शक्तिशाली होता रहा है। बड़ी बात यह है कि उसके सभी आनुषंगिक संगठन संघ के 'आदर्श' और 'सिद्धांत' से कभी नहीं डिगे। भारत के प्रत्येक राजनीतिक दल में टूट होती रही, पर भारतीय जनसंघ और भाजपा में कोई टूट नहीं हुई। किसी भी राजनीतिक दल की तुलना में भाजपा में कहीं अधिक अनुशासन है। हिन्दू राष्ट्रवाद के वे सभी हिमायती रहे।

प्रथम लोकसभा चुनाव के पहले भारतीय जनसंघ की स्थापना 21 अक्टूबर 1951 को हुई थी। यह संघ का राजनीतिक संगठन था। संघ की विचारधारा के विकास के लिए उसकी अपनी एक राजनीतिक पार्टी का होना आवश्यक था। श्यामा प्रसाद मुखर्जी भारतीय जनसंघ के संस्थापक थे। भारतीय जनसंघ हो या फिर बाद में भारतीय जनता पार्टी, यह जानना आवश्यक है कि इसने अपने नाम के पूर्व 'भारतीय' जोड़कर अपनी हिन्दू छवि को भारतीय छवि के रूप में प्रस्तुत किया है। सही अर्थों में 'हिन्दुत्व' के सिद्धांत और विचार से जुड़े राजनीतिक दल को अपने नाम के आगे 'भारतीय' लगाने की आवश्यकता नहीं थी, पर यह कार्य एक सोची-समझी दूर-दृष्टि और जनता पर पड़ने वाले मनोवैज्ञानिक प्रभाव को ध्यान में रखकर किया गया। पहली (1951) से पाँचवी लोकसभा (1971) तक भारतीय जनसंघ को क्रमशः 3,4,14,35, और 22 सीटें उपलब्ध हुई थीं और उसका वोट प्रतिशत क्रमशः 3.06, 5.93, 6.44, 9.41 और 7.35 था। आपातकाल के बाद जनता पार्टी के गठन में भारतीय जनसंघ शामिल हो गया। भारतीय जनसंघ को सर्वाधिक सीटें चौथे लोकसभा चुनाव में प्राप्त हुई थीं। 1967 का लोकसभा चुनाव भारतीय राजनीति में एक मोड़ था। उसी समय फासीवाद की आहटें बुद्धिजीवियों ने सुन ली थीं। नामवर सिंह ने 'आलोचना' पत्रिका के सम्पादकीय (अप्रैल-जून 1976) में 'चौथे आम चुनाव के बाद भारत के एक नए ऐतिहासिक दौर में प्रवेश' की बात कही थी। उन्होंने 'फासिस्ट तानाशाही के खतरे' भाँप लिए थे। इसी अंक में रामविलास शर्मा ने 'संवाद' के अन्तर्गत 'फासिस्ट तानाशाही का खतरा: वाम पक्ष का दायित्व' शीर्षक लेख में साफ शब्दों में "भारत में फासिस्ट तानाशाही के कायम होने की जिम्मेदारी कम्यूनिस्ट पार्टी पर डाली थी।" इटली और जर्मनी में फासिस्ट तानाशाही ने कवियों, लेखकों, बुद्धिजीवियों, चिन्तकों, संस्कृतिकर्मियों पर, अभिव्यक्ति की स्वतंत्रता पर प्रहार किया था। भाजपा के सत्तासीन होने के बाद, राष्ट्रीय राजनीति में

प्रमुख-सर्वप्रमुख होने के बाद संघ के विभिन्न आनुषंगिक संगठनों ने 1999-2000 से अब तक आतंक, हिंसा, भय, आक्रमण का एक ऐसा सिलसिला प्रारंभ किया, जो पहले नहीं था। राष्ट्रीय स्वयं सेवक संघ से न जुड़े रहने के बाद भी श्यामा प्रसाद मुखर्जी को सावरकर के बाद 'हिन्दू राष्ट्रवाद' का 'धर्मपिता' (गॉड फादर) समझा जाता है।

'हिन्दू राष्ट्रवाद' जनता पार्टी के कार्यकाल में शिक्षा और संस्कृति के जरिए अधिक मजबूत हुआ। भारतीय इतिहास और संस्कृति से छेड़छाड़ पहले भी की जाती रही थी, पर सत्ता में आने के बाद संघ के इतिहासकार अधिक प्रमुख हो उठे। जनता पार्टी की सरकार में 1979 में ही राष्ट्रीय शैक्षिक अनुसंधान प्रशिक्षण परिषद् द्वारा प्रकाशित इतिहास की पुस्तकों को हटाने की माँग की गई। इतिहास की मनोनुकूल साम्प्रदायिक 'व्याख्या के लिए वैज्ञानिक दृष्टि और चेतना-सम्पन्न इतिहास पुस्तकों को हटाना आवश्यक था और ऐसे प्रयत्न जनता पार्टी की सरकार में किए गए। मुरली मनोहर जोशी उस समय शिक्षा मंत्री थे। संघ सदैव सत्य का विरोधी और झूठ का समर्थक रहा है। भारतीय इतिहास अनुसंधान परिषद् की 'टुवडर्स फ्रीडम' शृंखला के अन्तर्गत के. एन. पणिक्कर और सुमित सरकार की पुस्तकों को प्रकाशित होने से रोका गया। हिन्दू महासभा का ब्रिटिश शासन के साथ के सम्बन्धों से जुड़े दस्तावेजों को सरकार प्रकाशित नहीं होने देना चाहती थी। जनता पार्टी के शासन काल और बाद में संघ के आनुषंगिक संगठनों के फैलाव-विस्तार के साथ इस प्रकार के क्रिया-कलापों में कहीं अधिक वृद्धि हुई।

भारतीय जनता पार्टी की सदस्य-संख्या आज करोड़ों में है और यह दुनिया की सबसे बड़ी राजनीतिक पार्टी है। सातवें लोकसभा चुनाव (1980) में इसने भाग नहीं लिया था। इन्दिरा गांधी की हत्या के बाद हुए आठवें लोकसभा चुनाव (1984) में इसे मात्र दो सीटें प्राप्त हुई थीं। पिछले आठ लोकसभा चुनावों (नौवें से सोलहवें-1989-2014) में भाजपा को नया जीवन प्राप्त हुआ। तीस वर्ष (1984-2014) में इसकी सांसद संख्या 2 से बढ़कर 282 हुई और वोट प्रतिशत 7.74 से बढ़कर 31 प्रतिशत हो गया। कांग्रेस पिछड़ती गई और भाजपा बढ़ती गई। भाजपा का यह अभूतपूर्व विकास नव उदारवादी अर्थव्यवस्था और भूमंडलीकरण के दौर में हुआ है। लालकृष्ण आडवाणी ने अपनी रथ-यात्रा से शक्ति का संचार किया। आज भाजपा सही अर्थों में प्रमुख राष्ट्रीय पार्टी है और 44 सांसदों के साथ कांग्रेस लगभग हाशिए पर है। 11वीं लोकसभा के चुनाव में वह सबसे बड़ी राजनीतिक पार्टी बनी। 11वीं और 12वीं लोकसभा में भाजपा की सरकार कुछ ही दिनों तक रही। मई 1998 में चुनाव लड़ने के लिए राष्ट्रीय जनतांत्रिक गठबंधन (एन डी ए) कायम हुआ और 24 दलों के सहयोग से राजग की सरकार बनी। अटल बिहारी वाजपेयी और नरेन्द्र मोदी संघ के प्रचारक रहे हैं।

भाजपा राष्ट्रीय स्वयं सेवक संघ से नाभिनाल बद्ध हैं। दोनों में कभी सम्बन्ध-विच्छेद नहीं हो सकता। संघ पिछले पचास-साठ वर्ष में सामाजिक जीवन के प्रत्येक क्षेत्र में फैल चुका है। गाँव और शहरी क्षेत्रों में सांस्कृतिक संगठन के रूप में इसकी उपस्थिति है। जमीनी स्तर पर उसकी जो पहुँच और पैठ है, वह चुनाव के समय फलदायी होती है। भारत की किसी भी राजनीतिक पार्टी और सामाजिक संगठन की पहुँच इतनी व्यापक नहीं है। वर्षों-दशकों से जो जमीन संघ तैयार करता है, उसमें चुनावी फसल का लहलहाना स्वाभाविक है। इसी कारण उसे सत्ता-शक्ति से अलग करना कठिन है। राष्ट्रीय स्वंयसेवक संघ का राज्य के प्राय: प्रत्येक तंत्र पर प्रभाव है और वह उदार-धर्मनिरपेक्ष उपनिवेश विरोधी राष्ट्रवाद को आक्रामक हिन्दू धार्मिक राष्ट्रवाद में रूपान्तरित करने की प्रक्रिया में संलग्न है।

'सांस्कृतिक राष्ट्रवाद' को के. एन. पणिक्कर ने 'सम्प्रदायवाद की शब्दावली' कहा है। सांस्कृतिक राष्ट्रवाद और धर्मनिरपेक्ष राष्ट्रवाद के बीच कोई सम्बन्ध नहीं है। प्रश्न संस्कृति-सम्बन्धी सोच, चिन्तन और विचार का है। भारतीय संस्कृति को संघ हिन्दू संस्कृति में रिड्यूस करता है। बहुलतावादी संस्कृति और सांस्कृतिक विविधता को वह स्वीकार नहीं कर सकता। वह उसके विरुद्ध है। संघ के लिए भारतीय संस्कृति, हिन्दू संस्कृति है जिसे विनायक दामोदर सावरकर ने 'हिन्दुत्व' और एम. एस. गोलवलकर ने 'बंच ऑफ थॉट्स' में परिभाषित किया है। संघ की विचार-चिन्तन दृष्टि सावरकर गोलवलकर की है। उसके वैचारिक स्रोत ये दोनों हैं। इन स्रोतों पर आधारित संघ परिवार राष्ट्रवाद की हिन्दूवादी धारणा को सामने रखता है। के. एन. पणिक्कर ने अपने लेख ''नैशनलिज़्म देन एंड नाउ' (फ्रंट लाइन, अप्रैल 2-15, 2016) में इस 'हिन्दू धार्मिक राष्ट्रवाद' पर विस्तार से विचार किया है। उन्होंने मीरा नायर को उद्धृत किया है, जो इसे 'अतीत के डोमेस्ट्रिकेशन' के जरिए 'परम्परा की छल रचना' कहती हैं। संघ और संघ परिवार इतिहास को 'मिथ' में और 'मिथ' को इतिहास में बदलने में निपुण हैं। बुद्धि-विवेक, तर्क, वैज्ञानिक सोच-दृष्टि के वह विरुद्ध है। उदार, धर्मनिरपेक्ष राष्ट्रवाद को एक धार्मिक मूलतत्त्ववादी-रुढ़िवादी राष्ट्रवाद में बदलने का निरन्तर संघ-प्रयत्न भाजपा के शासन में आने के बाद अपने चरम पर पहुँच चुका है। राष्ट्रवाद के इस रूप पर अकादमिक बहसों का निश्चित रूप से अधिक महत्त्व है, पर इसका समाज पर अधिक प्रभाव नहीं पड़ रहा है। एक सोची-समझी कार्य नीति के तहत ही प्रमुख संस्थाओं, शिक्षण संस्थाओं, विश्वविद्यालयों पर हमले हो रहे हैं। इसके पूर्व यह धार्मिक-उन्मादकारी राष्ट्रवाद, विघटनकारी, साम्प्रदायिक हिन्दू राष्ट्रवाद हमारे लिए अधिक चिन्ता का विषय नहीं था। संघ की अपनी राष्ट्र-परिभाषा है। जो उसमें फिट नहीं बैठता और जो विरोध में अधिक मुखर, सक्रिय रहता है, उस पर 'राष्ट्रद्रोह' का इल्जाम लगाना उसके लिए मामूली बात है। आज नरेन्द्र मोदी ने लालकृष्ण आडवाणी

को 'मार्ग-दर्शक' बनाकर किनारे बैठा दिया है, पर एक समय था, आडवाणी ने सत्ता में आने से पहले बार-बार 'हिन्दू राष्ट्र' की बात कही थी। ए. जी. नूरानी ने अपने लेख ''नैशनलिज़्म वर्सज हिन्दुत्व' (फ्रंट लाइन, 29 अप्रैल, 2016) में आडवाणी के 19 नवम्बर 1990, 20 अक्टूबर 1990 और 5 अगस्त 1989 का कथन उद्धत किया है, जिसमें उन्होंने न केवल भाजपा को हिन्दू पार्टी कहना सही माना, अपितु भारत में उसी के शासन करने की बात कही जो हिन्दू हितों के लिए लड़ेंगे। उन्होंने धर्म निरपेक्ष नीतियों को 'हिन्दू आकांक्षा पर अविवेकी रोक' (नियन्त्रण) कहा। 1989 और 1990 में भाजपा शासन में नहीं थी। नौवें लोकसभा चुनाव (1989) में भाजपा के सांसद 2 से बढ़कर 85 हो गए थे और उसका वोट प्रतिशत भी 1984 के 7.74 से बढ़कर 11.36 हो गया था। लालकृष्ण आडवाणी इस समय भाजपा के अध्यक्ष (1986-91 और 1993-98) थे।

फरवरी 2016 में जे. एन. यू. की घटना के बाद अरुण जेटली (वित्त मंत्री) ने 26 मार्च, 2016 को अनायास और अकारण 'सावरकर के राष्ट्रवाद' का उल्लेख नहीं किया। जे एन यू में भारतीय राष्ट्रवाद को सामने लाया गया था। भारतीय राष्ट्रवाद की बात करने वाला और हिन्दू राष्ट्रवाद पर प्रहार करने वाला राष्ट्रद्रोही होने लगा। गोलवलकर ने मुसलमान, ईसाई, और कम्युनिस्ट को अपना शत्रु माना था। कम्युनिस्ट पर अब तक कम प्रहार हो रहे थे। धार्मिक और अल्पसंख्यक संघ और भाजपा के निशाने पर थे। अगले निशाने पर कम्युनिस्टों को होना ही था।

1989 के बाद वित्तीय पूँजी के प्रचार-प्रसार के साथ असहिष्णुता अधिक बढ़ने लगी। एक ओर धार्मिक कट्टरता दूसरी ओर वित्तीय पूँजी-दोनों ने मिलकर, एक दूसरे से जुड़कर माहौल बदलने में बड़ी भूमिका अदा की। सत्तर के दशक के आरम्भ में ही विस्तृत रूप से राष्ट्रीय स्वयं सेवक संघ पर लेख लिखे गए थे। उस समय गोलवलकर जीवित थे। 1972 में ई. पी. डब्ल्यू में वाल्टर एंडरसन ने राष्ट्रीय स्वयं सेवक संघ पर चार किस्तों में लेख लिखा था। तब बजरंग दल, विश्व हिन्दू परिषद, अखिल भारतीय विद्यार्थी परिषद कोई भी आज की तरह प्रभावी नहीं था। अस्सी के दशक से, विशेषत: सदी के अन्तिम दशक से हिन्दू पुनरुत्थानवाद, राष्ट्रवाद आदि पर किताबें प्रकाशित होने लगी थीं। आडवाणी की सोमनाथ से अयोध्या तक की रथ-यात्रा, अयोध्या में राम मंदिर निर्माण में पहल, बाबरी मस्जिद ध्वंस के बाद धार्मिक कट्टरता और आक्रामकता में गति आई। सबका ध्यान इस ओर गया। 1987 में वाल्टर के. एंडरसन ने श्रीधर डी. डामले के साथ पुस्तक लिखी 'दि ब्रदरहुड इन सेफ्रोन : द राष्ट्रीय स्वयं सेवक संघ एंड हिन्दू रिवाइवलिज्म'। 2000 के पहले क्रिस्तोफ जैफ्रेला की पुस्तक 'हिन्दू नैशनलिस्ट मूवमेंट इन इंडिया' (1993) और 'हिन्दू 'नैशनलिज़्म इन इंडिया' (1998) प्रकाशित हो चुकी थी। 1998 में रुटलेज से जूलियस लिपनर की किताब आई 'हिन्दुज: देअर रीलीजिअस

वीलिव्स एंड प्रैक्टिसेज'। अगले वर्ष 1999 में थॉमस ब्लॉम हैंसेन की पुस्तक 'द सैफरन वेव: डेमोक्रेसी एंड हिन्दू 'नैशनलिज़्म इन मॉडर्न इंडिया' और सिबेल शट्टक की पुस्तक 'हिन्दुइज्म' प्रकाशित हुई थी। थॉमस ब्लोम हैंसन और क्रिस्तोफ जैफ्रेला की पुस्तक 'द बीजेपी एंड द कम्पलशंस ऑफ पालिटिक्स इन इंडिया' 2000 में आई। इन पुस्तकों के उल्लेख का मतलब यह है कि देश के बाहर भारत में बदल रहे राजनीतिक घटना-चक्र और हिन्दुत्व के उभार, भाजपा के प्रसार पर बौद्धिक ध्यान दे रहे थे। बेशक, यह ध्यान भारतीय बुद्धिजीवी और कवि-लेखक भी दे रहे थे, पर वे भावी खतरे को कम करके देख रहे थे। बाबरी मस्जिद ध्वंस स्वतंत्र भारत की एक बड़ी घटना थी, जिस पर काफी कविताएँ लिखी गईं, पर घटना-विशेष के बाद ही लोगों का ध्यान जाता रहा।

अटल बिहारी वाजपेयी और नरेन्द्र मोदी में संघ प्रचारक और प्रधानमंत्री होने के बाद भी कुछ अंतर है। वाजपेयी का जन्म परतंत्र भारत में हुआ था, मोदी का स्वतंत्र भारत में। वाजपेयी जनसंघ के अध्यक्ष (1968-72) के बाद भाजपा के भी अध्यक्ष (1980-86) थे। मोदी भाजपा के कभी अध्यक्ष नहीं रहे। वाजपेयी कई बार लोकसभा चुनाव लड़कर संसद पहुँचे। मोदी ने पहली बार चुनाव लड़ा और संसद का मुँह देखा। वाजपेयी कभी किसी राज्य के मुख्यमंत्री नहीं रहे। मोदी लगभग पन्द्रह वर्ष गुजरात के मुख्यमंत्री रहे। वाजपेयी ने चौबीस दलों के सहयोग से राजग की स्थायी सरकार बनाई। मोदी के पास बहुमत था। फिर भी उन्होंने राजग की सरकार बनाई। वाजपेयी चालीस साल पहले संघ के प्रचारक थे, मोदी बीस वर्ष पहले तक प्रचारक रह चुके थे। वाजपेयी के समय नव उदारवादी अर्थव्यवस्था किशोरावस्था में थी। मोदी के समय वह युवावस्था में है। वाजपेयी के समय कॉरपोरेट और बाजार अधिक प्रभावशाली भूमिका में नहीं था। कॉरपोरेट जगत ने मोदी को प्रधानमंत्री बनाए जाने की बात सबसे पहले कही। वाजपेयी को कॉरपोरेट ने प्रधानमंत्री के रूप में कभी 'प्रोजेक्ट' नहीं किया था। वाजपेयी में थोड़ा बहुत ही सही लोकतांत्रिक गुण था। गुजरात नरसंहार के बाद उन्होंने नरेन्द्र मोदी को 'राजधर्म' का निर्वाह न करने की बात कही थी। मोदी ने गुजरात नरसंहार को लेकर कभी माफी नहीं माँगी। वाजपेयी और मोदी दोनों की अच्छे वक्ता के रूप में पहचान है, पर वाजपेयी मोदी की तरह जुमले उछालने, मुहावरे गढ़ने और शब्द-क्रीड़ा में प्रवीण नहीं थे। वाजपेयी और मोदी की तुलना केवल इसलिए की गई है कि हम 1999 से 2004 और 2014 से अब तक के भारत को भी सही ढंग से समझ सकें।

16 मई, 2014 एक महत्त्वपूर्ण ऐतिहासिक तिथि है, जब सोलहवीं लोकसभा का चुनाव-परिणाम घोषित हुआ था। इस चुनाव परिणाम की भाजपा सहित किसी भी राजनीतिक दल ने कल्पना नहीं की थी। तीस वर्ष बाद किसी एक राजनीतिक दल को पूर्ण बहुमत प्राप्त हुआ था। 1984 की कहाँ भाजपा की 2 सीट और 2014

की 282 सीट। यह चुनाव परिणाम अप्रत्याशित था। कांग्रेस 44 पर सिमट गई। 1984 में उसे 404 सीटें हासिल हुई थी। आपातकाल के बाद छठे लोकसभा चुनाव में उसकी सीट सौ से कहीं अधिक थी। 1984 में कांग्रेस का वोट प्रतिशत 49.10 था और भाजपा का 7.74. सोलहवें लोकसभा चुनाव में बसपा, द्रमुक और नैशनल कांफ्रेंस को एक भी सीट नहीं मिली। इसके बाद दक्षिणपंथी ताकतों का बौराना स्वाभाविक था। भारतीय राजनीति में उसने एक नया इतिहास रच दिया था। हिन्दुत्व की विचारधारा का अब कहीं अधिक आक्रामक रूप ग्रहण करना तय था। मोदी को पहले ही 'हिन्दुत्व हृदय सम्राट' कहा गया था। भारत की राजसत्ता को अब धर्म सत्ता और बाजार-कॉरपोरेट सत्ता में बदलना था।

16 मई 2014 के बाद का भारत पहले के भारत से भिन्न है। 282 भाजपा सांसदों में से एक भी मुसलमान नहीं है। अब भारत में कहीं अधिक कट्टरपंथी शक्तियाँ बढ़ चुकी हैं, आक्रामक हो रही हैं। सच के स्थान पर झूठ फैलाया जा रहा है, असहमति और विरोधी स्वरों को दबाया जा रहा है, संस्थाओं की स्वायत्तता नष्ट की जा रही है, शिक्षण संस्थाओं और विश्वविद्यालयों की स्वायत्तता खो रही है, 'मन की बात' कही जा रही है।' पर बौद्धिक, तार्किक, तथ्यपरक बातें नहीं सुनी जा रही हैं। बौद्धिकता, विवेकशीलता, तार्किकता, संवादोन्मुखता घट रही है, 'वाद-विवाद-संवाद' की जगह उन्माद फैलाया जा रहा है, विचार का संहार कर 'विचार-मुक्त भारत' की दिशा में बढ़ा जा रहा है, भारत को हिन्दू राष्ट्र में बदलने की अनवरत चेष्टाएँ की जा रही हैं, अभिव्यक्ति की स्वतंत्रता नष्ट की जा रही है, भय, घृणा, आतंक, असहिष्णुता कहीं अधिक फैल रही है।

मोदी के आने के बाद धार्मिक, हिन्दू, अनुदार, हिंस्र और अन्ध राष्ट्रवाद बढ़ रहा है, जिसका सीधा सम्बन्ध सत्ता व्यवस्था से है। इस राष्ट्रवाद को सत्ता का सहयोग-समर्थन प्राप्त है। वित्त मंत्री अरुण जेटली ने 'सावरकर के राष्ट्रवाद' का उल्लेख कर अपनी विचारधारा से जुड़े लोगों को 'एक बड़ी चुनौती' वैचारिक-सैद्धांतिक चुनौती की बात कही। उन्होंने जे. एन. यू. और बाद में भारतीय राष्ट्रवाद के साथ अपने विरोधियों को, उनके विचारों को वैचारिक लड़ाई के रूप में देखने की बात कही। जे. एन. यू. की घटना के एक दिन पहले 8 फरवरी, 2016 को भाजपा अध्यक्ष अमित शाह ने देश की सही परम्परा और संस्कृति के लिए मोदी के कार्यरत रहने की बात कही। यह भी कहा कि यह 'हिन्दुइज्म' के लिए शर्म करने वाला क्षण है। इस वर्ष सिलसिलेवार रूप में संघ और भाजपा ने 'हिन्दुत्व' के पक्ष में भिन्न-भिन्न रूपों में जितनी बातें कहीं हैं, उतनी पहले इतनी अल्पावधि में कभी नहीं कही गई थीं। नरेन्द्र मोदी ने काशी में आरती करते हुए 'हमारी संस्कृति' की बात कही। मोदी की वास्तविक हिन्दू राष्ट्रवादी की छवि फिलहाल पीछे है। वे 'विकास' की बात करते हैं और 'हिन्दू राष्ट्रवाद' की बात दूसरे करते हैं। यह सब आपसी सोच-

विचार से सम्भव हो रहा है। 17 मार्च, 2016 को राष्ट्रीय स्वयं सेवक संघ के संयुक्त महासचिव दत्तात्रेय होसबले ने घोषणा की कि 'भारत माता की जय' नहीं बोलने वाला राष्ट्र विरोधी है। दो दिन बाद 19 मार्च को अमित शाह ने कहा भाजपा राष्ट्र की आलोचना बर्दाशत नहीं करेगी और अभिव्यक्ति की स्वतंत्रता के नाम पर राष्ट्र विरोधी गतिविधियों को न्याय संगत, तर्कसंगत नहीं ठहराया जा सकता। अमित शाह ने भाजपा कार्यकर्ताओं को राष्ट्र विरोधी गतिविधियों के खिलाफ पूरे देश में मुहिम चलाने को कहा। 20 मार्च, 2016 को भाजपा की राष्ट्रीय कार्यकारिणी में यह प्रस्ताव पारित किया गया कि भारत का अनादर करने के किसी भी प्रयास का कड़ाई से विरोध किया जाएगा। अरुण जेटली के लिए 'भारत माता की जय' का नारा बहस से परे है। संघ, भाजपा, भाजपा के मंत्री, सांसद, विधायक सबके राग एक हैं। कहीं उनमें हिन्दुत्व, हिन्दू राष्ट्रवाद को लेकर असहमति नहीं है। स्पष्ट है कि जो भी इस धारणा, विचारधारा का विरोध करेगा, वह उनके निशाने पर होगा, उस पर हमले होंगे। उसे राष्ट्रद्रोही सिद्ध किया जाएगा। 'राष्ट्र और राष्ट्रवाद' की 'भारत' और 'भारत माता' की उनकी अपनी परिभाषा है। इससे असहमत लोग संघ और भाजपा के शत्रु हैं। इन सभी घटनाओं पर प्रधानमंत्री नरेन्द्र मोदी की चुप्पी एक प्रकार की सहमति है।

भारतीय राष्ट्रवादियों को, वास्तविक देश प्रेमियों को राष्ट्र विरोधी कहने का यह सिलसिला भाजपा के संसद में बहुमत होने और नरेन्द्र मोदी के प्रधानमंत्री बनने के बाद का है। स्वतंत्र भारत में भारतीय राष्ट्रवाद का निरन्तर कमजोर होना और हिन्दू राष्ट्रवाद का बढ़ना सामान्य घटना नहीं है। इसका उस वैश्विक पूँजी से रिश्ता है, जो पिछले तीन दशक में पहले की तुलना में कहीं अधिक विकसित हो चुकी है। कॉरपोरेट साम्प्रदायिक सम्बन्ध और मैत्री के वर्तमान दौर में अनुदार, हिंस्र और हिन्दू राष्ट्रवाद के स्वर गूँज रहे हैं। मोदी का विकास-मंत्र इससे अलग नहीं है। अगर 'विकास' के लिए 'नव उदारवाद' अनिवार्य है, तब अन्तरराष्ट्रीय पूँजी के, उसके निवेश के विरोधी 'विकास' के शत्रु हैं, विकास-मार्ग में बाधक हैं। अच्छी मजदूरी, कार्य स्थितियों की माँग कॉरपोरेट के पक्ष में नहीं है। स्वाभाविक है कि 'राष्ट्रीय विकास' में बाधक तत्त्वों को 'देशद्रोही' करार दिया जाए, अभिव्यक्ति की स्वतंत्रता पर प्रहार किया जाय, असहमति और विरोधी स्वरों को दबाया, कुचला जाए, किसी भी प्रकार के आन्दोलन को ही नहीं, धरने-प्रदर्शन तक भी रोक लगा दी जाए।

'जो हमारे अनुकूल और हमारे साथ नहीं है, वह हमारा शत्रु है' बुश की यह धारणा भारत में फैल चुकी है। यह लोकतंत्र और संविधान के विरुद्ध है। भारतीय समाज, जनजीवन, संविधान, लोकतंत्र पर इतना बड़ा खतरा पहले नहीं था। कॉरपोरेट-साम्प्रदायिक साहचर्य, सहबन्ध ने देश में जो माहौल पैदा किया है, उससे आँखें नहीं मूंदी जा सकती। भारत अभी तक 'फासीवादी राज्य' नहीं है और न यहाँ पूरी तरह

'हिटलरी शासन' है—'इन वोल्क, इन रीच, फयूहरेर' (एक आदमी, एक शासन, एक नेता) संघ के नारे 'एक राष्ट्र, एक संस्कृति, एक धर्म, एक भाषा' के बाद भी। पर यह भी सच है कि उम्बर्तो इको ने फासिज्म की जो विशेषताएँ बताई हैं, वे भारत में विद्यमान हैं। देश में फासीवादी प्रवृत्तियाँ—सत्तावादी, धार्मिक हिंसादि बढ़ रही हैं। फासीवाद लोगों को एक जगह इकट्ठे होने और राज्य के विरुद्ध बोलने की अनुमति नहीं देगा। प्रधानमंत्री मोदी, भाजपा, राष्ट्रीय स्वयं सेवक संघ से उनके विचारों, सिद्धांतों, कार्यकलापों से असहमत होना, उनके विरुद्ध बोलना-लिखना कहीं से भी अलोकतांत्रिक नहीं है। भारतीय संविधान और संसदीय लोकतंत्र को संघ और भाजपा मिल-जुलकर कमजोर करने में लगे हुए हैं। उदार, सहिष्णु, धर्मनिरपेक्ष राष्ट्रवाद को एक धार्मिक, अनुदार, असहिष्णु और रूढ़िवादी राष्ट्रवाद में बदलने की कोशिश जारी है। देश एक संकटकालीन, संक्रमणकालीन स्थिति से गुजर रहा है। अंधविश्वास और रुढ़िवाद पर प्रहार करने वालों की हत्या की जा रही है।

अभिव्यक्ति की स्वतंत्रता की चिन्ता भारत के किसी भी राजनीतिक दल को नहीं है। मुक्तिबोध ने नेहरू के समय में ही 'अभिव्यक्ति के खतरे' उठाने की बात कही थी। उस समय आज जितना खतरा नहीं था, पर मुक्तिबोध ने भावी खतरे की पहचान कर ली थी। कॉरपोरेट के प्रभावशाली बनने, वित्तीय पूँजी के प्रचार-प्रसार, निजीकरण, उदारीकरण, भूंडलीकरण के साथ नव उदारवादी अर्थ-व्यवस्था के दौर में अभिव्यक्ति की स्वतंत्रता पर अधिक खतरा मंडराने लगा। दक्षिणपंथी संघीय विचारधारा वाली भाजपा के सत्ता में आने और नरेन्द्र मोदी के प्रधानमंत्री बनने के बाद यह कहीं अधिक बढ़ गया। हमले होने लगे। कॉरपोरेट शक्तियों के सामने प्राय: सभी राजनीतिक दल लगभग आत्मसमर्पण कर चुके हैं। उनकी प्रतिरोध-शक्ति थोड़ी बहुत चुनावी राजनीति तक सीमित हो चुकी है। असहिष्णुता पहले भी थी, पर आज जैसी नहीं थी। विरोधियों को गले कभी नहीं लगाया गया। चुनावी समीकरण ने प्रतिरोध की राजनीति समाप्त कर दी। कला, साहित्य, संस्कृति में ही प्रतिरोध बचा रहा। प्रतिरोध की राजनीति घटी, प्रतिरोध की संस्कृति बढ़ी। जयललिता (अन्ना द्रमुक) की सरकार हो या कांग्रेस-तृणमूल कांग्रेस की सरकार, कहीं भी असहमति के स्वरों की कद्र नहीं की गई। कमोबेश ही सही प्राय: सभी सरकारों ने अभिव्यक्ति की स्वतंत्रता पर प्रहार किये। यह सिलसिला इन्दिरा गांधी के कार्यकाल से आरम्भ हुआ, जो मोदी के समय चरम पर है। महाराष्ट्र अन्ध विश्वास विरोधी फोरम के संस्थापक तर्कवादी 69 वर्षीय नरेन्द्र दाभोलकर की हत्या (अगस्त 2013) 'हू वाज़ शिवाजी' के लेखक 81 वर्षीय गोविन्द पानसारे की हत्या (फरवरी 2015) और विद्वान लेखक, बुद्धिजीवी, तर्कवादी 76 वर्षीय एम. एम. कलबुर्गी की हत्या (अगस्त 2015) एक सोची-समझी रणनीति के तहत की गई। यह उनके विचारों पर किया गया हमला था। प्रतिगामी शक्तियाँ समाज में प्रतिरोधी और प्रगतिशील शक्तियों को बर्दाश्त नहीं करती हैं।

महाराष्ट्र और कर्नाटक में क़ांग्रेस की सरकार थी। सरकार किसी भी दल की हो, ऐसी शक्तियाँ ताण्डव करने में पीछे नहीं रहतीं। तमिलनाडु में जयललिता की सरकार थी, पर तमिल भाषा के विद्वान और लेखक पेरुमल मुरुगन की पुस्तक 'माधोरुबागन' (अर्धनारीश्वर) के अंग्रेजी अनुवाद और लोकार्पण के बाद उन्हें धमकियाँ मिलीं और उन्होंने लेखन से अपने को अलग कर लिया था। अधिसंख्य कवियों-लेखकों ने इसे बढ़ती 'असहिष्णुता' कहा, जबकि यह भय और आतंक का, हत्या कामरेड की फैलता माहौल था। अरुंधती राय ने ठीक कहा है—"इंसानों की पीटकर हत्या, उन्हें गोली मारने, जलाकर मारने और उनकी सामूहिक हत्या के लिए 'असहिष्णुता' गलत शब्द है...ये भयावह हत्याएँ एक गंभीर बीमारी का लक्षण भर है। जीते-जागते लोगों की ज़िन्दगी नर्क बनकर रह गई है। करोड़ों दलितों, आदिवासियों, मुसलमानों और ईसाइयों की पूरी-पूरी आबादी दहशत में जीने के लिए मजबूर है कि क्या पता कब और किस तरह से उन पर हमला बोल दिया जाए।" (प्रतिरोध : फासीवाद के खिलाफ जारी सांस्कृतिक विद्रोह के दस्तावेज 2016)

ऐसा पहले नहीं था। कला, फिल्म, लेखन, विचार, इतिहास पर, 1989 के पहले हुए हमले के उदाहरण कम हैं। सत्ता के जनविरोधी चरित्र के विकास और वैश्विक-कॉरपोरेट पूँजी के प्रसार के बाद ऐसे हमले बढ़े, जिसमें संघ और भाजपा की विचारधारा ने कहीं अधिक गति-शक्ति प्रदान की। विचार, तर्क, साक्ष्य, विवेक का स्थान सत्ता-तंत्र में कम होता गया। विकृत, जनविरोधी राजनीति और वैश्विक-कॉरपोरेट पूँजी के सहमेल के बाद स्थितियाँ कहीं अधिक विकट और जटिल होती गई हैं। एम. एफ. हुसैन को हिन्दुत्ववादियों ने ही धमकियाँ दीं, चित्र-प्रदर्शनी बाधित की, तोड़-फोड़ की। जन-संघर्षों को कमजोर करने, आतंक और भय का माहौल फैलाने का जो सिलसिला चला, उसकी अब तक, शायद ही कोई सम्पूर्ण सूची पेश की गई हो। संघियों के निशाने पर पहले मुसलमान और ईसाई थे। बाद में कवि, लेखक, इतिहासकार, चित्रकार, बुद्धिजीवी आए और भाजपा के सत्तासीन होने के बाद संस्थाएँ आ गईं। ओडिशा में ग्राहम स्टुअर्ट स्टेंस तथा उनकी संतानों फिलिप्स और टिमोथी को सोते में जलाने वाले हत्यारे दारा सिंह के नाम पर 'धर्म रक्षक श्री दारा सिंह समिति', 'दारा सेना', दारा सिंह परिजन सुरक्षा समिति' जैसे संगठन बने थे। 'फायर' और 'वाटर' फिल्म से लेकर 'उड़ता पंजाब' तक फिल्मों के कई उदाहरण, दिलीप कुमार के घर पर हुए एक समय नग्न प्रदर्शन से लेकर शाहरुख खान तथा अन्य अभिनेताओं के वक्तव्यों को लेकर किए गए हंगामे यह बताते हैं कि 'हिन्दुत्व' के प्रहरियों ने किसी भी क्षेत्र को नहीं छोड़ रखा है। पहले जहाँ बजरंग दल और विश्व हिन्दू परिषद की अधिक 'सक्रियता' थी, वहाँ अब अखिल भारतीय विद्यार्थी परिषद और अन्य अनेक हिन्दू संगठन सक्रिय हैं। खाने-पीने, प्रेम-मैत्री करने, वस्त्र पहनने, बोलने, मिलने-जुलने, भाषण देने, लिखने-पढ़ने, वक्तव्य देने

सब पर एक प्रकार का पहरा लगाया जा रहा है। भय और आतंक की मनोवैज्ञानिक स्तर पर भी की जा रही सृष्टि बेहद खतरनाक है। एक अघोषित आपातकाल लग रहा है। भारतीय संविधान के आधारभूत मूल्यों पर, प्रदत्त मौलिक अधिकारों पर प्रहार किया जा रहा है। कोई राजनीतिक दल इसके विरोध में खड़ा नहीं है। प्रतिरोध की आवाजें छात्र-समुदाय, कवि, लेखक, पत्रकार, विचारक, चिंतक, संस्कृतिकर्मी लगा रहे हैं। ब्रिटिश भारत में भी इनके समक्ष ऐसी चुनौतियाँ नहीं थीं। अंग्रेजों के खिलाफ एक सशक्त राष्ट्रीय आन्दोलन था। कांग्रेस उस स्वतंत्रता आन्दोलन में अगली कतार में थी। आज कोई दल 'हिन्दुत्व' का, संघ के एजेंडा का, संविधान पर हो रहे हमले का, लोकतंत्र को कमजोर करने, अभिव्यक्ति की स्वतंत्रता को समाप्त करने के खिलाफ निरन्तर सक्रिय और आन्दोलनरत नहीं हैं।

'भारत माता की जय' बोलना, 'तिरंगा' फहराना क्यों अनिवार्य है? अपने को राष्ट्र भक्त सिद्ध करने और दूसरों को राष्ट्रविरोधी बताने का यह एक नया तरीका है। जो राष्ट्रीय आन्दोलन में कभी शामिल नहीं रहा, वह 'राष्ट्र' की वकालत कर रहा है। जिसने तिरंगे का विरोध किया, वह तिरंगा फहराने को बाध्य कर रहा है। भारत को एक रंग भगवा में रंगने की जोर-शोर से तैयारी हो रही है। एक संकीर्ण, साम्प्रदायिक विचारधारा प्रभावी हो रही है, जिसका विरोध जारी है। यह मात्र एक वैचारिक-सैद्धांतिक लड़ाई न होकर सामाजिक-सांस्कृतिक लड़ाई भी है क्योंकि यह विचारधारा समाज की संरचना और संस्कृति के उज्ज्वल, सामासिक पक्षों पर प्रहार कर रही है। यूरोप में धार्मिक राष्ट्रवाद के विरोध में धर्म-निरपेक्ष राष्ट्रवाद शताब्दियों पूर्व विकसित हुआ और आज भारत में धर्मनिरपेक्ष राष्ट्रवाद के विरुद्ध धार्मिक राष्ट्रवाद को विकसित किया जा रहा है। एक धर्म, एक देश, एक भाषा के आधार पर राष्ट्र का निर्माण कट्टरतावादी-साम्प्रदायिक विचारधारा से जुड़ा है। 1877 में दयानन्द सरस्वती द्वारा वेदों को एक मात्र प्रामाणिक ग्रंथ मानने और एक धर्म के झुकाव का विरोध हिन्दू धर्म सुधारकों ने किया था। इक्कीसवीं सदी के भारत में हिन्दू राष्ट्र के निर्माण के लिए जिस तरह के प्रयत्न जारी हैं, वे कभी सफल नहीं हो सकते। संस्थाओं, स्वायत्त संस्थाओं को नष्ट करने, वहाँ अपने कट्टर समर्थकों को बैठाने की कोशिशें जारी हैं। राज्य सत्ता, धर्मसत्ता और कॉरपोरेट सत्ता के पक्ष में है। मुसोलिनी सदैव गिओवान्नी जेंटिल का दर्शन दोहराता था "राज्य के लिए सबकुछ, राज्य के विरुद्ध कुछ भी नहीं और राज्य के बाहर कुछ नहीं" फासीवाद राष्ट्रवाद के चरम रूप के अतिरिक्त और कुछ भी नहीं है। इटैलियन और स्पैनिश फासीवाद राज्य के प्रति निष्ठा-दर्शन के विचार के द्वारा उन्नीत हुआ था। जर्मन फासीवाद का राष्ट्रवाद के प्रति एक भिन्न नजरिया था, जिसमें सांस्कृतिक और जातीय एकता पर अधिक बल था। फिलहाल भारत में जो शक्तियाँ 'राजद्रोह' की बात कर रही है, उनमें इटली और जर्मनी दोनों के फासीवादी स्वर और चिह्न देखे जा सकते हैं।

अखलाक की पीट-पीटकर कर की गई हत्या और कलबुर्गी की हत्या के बाद पहली बार व्यापक रूप में कवियों-लेखकों ने अपने पुरस्कार वापस किए। राजनीतिक प्रतिरोध के स्थान पर ऐसा सांस्कृतिक प्रतिरोध पहली बार भारत में दिखाई पड़ा। राजनीतिक दलों ने भय, आतंक और हत्या की पसरती संस्कृति के विरुद्ध कोई पहल नहीं की। वे प्राय: शान्त रहे। 31 अगस्त, 2015 को मल्लेश्प्पा मादिवलप्पा कलबुर्गी और 28 सितम्बर, 2015 को सैकड़ों की उन्मादी भीड़ द्वारा एक निर्दोष नागरिक की नृशंस हत्या राजनीतिक दलों के लिए अर्थहीन थी। सामान्य नागरिक से लेकर बुद्धिजीवी तक मोदी के प्रधानमंत्री बनने के बाद हिन्दुत्ववादी शक्तियों के निशाने पर आ गए थे। नयनतारा सहगल ने इन दोनों हत्याओं को असंबद्ध नहीं माना। उन्होंने इसे उस राजनीतिक वातावरण की देन माना, "जिसमें बहुसंख्यवाद के नाम पर न केवल वैचारिक असहमति को, बल्कि जीवन शैली की विविधता तक को हिंसा के जरिये कुचल देने के इरादों और कार्यवाहियों को सामान्य मान लिया गया है।" यह हमला एक प्रकार से भारतीय संविधान और लोकतंत्र पर किया गया हमला था।

भारतीय संविधान में किसी एक प्रकार की भोजन-पद्धति, वेशभूषा और जीवन-शैली का उल्लेख नहीं है। भारतीय संविधान की 'उद्देशिका' में 'मैं' नहीं 'हम' प्रमुख हैं। भारत का संविधान केवल हिन्दुओं के लिए नहीं है। वह सभी भारतीयों के लिए है और उसने 'विचार, अभिव्यक्ति, विश्वास, आस्था और प्रार्थना' की स्वतंत्रता की बात कही है। मराठी कवयित्री-कथाकार प्रज्ञा दया पवार ने पुरस्कार वापस करते हुए, 'एक अघोषित आपातकाल' की बात कही, और इसकी भीषणता को '1975 के आपातकाल से भी अधिक तीव्र' माना। भारतीय संविधान के आधारभूत मूल्यों पर मोदी के प्रधानमंत्री बनने के बाद निरन्तर चोट करने का 'चौतरफा प्रयास' चला। पुरस्कार वापसी अभियान में कवि, कथाकार, साहित्यकार, कलाकार, फिल्मकार, रचनाकार, वैज्ञानिक सभी शामिल हुए। हिन्दी, उर्दू, पंजाबी, मलयाली, गुजराती, असमी, मराठी, अंग्रेजी, कन्नड़-भाषाओं के लेखक पुरस्कार वापसी में शामिल हुए। फिल्मकारों ने पुरस्कार वापस करते हुए प्रधानमंत्री को चिट्ठी लिखी। 'अभिव्यक्ति की आज़ादी' को शब्द-मात्र नहीं माना, उसे 'जीवन जीने का ढंग' कहा। जीवन जीने के ढंग पर हमले हों, तो चुप नहीं रहा जा सकता था। उन्होंने साफ शब्दों में यह कहा, "भारत सरकार को तत्काल ही अभिव्यक्ति की आज़ादी के प्रति अपनी प्रतिबद्धता घोषित करनी चाहिए।"

अभिव्यक्ति की आज़ादी पर हमले पहले भी हुए थे, पर भाजपा के सत्तासीन होने के बाद इन हमलों का चरित्र पूर्व हमलों से भिन्न है। आपातकाल के बाद राष्ट्रीय स्वयं सेवक संघ को एक नया जीवन प्राप्त हुआ, कई हिन्दू संगठन जन्मे, जिसने एक सुनियोजित रणनीति के तहत हिन्दू एजेंडा को ध्यान में रखते हुए क्रमश:

आक्रमणों की गति तेज की जो भाजपा की सरकार के बाद क्रमशः तीव्रतर होती गई है। आप्रवासी समाज वैज्ञानिकों व इतिहासकारों ने अपने पत्र में भारत में बढ़ती 'संकीर्णता, असहिष्णुता और कट्टरता' पर चिंता प्रकट की, 'भारत की धरोहर रही सहिष्णुता की परम्परा, अभिव्यक्ति, विश्वास और जीवन-पद्धति की आज़ादी पर हमले' की चिंता प्रकट की। उन्होंने राष्ट्रपति, प्रधानमंत्री, केन्द्र सरकार, राज्यपालों, विभिन्न राज्य सरकारों के मंत्रियों, सुप्रीम और हाईकोर्ट के तमाम न्यायधीशों से 'अपील' की कि "आजाद और भयमुक्त अभिव्यक्ति की इजाजत देते हुए... भारत में संविधान और कानून का झंडा बुलन्द" किया जाय। संघ और भाजपा को संविधान और कानून से अधिक अपने नकली राष्ट्र-प्रेम को दर्शाने के लिए उस तिरंगे को फहराना जरूरी लगा, जिसे उसने अपने भगवा झंडे के सामने महत्त्व नहीं दिया था। देश-विदेश के अनेक ख्यातिलब्ध व्यक्तियों, लेखक संगठनों, पेन अन्तरराष्ट्रीय सम्मेलन, क्युबेक के संस्कृति कर्मियों सब ने पुरस्कार वापस करने वाले लेखकों के साथ एक जुटता प्रदर्शित की। रुढ़िवाद और मूल तत्त्ववाद को चुनौती देने वाली शक्तियों के खिलाफ बढ़ रही घटनाओं-स्थितियों पर चिन्ता प्रकट की। सबने 'राज्य से आजाद और निर्बाध अभिव्यक्ति के लिए एक बेहतर माहौल' बनाने की माँग की। लेखकों के सामूहिक प्रतिरोध के साथ इतिहासकार, वैज्ञानिक, बुद्धिजीवी सब खड़े हुए। भारत में तर्क और वैज्ञानिक बोध पर, रचनात्मक अभिव्यक्ति की आज़ादी पर ऐसा संकट पहले कभी नहीं आया था।

प्रधानमंत्री नरेन्द्र मोदी की विज्ञान, इतिहास, कला, साहित्य, संस्कृति की समझ राष्ट्रीय स्वयं सेवक संघ की समझ से जुड़ी हुई है। मई 2015 में मुम्बई में दिए अपने भाषण में उन्होंने विज्ञान को मिथक का पर्याय माना था और वैज्ञानिकों के समक्ष अवैज्ञानिक बातें कहीं थीं। 2015 की विज्ञान कांग्रेस में उन्होंने जो भी कहा, वह कितना विज्ञान-सम्मत था! वैज्ञानिक समुदाय ने अपने बयान में 'तर्क और विज्ञान को नष्ट किए जाने को लेकर' अपनी गहरी चिन्ताएँ व्यक्त की थीं और "समाज के हर वर्ग से आज के भारत में तर्क और वैज्ञानिक बोध पर हो रहे हमलों के खिलाफ आवाज उठाने की अपील" की। भारत की वर्तमान स्थिति पर अमेरिकी राष्ट्रपति बराक ओबामा ने चिंता प्रकट की। भारत के राष्ट्रपति प्रणव मुखर्जी ने भी चिंता व्यक्त की। बहुलतावाद पर संघ-शक्तियों द्वारा किए गए आक्रमण का सशक्त विरोध स्वाभाविक है। अभिव्यक्ति की आज़ादी पर हमला तानाशाही शक्तियाँ करती रही हैं। संघ विरोधी, भाजपा विरोधी, मोदी विरोधी होना कहीं से भी अलोकतांत्रिक नहीं है। विरोधी-प्रतिरोधी स्वरों को दबाना, चुप कराना तानाशाही है। रिजर्व बैंक के गवर्नर रघुराम राजन ने आई. आई. टी. दिल्ली के दीक्षान्त भाषण (31 अक्टूबर, 2015) में एक साथ नोबेल पुरस्कार से सम्मानित अर्थशास्त्री रॉबर्ट मर्टन सौलो, भौतिकी के नोबेल पुरस्कार विजेता रिचर्ड फेनमैन, प्रख्यात वैज्ञानिक आइन्स्टाइन,

तंझौर के वृहदेश्वर शैव मंदिर, और महात्मा गांधी के उल्लेख के बाद मनोविज्ञान के एक सिद्धांत की भी बात कही, जिन सबका सम्बन्ध सहिष्णुता और बहुलतावाद से था। जिस आर्थिक संवृद्धि और विकास की बात नरेन्द्र मोदी करते हैं, उन्हें इस पर ध्यान देना चाहिए कि रॉबर्ट मर्टन सौलो को 'आर्थिक संवृद्धि के विवेचन' के लिए जो नोबेल पुरस्कार दिया गया था, वह आर्थिक संवृद्धि एक असहिष्णु और अनुदार-भयाक्रान्त माहौल में संभव नहीं है। भारत को ध्रुवीकृत राष्ट्र बनाना हिन्दू राष्ट्रवाद के पक्ष में है और 'अत्यधिक ध्रुवीकृत समुदाय परमाणु बम की तरह खतरनाक' होता है।

रघुवीर सहाय ने 'आत्महत्या के विरुद्ध' कविता (मई 1967 की 'कल्पना' में प्रकाशित) में 'खिसियाते कुलपति और घिघियाते उपकुलपति' को पहचान लिया था। उसी समय उन्होंने अध्यापकों (प्रोफेसरों) को यह सोचने को कहा था, "अध्यापक याद करो किसके आदमी हो तुम/ याद करो विद्यार्थी तुम्हें आदमी से/ एक दर्जा नीचे/ किसका आदमी बनना है?" पिछले वर्ष कवियों-लेखकों, फिल्मकारों, कलाकारों ने पुरस्कार-वापसी के द्वारा अपना विरोध प्रकट किया था। इस वर्ष विश्वविद्यालय प्रतिरोध के केन्द्र बने। अंबेडकर की मूर्ति पर माला पहनाने, उन्हें नमन करने और उनकी 125वीं वर्षगाँठ धूमधाम से मनाने वाले प्रधानमंत्री तथा अन्य मंत्री अम्बेडकर का यह कथन याद नहीं रखते "अगर पार्टियाँ अपने विचार को अपने देश से ऊपर रखेंगी, तो हमारी आज़ादी हमेशा के लिए खतरे में पड़ जाएगी।" आज़ादी का खतरे में पड़ना देश का खतरे में पड़ना है। पहले संस्थाएँ निशाने पर कम थीं। अब चुन-चुनकर संघ के व्यक्तियों, उसके समर्थकों का संस्थाओं का प्रमुख बनाया जा रहा है, उसकी स्वायत्तता नष्ट की जा रही है। व्यक्ति पर हमले के बाद नया हमला व्यापक रूप से संस्थाओं और विश्वविद्यालयों पर है। भिन्न विचारों के कारण अनेक विश्वविद्यालयों के छात्रों को उत्पीड़ित किए जाने, उसे राष्ट्रद्रोही सिद्ध करने की कोशिशें की जा रही हैं।

हैदराबाद केन्द्रीय विश्वविद्यालय और जे. एन. यू. की घटनाओं ने पूरे विश्व के बौद्धिक जगत का ध्यान खींचा है। संघ का छात्र-संगठन अभाविप (अखिल भारतीय विद्यार्थी परिषद) दलित-मुस्लिम छात्र के एकता-सम्बन्ध और वामपंथी छात्र-संगठनों का विरोधी रहा है। अभाविप पहले आज की तरह सक्रिय और आक्रामक नहीं था। केन्द्र में अपनी सरकार के आगमन के बाद उसके हौसले कहीं अधिक बढ़े हैं। रोहित वेमुला की आत्महत्या वस्तुत: सांस्थानिक हत्या है। उसने दलित परिवार में अपने जन्म को 'एक घातक दुर्घटना' कहा। रोहित के पत्र ने प्रत्येक सुशिक्षित, चिंतनशील व्यक्ति को झकझोर कर रख दिया। हैदराबाद में संकीर्ण, धार्मिक राष्ट्रवाद से व्यापक, भारतीय राष्ट्रवाद की एक प्रकार से टक्कर हुई। रोहित वेमुला विज्ञान-लेखक कार्ल साग़ान की तरह लेखक बनना चाहता था। रोहित की मुसलमानों से

एकप्राणता थी। वंचित समुदायों की एकतात्मता और भाईचारा उसके लिए महत्त्वपूर्ण था। बन्धुत्व और भाईचारे की उसकी दृष्टि कहीं अधिक 'रेडिकल' थी। उसकी आत्महत्या के दिन (17 जनवरी, 2016) आर. एस. सर. कार्यवाह दत्तात्रेय होसबोले ने लखनऊ में कार्यकर्ताओं को अगला एक वर्ष (उत्तर प्रदेश के विधान सभा चुनाव को ध्यान में रखकर) दलित सेवा के लिए 'सेवा वर्ष' मनाने को कहा। बंडारु दत्तात्रेय ने मानव संसाधन मंत्री स्मृति ईरानी को लिखे अपने पत्र में हैदराबाद केन्द्रीय विश्वविद्यालय को 'जातिवादी, अतिवादी और राष्ट्रविरोधी राजनीति का अड्डा बनने' की बात कही। छात्र संगठन अभाविप, सिकन्दराबाद के भाजपा सांसद और केन्द्रीय मंत्री बंडारु दत्तात्रेय, मानव संसाधन मंत्री स्मृति ईरानी, विश्वविद्यालय के कुलपति अप्पा राव पोडिल सब एक दूसरे के साथ रहे, जुड़े रहे। सांसद और मंत्री बनने तथा संघ परिवार से जुड़ना क्या राष्ट्रभक्ति का प्रमाण है? अभाविप के नेता की शिकायत पर रोहित का निलम्बन हुआ।

नरेन्द्र मोदी के प्रधानमंत्री बनने के पहले केन्द्रीय विश्वविद्यालयों का ऐसा हाल नहीं था। 'मुजफ्फरनगर बाकी है' फिल्म का प्रदर्शन कई स्थलों पर रोका गया है। अब विश्वविद्यालयों के कुलपति स्थानीय अभिभावक की भूमिका में न होकर सरकार की नीतियों, सत्ताधारी दल की विचारधारा को बढ़ाने के लिए है। देखना यह है कि जिस 'रोहित एक्ट' की बात कही जा रही है, वह लागू होती है या नहीं? विश्वविद्यालयों में अभिव्यक्ति की आज़ादी को रोकना विश्वविद्यालों की अर्थ-गरिमा को नष्ट करता है। बोलने की आज़ादी पर पहले के खतरे से सर्वथा भिन्न यह नया खतरा है। इस समय एक-एक कर सब पर हमले किए जा रहे हैं। पहले यह 'साम्प्रदायिक समर्थक आन्दोलन का हिस्सा' नहीं था। आज ये हमले साम्प्रदायिक समर्थक आन्दोलन के हिस्से हैं। पहले विश्वविद्यालय बचे हुए थे। अब विश्वविद्यालय निशाने पर हैं। संस्थाओं में हाल के दिनों में हुई प्रमुख नियुक्तियाँ इसका प्रमाण है कि वहाँ साम्प्रदायिक सोच वाले व्यक्तियों को बैठा दिया गया है। हम जितना बोलते रहें, वे सुनने-समझने, और मानने वाले नहीं हैं। यह सब 'हिन्दू राष्ट्रवाद' के एजेंडा से जुड़ा है। यह एजेंडा मोदी के प्रधानमंत्री बनने के बाद तेज गति से बढ़ाया जा रहा है। अत्यन्त सुनियोजित ढंग से सारे कार्य सम्पन्न किए जा रहे हैं। प्रोफेसर वाई. सुदर्शन राव की भारतीय इतिहास शोध-परिषद् की अध्यक्ष पद पर नियुक्ति, मोदी वफादार लोकेश चन्द्र की भारतीय संस्कृति सम्बन्ध परिषद् प्रमुख पद पर हुई नियुक्ति (मोदी को 'ईश्वर का अवतार' और गांधी से बड़ा नेता' कहने वाले), भारतीय फिल्म टेलीविजन संस्थान में गजेन्द्र चौहान और शिमला के इंडियन इंस्टीटयूट ऑफ एडवांस्ड स्टडी के निदेशक पद पर चन्द्रकला पाडिआ की नियुक्ति किन मानदंडों पर हुई? स्मृति ईरानी ने सीधे चन्द्रकला पाडिआ को नियुक्त किया। कहाँ गोपालकृष्ण गांधी और कहाँ चन्द्रकला पाडिआ! सुप्रसिद्ध नाभिक (न्यूक्लिअर) वैज्ञानिक अनिल काकोडकर

ने विरोध में आई आई टी बोर्ड के गवर्नर्स के अध्यक्ष पद से इस्तीफा दिया क्योंकि मानव संसाधन मंत्री का रोपड़, भुवनेश्वर और पटना में आई.आई.टी. के निदेशक की बहाली-प्रक्रिया में हस्तक्षेप था। आई.आई.टी. दिल्ली के निदेशक रघुनाथ शिवगाँवकर ने भी सरकार के अनुचित हस्तक्षेप के कारण त्याग पत्र दे दिया। 'हर हर मोदी, घर घर मोदी' स्लोगन के निर्माता, पहलाज निहलानी को केन्द्रीय फिल्म प्रमाणन बोर्ड (सीबी एफसी) के अध्यक्ष पद पर नियुक्त किया गया, जिन्होंने 'उड़ता पंजाब' फिल्म में कई बदलाव करने के निर्देश दिए थे। संस्थाओं के प्रमुख पदों पर अपने लोगों की नियुक्ति का भी अभिव्यक्ति की आज़ादी से सम्बन्ध है। अपने लोगों को संस्था-प्रमुख बनाए जाने के बाद बड़ी आसानी से संस्थाओं में उठने वाले विरोधी विचारों और समूहों को अनेक प्रकार से दबाया जा सकता है।

भाजपा एक वैचारिक सांस्कृतिक अभियान के तहत सारे कार्य सम्पन्न कर रही है। बनारस हिन्दू विश्वविद्यालय में गिरीश चन्द्र त्रिपाठी को कुलपति बनाने के बाद अब विश्वविद्यालय सरकार के नियन्त्रण में है। कुलपति की नियुक्ति के लिए गठित 'सर्च कमिटी' में मदन मोहन मालवीय के पौत्र गिरिधर मालवीय थे, जो बनारस में नरेन्द्र मोदी के लोकसभा चुनाव के नामांकन में प्रस्तावक थे। कुलपति की नियुक्ति तक में संघ की कट्टर वैचारिकी को आसानी से लक्षित किया जा सकता है। अभिव्यक्ति की आज़ादी को कई रूपों में कई स्तरों पर प्रभावित-समाप्त करने के संघ के जो तौर-तरीके हैं, उन्हें समझे बिना वर्तमान में फैलते जा रहे अभिव्यक्ति के संकट को समझा नहीं जा सकता। एक तरीका अपमानजनक स्थिति पैदा करने का भी है। रचनात्मक विचारों और चिन्तन-सोच को प्रोत्साहित करने वाली संस्थाओं से लेकर कवि, लेखक, साहित्यकार, मीडियाकर्मी, इतिहासकार, वैज्ञानिक, बुद्धिजीवी- सब की अभिव्यक्तियों पर तरह-तरह से अंकुश लगाये जा रहे हैं। भय का माहौल पैदा किया जा रहा है। जनमानस में नए संदेश बैठाये जा रहे हैं। अभिव्यक्ति का माध्यम एक नहीं होता। उनके भिन्न माध्यमों को प्रभावित-नियंत्रित किया जा रहा है। भयग्रस्त और भयाक्रान्त माहौल में सृजन असंभव हैं। संघ परिवार सृजन को महत्त्व नहीं दे रहा है। आतंकारी माहौल में सृजनात्मकता सर्वाधिक प्रभावित होती है।

राष्ट्रवाद, राजद्रोह, भारत माता की जय, तिरंगा झंडा, अभिव्यक्ति की आज़ादी के प्रश्न के साथ अन्य कई सवाल अचानक पैदा नहीं हुए हैं। ये सब हिन्दू मानस के निर्माण में सहायक हैं और बिना हिन्दू मानस के निर्माण के हिन्दू राष्ट्र का निर्माण संभव नहीं है। संस्थाओं को इसी कारण, इसी उद्देश्य के तहत क्षतिग्रस्त किया जा रहा है। देश के अनेक हिस्सों में संघ और भाजपा का जो हिन्दू मानस निर्माण का एक सूत्री कार्यक्रम चल रहा है, वह सब ज्ञात नहीं हो पाता क्योंकि मीडिया का एक बड़ा हिस्सा सत्ता-व्यवस्था और सरकार से लाभान्वित हो रहा है। शिक्षा मंत्री, और संस्कृति मंत्री को शिक्षा और संस्कृति से अधिक सम्बन्ध नहीं है। उनकी योग्यता

सर्वविदित है। 'राष्ट्रवाद' और 'राष्ट्रवादी' का स्वर सभी अलाप रहे हैं। एफ. टी. आई. आई. (फिल्म एंड टेलीविजन इन्स्टीट्यूट ऑफ इंडिया) के अध्यक्ष गजेन्द्र चौहान इस संस्था में 'राष्ट्रवादी छात्र' उत्पन्न करना चाहते हैं। आई. आई. टी., आई. आई. एम., केन्द्रीय विश्वविद्यालय किसी भी प्रमुख संस्था को नहीं छोड़ा जा रहा है। हिन्दू, हिंसक, धार्मिक राष्ट्रवाद कभी अभिव्यक्ति की आज़ादी नहीं स्वीकार कर सकता। एक योजना और नीति के तहत संघ प्रमुख मोहन भागवत और प्रधानमंत्री नरेन्द्र मोदी मौन रहते हैं, पर संघ के प्रचारक–समर्थक और मंत्री, सांसद, विधायक मौन नहीं रहते। संघ के आनुषंगिक संगठनों का उत्पात बना रहता है। आई. आई. एम. के निदेशक पद के लिए प्रत्याशियों के 'समूह (ग्रुप) संवाद' का फरमान आश्चर्यजनक है। सरकार ने शिक्षण–संस्थाओं के लिए जो आदेश निर्गत किए हैं, वे सब संस्थाओं की स्वायत्तता को कमजोर करने के लिए है।

चालीस केन्द्रीय विश्वविद्यालयों के कुलपतियों के एक खास ऊँचाई पर तिरंगा फहराने के निर्णय का शिक्षा और ज्ञान से कितना संबंध है? मोदी सरकार के आने के बाद एन.सी. ई. आर. टी. के निदेशक प्रवीण सिंक्लेयर को त्याग–पत्र देने के लिए विवश किया गया। पहली बार पीएमओ ने टाटा इंस्टीटयूट ऑफ फंडामेन्टल रिसर्च के निदेशक पद पर प्रसिद्ध वैज्ञानिक संदीप त्रिवेदी की नियुक्ति पर 'वीटो' दिया। हस्तक्षेप के कई तरीके हैं। प्रधानमंत्री कार्यालय और शिक्षा–संस्कृति मंत्रालय से लेकर राष्ट्रीय स्वयं सेवक संघ के आनुषंगिक संगठन तक। यह सब भाजपा के बहुमत में आने के बाद धड़ल्ले रूप से हो रहा है। संघ के अपने व्यक्तियों की नियुक्तियाँ संस्थाओं के प्रमुख पदों पर अब आम बात है। ताकत अधिकार है। संघ–पत्रिका 'पाञ्चजन्य' के पूर्व सम्पादक बलदेव शर्मा अब नैशनल बुक ट्रस्ट के सर्वेसर्वा हैं। जिस पद पर बिपिनचन्द्र थे, अब उसी अध्यक्ष पद पर बलदेव शर्मा हैं। दूसरी ओर बिपिनचन्द्र और उनके सहयोगियों की पुस्तक पर भगत सिंह के बहाने आक्रमण किए गए। नाम परिवर्तन भी इस प्रक्रिया के तहत है। औरंगजेब रोड के नाम परिवर्तन से लेकर इन्दिरा गांधी राष्ट्रीय कला केन्द्र तक, जिसका अब नाम 'राष्ट्रीय कला केन्द्र' है।

जे. एन. यू. के खिलाफ संघ, संघ परिवार, सरकार और मशीनरी का खड़ा होना ताजा उदाहरण है। जे. एन. यू. की अपनी एक राष्ट्रीय अन्तरराष्ट्रीय छवि है, जिस पर आक्रमण विचार और स्वतंत्र अभिव्यक्ति के सबसे बड़े भारतीय केन्द्र पर आक्रमण था। जे. एन. यू. छात्र संघ के अध्यक्ष कन्हैया कुमार ने 'भारत में आज़ादी' की सशक्त–सार्थक माँग की। भारत में वास्तविक आज़ादी और अभिव्यक्ति की आज़ादी एक दूसरे से भिन्न नहीं है। आदिवासी, दलित, स्त्री, अल्पसंख्यक आज़ादी का सुख–भोग नहीं कर रहे हैं। पेरियार ई. वी. रामास्वामी, बी. आर. अम्बेडकर, भगत सिंह, अशफाकउल्ला खाँ, गणेशशंकर विद्यार्थी और प्रेमचन्द ही नहीं, महात्मा

गांधी भी कैसी आज़ादी चाहते थे! पेरियार ने पूछा था—क्या पराया के लिए ब्राह्मणों का शासन स्वराज है? क्या चूहे के लिए बिल्ली का शासन स्वराज है? क्या किसानों के लिए जमींदारों का शासन स्वराज है? क्या मालिकों का शासन मज़दूरों के लिए स्वराज है? भगत सिंह और प्रेमचन्द को ही नहीं, अशफाकउल्ला खाँ, गणेशशंकर विद्यार्थी को भी उस स्वराज की आकांक्षा नहीं थी, जिसमें गोरे के स्थान पर काले भारतीय अंग्रेज राज करें। 1947 के बाद पूर्ण आज़ादी का सवाल गौण हो गया। जयप्रकाश नारायण ने 'सम्पूर्ण क्रान्ति' और 'दूसरी आज़ादी' की बात कही थी, जो अधूरी रही। किसी भी राजनीतिक दल ने (वामपंथी सहित) 1980 के बाद भारत में आज़ादी का सवाल खड़ा नहीं किया।

यह सवाल एक सामान्य परिवार के मेधावी छात्र ने सबके समक्ष रखा। जे एन यू दक्षिणपंथियों के लिए लम्बे समय से परेशान करने वाली संस्था रही है। गोलवलकर ने कम्युनिस्टों को 'शत्रु' माना था और देश में जे एन यू अकेला वामपंथियों का गढ़ है, जहाँ सभी प्रकार की विचारधाराएँ भी मौजूद और सक्रिय हैं। यह भारत का सही अर्थों में एक प्रतिनिधि-संस्थान है, जहाँ किसी भी संस्थान और विश्वविद्यालय की तुलना में लोकतांत्रिक स्वर सर्वाधिक हैं। लोकतांत्रिक संस्थाओं, प्रसिद्ध राष्ट्रीय शिक्षण-संस्थाओं और विश्वविद्यालयों की स्वायत्तता को एक सुनिश्चित लक्ष्य और उद्देश्य के तहत कमजोर, रीढ़ विहीन, विचार-दृष्टि हीन, संवादहीन करने के लिए उन संस्थाओं के प्रमुख पदों पर अपने मनोनुकूल व्यक्तियों की नियुक्तियाँ की जाती हैं, जिनमें योग्यता से कहीं अधिक अपने और अपनी विचारधारा के प्रति निष्ठा को महत्त्व दिया जाता है। सत्ता-व्यवस्था का विरोध, सरकार और सत्ताधारी दल और उसकी विचारधारा का विरोध किसी भी तर्क से राष्ट्र विरोधी कर्म नहीं है। एक स्वस्थ, उदार, समावेशी लोकतंत्र के लिए विरोधी स्वरों को सदैव महत्त्व दिया जाता रहा है। जे एन यू में कभी हिंसा नहीं हुई, विरोधी विचार वालों के साथ कभी मारपीट नहीं हुई। वहाँ जिस प्रकार छात्र संघ का चुनाव होता है, वह अपने में एक उदाहरण है, जिससे सभी राजनीतिक दलों को सीखने की ज़रूरत है। असहमति के स्वरों को दबाना-कुचलना, सवाल पूछने से रोकना एक प्रकार की तानाशाही है। आज सर्वत्र राष्ट्रवाद और अभिव्यक्ति की आज़ादी पर नए सिरे से जो बहस चल रही है, वह जे एन यू की घटना के बाद ही संभव हुई। पहली बार स्वतंत्र भारत में एक साथ इन विषयों पर राष्ट्रीय चर्चा-परिचर्चा, संगोष्ठियाँ, कार्यक्रम-आयोजन, व्याख्यान हो रहे हैं। शायद ही किसी भाषा की कोई पत्रिका हो, जिसमें यह बहस न हुई हो, लेख प्रकाशित नहीं हुए हों। भाजपा और राष्ट्रीय स्वयं सेवक संघ की, सरकार की जितनी अधिक फजीहत हुई है, उतनी पहले विपुल मात्रा में कभी नहीं हुई थी।

तमिलनाडु की शराबनीति और जयललिता की आलोचना करने वाले तमिल लोक गायक एस. शिवदास (कोवन नाम से विख्यात) पर अक्टूबर 2015 में

'राजद्रोह' का आरोप लगाया गया था, ममता बनर्जी का कार्टून बनाने वाले अध्यापक को दंडित किया गया था। व्यक्तियों से संबंधित ऐसे उदाहरण पहले भी रहे हैं, पर प्रमुख संस्थाओं को राष्ट्रविरोधी गतिविधियों का अड्डा कहने की मुहिम हाल की है। संस्थाओं और विश्वविद्यालयों में संघ-समर्थकों की नियुक्तियों के बाद ऐसी घटनाओं में वृद्धि हुई है। भारत में 'रामजादे रहेंगे या हरामजादे रहेंगे' से लेकर बाद के कई 'वचन' प्रमाण हैं कि देश में एक सुनियोजित साजिश के तहत भय और आतंक का माहौल बनाया जा रहा है। जे एन यू ने सदैव सम्प्रदायवाद और फासीवाद का विरोध किया है। मकबूल भट्ट और अफजल गुरु को दी गई फाँसी पर सवाल उठते रहे हैं। इन दोनों को दी गई फाँसी के विरोध में 9 फरवरी, 2016 को जे एन यू में हुए कार्यक्रम के बाद घटना-क्रम जिस अप्रत्याशित और तीव्रगति से बढ़ा, उसने दुनिया भर के बुद्धिजीवियों को अचंभित किया। 2015 में 'पाञ्चजन्य' ने अपना एक अंक जे. एन. यू. पर केन्द्रित किया था। अभी तक मुसलमान और ईसाई पर आक्रमण होते रहे थे, वामपंथी बुद्धिजीवी संघ को खटकते रहे थे। उनके सबसे बड़े विचार-केन्द्र पर हमला संघ के एजेंडे में था। देश विरोधी नारों के आरोप में जे. एन. यू. के छात्रों पर मुकदमे दायर किए गए। कुलपति जगदीश कुमार की नियुक्ति के कुछ ही दिनों के बाद जे एन यू 'राष्ट्रद्रोहियों का गढ़' साबित किया जाने लगा। संसद से सड़क तक जे एन यू चर्चा का विषय बना।

सेना की मौजूदगी के बाद भी कश्मीर में अक्सर 'पाकिस्तान जिन्दाबाद' के नारे लगते हैं, पाकिस्तान का झंडा लहराया जाता है। पंजाब में एक समय 'खालिस्तान' के नारे लगे थे, तमिलनाडु में लिट्टे के प्रशंसक कम नहीं रहे हैं। कन्हैया कुमार पर दिल्ली के पुलिस कमिश्नर ने 'राष्ट्रद्रोह' का आरोप लगाया। 2001 में जब राजग (एन डी ए) की सरकार थी, दिल्ली विश्वविद्यालय के चार छात्रों पर 'राष्ट्रद्रोह' के आरोप लगे थे। उस समय आडवाणी गृहमंत्री और उपप्रधानमंत्री थे। दिल्ली विश्वविद्यालय के तत्कालीन कुलपति दीपक नायर ने आडवाणी से बात की, उनसे भेंट की और छात्रों पर लगे आरोपों को वापस लेने का आग्रह किया। दो सप्ताह के बाद छात्र आरोप मुक्त हुए। 2001 और 2016 में अंतर है। आज गृहमंत्री राजनाथ सिंह हैं, जिन्होंने जे. एन. यू. की घटना को हाफिज सईद (कुख्यात आतंकवादी) से जोड़ा। जे एन यू को लेकर कम घृणित प्रचार नहीं किए गए। हजारों मुँह से झूठ बोले जाने के बाद भी झूठ कभी सच नहीं होता। कन्हैया कुमार, उमर खालिद और अन्य छात्रों की गिरफ्तारी के जरिए यह संदेश फैलाया गया कि जे एन यू राष्ट्रद्रोहियों का गढ़ है। इस विश्वविद्यालय को हमेशा के लिए बंद करने की बात कही गई। सुब्रमण्यम स्वामी, योगी आदित्यनाथ, ज्ञानदेव आहूजा, मंत्री, सांसद, विधायक, प्रचारक, संघ-प्रवक्ता सबके समान स्वर थे। जे एन यू पर आक्रमण विचारों पर, अभिव्यक्ति की स्वतंत्रता पर आक्रमण था। वास्तविक आज़ादी,

भुखमरी, ग़रीबी, असमानता, कुपोषण, बेरोजगारी आदि के नारे वहीं लगे। अभिव्यक्ति के अधिकार से असहमति का अधिकार जुड़ा है। पीडीपी अफजल गुरु की फाँसी का विरोध करती है, पर जम्मू-कश्मीर में भाजपा पीडीपी के साथ है। राजदीप सरदेसाई से लेकर राहुल गांधी तक 'राष्ट्र द्रोही' कहे गए। भाजपा विधायक ने राहुल गांधी को गोली से उड़ा देने की बात कही और साक्षी महाराज ने नाथूराम गोडसे को 'देश भक्त' कहा। जो भी सत्ता-व्यवस्था के, भाजपा, संघ और संघ परिवार के खिलाफ है, वह सब राष्ट्र द्रोही हैं। रोहित वेमुला दलित और अम्बेडकरवादी था, उमर खालिद मुसलमान और वामपंथी और कन्हैया कुमार हिन्दू और वामपंथी। याद किया जाना चाहिए कि 1984 में पंजाब के मुख्यमंत्री ने संविधान जलाया था।

इक्कीसवीं सदी के दूसरे दशक का भारत आज कहीं अधिक संकट-ग्रस्त है। राष्ट्रीय स्वाधीनता-आन्दोलन में केवल 'वन्दे मातरम्' और 'भारत माता की जय' के नारे नहीं लगे थे। भगत सिंह और उनके साथियों ने 'इन्कलाब जिन्दाबाद' और 'साम्राज्यवाद का नाश हो' के नारे भी लगाये थे, जो आज के संघी 'राष्ट्र प्रेमी' नहीं लगाते। 'भारत माता की जय' का नारा न लगाने वालों को 'राष्ट्रद्रोही' कहने वालों को यह पता नहीं है कि भारत माता की अवधारणा उन्नीसवीं सदी के अन्त में साम्राज्यवादियों से लड़ने के लिए बनी थी। कांग्रेस की स्थापना (1885) के पहले 1873 में किरन चंद्र बनर्जी का नाटक 'भारत माता' का प्रकाशन हो चुका था। जहाँ तक भारत माता के चित्रांकन का प्रश्न है, अवनीन्द्रनाथ ठाकुर ने 1905 में बनाए अपने चित्र का शीर्षक 'बंगमाता' रखा था। यह बंगभंग का वर्ष था। बाद में उन्होंने उसे 'भारत माता' का शीर्षक दिया। इस चित्र में भारत माता के हाथ में कोई हथियार नहीं है। उनके चार हाथ शिक्षा, दीक्षा, अन्न और वस्त्र हैं। हथियार उनके हाथों में बाद में रखे गये। अरविन्द घोष ने पर्वतों, नदियों, जंगलादि को भारत माता का शरीर कहा था। उनकी सभी संतानों को उन्होंने शरीर की बड़ी और छोटी तंत्रिका बताया था। भारत माता हिन्दू माता नहीं है। आडवाणी ने इससे जुड़े विवाद को 'व्यर्थ का विवाद' कहा है और व्यवसायी योगी रामदेव अनिवार्य रूप से इस नारे को लगाने के लिए कानून बनाने की सलाह दे रहे हैं। प्रश्न पूछा जाना चाहिए कि भारत माता कहाँ वास करती हैं? नागपुर के संघ-संस्थान में या पूरे देश में? एक दल विशेष में, कट्टरवादियों, सम्प्रदायवादियों और 'हिन्दुत्व' की विचारधारा के समर्थकों के यहाँ या अन्यत्र भी? वे दलितों-आदिवासियों, पिछड़ों, ग़रीबो, किसानो, मजदूरो, श्रमजीवियो, छात्रो, युवाओ, रचनाकारो, बुद्धिजीवियो, कंगालों, फटेहालों, बेरोजगारों के यहाँ है या अम्बानी-अडानी और अन्य कॉरपोरेटों के यहाँ? वे जे एन यू में हैं या मिथ्यावादियों के यहाँ? 'भारत माता' का 'हिन्दुत्व सांस्कृतिक राष्ट्रवाद' के प्रतीक के रूप में इस्तेमाल उनकी वास्तविक छवि के विपरीत है।

भारत के प्रमुख विज्ञान–संस्थाओं के 376 वैज्ञानिकों ने अपने हस्ताक्षरित पत्र में जे. एन. यू. के कुलपति जगदीश कुमार को, उनकी कार्य–पद्धति पर निराशा प्रकट की थी, अपना रोष व्यक्त किया था और छात्रों पर लगाये गए आरोपों को वापस लेने को कहा था। 'न्यूयार्क टाइम्स' 'वाशिंगटन पोस्ट', 'गार्जियन' और प्रमुख समाचार–पत्रों ने अपनी चिन्ताएँ प्रकट की थीं, सरकार द्वारा असहमति के स्वरों को कुचलने की बात कही थी। अनेक विदेशी विद्वानों ने जे एन यू के कुलपति को वहाँ की नृशंस, दारुण घटनाओं से परेशान होने की बात लिखी। माइकेल जैमबेक सहित कई कनॉडियन विद्वानों ने स्पष्ट शब्दों में जे एन यू के कुलपति से यह पूछा कि आपने अपने कैम्पस में स्वतंत्र भाषण के मौलिक अधिकारों को क्यों रद्द किया? नॉम चॉम्स्की ने जे. एन. यू. कैम्पस में पुलिस बुलाने पर सवाल खड़े किए और कुलपति को ई मेल भेजा। ओरहान पामुक सहित अनेक व्यक्ति (अन्तरराष्ट्रीय ख्याति के) जे एन यू के साथ खड़े हुए। एक महीने से अधिक जे एन यू में ख्याति प्राप्त विद्वानों ने राष्ट्रवाद पर व्याख्यान दिए। क्या सरकार पर, जे एन यू के कुलपति पर, संघ और भाजपा पर, प्रधानमंत्री, मंत्री और सांसद पर कोई प्रभाव पड़ा? क्या हिन्दुत्ववादी शक्तियाँ आत्ममन्थन करेंगी? क्या उनके कार्यक्रम रुकेंगे? क्या अभिव्यक्ति की स्वतंत्रता अक्षुण्ण रहेगी? क्या 'राष्ट्रद्रोह' का ब्रिटिश कानून वापस लिया जाएगा?

फिलहाल इस सब की कोई संभावना नहीं है। के. एन. पणिक्कर ('नैशनलिज़्म: देन एंड नाउ, फ्रंटलाइन, 15 अप्रैल, 2016) को अभी कुछ संस्थाओं में भरोसा है। सेना, पुलिस और न्यायपालिका पर उनका ध्यान है। पटियाला कोर्ट परिसर में सर्वोच्च न्यायालय के आदेश–निर्देश के बाद भी उनके द्वारा भेजे गए वरिष्ठ वकीलों से जो व्यवहार हुआ और पुलिस के सामने कन्हैया कुमार से जो मारपीट की गई, वह स्पष्ट संकेत भी है कि सर्वोच्च न्यायालय का अधिक सम्मान नहीं किया जा रहा है। जिस प्रकार श्री श्री रविशंकर के सांस्कृतिक आयोजन में सेना की मदद ली गई, वह भी स्थिति को समझने में सहायक है। आज भारतीय राष्ट्रवाद सिद्धांत में है, व्यवहार में नहीं, जबकि हिन्दू राष्ट्रवाद, धार्मिक राष्ट्रवाद दोनों ही रूपों में सबल है। सवाल यह है कि इसे चुनौती कौन देगा? विचारधारा को चुनौती विचारधारा ही दे सकती है। निस्सन्देह आज भी दक्षिणपंथी विचारधारा को मार्क्सवादी विचारधारा ही चुनौती देगी। विचारधाराओं की लड़ाई एक राजनीतिक, वैचारिक और सांस्कृतिक लड़ाई है। विश्व पूँजीवाद लगभग एक दशक से संकट–ग्रस्त है, पर भारत में उसका कीर्तन और जयगान हो रहा है, उसकी आरती उतारी जा रही है। आरम्भ में ही राष्ट्रवाद के भीतर फासीवाद के चिह्न देख लिए गए थे। वैश्विक पूँजीवाद, विश्वग्राम और एक ध्रुवीय विश्व के दौर में विविधता पर हमला जारी है और अभी जारी रहने की अधिक संभावना भी है। इन्दिरा गांधी को जेल से लिखे अपने पत्र (14 दिसम्बर, 1932) में नेहरू ने 'राष्ट्रवाद' को एक 'अविश्वसनीय मित्र' कहा था, आइंस्टाइन ने इसे 'छोटे

बच्चों की चीज' और 'मानव जाति पर खतरा' बताया था, हावर्ड जिन ने किसी भी झंडे को 'निर्दोष लोगों की हत्या की लज्जा ढँक सकने से बड़ा' नहीं माना था और अम्बेडकर के लिए राष्ट्रवाद से कहीं बड़ा मानववाद था।

आज जब अन्ध राष्ट्रवाद, हिन्दू और धार्मिक राष्ट्रवाद, विघटनकारी, असहिष्णु राष्ट्रवाद हमारे देश में कहीं अधिक सक्रिय और मुखर है तो स्वाभाविक रूप से वह अभिव्यक्ति पर अंकुश लगाएगा, भय और आतंक का माहौल विकसित करेगा, संविधान के निर्देशों की अवहेलना करेगा। इसका वित्तीय और लफंगी पूँजी से प्रत्यक्ष सम्बन्ध है। जॉर्ज दिमित्रोव ने बहुत पहले कहा था "फासिज्म वित्तीय पूँजी की स्वयं सरकार है।" बड़ा सवाल यह है कि हमारे देश के राजनीतिक दल क्या कर रहे हैं? उनकी आँखें अभी तक क्यों मुँदी हैं? शिक्षित समुदाय कवि, लेखक, कलाकार, मीडिया कर्मी, बुद्धिजीवी क्यों एकजुट नहीं हो रहे हैं? यह अकेले रहने का समय नहीं है। रुक-रुक कर हमले होते रहेंगे। अभिव्यक्ति की आज़ादी पर अंकुश लगता रहेगा, भय, आतंक का माहौल बनाया जाता रहेगा, उत्पाती उत्पात करते रहेंगे। फिलहाल एकजुट होने और सामूहिक संघर्ष के अलावा क्या और कोई विकल्प है?

(2016)

✪✪✪